诺曼人征服英格兰史

Histoire de la Conquête de L'Angleterre par les Normands

[法]奥古斯丁·梯叶里
(Augustin Thierry) 著

祝安利 文琳 译

上海社会科学院出版社
SHANGHAI ACADEMY OF SOCIAL SCIENCES PRESS

第三版前言

《诺曼人征服英格兰史》这部作品于1825年初次出版,次年再版。再版时,我仅在原版基础上增加了必要的附录,并未多做修改润色,因为当时定稿不过一年,无法不失偏颇地去完善这部作品。时光荏苒,四年又过去了,此次重印,即为第三版,回顾当时的创作,觉得甚是久远,而我得以重拾读者的身份,不受过去创作的羁绊,严肃客观地评判此部作品。我反复重审校对,既把握整体,也不疏忽细节,既重视作品结构,也留意文字风格,可谓呕心沥血。为了让故事更加立体生动,让语言更为简洁流畅,我或增添、或删减,做了诸多修改。初版作品中,由于我知识欠缺、经验不足,字里行间常有浅显之见;某些段落里,观点不够成熟,文字过于偏激,而这些缺点在此次再版中都得到了修正。

在维克汉姆先生(M. Wickham)的热心帮助下,我得以查阅不少关于诺曼征服战争的手稿资料。他身为英国枢密院成员之一,才华出众,并且对英国历史研究颇有热情。此次再版,得益于他的支持,我补充了不少新搜集的史实材料。在一首写于12世纪、讲述盎格鲁-撒克逊人(Anglo-Saxons)历史的法文诗歌中,我了解到群众领袖"觉醒者"赫里沃德[1]的死亡细节;在收藏于布鲁塞尔皇家图书馆的一首

---

[1] "觉醒者"赫里沃德(Hereward the Wake,1035—1072),他是盎格鲁-撒克逊贵族,是反对诺曼人征服英格兰的领袖。(译者注)

拉丁文诗集[1]中，我感受到当初伦敦投降的氛围。这部拉丁文诗集很是奇特有趣，包括820首哀歌。作者是当代人，他以时而简洁、时而浮夸的文风，描述了诺曼人入侵英格兰、黑斯廷斯战役[2]，以及征服者威廉[3]加冕等历史事迹。在讲述黑斯廷斯战役时，作者一边表现出对诺曼底公爵征服事业的佩服，一边又介绍了哈罗德国王的凛然正气以及撒克逊人的英勇无畏。由于战争场面的内容读起来索然无味，因此诗人更侧重战后的描写，比如他详细描绘了伦敦被封锁一个月的境况。在他描绘的一幅幅生动的历史画卷中，曾经出现一位到目前仍鲜为人知的资产阶级大法官，虽然其姓氏遭到外来语影响，拼写有较大变化，我仍然得以辨识他盎格鲁-撒克逊人的身份。总而言之，这部诗集所提供的史实大大填补了史学研究的空白，具有重大的研究价值。

我认为前两版中最大的不足在于欠缺对诺曼军队的刻画描写，此次再版，我着重修改这个部分，并添加不少细节，我主要参考德平先生（M. Depping）有关诺曼人海上征战的作品。如果你和我一样对这段历史感兴趣的话，不妨读一读这部优秀的作品。另外，我还推荐大家阅读令人尊敬的特纳（Turner）所撰写的《盎格鲁-撒克逊人的历史》(*L'Histoire des Anglo-Saxons*)。林加德博士（docteur Lingard）的《英格兰史》(*L'Histoire d'Angleterre*)考学严谨，对中世纪研究十分透彻，也

---

[1] *Mss. des ducs de Bourgogne*, N° 8758. 此诗集收录于弗朗西斯科·米歇尔先生（M. Francisque Michel）于1840年出版的《盎格鲁-撒克逊编年史》(*Chroniques anglo-saxons*)第三卷。

[2] 黑斯廷斯战役（La bataille de Hastings），1066年10月14日，英格兰国王哈罗德的盎格鲁-撒克逊军队和诺曼底公爵威廉的军队在黑斯廷斯（英国东萨塞克斯郡濒临加来海峡的城市）进行的一场战争，以威廉的胜利告终。（译者注）

[3] 一般称之为"征服者威廉"（William the Conqueror, 1027—1087），原为诺曼底公爵，1066年入主英格兰，开启诺曼王朝时代。在法语中，"Guillaume"应译为"纪尧姆"，本书遵从惯常翻译，在涉及"征服者"时，将其译为"威廉"。（译者注）

推荐大家一读。

《诺曼人征服英格兰史》这部作品有许多不足，比如在讲述盎格鲁-撒克逊人和诺曼人的政治体系、公民生活和精神面貌时，我必定还有诸多疏漏，然而诺曼人的征服之战才是作品的重点，如若让其他内容占太多篇幅，喧宾夺主，反而违背我的本意。我在重新校对修改时，始终没有违背这个原则。在我看来，任何一部史学作品都应兼具艺术性和学术性，文本格式、文字风格与史实考证、史学评论应占据同样的地位。

我之所以接受这样一项繁琐艰难的修改任务，主要是为了回馈广大读者。很久以来，我身体羸弱并患有残疾。在修改作品的这15个月，除却身体条件不允许的情况，我均伏案工作、努力完善这部作品。如今这项任务已圆满完成，我心甚慰，然而我还能再创作新的作品吗？在这条漫无边际的史学大道上，我能否迈出我的第三步呢？我实在不敢奢望，但是在有生之年，我一定不会放弃史学研究。年轻气盛之时，史学就是我最大的激情所在；而如今，我已是老弱残躯，百无聊赖之际，史学似乎也成为我唯一的慰藉了。

写于卡尔凯拉讷（Carqueiranne），靠近耶尔小镇（Hyères），1830年2月3日

目　录

- 第三版前言　　　　　　　　　　　　　　　　　　　/ 001
- 绪论　　　　　　　　　　　　　　　　　　　　　　/ 001
- 第一章
  自布列吞人入驻至 9 世纪　　　　　　　　　　　　/ 011
- 第二章
  自丹麦人初次登陆英格兰至其统治结束
  （787—1048 年）　　　　　　　　　　　　　　　/ 062
- 第三章
  自英格兰人起义反抗爱德华的诺曼亲信至黑斯廷斯战役
  （1048—1066 年）　　　　　　　　　　　　　　 / 124
- 第四章
  从黑斯廷斯战役到诺曼人攻占切斯特
  （1066—1070 年）　　　　　　　　　　　　　　 / 178
- 第五章
  从伊利岛避难所的建成到最后一位英格兰起义者的牺牲
  （1070—1076 年）　　　　　　　　　　　　　　 / 235
- 第六章
  从威廉与长子罗贝尔发生争执到威廉离开英格兰
  （1077—1087 年）　　　　　　　　　　　　　　 / 286
- 第七章
  从威廉去世到英格兰人最后一次大规模反抗诺曼人统治
  （1087—1137 年）　　　　　　　　　　　　　　 / 322

绪 论

在漫漫历史长河中,不同人类聚集到同一片土地上,在同一个政府的领导下、同一种文化的熏陶和浸染中,人们在道德、语言、风俗文化方面日趋接近,民族情愫渐渐生成,一个国家悄然诞生。现今,展望整个欧洲,大多数国家已达到高度的领土完整。然而,在每一个欧洲国家,民族的多样性仍然有迹可循。比如,不少偏远地带的居民很难融入普通大众,因为他们在语言、风俗习惯以及政治情感上都存在很大区别。发音的差异、方言的不同构成人们交流的天然屏障,也或多或少地影响着人口的分布。各地的民族差异在以前更为显著,而随着时间的推移,不同民族互相影响、互相渗透,逐步融合为一个新的民族,过去的各族方言也被完整的、规范的语言体系所取代。在历史发展过程中,某些风俗习惯逐渐消逝,未能保留在现代文明中,但是,它们对于史学研究却有着重要的价值。因此,要想还原历史的真相,我们要充分考虑历史的偶然性,各族文明无论是否保留至今,都具有历史意义。

纵观欧洲历史,侵略战争在很长时间内都是这片大陆的主旋律。居住在欧洲大陆及临近岛屿的人们先后来到同一片土地,进行掠夺剥削;他们贪得无厌,不断扩张,只有地形障碍才能阻挡他们贪婪的脚步,只有当地群众的强烈反抗才能终结他们无尽的欲望。在接踵而至的入侵战争中,最古老的民族慢慢消失,不少人携带家人舍弃平原生活,逃进深山,在那里安贫乐道;与此同时,入侵者也在不断遭受侵略,他们沦为农奴,在自己曾经掠夺而来的土地上难以找到容身之地。就这样,欧洲等级划分的雏形逐渐形成,外族入侵者拥有权力,而被侵略民众则长期处于被压迫地位。[1]

在欧洲历史上,发生侵略战争之后,入侵者便会以家庭为单位前往此地,垄断土地所有权,而当地人民只有辛勤劳作、唯命是从才可以保得性命,这样的状况持续了几个世纪之久。1066年,诺曼底公爵纪尧姆,即征服者威廉攻占英格兰,这是西欧发生的最后一次领土之争。至此,入侵战争在西欧画上句点,政治斗争的时代正式开启。与5世纪瓜分罗马帝国的战争相比,威廉入侵英格兰在时间上距离我们更近,史实材料更为丰富;我们可以详细地了解诺曼人入侵英格兰的全过程,英格兰人在此过程中所经历的掠夺和磨难,以及他们为抵抗入侵而做出的顽强抗争。诺曼人征服英格兰之战可谓中世纪侵略战争的范本,有着不可估量的史学研究价值;中世纪战争的影响甚至延伸至今日,比如欧洲地理区域的划分、人民的出身、社会阶层的产生等都是侵略战争的产物。在本书中,我将竭尽所能地为大家绘制一幅力求真实的史诗画卷。

回顾当初,入侵者不断吸纳有志之士,壮大自己的队伍;被侵略者放下武器,不再反抗,回归普通百姓生活。入侵者获得胜利后,成为贵族,统治着劳苦大众;被侵略者失去土地和自由,辛苦劳作,艰难维持生计。随着历史的推进,他们成为社会的不同阶层,表面齐心协力共建文明,实则心存芥蒂,貌合神离。侵略战争后,一些被奴役的民族得以保留部分古老文明,并在此基础上发扬光大;如果随着时间的流逝,政

---

[1] 发生在西方大陆的主要战争在我的兄长阿梅代·梯叶里(Amédée Thierry)的作品《高卢人历史》(*l'Histoire des Gaulois*)一书中有详尽的解释。

权更迭，入侵者所构建的封建贵族统治阶级逐渐没落，被侵略者的处境便慢慢改善，在古老文明被破坏殆尽之后，孕育出新的文明。

历代史学家在解读历史事件时，往往受到自己所处时代的禁锢，用自己惯用的思维方式进行评论，这样难免有失偏颇。封建时期的史学家认为法兰西国王腓力二世[1]时期和查理曼（Charlemagne）帝国的封爵制度如出一辙，这是将通过侵略战争夺取的政权和封建社会的王位世袭制混为一谈了。后来到了君主制时代，史学家们成为王室御用的人才，他们的思想受其身份的影响，往往更加狭隘。他们以最先入侵罗马帝国的日耳曼帝国、12世纪的封建王朝比肩17世纪势力强大的帝国；此外，有关法国的历史，他们也没有足够重视：高卢民族众多，风俗传统各异，经历过多次侵略战争，历经六百年才形成统一的局面。18世纪的历史学家更是深受哲学思想的影响，作为中产阶级发展的见证者，他们深知中世纪的法规和信仰为中产阶级的发展带来了阻力，但由于缺乏冷静的观察，并未意识到当时中产阶级未曾享受正常的公民权利；他们蔑视法律，这有利于发动思想革命，却无益于还原历史真相。总而言之，历史学家总是难以超越自己所处的时代来纵观全局，难以做到真正的客观和公正。

因此，作为史学家，我们需要跳脱所处时代的限制，从而全方位、多角度地向读者解读每一段历史、讲述每一个民族的命运。我们要客观地赋予每一个时代其应有的色彩、历史地位和历史意义，这也正是我完成这部作品的使命所在。为了尽可能地详尽描述和还原历史真相，也为了使人物更为鲜明，我努力查阅了很多原始文件和书籍，以保证万无一失。关于我即将带读者领略的那个时代，民族传统和民间诗歌

---

[1] 腓力二世（Philippe-Auguste，1165—1223），卡佩王朝的第七任君主，西法兰克国王路易七世之子。（译者注）

为我提供了很多线索，帮助我更深入地认识和了解了各地人民的情感、思想和生活方式。

在描述具体历史事件的过程中，我尽可能保持与古代史学家相近的语言风格，因为他们生活在那个时代，是历史的见证者，这样有利于更为真切地还原历史事件。当我需要从全局角度补充疏漏时，我也尽可能保留给予我灵感的作品原文。全书采用叙事手法进行撰写，为保持风格一致，文中尽量避免在叙事过程中穿插评论，以给读者更好的阅读体验。另外，书中会对个别人物进行重点描写，我认为国家的政治命运与人民的命运息息相关，通过描述重点人物的经历，可以窥探当时的社会状况，因此，我选择以讲故事的方式来生动地呈现历史事件、人物和环境。

针对诺曼人入侵英格兰这一历史事件，我将详细描写英格兰人面对侵略所进行的举国抗争，旨在更真实地展现诺曼人和英格兰人之间的所有往事。由于民族性格具有顽固性，两个民族在风俗传统、生活习性和语言方面存在诸多差异，经过多年的磨合，才最终建立统一的法律法规和语言体系。这出在不列颠岛和法国盛大上演的"史剧"，为英格兰带来了深远的影响，改变了海峡两岸人民的命运，也使生活在这片土地上的人们受到了前所未有的瞩目，然而由此产生的民族融合问题却并没有得到应有的关注。为了抵制入侵，反对民族融合，一场政治运动应运而生，并引发了一系列重大历史事件，直至今日，不少人仍然错误地界定问题的本质，他们认为个别人物或者一些偶然因素是引发这些历史事件的关键所在。本书将对此问题进行深入研究，力图为读者揭开欧洲种族和民族融合问题的神秘面纱。

从宏观角度来看，这部作品对科学发展也应该大有益处。我将在这部作品中详尽说明有关威尔士人、爱尔兰人、苏格兰人、布列塔尼人、诺曼人，尤其是卢瓦尔河[1]和罗纳河[2]两河流域居民的历史。在关注重大历史事件的同时，我还对鲜为人知的各地民间故事十分感兴趣，因为我试图将枯燥无比的战争故事讲得妙趣横生，用诙谐的语言摒除对某段历史的偏见。事实上，现代强国都是古时侵略战争的产物，古老的王国被侵略者摧毁，他们在残留的旧制度上建立起新的国家；而有很多民族却因为遭受入侵战争而失去自由，甚至失去原有民族的名称，在编写这本书的过程中，我对这些民族深表遗憾。作品撰写过程中偶尔过甚其词，但整体是以呈现伟大欧洲文明为终极目标的。在致敬伟大欧洲文明、赞美欧洲文明造福人类之时，我们也应向那些未能受到历史眷顾保留至今的文明致敬，如果足够幸运，这些文明本也可以在世界范围内发扬光大。

  本部作品描述史实的方式和其他现代史学家有所差别，上文的解释只为消除读者们的困惑。现代史学家描述时遵循从战胜者到战败者的顺序，他们会不自觉地给予战胜者一方更多的关注，而且故事往往以胜者加冕作为结局，却忽视后续人民为了争取自由而进行的一系列抵抗运动。读者们或许阅读过其他英格兰史书，大家不难发现，大多数史书对征服战争的描写到了黑斯廷斯战役和威廉加冕就戛然而止，对于英格兰百姓此后的经历却往往只字不提。所以，本书有义务向英国人民揭示11世纪时他们的祖先是如何拒绝屈服，为民族自由和国家复兴而奋起反抗的。

---

[1]卢瓦尔河（Loire）流经法国中部地区，源出临地中海岸的塞文山脉南麓，西北流至奥尔良，折向西流，在南特形成长而宽的河口湾，于布列塔尼半岛南面注入大西洋。（译者注）
[2]罗纳河（Rhône）发源于瑞士伯尔尼山的罗纳冰川，先由东向西流经日内瓦湖后进入法国境内，转向南流，穿过汝拉山后又转向西流，至里昂后又转向南流，最后在马赛以西50千米处注入地中海。（译者注）

在大多数人的眼中，暴力入侵一个国家似乎是一个简单的过程，但实质上，一个伟大的民族绝不会轻易被征服。人们总有一些奇怪的误解，习惯把国王即征服者的个人经历看作整个被入侵国家的历史，殊不知即使已经不存在任何复辟亡国的可能，爱国情感也总是长久地存在于被征服民族的心中；因为这种情感的存在，大批的爱国志士仍然屹立在祖国的深山和丛林，伺机发动反抗斗争，人们也会由衷尊敬那些为国捐躯的烈士们。希腊便是一个很好的证明：同英格兰一样，希腊民族在遭到奥斯曼帝国的入侵之后，奋勇抵抗，最终摆脱奥斯曼帝国的统治，建立了独立王国。我在翻阅传记故事和民间诗歌时，发现突厥人统治的希腊王国[1]和诺曼人统治的英格兰拥有诸多相似之处，关于盎格鲁-撒克逊这个民族也有了新的认识。两者的相似之处不仅仅是同样遭受外族入侵，两个民族更是都拥有顽强的民族独立精神和坚定的信仰，他们极度仇恨入侵者，对举国投降之时仍然坚持抗争的勇士交口称赞。所以，这本书在详细描述人民反抗斗争的同时，也可以为人类思想研究提供些许灵感。

战后英格兰的多民族状况为我们揭开了诸多未知的神秘事件，同时也为没有被正确解读的已知事件提供了全新的视角，赋予其全新的意义。亨利二世[2]和大主教托马斯·贝克特[3]之争即为其一。我们在这部作品中将看到对此的全新解读。对于两个著名人物的争斗，如果

---

[1] 参阅法里尔先生（M. Fauriel）的《希腊现代民间诗歌》(*Chants populaires de la Grèce moderne*)。

[2] 亨利二世（Henry II, 1133—1189），英格兰金雀花王朝的第一位国王（1154—1189年在位）。他主张提高王室法庭的地位，把大部分司法权力集中于国王手中，是第一个向教士司法特权正式宣战的国王。（译者注）

[3] 托马斯·贝克特（Thomas Becket, 1118—1170），英格兰国王亨利二世的大法官兼上议院议长。1161年被亨利二世任命为坎特伯雷大主教，为表示自己"不可能同时效忠两个主人"的决心，贝克特处处与亨利二世对着干，最终激怒了亨利二世。（译者注）

只是一味贬低柔弱不幸的一方，那就意味着没有正确地解读事件，没能意识到两人互生恨意的真正原因。史学家们并没有公正地看待贝克特之死[1]，6个世纪之后，18世纪的史学家们还在就此进行激烈的讨论，然而人们还是没能真正认识到亨利二世决定对付贝克特的动机。就如我们在这本书中即将看到的，亨利二世并非公民的国王，他不是宗教独立的拥护者，不是教皇统治的反对者，只是对贝克特的憎恶之情使得他成为被教皇干预施政的历史第一人而已。

这场发生在诺曼底第五代国王和征服战争之后的第一个英格兰血统的大主教之间的矛盾，如果说其根源还是存在于征服者和被征服者之间的隔阂，那么亨利三世[2]统治期间的大规模内战也应该属于民族之争而非政治斗争。归根究底，民族之间的战争或多或少源于内心的恐惧，诺曼人在一个世纪前对英格兰百姓剥削、压榨，如今的他们却面临着同样的危机：贵族对于英格兰人民起义的恐惧，对于既得财产被掠夺的恐惧，对于被普瓦图人（Poitevins）、阿基坦人（Aquitains）和普罗旺斯人（Provençaux）夺走统治权力的恐惧。英格兰贵族之所以发动反对英格兰国王的起义，也纯粹是为了保护自己的利益，而并非有夺权的野心。英格兰百姓害怕遭受新的入侵战争，因此支持这场由贵族发动的反抗运动。可见，在当时的英格兰，恐惧心理存在于每个人的心中，不管是穷人还是富人，不管是英格兰人还是诺曼人。

我深入研究中世纪侵略战争所带来的政治现象，密切观察宗教在其中所扮演的角色，并开始重新审视教皇权力的发展和天主教的统一。

---

[1] 1164年，亨利二世试图把教会的司法权收回，与托马斯·贝克特发生了冲突。贝克特请求教皇干预，激怒了亨利二世。1170年12月29日，在亨利支持下，四个男爵骑士在坎特伯雷大教堂刺杀了贝克特。（译者注）
[2] 亨利三世（Henry III，1207—1272），英格兰金雀花王朝国王（1216—1272年在位），亨利三世为了发动战争，一再向贵族征收军费，激起了贵族的武力反抗。（译者注）

直到今天，史学家都是以形而上学的方式来说服人们认同其对教皇权力的解释。殊不知即使教皇没有做军事讨伐，他们也和几乎所有的大规模入侵及入侵者乃至异教徒所获得的财富有着千丝万缕的联系。从5世纪到18世纪，罗马帝国和战争发起人在所有侵略战争中均有获利。独立教堂在基督教盛行的欧洲遭到摧毁，罗马教堂开始真正盛行起来。在中世纪，罗马教廷称国家独立教堂的神职人员为异教分子。作为基督教精神自由的一部分，独立教堂应该像国家一样，保持教堂统治和教义教规的独立性，然而其神职人员一旦受到威胁便轻易屈服，其原因引人深思。

最后，我想要就这部作品的构成简单说几句。就如书名所说的一样，我们即将看到有关诺曼人入侵英格兰事件所有的细节。故事分为两个部分：一部分叙述入侵战争发生之前，一部分叙述入侵战争所引发的后果。在具体介绍"登场"人物之前，我先将发生不同场景的"舞台"介绍清楚，所以我会带着读者到英格兰和英格兰以外的欧洲大陆到处游览。书中会详细讲述战争起源、国内外状况、早先英格兰人民和诺曼底公爵之间的关系，以及这些关系是通过怎样的偶然才变得越发复杂化直至使双方变为敌人，进而导致战争的爆发。黑斯廷斯战役标志诺曼人的胜利，而此次战役的部署、发展和所引发的后果则成就了此后的辉煌时代。

首先迎来的是入侵阶段，这一阶段开始于1066年10月14日的黑斯廷斯战役。这一年，英格兰这片领土自四面八方迎来众多入侵者，直至1070年，英格兰所有的反抗据点都被摧毁，顽强不屈的抗争者们或举手投降，或远走他乡。第二个阶段为入侵战争后的政治征服阶段。在这段时期，征服者进行了一系列尝试，想要瓦解英格兰尚存的国民精神，使其原有的民族特性消失。这一阶段结束于1076年，以英格兰最后一位统领之死和最后一位主教的降级为标志。在第三阶段,战胜者规整战后的国家秩序,将俘虏士兵合法化。这一阶段结束于1086年,以一次大规模阅兵为标志。所有士兵在阅兵中向国王宣誓表示忠诚,这是这些士兵第一次以新建国家的名义出现。第四个阶段为国家内战阶段,纠纷起因是土地占有权和土地分配权。这个阶段长于先前三个阶段,直到1152年才结束,直到这一年,所有英格兰王位的垂涎者才被全部消灭,其中当然不包括安茹公爵杰弗里(Geoffroy)和玛蒂尔达[1]的儿子亨利二世。最后,在第五个阶段中,英格兰及欧洲大陆的诺曼人不满现有状况,开始向外扩张,实行霸权主义。亨利二世和其继承者理查一世[2]是这个时代的代表,他们不断进行领土和政治入侵,欧洲大陆战乱不断。直至13世纪初,实力日渐强大的英格兰遭到了各国的强烈反对,英格兰国王、贵族和骑士最终失去了他们的"祖国"——诺曼底公国。

以上每一个历史阶段都见证了盎格鲁-撒克逊民族命运的发展变化。在失去土地所有权之后,其古老的政治机构和宗教组织也逐步退出了历史舞台;有勇之士奋起反抗,英国人民得以短暂地重获土地,民族有了重获新生的希望,尽管最终证明一切努力都是徒劳,但是通过武力重获自由的尝试并没有终止。最终,盎格鲁-撒克逊民族也终止了自己的政治使命,失去了作为一个独立国家的属性,成了被统治阶层。人们几乎不再进行反抗,当代作家将少有的局部反抗写成是穷人和富人之间的矛盾纠纷。1196年,英格兰人的后裔在伦敦发动暴乱,

---

[1] 玛蒂尔达(Mathilde,1101—1167)是英格兰国王亨利一世(1100—1135年在位)的女儿、神圣罗马帝国皇帝亨利五世的妻子。亨利五世死后,她又嫁给了安茹伯爵若弗鲁瓦五世,两人的儿子即后来的英格兰国王亨利二世。(译者注)
[2] 理查一世,(Richard I,1157—1199),英格兰金雀花王朝的第二位国王(1189—1199年在位),人称"狮心王"。(译者注)

彻底为诺曼人的征服战争画上句点。

诺曼人征服英格兰的故事介绍至此，接下来我会简洁地介绍出现在历史舞台上的各个民族的历史。各个民族的历史大致相同，他们奋起反抗入侵者，引发政治和军事连锁反应，反抗失败之后，入侵者对他们实施政治统治和民族同化，直至两个民族、两种语言、各地风俗最终融合在一起。我想要向大家展示的是这些民族在奋起反抗强大入侵者之时所体现的伟大民族精神。在本书的最后，我会就每一个民族写一个篇章，先是法国人，之后是英国人；英国人中我会先行介绍民族精神异常强大的威尔士人，他们曾在一次领土入侵中幸免于难；接着是从来没有遭受过领土入侵的苏格兰人，他们在之后的政治斗争中非常活跃；接着是爱尔兰人，没有像英格兰人一样变为农奴，他们选择对摇摇欲坠的民族自由紧抓不放，代价便是失去了每日的和平、每一个家庭的安乐和属于自己的民族文化；最后是有着诺曼人和撒克逊人血统的英格兰人，其血统的不同与阶级的差异有着直接联系，但这种差异已日渐弱化。

最后，我将对本书中的一个革新做出解释。史学家在其作品中一般使用入侵者家族及其后代名字的英文拼写，以减少民族差异；而本书则精心保留每一个诺曼底名字的原有拼写方法，以更加凸显地区特色。这不仅仅是满足读者的好奇心，更是本着还原真实历史的目的而进行的改变。同时，那些诺曼人入侵之前的英文名字和日耳曼人统治时期的法文名字也都原封不动地保留了下来。本书将避免用现代化的表达方式来描述中世纪历史，避免用现代的头衔称号来解释中世纪政治头衔的差异。因此，本书力求最大程度保留其时代特有的语言拼写和专有名词，以尽最大可能将所有政治事件和各地风俗习惯的原貌还原。本书一直尝试保持严谨的研究态度，客观描写每一个历史时期的特点，保留其原始的表达方式，以竭尽所能地为读者还原历史事实。

第一章
自布列吞人入驻至 9 世纪

根据古老的传说，如今的英格兰和苏格兰在最初有着美丽的名字"绿丘之地"（Vertes collines），后来名为"蜜之岛"（l'île du Miel），第三次更名为"不列颠岛"（Bryt ou de Prydain）。[1] 后来的"不列颠尼亚"（Bretagne）似乎也是来源于这个拉丁语化的单词"Prydain"。远古时代开始，凡是到访过"不列颠岛"或者"不列颠尼亚"的人，都会发现这片区域自东向西，以福斯河（Forth）和克莱德河（Clyde）为天然屏障，被分为两片不均等的土地。北部被称为"阿尔本"（Alben [2]），意为"山地"，西部被称为"坎布里亚"（Kymru），而东部和南部则被统称为"利古里亚"（Lloëgr）。[3] "阿尔本"是因为地势而得名，而"坎布里亚"和"利古里亚"则不然，它们来源于共同居住在岛屿南部的不同民族"坎布里亚人"（des Kymrys）和"利古里亚人"（des Lloëgrys [4]），按照拉丁文的写法，分别为"Cambriens"和"Logriens"。

坎布里亚人声称自己是最早到达不列颠岛的人类：他们自欧洲最

---

[1] *Trioedd ynys Prydain*, n.I; *Myvyrian archailology of Wales*, vol.II, p.57.
[2] 也可称为"Alban"或者"Albyn"；拉丁文为"Albania, Albanie"。
[3] "坎布里亚"和"利古里亚"的拉丁文分别为"Cambrie"和"Logrie"。（译者注）
[4] 更准确的写法为"Lloëgrwys"。

东边，穿越北海（Océan germanique）[1]而至。其中一些坎布里亚人在法国加莱（Calais）登陆，另外一些则在对岸的多佛尔海峡[2]登陆。根据坎布里亚传说，他们到达时，岛屿上只有熊和牛等野生动物，并不存在其他人类。[3]他们未曾动用武力，更没有引发战争，便在岛屿上安定下来，从而成为第一批人类居住者。[4]然而，坎布里亚人所述并无历史依据，而且据推断，他们极有可能在岛上发现了语言不通的外族人民，并从他们手里夺取了岛屿。在一个不知年代的废墟中，我们发现了狐狸和野猫的雕像[5]，却未曾见到寻常的猎狗雕像，这种习俗来自某个已经没落的狩猎民族，他们很有可能才是最早到达不列颠岛的人类。此外，坎布里亚语中还有不可计数的外文地名。以上种种都足以证明坎布里亚人并非最早到达不列颠岛的人类，他们不断从岛屿东部登陆，原先的土著居民受到侵略和驱逐，不得不往岛屿的西部和北部迁移。

一部分土著居民横渡爱尔兰海，到达了伊林岛（Erin）[6]以及其他西部群岛，岛上居民和不列颠岛的土著居民语言相通，属同一民族。另外一部分人则向北退散，隐居到北部深山中。高山从克莱德河岸绵延至岛屿最北部，他们在这里定居下来，即如今的盖尔人[7]。于是，住在深山的土著居民，和不断从伊林岛移居至此的人，共同构成了不

---

[1] 今天的北海，法文为"mer du nord"。（译者注）
[2] 拉丁文为"fretum gallicum"或者"fretum morinorum"，法文为"Pas-de-Calais"，英文为"Strait of Dover"。
[3] *Trioedd ynys Prydain*, n.I; *Myvyrian archailogy of Wales*, vol.II, p.57.
[4] *Trioedd ynys Prydain*, n.I; *Myvyrian archailogy of Wales*, vol.II, p.58.
[5] *Horæ Britannicæ*, t.II, p.31 et p.327. 这些废墟一般被称为"Cyttiau y Gwyddelad"，也就是"盖尔人之屋"。参见 Edward Lhuyd, *Archæologia Britannica*.
[6] 指现在的爱尔兰。（译者注）
[7] 盖尔人（Gaëls ou Galls），又称戈伊德人。盖尔人的族源与苏格兰人相同，主要由皮克特人与斯科特人结合而成。（译者注）

列颠群岛的北部居民。他们与居住在南部平原地区的人水火不容，敌对关系世代相传。不过，上述人类的迁移时间并未得到证实，因此并不精准。根据不列颠编年史，此后，利古里亚人乘船抵达岛屿，并在南部登陆，不过确切的时间依然不得而知。[1]

按照编年史所述，利古里亚人从法国西南海岸迁移至不列颠岛。利古里亚人的先辈应当是坎布里亚人，两族人民语言相通，交流起来全无障碍。[2] 先到达岛屿的坎布里亚人，或出于自愿（根据坎布里亚传说所述，但可信度不高），或被武力征服（可信度较高），迁移至西海[3] 沿岸，以给新到的利古里亚人让出领地。至此，不列颠岛的中西部被称为"坎布里亚"。与此同时，利古里亚人占领岛屿的东南平原地带及海岸，并将此地命名为"利古里亚"。在那之后，又有第三族人民迁移至此，他们的祖先同样是坎布里亚人，他们或是讲着完全一样的语言，或是讲着鲜有差别的方言。他们原本住在介于塞纳河（Seine）和卢瓦尔河之间的高卢西部区域。与利古里亚人一样，他们未经任何争议，就在不列颠岛定居下来。当时的年鉴和诗歌中，常常用"布列吞人"（Brythons ou Bretons）来笼统地称呼不列颠岛的所有居民，也是因为这第三族移民。他们在坎布里亚和利古里亚北部安定下来，靠近盖尔人的领地，位于福斯海峡（golfe de Forth）和索尔韦海峡（golfe de Solway）的中间，但这仅是推测，具体驻守的地方我们并不确定。

至此，先后有三个民族在不列颠岛定居，他们的祖先同是坎布里

---

[1] *Horæ Britannicæ*, t.II, p.292-300. *Trioedd ynys Prydain*, n.5; *Myvyrian archaiology of Wales*, vol.II, p.58.

[2] *Horæ Britannicæ*, t.II, p.292-300. *Trioedd ynys Prydain*, n.5; *Myvyrian archaiology of Wales*, vol.II, p.58.

[3] 此处应指"爱尔兰海"。（译者注）

亚人。时间流逝,他们有时迎接外族和平友善的造访,有时遭受怀有敌意的侵略。比如,因为遭遇特大洪水,佛拉芒[1]民众不得不离开家乡,来到不列颠岛寻求庇护。他们乘坐无帆小船,在怀特岛(Wight)及其附近海岸登陆。他们原本是不列颠岛友好的客人,后来却逐渐演变为侵略者。[2]根据编年史记载,属于条顿人(Teutone)一支的克里塔尼人(Coraniens)从"沼泽之地"[3]而来,自亨伯河(Humber)入口处形成的峡湾进入,主要在亨伯河流域以及东海岸边定居,并由此将利古里亚人的领土分为两个部分。此外,恺撒大帝(Jules César)带领的罗马军团在岛屿东部的肯特(Kent)登陆。利古里亚人以战车为掩护,对罗马军团进行了顽强的抵抗。然而由于外族人民(主要是克里塔尼人)的叛变,罗马军团长驱直入岛屿腹地,很快占领坎布里亚和利古里亚。史书记载,罗马军团被称为"恺撒大军","罗马要求不列颠岛每年上缴3000磅白银作为贡品。"[4]如此镇压岛屿四百年后,恺撒大军才从岛屿撤离,返回罗马以抵御游牧部族的侵略。他们离开时,仅留下妇女和儿童,这些人后来也成为坎布里亚人。"[5]

在罗马人镇压不列颠岛的四百年间,他们不断扩大侵略范围,掌控岛屿南部。当初,不列颠岛的土著居民为抵御坎布里亚人侵略,逃往北部深山,并以山脉为界,和第三族移民一样,罗马军团未能向北进犯分毫。过去受到坎布里亚人驱逐、如今住在山地的盖尔人在罗马人控制不列颠岛期间始终未受侵犯,而岛屿南部则全部沦陷,过去的

---

[1] 佛拉芒(Flandre)是比利时西部的一个地区,又译为"佛兰德"人口主要是佛拉芒人,说荷兰语。(译者注)
[2] *Trioedd ynys Prydain*, n.6; *Archailology of Wales*, vol.II, p.58.
[3] *Trioedd ynys Prydain*, n.7; Ibid.
[4] *Trioedd ynys Prydain*, n.8; Ibid.
[5] *Trioedd ynys Prydain*, n.8; Ibid.

侵略者如今也沦为被镇压者。盖尔人不止一次顽抗罗马鹰旗军团的入侵，在此期间，他们对于南部的仇视不断加深。在南部市镇，他们看到恢宏壮观的宫廷庙宇，心生怨念并掠夺抢劫，已然水火不容的南北关系更加恶化。每年春天，阿尔本或者卡里多尼亚[1]的居民用柳枝编织成船，包裹上动物皮革，横渡克莱德河。罗马人对于他们甚是畏惧，迫于他们的威胁，同意在领土分界线上建立坚实的、附有塔楼的长城。长城横跨整个岛屿，连接大西洋和北海。[2]盖尔人的进攻频繁而又野蛮，他们名声在外，拉丁语作家似乎已经忘记他们"盖尔人"的称呼，常常用"斯科特人"（Scots）或者"皮克特人"（Pictes）来称呼他们。

伊林岛在罗曼语中又叫"伊贝尔尼"（Hibernie），我们则用"斯科特人"来称呼伊林岛的居民。不列颠岛北部山地居民和伊林岛居民血脉相连，交往频繁，因此他们被共同称作"斯科特人"也并不奇怪。在不列颠岛，我们将住在西北海岸和群岛的人称为"斯科特人"，而将住在东部，靠近北海的人称为"皮克特人"。斯科特人和皮克特人被看作是同一民族的两个分支，他们的领地被格兰扁山脉（Grampiens）隔开。山脚下，伟大的北部森林[3]领袖卡尔加库斯（Gallawg）曾英勇对抗罗马军团。斯科特人和皮克特人生活习惯迥异：斯科特人作为山地居民，主要以打猎和放牧为生；而皮克特人住在平原，驻地相对稳定，他们建立坚固的房屋并且擅长农耕。至今，一些废墟中还能找到皮克特人生活的痕迹。斯科特领袖驻守泰河（Tay）入口，皮克特人领袖则

---

[1] 卡里多尼亚（Calédonie 或 Caledonia），布列塔尼语为"Calyddon"，意为"森林之地"。
[2] 分别名为"安东尼长城"（vallum Antonini）和"哈德亚尼长城"（vallum Hadriani），后者之后更名为"塞韦里长城"（Severi）。
[3] 即为"卡里多尼亚"。

驻守阿尔盖（Argyle）湖畔，两族人民在不需要结盟对抗南部敌人时，关系也并非无懈可击，但只要需要联合围剿南部敌人，他们定会统一战线，共同进退。这让岛屿南部居民和罗马军团又是恐惧又是懊恼，因为他们始终无法打破斯科特人和皮克特人结成的联盟。[1]

罗马军队撤离不列颠岛，回到罗马以抵御哥特人（Goths）的侵略。布列吞人不再承认外族统治者的职权，各级行政单位也失去其存在的意义，被罗马人取缔的各个部落的首领再次崛起。[2] 由诗人们妥善保管的家谱再次问世，成为选拔家族（famille）或者地区（canton）首领的主要依据。事实上，亲属关系是形成社会结构的基础，因此，在古代语言中，"家族"和"地区"本是近义词。[3] 在不列颠岛，即使是最底层的人民，也把自己的出身和血统铭记于心，而在其他民族，只有最富有的、最有地位的人才会如此。[4] 每一个布列吞人，无论富贵或是贫穷，都会认真保存自己的族谱，只为在其出生地享有各项公民权利，特别是土地所有权。归根结底，几乎所有部落都由同一个家族发展而来，任何不是此家族后裔的人都无权拥有一分一毫的土地。

各个部落的首领或是通过选举，或是通过世袭而产生，由此，不列颠岛形成同盟。根据编年史所述，布列吞人在摆脱罗马军团的统治之后，首次考虑在诸位部落首领中选举一位德高望重之人，作为整个岛屿的首领。这项改革本可以将布列吞人团结起来，让他们一致对外，然而结果却恰恰相反，新的制度带来的是各个民族的分离和整体实力的削弱。岛屿南部的坎布里亚人和利古里亚人都认为自己的民族才有

---

[1] Gildas, de *Excidio Britanniæ*, passim.
[2] *Zosimus*, apud Script.rer.gallic. et francic., t.I, p.586.
[3] Laws of Hywel Dda; Cambro-briton, vol.II, p.298.
[4] Giraldi Cambrensis Cambriæ description, cap.XVII; Camden, Anglica, Hihernica, etc., p.890.

权利指定首领人选。彼时，行政中心所在地是被称为"伦蒂尼恩"[1]的城市，也被称为"军舰之城"（ville des vaisseaux），位于利古里亚人的领土范围内，这为利古里亚人推选首领提供了有利条件。然而，坎布里亚人认为自己的民族是最早来到岛屿的人类，因此最高统治者的人选理应来自他们族内。罗马统治不列颠岛长达四百年，在此之后，坎布里亚人一直觊觎岛屿最高统治者的职位。他们指定了一位名叫"普利登"（Prydain）的人担任首领。按照他们的说法，普利登的父亲奥德（Aodd）曾经统一整个岛屿，建立政府、发布政令，并明文规定不列颠政府必须由坎布里亚人领导。[2]这样的言辞显然难以服众，住在岛屿东南部的利古里亚人又编纂出另外一个版本的故事。总而言之，两族争端难以缓解，整个岛屿陷入内战。企图进犯不列颠岛的外族军队向来仇视坎布里亚和利古里亚这两大民族，他们在一旁煽风点火，让内战之火始终难以熄灭。不列颠岛的各个民族不断推举首领，但每一位都遭到其他民族的反对。岛屿内部分裂，没有任何一支有力的军队代替罗马军团来守卫边界，抵御北部盖尔人的入侵。

至此，不列颠岛可谓内忧外患。北部的皮克特人和斯科特人突破罗马军队先前修建的长城，来自北海海域的海盗更是猛烈袭击沿海一带。暴风雨来临之际，护卫舰暂时返回港口，海盗们趁机登陆并且突袭岛屿。他们在海上进攻毫无防范的小船，在陆地上更是大肆掠夺，他们的船只满载战利品后方才离开。一些部落积极抵御盖尔人及日耳曼人[3]的进攻，并取得胜利。南部沿海一带的布列吞人与高卢交往甚

---

[1] 伦蒂尼恩（Lon-din），又称罗马伦敦，约公元43年建于今伦敦城一带的居民地。有赖泰晤士河上的桥梁，伦蒂尼恩发展为道路枢纽和主港口，是罗马帝国布列颠尼亚行省的重要商业中心，及至5世纪衰亡。（译者注）
[2] *Trioedd ynys Prydain*, n.2; *Archaialogy of Wales*, vol.II, p.57.
[3] 此处"日耳曼人"主要指代北欧的海盗。（译者注）

密，他们求助于外援。罗马军队几次从高卢来到岛屿，修复先前阿德里安（Adrien）和塞维鲁（Sévère）所修建的长城，帮助布列吞人对抗敌人。[1]但是很快，罗马军团在高卢中部、东部和北部受到外敌袭击，另外，西部沿海地区的高卢人起义造反。[2]于是，罗马军团不得不撤出高卢，回到意大利整顿。自那之后，布列吞人再未得到任何来自罗马的援助。[3]

在此期间，利古里亚人沃蒂根（Guorteyrn[4]）成为不列颠岛的首领。他曾几次召集岛屿各部落首领，和他们共同制订抵御北部敌人侵略的方案。然而，在诸次会议中，大家的意见始终难以统一。无论沃蒂根所提议的方案如何，总遭到坎布里亚人的强烈反对。于是，沃蒂根利用其首领特权，忽略坎布里亚人的意见，听从一些部落首领的建议，引进外国军队，给予津贴，授予土地，以此为报酬，让其为不列颠岛效命，抵御皮克特人和斯科特人的进攻。[5]坎布里亚人认为求助外军是懦弱的表现，因此并不赞同这项决策。最终，由亨吉斯特（Henghist）和霍萨（Horsa）[6]带领的日耳曼海盗船队如期抵达岛屿，他们的登陆地点和过去的罗马军团相同，都是在肯特的东边。

亨吉斯特和霍萨所带领的日耳曼海盗属于朱特人[7]，他们此番前来

---

[1] Gildæ Hist., cap.XII, apud rer. anglic. Script., t; I, p.4, ed. Gale.
[2] Zosimus. Apud Script.rer.gallic. et francic., t.I, p.587.
[3] Gildæ Hist., cap.XVII, apud rer. anglic. Script., t; I, p.6, ed. Gale.
[4] 坎布里亚人的写法为"Gwrthevyrn"。盎格鲁-撒克逊史学家则写作"Wyrtegern"或者是"Wortigern"，两种写法发音一致。
[5] Trioedd ynys Prydain, n.9; Myvyrian archailology of Wales, vol.II, p.59.
[6] Chronicon saxonicum, ed. Gibson, p.12. 根据撒克逊语，拼写为"Hengist"。"Hengist"意为公马，而"hors"也可写作"hros"，也是马匹的意思。一般来说，撒克逊语中，源自日耳曼语的专有名词中的"gh"往往被"g"取代。
[7] 朱特人（Jutes ou Iutes），日耳曼人的一支，和盎格鲁人、撒克逊人是当时最强大的三个日耳曼分支。（译注）

不为烧杀抢掠，只为商谈合作事宜。位于易北河北部的北海沼泽一带形成多族联盟，他们自称是撒克逊人[1]或是"手持长刀之人"(hommes aux longs couteaux)，朱特人便是该联盟中的一员。此前，同类型的多族联盟已在条顿人[2]中形成，他们曾联合一致抵抗罗马军团的进攻，其中包括阿勒曼尼人[3]联盟的"杰出军团"(hommes par excellence)和法兰克人联盟的"不败神话"(rudes aux combats)。[4]亨吉斯特和霍萨所率领的三艘船舰到达不列颠岛后，沃蒂根让他们招募将士以培养一支有力的军队。向来骁勇善战的撒克逊人接受此项提议，并希望得到肯特河岸边一座叫作"塔内"(Tanet)的小岛作为回报。塔内岛一侧靠海，另一侧流经的河流分为两条支流。后来，新的移民乘坐17艘船舰从北部而来，他们按照亨吉斯特和霍萨两兄弟的指令，根据本族习俗，将塔内这座小岛的土地进行分配。这些撒克逊人从雇佣他们的布列吞人那儿获得了一切生活必需品，并且多次英勇地击败皮克特人和斯科特人，竖起以白色马匹为标志的战旗。白色战马具有象征意义，和两位领导者的姓名也相得益彰。北部高山部落来袭，人数众多，他们手持长矛，但面对以斧头为武器的撒克逊人时，往往落荒而逃。[5]撒克逊人战功赫赫，布列吞人十分倚重他们。一位诗人这样写道："我们真

---

[1] 撒克逊人(Saxons)，日耳曼人的一支，早年分布在德国境内的下萨克森一带，5世纪入侵不列颠岛。(译者注)
[2] 条顿人，日耳曼人的一支，前4世纪时大致分布在易北河下游的沿海地带，后来逐步和日耳曼其他部落融合。(译者注)
[3] 阿勒曼尼人(Alamans)，日耳曼人的一支。最初是由几支零星的日耳曼部落组成。213年罗马进攻阿勒曼尼人的记载中，最早提到此名。其后数十年中，他们对罗马诸行省的威胁日趋严重。496年被克洛维征服，并入法兰克王国。法语与西班牙语中"德国"(Allemagne, Alemania)一词即衍生于这一支人的名称。(译者注)
[4] *Lettres sur l'histoire de France*, letter VI.
[5] Henrici Huntindoniensis Hist., lib.II, apud rer.anglic. Script., p.309, ed. Savile.

心期盼撒克逊人的到来，他们铲除敌人，与我们共庆胜利。"[1]

然而，撒克逊人和布列吞人之间的情谊并未持久。很快，撒克逊人不满现状，打破契约，索要更多的土地、金钱以及生活用品，并且威胁布列吞人，如若此等要求不能得到满足，他们将通过窃取和掠夺来获得。[2]他们从撒克逊联盟中临时调集多名将士，恐吓布列吞人。随着移民不断增加，肯特海岸聚集了大量撒克逊人，先前分配的土地不再能容纳所有人，约定的领土界限也不再作数。布列吞人既畏惧撒克逊人，又需要其军队的援助，对他们一直以礼相待。双方不断签署新的条约，却很快再次打破。[3]这样的联盟自然不堪一击，撒克逊人后来选择与皮克特人结盟。皮克特人武装南下，牵制南部的布列吞人。撒克逊人借此机会从东往西，深入岛屿腹地，驱赶布列吞人，逼迫他们降服。然而，布列吞人不甘示弱，顽强抵抗，有一次，他们反攻，将敌人击退至海岸边，撒克逊人不得不暂时离开岛屿。不过，他们很快卷土重来，并占领泰晤士河（Tamise）右河岸的大量土地，在那里安营扎寨。两位首领中一人战死，[4]另外一人从战争领袖转变成为地方首领。[5]他的"省份"，或者根据惯用语，他的"王国"，被称作"肯特王国"，撒克逊语中写作"Kent-wara-rike"[6]。

在撒克逊人首次登陆不列颠岛22年后，另一位撒克逊首领埃拉（Ælla），带领三艘船舰来到肯特南部，将布列吞人往北和西驱赶，并

---

[1] 当时不列颠的国歌。*Arymes Prydein vawr*; *Cambrian register*, for 1796, p.554 et suiv.
[2] Gildæ Hist., cap.XXIII, apud rer. anglic. Script., t; I, p.8, ed. Gale.
[3] *Arymes Prydein vawr*; *Cambrian register*, for 1796, p.554 et suiv.
[4] Nennii Hist. Birton, cap.XLVI, apud rer. anglic. Script., t.I, p.110, ed. Gale.
[5] Le glossaire saxon d'Edward Lye.
[6] 在撒克逊编年史中，则将其中的"k"写作"c"，即"Cant-wara-rice"。*Henrici Huntind. Hist.*, lib.II, apud rer. anglic. Script., p.310 et 311, ed. Savile. *Bedæ presbyteri Historia ecclesiastica*, lib.II, cap.XV.

建立起第二个殖民地,名为"南撒克逊王国"。18年之后,策尔迪克（Kerdic[1]）带领有史以来最强大的一支军队横渡大洋,来到不列颠岛。他们在南部海岸登陆,在南部撒克逊王国西边建立第三个王国,名为"西撒克逊王国"（Saxe occodentale[2]）。策尔迪克之后的首领一步一步地扩大领土范围,逼近坎布里亚人的边境萨维尔纳（Saverne）,坎布里亚人面对撒克逊人的侵略,顽强抵抗。与此同时,其他移民在东海岸登陆,夺取泰晤士河东岸以及伦敦,并且把所占领的领土命名为"东撒克逊王国"（Saxe orientale[3]）。不列颠岛所有的殖民地原本都属于利古里亚人,而正是他们当初邀请撒克逊人前来抵御外敌,这可谓引狼入室。

伦敦沦陷,利古里亚落入撒克逊人之手。此时,不列颠岛的首领和各部落首领均为坎布里亚人,他们带领岛屿居民抵抗外敌侵略,其中亚瑟王（Arthur）在多场战役中战胜撒克逊人。然而,纵使多次立下战功,他也和沃蒂根一样遭到很多人的反对。亚瑟王一边抵抗外敌入侵,一边提防内部敌人,最终还是死于他侄子的刀下。亚瑟王受重伤而亡,去世后被运往位于萨维尔纳海湾以南的阿瓦隆[4],也就是今天的格拉斯顿堡（Glastonbury）。由于阿瓦隆地处"西撒克逊王国",因此无人知晓亚瑟王去世的真相,更无人知道他被埋葬的具体地点,这为亚瑟王这个历史人物披上了神秘面纱。布列吞人太需要一位像亚

---

[1] 在所有的日耳曼语的专有名词中,为了保持原有的发音,总是需要把字母"k"换成字母"c"。
[2] West-seaxna-rice；更简短地写作"West-seax"。（*Chron.saxon.*, ed.Gibson, p.18 à 30.）
[3] East-seaxna-rice, East-seax.（Ibid. p.12 à 30.）
[4] 阿瓦隆（Avalon）是亚瑟王传说中的重要岛屿,凯尔特神话的圣地。阿瓦隆是威尔士极乐世界的别称,另外被称之为"赐福岛"或"天佑之岛"。一般认为它就是现今位于英格兰西南的格拉斯顿堡。（译者注）

瑟王一样，可以带领他们摆脱撒克逊人的英雄人物了。几个世纪以来，那些爱戴着亚瑟王的人们从未放弃，一直等待着他伤愈归来。[1]

住在东部、靠近波罗的海的"盎格鲁人"（Anghels ou Angles），对不列颠岛觊觎已久。先前，住在易北河（Elbe）沼泽地及附近岛屿的居民成功移民至不列颠岛，盎格鲁人从他们那儿成功得知了路线，首先在岛屿的东北海岸进行了几次试探性的小型进攻。随后，在领袖艾达（Ida）和他12个儿子的带领下，盎格鲁人全体加入战争的行列，大举进犯。大批船只在福斯河和特威德河（Tweed）的入海口靠岸。盎格鲁人和皮克特人结为联盟，他们自西向东行进，布列吞人措手不及，难以招架。由此，艾达被称为"烈火般的敌人"（homme de feu）。纵使艾达果敢勇猛、心狠手辣，仍然在克莱德河流经的山脚下遭遇顽强抵抗。一位诗人这样写道："烈火般的敌人攻打我们，他高声问我们：'你们准备好做我们的俘虏了吗？'欧文（Owen）挥舞着长矛回答道：'不，我们绝对不会成为你们的战俘！'而尤里安（Urien）作为布列吞人的首领，喊道：'同胞们、兄弟们，让我们为保卫家园而奋斗吧！我们向山区行进，我们要占领平原，在这充斥着杀戮的暴行中，我们定要团结起来，打败烈火般的敌人、他的军队和他的将领们！'"[2]

尤里安是不列颠岛北部领袖，是高卢阿尔摩里克人（Gaule armoricaine）的后代，他带领布列吞人多次战胜敌人的联盟部队，而盎格鲁领袖艾达死于克莱德河畔的一场重大战役中。此次战役中，布

---

[1] Guillielmi Neubrigensis Hist. proem., p.13, ed. Hearne. Willelmi Malmesburiensis de Gest. reg.angl., lib.I, cap.I, apud rer. anglic. Script., p.9, ed.Savile. Joannis de Fordun Scotichronicon, lib, III, cap.XXV, p.219, ed. Hearne. Nennii Hist.Briton., cap.LXII et LXIII, apud rer. anglic. Script., t.I, p.114, ed. Gale. Sketch of the early history of the Cymry, by Roberts, p.141 et suiv.

[2] *Archaiology of Wales*, vol.I, p.57.

列吞人一面对抗皮克特人和盎格鲁人联盟，一面对抗克莱德河谷居民以及亨伯河北部的山区居民，包括福斯、德伊勒（Deïfr）和布雷肯（Brynich[1]）河畔居民，最终布列吞人战争失利，不少布列吞首领葬身于克莱德河畔，去世时，他们还佩戴着象征指挥权的金项链。[2]当时著名的吟游诗人阿纽林（Aneurin）曾经参加了这场伟大的战役并且幸存下来，他在诗歌中吟唱此次战役，这些作品一直保留至今。[3]

撒克逊人占领岛屿东部，即福斯河和亨伯河之间的领土。不愿意接受外来军队统治的布列吞人逃至岛屿南部，即坎布里亚人的领地，后来我们也称坎布里亚人为"威尔士人"（Galles）。撒克逊人并没有重新命名他们所占领的北部领土，而是保留了所有原先的地名，并根据他们的所驻地名称来区分各自的殖民地。比如根据所驻地，他们自称"亨伯河以北居民""德伊勒人"和"布雷肯人"，根据拉丁文的拼写，则分别为"Northumbriens""Deïriens"和"Berniciens"。盎格鲁人的殖民地局限于东部海岸的小部分土地，在大肆进攻不列颠岛之前，他们在此处已经拥有少量的殖民地。当时，他们因为住在东撒克逊人北部并得益于他们的庇护，才勉强抵抗住当地居民的反抗。

克里塔尼人已在亨伯河南部居住几个世纪之久，却始终和布列吞人水火难容。他们决定和盎格鲁-撒克逊人结成联盟，正如他们之前和罗马人联手一般。结成联盟之后，亨伯河和泰晤士河之间的这片土地既没有保留克里塔尼人的名称，也没有更换为盎格鲁-撒克逊人的名号，而被称为"麦克之地"（pays de Merk[4]）或"麦西亚之地"

---

[1] 又称"Bryneich"或者"Deywr, Dewyr"。
[2] *Archaiology of Wales*, vol.I, p.4.
[3] *Archaiology of Wales*, vol.I, p.4-13.
[4] *Chron. Saxon.*, ed. Gibson. passim.

（Mercie）。究其原因，可能是因为大量沼泽地的存在，又或者是因为此片领土紧挨着散居的布列吞人，也自然成为日耳曼人所谓的"边境"。[1] 后来来自德伊勒、布雷肯以及东部海岸的盎格鲁人，以"麦西亚之地"为名，在布列塔尼岛上建立了第八个[2] 也是最后一个日耳曼领地。这片"麦西亚之地"上的居民包括克里塔尼人以及盎格鲁人，他们逐步扩大领土范围，逐渐向西进犯坎布里亚，并全然不顾原先与撒克逊人的盟约，向南侵犯其领地。[3]

撒克逊人和盎格鲁人历时一个世纪，在不列颠岛上先后建立八个殖民地。这些殖民地也被称为"亲王国""公国"或者"王国"。然而，除了西撒克逊人（其殖民地处于萨维尔纳海湾以南）以外，没有任何侵略者得以在岛屿西海岸建立殖民地。因此，从克莱德河入海口直至康沃尔（Cornouailles），几乎整个岛屿的西海岸始终掌握在原住民——坎布里亚人的手中。他们居住在萨维尔纳海湾以及索尔韦海湾之间，这片区域由于入海口海拔不同，形成了狭长崎岖的地形，人口十分密集。他们未曾受到外来侵略，由于地域特征，他们和住在萨维尔纳海湾以南以及索尔韦海湾以北的居民几乎完全隔离。虽说这里土地贫瘠，却是安全地带。[4] 按照史学家所述，很多人逃亡至此，得到庇护，他们宁愿辛苦劳作过着清贫的生活，也不愿生活富余却受到敌人的压迫。[5] 另外一些人越过英吉利海峡，前往高卢寻找他们先祖曾定居的地方：他们的族人仍然生活在那里，仍然保留了和他们一样的

---

[1] Les glossaires de Wachter, d'Ihre et d'Edward Lye.
[2] 一般来讲日耳曼殖民地有七个；不过原先有八个，然后七个、六个，然后因为种种抵御反抗，再次变为八个。
[3] *Horæ Britannicæ*, t.II, p.222.
[4] Gwylt Wallia. (Taliesin; Archaiology of Wales, vol.I, p.95.)
[5] Johan. de Fordun Scotichrenicon, lib.II, cap.XIII, p.252, ed. Hearne.

语言。[1]

　　他们陆续乘坐船只，在阿尔摩里克[2]西部登陆，并在一些村镇中安定下来。在罗马统治时期甚至之前，奥西斯米人（Osismiens）、古里奥索立特人（Curiosolites）和维内蒂人（Vénètes）曾居住于此。当地居民和来自不列颠岛的逃亡者本是同族人，因此同意他们在北部海岸安定下来，北至朗塞河（Lance），南至维莱纳河（Vilaine）下游。如此，阿尔摩里克半岛形成一个独立国家，其边境时有变化，到9世纪，其领土始终不包括雷恩城（Rennes）和南特城（Nantes）。凯尔特人[3]在此大量聚集，并且抵抗住当时高卢通用语，即拉丁语的渗入。后来，"布列塔尼"取代原住民对这片区域的多种命名，成为此半岛新的名称。原先的"布列塔尼岛"[4]也被其征服者赋予新的名称——"撒克逊和盎格鲁人的领地"（terre des Saxons et des Angles），简称"英格兰"（Angleterre）[5]。

　　一些布列吞人在受到盎格鲁-撒克逊人侵略之后，逃亡至"高卢之角"（la corne de Gaule）。与此同时，一些撒克逊人从日耳曼尼亚[6]出发，也来到高卢沿海，并在"高卢之角"更北部的岬角，即后来

---

[1] Gildæ Hist., cap.XXV, apud rer. anglic. Script., t.I, p.8, ed. Gale.
[2] 阿尔摩里克（Armorique），法国滨海区域，位于波尔尼克（Pornic）以及第厄普（Dieppe）之间。（译者注）
[3] 凯尔特人，拉丁文写作"Celtæ, Galatæ"，罗马人和希腊人都以此称呼高卢人。另外，在没有更合适称呼的情况下，我们也会如此称呼坎布里亚人的后裔。（凯尔特人是欧洲最古老的土著民族之一，在罗马帝国时代，与日耳曼人、斯拉夫人被称为"三大蛮族"。[译者注]）
[4] 原先的"布列塔尼岛"即不列颠岛。（译者注）
[5] Engel-seaxna land, Engla-land；发音按照 Engleland；后来慢慢演变为 England。
[6] 日耳曼尼亚（Germania）是古代欧洲的一处地名，位于莱茵河以东，多瑙河以北，同时也包括被古罗马控制的莱茵河以西地区。地名来自高卢语，由罗马共和国统帅恺撒最先使用，以指代莱茵河以东的居民，意为"邻居"。

的巴约市（Bayeux）的郊区安定下来。此外，日耳曼联盟先后从莱茵河（Rhin）河口以及默兹河（Meuse）河口南下，来到高卢腹地。两个世纪以来，他们自称"法兰克人"（Franks），取"英勇无畏"之意。此时，条顿人已占领整个高卢南部，并在此安居乐业。西哥特人（Goths occidentaux ou Visigoths[1]）占领罗纳河的西部区域，勃艮第人（Burgondes）则占据东部区域。[2]西哥特人和勃艮第人动用武力才得以在高卢南部安定下来，他们几乎窃取了当地每户人家的财产。纵使如此，他们向往和平、秉性公正，这和其他日耳曼人有着本质的区别。他们颁布法律，严明公正地对待原住民，并逐渐成为他们的友邻。哥特人接受当地居民开化的风俗习惯，其颁布的法律法条多选自罗马皇室法典。他们崇尚艺术，追求罗马皇家礼节。[3]

不同于哥特人，法兰克人大肆掠夺，整个高卢北部陷入恐慌中。法兰克人对于高卢的人文风俗不屑一顾，漠然地将其摧毁。[4]法兰克人没有宗教信仰，脾性残暴，行为野蛮，按照史学家所述，他们甚至不放过老弱病残和妇孺儿童，大肆摧毁教堂及房舍。法兰克人不满足于现有殖民地，他们向南进攻，企图拿下整个高卢。西哥特人和勃艮第人同样觊觎高卢北部领土，并逐步向北行进。不过，西哥特人和勃艮第人只是偶尔合作，大多时间都处于敌对状态。此时，住在高卢中部的居民可谓"三面楚歌"。另外，他们只是表面上团结在罗马势力下，根据某位高卢诗人所述，"罗马政权压得他们喘不过气来，他们对

---

[1] 西哥特人，West-Gothen；拉丁语为"Wisigothi"。（西哥特人属于哥特人，是日耳曼人的一支。哥特人从2世纪起就定居在欧洲东部乌克兰一带，其中居住在德涅斯特河西的就被称作西哥特人。[译者注]）
[2] *Lettres sur l'histoire de France*, lettre VI.
[3] Paulus Orosius, apud Script. rer. gallic. et francic., t.I, p.597.
[4] *Lettres sur l'histoire de France*, lettre VI.

其早已厌恶至极。"[1] 因此，他们根本没有能力抵抗来自三方的攻击，很快投降了。至此，整个高卢已然沦陷。高卢原住民本是基督教徒，他们更愿意臣服于和他们有着共同宗教信仰的西哥特人和勃艮第人，十分排斥法兰克人的统治。不过，历史对他们的命运却似乎另有安排。

高卢各城市的主教享有至高无上的行政权力，主教们利用外族进犯所造成的混乱局面，继续扩大势力范围。无论是对罗马帝国，还是对屡屡进犯的日耳曼人，主教们作为各城市的全权代表有着绝对的发言权。此外，主教们还有制裁和惩戒的权力，并负责各项外交谈判。[2]

根据罗马帝国法令，高卢诸位主教应当遵从罗马教会的指示，将教皇视为其精神领袖。若未能得到教皇首肯，不可擅自采取行动。[3] 所有主教必须将教皇的命令视为法令，将其推行的政策视为规范，并以其为榜样，通过宗教的力量共同服务于罗马帝国。后来，一些地区在政治上不再受到罗马帝国的管辖，高卢诸位主教也逐渐脱离罗马教会的统治。不过，主教们或是出于本能，或是出于算计，仍试图通过宗教信仰将这些国家笼络在罗马帝国势力之下。[4] 法兰克人野蛮残暴，但在主教们看来，此民族有着信奉基督教（罗马帝国所认可的唯一宗教）的潜力，于是对其友好相待。他们认为，西哥特人和勃艮第人属分立派教徒，信仰阿里乌斯（Arius）所创立的异端教派，并有意脱离罗马教会。法兰克人没有宗教信仰，被视为更合适的教化对象。一位当代作家这样形容：主教们充满爱意地期待法兰克人的统治。[5]

---

[1] Sidon. Appollinar. Carmina, apud Script. rer.gallic et francic., t.I, p.810.
[2] Sidon. Appollinar. Epist., apud Script. rer. gallic et francic., t.I, p.798.
[3] Lex Theodosli et Valentinini, apud Scrpit. rer. gallic et francic., sub anno 445, t.I, p.768.
[4] Sidon. Appollinar. Epist., apud Script. rer. gallic et francic., sub anno 474, t.I, p.798.
[5] Gregorii Turonensis Hist. France., lib, II, cap. XXIII, apud Script. rer.gallic et francic., t.II, p.173.

在高卢，法兰克人逐渐占领莱茵河和索姆河（Somme）之间的地区，向西南方向打头阵的是墨洛维后裔（Merowings ou enfants de Merowig）的军队。[1]墨洛维本是法兰克人首领，因为"英勇无比"而闻名，被整个族人视为共同的祖先。[2]这支部队的首领是一位名为"克洛维"（Chlodowig）的年轻人，[3]他不仅像先人一样骁勇善战，并且沉着稳重，善于思考。此时，高卢的主教们虽仍然臣服于罗马教会，但出于对未来的打算、对阿里乌斯教派的憎恶，他们亲自拜访墨洛维后裔的军队，并对其大肆赞美。其中几位主教甚至拜访了这支军队的露营地，并根据罗马礼节将其称为"王家庭院"（royale cour）。[4]法兰克人首领起先对于这些主教的主动示好、阿谀奉承无动于衷，他们仍然洗劫教堂，抢夺神职人员的财产。后来，法兰克人在兰斯大教堂（la basilique de Reims）抢夺一个圣杯，此事让克洛维与雷米吉乌斯主教（Remigius ou Remi）建立起联系，二者后来成为挚友。在雷米的推动下，高层神职人员的计划水到渠成。主教试图让克洛维归顺罗马教会，而克洛维恰巧迎娶了条顿王族中唯一一位信仰正统派神学的女士。史学家这样描述道："妻子有着虔诚的信仰，她的爱慢慢融化了丈夫的心。"[5]一些日耳曼人追随法兰克人来到高卢地区并且试图分得土地，克洛维的军队与其开战。克洛维此时向其妻子克罗蒂尔德

---

［1］ *Lettres sur l'histoire de France*, Appendice.

［2］ Roriconis Get. Frac., apud Script. rer.gallic. et francic., t.III, p.4. Hariulfi Chronicon centulense, ibid., p.349. 法兰克语中，后缀"ing"指"后代、后裔"。（墨洛维［约415—457年］，法兰克萨利安（Salian）部落的首领，墨洛温王朝建立者克洛维的祖父，墨洛温王朝即以墨洛维的名字命名。［译者注］）

［3］ *Lettres sur l'histoire de France*, Appendice. （克洛维一世［466—511年］，法兰克王国奠基人、国王。［译者注］）

［4］ Vita S. Vedasti, apud Script. rer. gallic. et francic., t.III, p.372.

［5］ Aimonii Chronicon, lib.XIV, apud Script. rer. gallic et francic., t.III, p.38.

（Cholothilde）所信仰的神明祈祷，如果上帝赐予他胜利，那么他将以上帝之名受洗。他后来确实取得了胜利，也遵守了自己的诺言。[1]

根据史学家记载，大概有三千名法兰克士兵，在克洛维皈依罗马教会之后，受到触动，追随他信仰基督教，并得到克洛蒂尔德以及各位主教馈赠的礼品。[2]克洛维隆重的洗礼仪式在兰斯大教堂举行：教堂前开阔的广场铺上了地毯，教堂被花环点缀；教堂里，五彩缤纷的玻璃弱化了灼灼日光，金银圣杯中燃烧着各色香料。[3]得益于罗马人的艺术造诣，法国第一位国王的洗礼仪式可谓盛大壮丽，极尽奢靡之能事。然而，讽刺的是，罗马人辉煌的艺术在不久之后就受到法兰克人的野蛮破坏，并在高卢的土地上消失殆尽。兰斯主教身着罗马教会的服饰，缓步迈入洗礼堂，手扶其教子克洛维。克洛维赞叹如此盛况，对主教说："神父，难道这不正是你允诺带领我去的天堂吗？"[4]

法兰克首领克洛维在兰斯接受洗礼并皈依基督教的消息很快传到罗马。罗马教皇向这位新皈依的教徒表达了真诚的祝贺并与之建立了深厚的友情。克洛维也向西门彼得[5]赠送大量礼品，以表诚意。克洛维接受洗礼，成为罗马教会的一员，从此洗心革面，不再滥杀无辜，所控制的领土范围日益扩大。卢瓦尔河以北，包括布列吞移民所在的西北部城市均对克洛维的军队敞开大门。驻扎在这些城市的部队虽然仍然保留着罗马军队的旗标和武器，但实际上已经归顺法兰克军

---

[1] *Greg. Turon. Hist. Franc.* Epitome., apud Script rer. gallic et francic., t.II, p.400. Vita S. Remigii, ibid, t.III, p.375.

[2] *Greg. Turon. Hist. Franc.*, ibid.t.II, p.178.

[3] *Greg. Turon. Hist. Franc.*, ibid.t.II, p.177.

[4] Vita S. Vedasti, apud Script. rer. gallic. et francic., t.III, p.377.

[5] 西门彼得（apôtre Pierre），原名西门巴约拿，耶稣十二使徒之一。基督教早期教会领袖之一。西门彼得被倒钉十字架而死。死后被罗马天主教追认为第一任教皇。（译者注）

队。[1]很快，法兰克人的领土范围延伸至东南部。在罗马教会的示意下，克洛维带领法兰克部队全副武装地向勃艮第人的领地进攻。[2]

勃艮第人作为阿里乌斯教徒，在"三位一体"理论上和正统基督教徒有着分歧，他们认为"圣子基督不完全是神，与圣父不同性不同体，由上帝所造，因而次于圣父"。勃艮第人在其所占领的城市，并没有对宣扬正统基督教的神职人员进行任何迫害。然而正统基督教神职人员对勃艮第人的宽容不以为意，更没有对此心怀感激，反而不断与法兰克人通信，劝服其进攻勃艮第人领地，然后又利用法兰克人进犯所造成的恐慌，试图说服勃艮第国王皈依正统基督教，因为"罗马教皇所带领的基督教才是合乎福音的、唯一的正统教会"。勃艮第国王贡都巴德（Gondebald[3]）纵然蛮横，仍然对罗马教会的人宽容，然而后者却往往以威胁、傲慢的口气称他为"丧失理智的、背弃了上帝的人"。[4]贡都巴德有耐心地回应："并非我要违背上帝的旨意，我只是不愿意像你们一样，信仰三位一体的真神。另外，如果你们的信仰才是合乎福音的，那么你们为何不阻止法兰克国王侵占我们的领土呢？"[5]

贡都巴德的提问丝毫未能阻挡法兰克人的猛烈进攻，他们大肆烧杀掠夺，连根拔除各类果树，抢劫修道院，掠夺圣杯并毫不迟疑地将

---

[1] Sidon. Appollinar. Carmina, apud Script. rer. gallic. et francic., t.I, p.507. Procopius de Francis, ibid. t.II, p.31.

[2] Vita S. Vedasti, apud Script. rer. gallic. et francic., t.III, p.378.

[3] 拉丁文写作"Gundobaldus"。Gond, gund, guth, 意为"战士"; bald, bold, 意为"勇敢"。

[4] Collatio episcoporum coram Gundebaldo rege, apud Script. rer. gallic. et francic. t.IV, p.99, 100 et 101.

[5] Collatio episcoporum coram Gundebaldo rege, apud Script. rer. gallic. et francic. t.IV, p.100.

其打碎。勃艮第国王无奈只能投降，他们不得不向法兰克人按时纳贡，并且许下成为法兰克人同盟的誓言，法兰克人则携带大量战利品回到卢瓦尔河以北。正统派教士将这次血腥的远征称为"为了真正的信仰而进行的虔诚、卓越、神圣的行动"[1]。勃艮第国王反问道："觊觎他人的东西并且牺牲众人性命去争抢的行为，真的是所谓的信仰吗？"[2]

法兰克人战胜勃艮第人，使得罗纳河和索恩河（Saône）流域的所有城市再次受到罗马教会的控制，多件神殿的宝物慢慢汇集于罗马的拉特朗圣若望大殿[3]。六年后，同样在罗马教会的支持下，法兰克人发起对西哥特人的进攻。克洛维召集法兰克战士，对他们说道："这些哥特人是阿里乌斯教徒，却占领了高卢地区最肥沃的土地，这让我很痛心。那么，让我们顺应上帝的召唤，向他们进攻吧！将他们驱逐并占领他们的土地！"[4]克洛维的决定受到了战士们的大力支持，他们斗志昂扬，大声呼喊着向南进攻。根据史学家记载，法兰克人的进攻造成了恐慌，[5]高卢南部居民闻风丧胆，他们甚至在几处地点看出了血战的前兆，认为这预示着法兰克人侵略所带来的灾难。比如，图卢兹城（Toulouse）中突然涌起一股血泉，并持续流淌了一整天。[6]很多人因为法兰克人的进犯而胆战心惊，魂不守舍；但也有少数人不厌其烦地计算着法兰克军队到来的日子，期待着他们的到来，其中包括罗

---

[1] Vita. S. Dalmatii, apud Script. rer. gallic. et francic., t.III, p.420.
[2] Collat.episc. coram Gundebaldo rege, loc. supr. cit.
[3] 拉特朗圣若望大殿（palais de Saint-Jean-de-Latran），是天主教罗马教区的主教座堂，罗马总主教（教宗）的正式主教座堂。（译者注）
[4] Gesta reg. Franc., apud Script. rer.gallic. et francic., t.II, p.553.
[5] Greg. Turon., Hist. Franc., lib.II, cap.XXIII, ibid., t.II, p.173.
[6] Idatii Chron., apud Script. rer.gallic. et francic., t.II, p.463.

德兹（Rodez）的正统派主教——昆图斯（Quintianus），他为法兰克人出谋划策，这么做的高级神职人员还不只他一人。[1]

法兰克人越过卢瓦尔河，在距离普瓦提埃（Poitiers）十英里[2]的地方，与高卢南部原住民、阿基坦人、阿维尔尼人（Arvernie）以及西哥特人展开血战，并最终获得胜利。当时西哥特王国国王阿拉里克二世[3]战死沙场。阿维尔尼人也在此次战役中失去诸多领袖人物[4]。高卢南部城市，除了少数被法兰克人攻陷以外，大部分都是因为内部人员背叛而被轻易占领，背叛之人往往已经背弃阿里乌斯教派。

西哥特人无力抵御敌人侵略，不得已放弃阿基坦，逃往西班牙以及地中海附近要塞。法兰克人在克洛维的带领下，和狂热的正统教徒组成联盟，直逼比利牛斯山脚（Pyrénées），掠夺城市，摧毁村庄，并且奴役当地居民。[5]克洛维无论在哪里安营扎寨，正统教士均前仆后继地追随他。图卢兹教士葛米尔（Germerius）在克洛维身边待了20日之久，他们甚至同桌而食。葛米尔收到了诸多礼物，包括金十字架、银圣餐杯、银诏书、金冠以及紫色头纱等，这些物品都是洗劫阿里乌斯教派教堂而得。[6]另外一位未能亲自拜访的主教如此称赞克洛维："您有着至高无上的权力，您有着无比尊贵的身份，当您凯旋时，胜利同样属于我们！"[7]

---

［1］Vita. S.Quintiani, ibid., t.III, p.408. Vid. Greg. Turon. De Apruneulo, Theodoro, Proculo, Dyonisio, Volusiano et Vero, episcopis.

［2］1英里约等于1.6千米。（译者注）

［3］阿拉里克二世（Alarik II, 484—507年在位），阿拉里克二世被法兰克的克洛维一世处死，西哥特王国失去南高卢，成为纯粹的西班牙国家。（译者注）

［4］按照罗马的习俗，这些领袖被称为"参议员"（sénateur）。（译者注）

［5］Vita. S. Eptadii, apud Script. rer. gallic. et francic., t.III, p.381. Vita S. Eusicii, ibid., t.III, p.429.

［6］Vita. S. Germerii, episcopi tolosani, ibid., t.III, p.386.

［7］Epistola Aviti, viennensis episcopi, apud Script. rer. gallic. et fra, cic., t.IV, p.50.

法兰克人的势力范围不断壮大,占领了从莱茵河到比利牛斯山的土地,基本从各个方向包围了高卢西部领土,也正是当初布列吞人跨海而至定居的地方,法兰克人的将领驻扎在南特和雷恩这两座城市。已被占领的城市必须向法兰克国王纳贡,然而,布列塔尼人[1]却拒绝纳贡,纵使法兰克人几乎占领了整个高卢,他们仍然期待自己的城市能够躲过被侵占的命运。布列塔尼人信仰基督教已有几个世纪之久,他们被认为是世界上最虔诚的信徒,由于他们的信仰是从东部教会的传教士处习得,因此和正统基督教在某些教义以及具体实施上存在分歧,这就导致布列塔尼人在对抗法兰克人的时候,处于更加危险的处境。当初他们从不列颠岛逃难到高卢时,也有不少教士和修道士随行。他们所逃到的地方偏远闭塞,当地神职人员往往文化程度不高,于是逃亡至此的传教士在这里宣扬基督教[2],为当地居民传道,并且坚决不接受任何礼物[3],他们所到之处,无不受到热烈欢迎。雷恩公民选举了一位布列吞移民作为主教,其他几个城市也纷纷效仿。布列吞人在高卢西部(即布列塔尼地区)安居乐业,并且掌控了城市的宗教建设和非宗教建设,而这一切却未曾得到外国势力的允许。[4]

布列塔尼神职人员与法兰克教士没有任何来往,法兰克国王通过法令所召集的主教会议,他们从不出席,这样的行为很快就招致法兰克人的憎恨。[5]图尔(Tours)大主教自称是该教区的宗教领袖,他强迫布列塔尼教士承认其大主教的身份,要求其服从命令。布列塔尼人

---

[1] 此处的"布列塔尼人"正是当初从大不列颠岛逃亡到高卢的布列吞人。
[2] Dom Lobineau, *Histoire de Bretagne*, t.I, liv.I, p.7-13.
[3] *Cambrian biography*, p.86. *Sketch of the early history of the Gymry* by Roberts, p.129.
[4] Dom Lobineau, *Histoire de Bretagne*, t.I, liv.I, p.7 et 8.
[5] 所有不列颠主教拒绝参加公元566年于图尔举行的主教会议。Dom Lobineau, *Histoire de Bretagne*, t.I, liv.I, p.8-13.

却不这样认为,他们认为高卢的行政划分和他们的宗教信仰并无关系,更何况他们本身移民至此,更不可能服从异族人士(法兰克人)的领导。在布列塔尼人看来,大主教这个职位并不意味着宗教的最高权力,主教中最有德行的人才是真正的精神领袖。因此,布列塔尼人的宗教等级兼具"灵活"和"模糊"两个特性,根据人民意志的变化而变,和领地划分没有任何关系,这和罗马帝国利用宗教作为其统治工具的情况完全不同。所以,布列塔尼人对图尔大主教的宣言不以为意,对于被逐出教会一事也没有丝毫遗憾。

在高卢,布列塔尼人在政治和宗教信仰上都相对独立,并因此受到各族人民的排挤。当法兰克国王组织并召开各省的贵族会议时,与布列塔尼领土交界的贵族,总被问及布列塔尼人的宗教信仰问题,他这样回答:"他们不信仰真正的教义,不按照准则行事。"[1] 在会议上,大家投票一致决定攻打布列塔尼人。军队在日耳曼尼亚以及高卢北部聚集,南下至卢瓦尔河河口。众教士不再诵书,而是脱下长袍,手握长剑,肩背武器,鼓舞士气,与众战士共同进退。[2] 第一场战役胜利之后,法兰克人在埃勒河(Ellé)以及布拉韦河(Blavet)附近的营地发表声明,宣布剃除布列塔尼教士的头发,将一些修道士处以极刑[3],试图以肉体的惩戒作为威胁,要求他们此后务必遵循罗马教会颁布的各项准则。[4]

---

[1] Ermoldi Nigelli Carmen de Hludovico imp., lib.III, apud Script. rer. gallic. et francic., t.VI, p.40.

[2] Ermoldi Nigelli Carmen de Hludovico imp., lib.III, apud Script. rer. gallic. et francic., t.VI, p.53.

[3] Diploma Hludovici Pii imp., ibid., t.VI, p.514.

[4] Diploma Hludovici Pii imp; Dom Lobineau, *Histoire de Bretagne*, pièces justificatives, t.II, p.26.

无论是布列塔尼人还是留在不列颠岛的布列吞人,在宗教理论和实践中都与正统派神学有着分歧。自然界是否不断退化、未接受洗礼的孩子死后是否入地狱,双方主要在这两个问题上存在分歧。布列塔尼人认为,人类并不需要接受超自然力量的洗礼,而是应该通过顽强的意志力来提高自身修养,从而成为更有德行之人。事实上,很久之前,这样的观点就曾出现在凯尔特人歌颂英雄伟绩的诗歌中。一位在不列颠岛出生的名为"佩拉热"(Pélage)的基督教徒将这一理论传到了东方,他对"人生下来就是罪人"这样的观点持反对态度,这在当时造成很大的影响。佩拉热成为正统基督教徒的公敌,被告发到罗马皇室,后来被驱逐出罗马帝国[1],他的门徒同样也遭受了被驱逐的命运。住在不列颠岛的人们不在罗马帝国的势力范围内,因此没有遭受迫害,并且一直坚持"人生下来并非罪人"的信念。不过,正统派神学的传教士偶尔会拜访不列颠岛,他们试图通过游说来让布列吞人支持罗马教会的观点。

在撒克逊人入侵的最初阶段,两位高卢传教士来到不列颠岛传道,分别是特鲁瓦(Troyes)的卢普斯主教(Lupus)和欧塞尔(Auxerre)的热尔曼主教(Germain)。他们不是通过逻辑的论述,而是通过《圣经》语录来与佩拉热的门徒抗争。他们说:"你们怎能否认原罪的存在?《圣经》中这样写道:'我是在罪孽里生的,在我母亲怀胎的时候就有了罪。'[2]"单纯的布列吞人听到这样的论述很受触动[3],他们十分

---

[1] Theodosii et Valentiniani rescript., sub anno 425, apud Script. rer. gallic. et francic., t.I, p.768. Chronicon Prosperi Tyronis, de Hæreticis arianis; ibid, p.637.
[2] 出自《圣经·诗篇》51:5。(译者注)
[3] Bedæ presbyt. Hist. ecclesiast., lib I, cap.XVII. Henrici Huntind. Hist., lib.II, apud rer. anglic. Script., p.329, ed. Savile.

爱戴热尔曼主教[1]，认为他之所以坚持传道，是因为他有着坚定热忱的宗教信仰和一颗善良的怜悯之心。他对所有传道对象都怀有手足之情，面对撒克逊人的进攻，他挡在最前面，带领整支队伍连续三次高喊"哈利路亚"（alleluia）并成功击退敌人。[2]不过，接受罗马教会任命的诸位传教士来到高卢时，对移民至布列塔尼地区的布列吞人并没有采取同样的态度。

在盎格鲁-撒克逊人侵占不列颠岛最肥沃的土地时，罗马教皇格里高利[3]（Grégoire）也致力于将宗教等级制度发扬光大，以扩大罗马帝国的版图。他以圣皮埃尔教堂（siège de saint Pierre）为基点，积极宣传基督教教义。此时，虽然法兰克军队中近一半士兵是异教徒[4]，但是他们的首领支持正统神学，而且是格里高利的忠实拥护者，因此法兰克人的军队成为格里高利实施各项制裁的有力依靠。比如，格里高利发布教令，要求高卢主教绝对服从罗马教廷，并听从教廷所任命的神父的安排。他将具体执行的权力交于希尔德贝尔特（Hildebert）、提奥德瑞克（Theoderik）以及提奥德贝尔特（Theodebert）[5]，要求他们利用王室的权力惩罚那些不服从命令的人。[6]对于罗马教皇来说，夸大的奉承、虔诚的颂歌、几个无足轻重的圣物，便可以得到法兰克国

---

[1] Bedæ presbyt. Hist. ecclesiast., loc., supr. cit.

[2] Bedæ presbyt. Hist. ecclesiast., lib I, cap.XX. Henrici Huntind. Hist., lib.II, apud rer. anglic. Script., p.311, ed. Savile.

[3] 指格里高利一世（590—604年在位），他是中世纪教皇之父，致力于政教合一的统治。（译者注）

[4] Procopius, sub anno 539, apud Script. rer. gallic. et francic., t.II, p.38. Lettres sur l'histoir de France, lettre VI.

[5] *Lettres sur l'histoire de France*, Appendice.

[6] Epistolæ Gregorii papæ ad episcopos Galliæ et Chlidebertum regem, apud Script. rer. gallic. et francic., t.IV, p.14 et 15.

王的忠诚和归顺，何乐而不为呢？[1]

此前罗马教廷已经成功获得法兰克人的支持，格里高利为了正统神学的传播以及维护罗马教廷的最高权力，又瞄准了不列颠岛的征服者——盎格鲁-撒克逊人。他计划先让盎格鲁-撒克逊人入教，让他们服从罗马教会，进而通过对盎格鲁-撒克逊人的控制，让布列吞人接触正统神学，并慢慢接受罗马教会的统治。布列吞人对宗教信仰十分热忱，这本对格里高利开展他的计划颇为有利，但是，他们长期受到盎格鲁-撒克逊人的攻打和掠夺，心里满是对外族侵略的恐惧、对保卫领地的茫然，没有任何与敌人维系和平关系的意愿，双方根本无法达成协议。对于他们而言，盎格鲁-撒克逊人对岛屿的无端侵占始终缺乏合法性。[2]

格里高利为了实施计划，派人到当地奴隶市场寻找十七八岁的盎格鲁-撒克逊裔年轻人。[3]他派人买下这些年轻人，并将其培养为修道士，督促他们深入学习基督教教义，然后再用他们的母语去传道。然而，这些被强制学习的年轻人并不能达到要求，格里高利不得已放弃了这项计划。他决定派一组有坚定信仰、学识渊博的罗马人去对盎格鲁-撒克逊人传道。这群人的领头人叫作奥古斯丁（Augustine），他被预先祝圣并且被任命为英格兰主教。他带领其他成员满怀热情地来到埃克斯-普罗旺斯（Aix-en-Provence），然而到达的同时，他们也对这项任务感到恐惧，甚至决定撤回。奥古斯丁以所有人的名义，请求

---

[1] Epistolæ Gregorii papæ ad episcopos Galliæ et Chlidebertum regem, apud Script. rer. gallic. et francic., t.IV, p.17.
[2] Epistolæ Gregorii papæ, passim.
[3] Gregorii papæ epistola ad Candidum presbyterum, apud Script. rer. gallic. et francic., t.IV, p.17.

格里高利让他们从此项危险行动中撤离。奥古斯丁认为这项行动实在难以在语言不通的人中展开，很难取得进展。[1]可是格里高利不同意，他说："现在放弃已经晚了，你们切莫听信不怀好意之人的言论，事实上，我本人也十分愿意和你们一同进行此项伟大的事业。"[2]格里高利曾在自己出生的地方修建修道院，这群人里所有的传教士都属于此修道院。他们曾发誓，绝对服从格里高利的命令，并视他为精神领袖。他们继续行动，前往沙隆（Châlons），东法兰克领地的首领希尔德贝尔特的儿子——提奥德瑞克在此驻扎；[3]随后前往梅斯（Metz），当地首领是希尔德贝尔特的另一个儿子——提奥德贝尔特。[4]

奥古斯丁带领着其他人，将格里高利的亲笔信函交给这两位法兰克人首领。信件中充斥着对两位首领的溢美之词，格里高利试图满足其虚荣心以获得他们的帮助。此时，法兰克人正在与日耳曼尼亚的撒克逊人进行战争，因此，格里高利直接在信函中称撒克逊人为法兰克人的"子民"，以讨好两位首领。他这样写道："我认为您作为撒克逊人的主人，定是热切地希望您的子民能和您信仰同样的宗教吧！正是出于此意，我派了奥古斯丁以及其他上帝的使者，带着本函，听命于您。"[5]

罗马使团同样把格里高利的亲笔信函交给了两位法兰克首领的祖母，即希尔德贝尔特的父亲——西吉贝尔特（Sighebert）的遗孀。这位老妇人野心勃勃、工于心计，以其孙子的名义干预政事。她本是哥特人，她的民族遭到法兰克人的驱逐，被赶到比利牛斯山以北的区域。

---

［1］Bedæ presbyt. Hist. ecclesiast., lib.I, cap.XXIII.
［2］Bedæ presbyt. Hist. ecclesiast., lib.I, cap.XXIII.
［3］*Lettres sur l'histoire de France*, letter X.
［4］Epistolæ Gregorii papæ, passim, apud Script. rer. gallic. et francic., t.IV.
［5］Opera Gregorii papæ, t.IV, p.189.

结婚之前,她的名字为"布鲁内"(Brune),在日耳曼语中意为"绚烂",后来她嫁给法兰克国王为妻,根据史学家的记载,她的丈夫称她为"布鲁尼尔德"(Brune-hilde),意为"绚烂的女士"。[1]她曾经信奉阿里乌斯教派,后来皈依正统基督教,接受"敷圣油"的仪式,从此对新的信仰十分热忱。各位主教争先恐后地称赞她对于信仰的纯粹之心以及各项虔诚的举措,对于她过于放纵的个人生活以及政治上的诡计多端只字不提。格里高利在信里面这样写道:"您对于宗教信仰如此热忱、如此虔诚,您对于万能上帝的敬畏之心更是坚定了您的信仰,我们衷心请求您帮助我们完成一项伟大的事业。英格兰人民向我们表达了信仰基督教的迫切愿望,我们也十分乐意满足他们的愿望。"[2]盎格鲁-撒克逊人是否真的想皈依正统基督教呢?他们对于法兰克人的厌恶和憎恨是否可以调和呢?法兰克人的两位首领和他们的祖母拒绝思考这两个问题,他们热情地接待了使团,并且支付了他们继续向西行进的路费。此时,东西法兰克人正处于交锋的状态。然而,和东法兰克人一样,西法兰克首领同样热情地接待了这些罗马传教士,[3]并且允许他们带上一些法兰克人以充当撒克逊人的翻译,因为这两族人民几乎讲着同样的语言。[4]

可谓天助罗马人也!盎格鲁-撒克逊人中一位颇具威望的首领埃特尔伯特[5]恰巧娶了一位信奉正统基督教的法兰克人女子。这则消息鼓

---

[1] Greg. Turon. Hist. Franc. epitom., apud Script. rer. gallic. et francic., t.II, p.405.
[2] Opera Gregorii papæ, t.IV, p.189. Epis. Gregor. pap., apud Script. rer.gallic. et francic., t.IV; p.21.
[3] *Lettres sur l'histoire de France*, lettre X.
[4] Willelm Malmesb. De Gest.reg.angl., lib.I, apud rer. anglic. Script., p.25, ed. Savile. Bedæ presbyt. Hist. ecclesiast. Lib.II, cap. XXIII, XXIV et XXV.
[5] 埃特尔伯特(Ethelbert),英国七国时代(5—9世纪)中肯特王国的国王,在其治下,肯特王国称霸英格兰。(译者注)

舞了奥古斯丁一行人的士气，他们满怀信心地前往塔内岛。这座岛屿因为是过去罗马人登陆的地点而闻名，同时也是亨吉斯特和霍萨两兄弟带领撒克逊人登陆不列颠岛的地方。充当翻译的法兰克人前去拜访埃特尔伯特，并且告诉他："一些罗马人远道而来，为您带来好消息，只要您接受他们的布道，那么您将会拥有稳定的政权。"[1]埃特尔伯特起初并无明确回应，并且命令罗马人在他慎重考虑并做出决定之前，务必留在塔内岛。他的妻子在此事中起到了积极促进的作用，她的劝说让丈夫的态度发生了转变。埃特尔伯特最终同意与罗马传教士面谈，不过出于慎重，他没有邀请罗马人进城，而是亲自前往塔内岛。为了提防罗马人施诡计，他甚至提出在户外见面的要求。[2]罗马人盛装列队赴约，队伍的最前端是一个巨大的银制十字架以及耶稣的画像。他们告知埃特尔伯特此行的目的，然后开始布道。[3]

埃特尔伯特听完之后如是回答："你们说的话很动听，你们的允诺也很吸引我，然而，我不能立刻做出放弃我族信仰的决定。不过，你们远道而来，只为与我族人民分享你们认为有用的、真实的信念，那么我定不会亏待你们。我将为你们提供食物和住处，允许你们宣传教义，不会阻拦任何民众皈依基督教。"[4]

于是，罗马使团前往首都肯特城，在撒克逊语中写作"Kentwara-Byrig[5]"。他们一行人列队进入肯特城，展示十字架和大幅耶稣画像，并且吟唱祷文。很快就有几位撒克逊人改宗，开始信奉正统基督教。

---

[1] Henrici Huntind. Hist., lib.II, apud rer. anglic. Script., p.321, ed. Savile.

[2] Henrici Huntind. Hist., lib.II, apud rer. anglic. Script., p.321, ed. Savile.

[3] Henrici Huntind. Hist., lib.II, apud rer. anglic. Script., p.321, ed. Savile.

[4] Bedæ presbyt. Hist. ecclesiast., lib I, cap.XXV. Henrici Huntind. Hist., lib.II, apud rer. anglic. Script., p.321, ed. Savile.

[5] 后来写作"Cant-ware-byrig"，最终变为今天的"Canterbury"（坎特伯雷）。

罗马使团找到一座教堂，并在这里进行弥撒等各项宗教仪式。这教堂本是布列吞人所建，后来撒克逊人入侵后遭到废弃。罗马使团朴实无华，让撒克逊人颇受触动。此外，他们甚至会施展"魔法"，这很快赢得了埃特尔伯特的好感，因为这位撒克逊首领一直对于罗马人的"妖术"十分敬畏。在埃特尔伯特接受洗礼之后，信仰基督教基本上成为获得恩赐的康庄大道。根据史学家记载，埃特尔伯特并没有强迫其子民信仰正统基督教，但是大家还是争先恐后地改宗。[1] 为表示虔诚之心，埃特尔伯特赐予罗马使团房舍和土地，这是传教士们接受任务以来得到的第一份酬劳。奥古斯丁对新入教的撒克逊首领说："我请求您慷慨地赠予我一片土地，并且斗胆要求其收成也归我所有。这一切并不是为了我自己，而是为了耶稣。若您隆重地让与土地，那么作为回报，您将在此世拥有更多的领土，而将来去了天堂，您也必将拥有更多。"埃特尔伯特回答道："只要在我支配范围内的领地，我将毫无保留地赐予您。如此，这里便是您的祖国，您便是我们的同胞啊！"[2]

奥古斯丁成为肯特城的大主教，由他带领的罗马传教士使团还到肯特城之外传道。埃特尔伯特皈依之后，传教士们在东撒克逊[3]也获得不少成功。东撒克逊的首领塞伯特[4]是埃特尔伯特的亲戚。格里高利得知盎格鲁-撒克逊人纷纷皈依正统基督教，使团成功完成使命，万

---

[1] Bedæ presbyt. Hist. ecclesiast., lib I, cap.XXVI. Henrici Huntind. Hist., lib.II, apud rer. anglic. Script., p.321, ed. Savile.
[2] Vita S.Marculfi abbatis, apud Script. rer. gallic. et francic., t.III, p.425. Diploma in append.ad Greg. Turon., col. 1328, ed. Ruinart.
[3] 东撒克逊，即埃塞克斯王国（Essex），英国七国时代的七大王国之一，其余国家为肯特萨塞克斯（南撒克逊）、韦塞克斯（西撒克逊）、诺森布里亚、东盎格利亚和麦西亚。（译者注）
[4] 塞伯特（Saberht），埃塞克斯王国的国王，是埃特尔伯特的侄子。（译者注）

分欣喜。格里高利是《尼西亚信经》[1]以及圣奥古斯丁[2]教义的支持者，作为正统教派的支持者，他憎恶一切异教徒，他甚至拒绝向异教徒传递福音。奥古斯丁在信中写道："此次使团收获颇丰，然而似乎人手还有些不足。"[3]如此，第二个使团带上给高卢各位主教以及奥古斯丁的公函从罗马出发。此时，在不列颠岛，奥古斯丁已是罗马教廷的全权代表。第二个使团的领头人是梅利图斯（Mellitus）和洛朗（Laurent），格里高利在公函中这样嘱咐他们：

> 关于英格兰人民，我经过慎重和成熟的考虑，总结为以下几点，请二位务必向奥古斯丁传达：首先，要毁灭英格兰人民所祭拜的神，但是万万不可摧毁他们的庙宇。准备圣水浇在庙宇上，并且在里面建造祭坛，摆上圣物。这些庙宇结实坚固，过去人们在里面祭拜恶魔，今后他们也将在同样的地方侍奉真神。英格兰人看到熟悉的庙宇，会因为习惯而进入，并开始在那里祭拜上帝。
>
> 其次，听闻英格兰人有宰杀动物作为祭品的习俗，那么请务必把握机会，将这项习俗变成基督教的隆重典礼。在将庙宇改造为教堂之日，在需要摆上圣物的众神节日，我们允许英格兰人像过去一样，在教堂周围建造简陋的小屋。大家带上献祭的动物在此聚集。然而，这些动物不再是恶魔的祭品，而是宴席上的食物。

---

[1]《尼西亚信经》(le symbole de Nicée) 是传统基督教三大信经之一。尼西亚信经是大公会议有关基督教信仰的一项基本议决，议决确定了圣父、圣子、圣神为三位一体的天主，地位平等。接受并且信奉此信经的有罗马天主教会、东正教会，以及新教的主要教会等。（译者注）

[2] 圣奥古斯丁，即希波的奥古斯丁（Augustine of Hippo），古罗马帝国时期天主教思想家，欧洲中世纪基督教神学，教父哲学的重要代表人物。（译者注）

[3] Bedæ presbyt. Hist. ecclesiast., lib I, cap.XXIX.

人们在饱餐之后，向上帝谢恩祷告。换句话说，人们在享受了身体上的满足之后，就更容易接受我们的引导，去享受精神层面的快乐。[1]

梅利图斯和洛朗把格里高利的指示以及披带[2]一同带给奥古斯丁。授予披带是教会从罗马帝国借鉴而来的礼仪，这条白色的环形羊毛披带象征着大主教在其辖区的绝对权威，是可以命令其他各位主教的官方标志。罗马教廷此前制订了英格兰教会构建的总方案，这次也被一同带给奥古斯丁。如今，英格兰人普遍信奉基督教，这套方案也总算可以派上用场了。按照计划，奥古斯丁作为大主教，统管12位主教，全部定居在伦敦。伦敦成为"基督教之城"后，大主教座堂也定在伦敦，管辖其他12所主教座堂。英格兰北方城市约克（York）皈依正统基督教后，奥古斯丁将选中一位教士，授以神职，赐予披带，并任命其为大主教，由新任大主教管辖其他12位主教。这位未来的大主教在奥古斯丁有生之年服从其管理；奥古斯丁去世后，则直接隶属于罗马教廷。[3]

从以上具体安排可以看出，过去让罗马元老院烦恼不已的教区管辖制度有了革新。但大主教座堂并未按照教皇的指示定在伦敦，奥古斯丁将大主教座堂设在了埃特尔伯特的王宫，位于坎特伯雷

---

[1] Henrici Huntind. Hist., lib.II, apud rer. anglic. Script., p.322, ed. Savile.

[2] 披带（pallium 或 pall）是罗马天主教会法衣的一条环形白羊毛带，上有6个十字图案，用来代表总主教在其所辖教省内的权威。教宗以及大主教方有资格佩戴。（译者注）

[3] Bedæ presbyt. Hist. ecclesiast., lib I, cap.XXIX. Henrici Huntind. Hist., lib.II, apud rer. anglic. Script., p.322, ed. Savile. Opera Gregorii papæ, t.IV, p.387. Horæ Britannicæ, t.II, p.259.

（Canterbury）。此举可能是为了讨好新入教的埃特尔伯特，也可能是为了更近地监督他，以防他回归原来的信仰。罗马使团中的一位传教士作为主教，在东撒克逊人的首府——伦敦建立主教座堂；另一位主教则在伦敦和坎特伯雷之间的罗切斯特（Rochester）建立第二座主教座堂。大主教奥古斯丁及其两位副手因为会使用"魔法"，很快闻名高卢。格里高利利用此事去激发各位法兰克首领对罗马教廷的敬慕和畏惧。[1]不过，格里高利一边夸赞奥古斯丁的影响力，一边却陷入不安之中，因为奥古斯丁显然已经成为众使徒争相模仿的对象。[2]他在给奥古斯丁的一封信中，虽然没有直接表明他的怀疑和不安，但是提醒奥古斯丁切不可忘记其地位和职责，令其有度地使用"超能力"。[3]

格里高利在信中写道："听闻上帝通过你的双手向他所选中的民族展现奇迹，我甚是欣慰，因为通过这样的魔法，撒克逊人得以皈依基督教，获得心灵的慰藉。不过，与此同时，我也提醒你，不要因为这些奇迹而自我膨胀；不要因为他人对你的敬重、别人赋予你的荣誉而变得虚荣，因为这会变成你的心魔，并最终导致你的灵魂堕落。"[4]格里高利的忠告并非没有缘由，奥古斯丁从未掩饰过自己的野心，他并不满足于英格兰大主教的身份，他的理想是成为全世界基督教徒的大主教。他在一封寄往罗马的公函中生硬地提出了这样的问题："我究竟应该如何对待高卢主教和英格兰主教呢？"[5]格里高利谨慎地回答："对于高卢主教，你没有任何权限。我已经将披带交给阿尔勒（Arles）

---

[1] Epistolæ Gregor. papæ ad Brunichildem, ad Theudericum, ad Chlotarium, apud Script. rer. gallic. et francic., t.IV, p.30-33.
[2] Epist. Gregor. papæ.
[3] Opera Gregor. papæ, t.IV, p.379.
[4] Bedæ presbyt. Hist. ecclesiast., lib I, cap.XXXI.
[5] Opera Gregorii papæ, t.IV, p.466.

的主教,我断然不会剥夺他的职权,他是高卢人的审判者,而你则无权干涉他人的管辖领域。[1]至于英格兰,我则全权交于你处理,我要求你坚定主教们的信念,并惩戒那些没有信仰之人。"[2]

  罗马教皇坚决反对奥古斯丁自命不凡地去教导高卢人,但是却让他随意对待坎布里亚人。不过,坎布里亚人本是分立派教徒,教皇对这两族人民的不同态度并不难理解。坎布里亚人在多民族入侵布列塔尼之后,成为唯一留在岛屿上的土著居民。此时,他们除了保留着姓氏、语言和信仰,几乎一无所有。[3]他们支持"三位一体"的观点,主张"圣父、圣子、圣灵"为同一本体,但属于三个不同位格。和罗马教会观点不同的是,他们认为上帝不会拿父亲的错误去惩罚子女,上帝给予所有正直公正之人以恩赐,不会让那些刚出生、没有犯下任何过错就去世的孩子下地狱。坎布里亚人一直信奉佩拉热派的观点,并且长期受到当地风俗习惯以及东部神学的影响,所以在教义上和罗马教会有诸多分歧。此外,坎布里亚神职人员的着装等都与意大利和高卢有着显著区别,他们庆祝复活节的日期也有别于罗马教皇所规定的日子。事实上,只有极少数的坎布里亚人从事圣职,大部分人都忙于生计,根本没有信仰。[4]坎布里亚主教没有固定的居所,在各个城市之间转移,承担着监督员的职责;大主教时而住在凯尔雷昂(Kerléon),时而住在今天的圣戴维斯(Saint-Davids)。坎布里亚主教独立于所有教会,未曾被授予披带,也未曾向罗马教廷申请披带。在

---

[1] Opera Gregorii papæ, t.IV, p.466.
[2] Bedæ presbyt. Hist. ecclesiast., lib I, cap.XXVII.
[3] Taliesin, *Archaiology of Wales*, vol.I, p.95.
[4] Monast. anglic., t.I, p.190. Dom Lobineau, Hist. de Bretagne, t.II, Preuves, p.25. Horæ Britannicæ, t.II, p.225.

试图操控一切的罗马教廷看来，他的所作所为是不可宽恕的。[1]因此，格里高利不认可任何一位坎布里亚主教，同时也自认为有权派使者干涉，对其进行控制和矫正。

奥古斯丁向坎布里亚人传达命令，要求他们务必承认其为英格兰大主教，否则将会惹怒罗马教廷和盎格鲁-撒克逊的各位首领。为了向坎布里亚的神职人员证明其身份的合法性，他在萨维尔纳河边（坎布里亚人和其征服者领土的边界）的一棵橡树[2]下召开会议。奥古斯丁勒令坎布里亚人根据罗马教廷的要求革新宗教活动，慢慢融入基督教，并在他的指挥下，让全体英格兰百姓皈依基督教。演讲之后，奥古斯丁表演了如何让一位声称自己是盲人的撒克逊人恢复视觉。[3]然而，无论是他的能言善辩还是他的魔术戏法都不足以让坎布里亚人放弃他们自己独立的宗教信仰。不过，奥古斯丁并不气馁，再次召开会议，这一次，与会人员均是已经皈依基督教的神职人员，包括英国的7位主教以及其他宗教人士。他们大多来自位于威尔士北部迪河（Dée）沿岸的班戈修道院（monastère de Bangor）。

然而，威尔士教士[4]到达时，奥古斯丁甚至不屑于从座位上起身，这让教士十分挫败。其中一位教士说道："我们永远都不会承认罗马教廷对我们的统治，也绝不会认可撒克逊人对我们的专制。我们只服从上帝，听从崇高的大主教（住在凯尔雷昂）的命令。罗马人既然指引撒克逊人皈依基督教徒，又为何会任由其侵略我们，对他们的暴

---

[1] Bedæ presbyt. Hist. ecclesiast., lib I, cap.XVII. Trioedd ynys Prydain; Cambro-Briton., vol.I, p.170. Horæ Britannicæ, t.II, p.223 à 232.
[2] 这棵树一直被称为是"奥古斯丁之树"。Vid. Bedæ presbyt. Hist. ecclesiast., lib II, cap.II.
[3] Vid. Bedæ presbyt. Hist. ecclesiast., lib II, cap.II.
[4] 即坎布里亚教士。（译者注）

行不加以谴责呢?"[1]

后来,奥古斯丁下达最后通牒,坚持让威尔士教士承认自己为大主教,并且协助其将不列颠岛的盎格鲁-撒克逊人转变为基督教徒。威尔士人一致反对,表示只要撒克逊人不把非法夺走的东西归还,那么他们坚决不会和这些侵略者结成友好的关系。他们还说:"我们千里迢迢来参加会议,而您甚至不愿意起身迎接,我们断然不会听从您的指挥,更不承认您'大主教'的身份!"[2] 奥古斯丁愤怒地威胁道:"那好吧!既然你们不愿意和你们的兄弟结成联盟,那么你们定会和敌人发生战争;既然你们不愿意和我一起向撒克逊人传授神的旨意,那么,在上帝公正的审判下,不久之后,撒克逊人必然成为你们的死亡使者,了断你们的性命。"[3]

不久之后,一位尚未皈依基督教的盎格鲁-撒克逊首领从北部南下,攻打会议召开的地区。迪河的班戈修道院的诸位神职人员回想起奥古斯丁的威胁,在恐慌中纷纷逃离修道院,逃往波伊斯军队所驻扎之地寻求庇护。波伊斯军队被打败后,撒克逊首领看到一些身穿异服之人,他们手无寸铁,跪拜祈求。别人告诉他这些人是威尔士神职人员,他们正在为族人祈祷,请求上帝的庇护。撒克逊首领说道:"如果他们为了我的敌人而祈求上帝,纵使他们没有武器,也是在与我作对!"[4] 于是,他下令处死这两百多位神职人员,并摧毁班戈修道院,而该修道院院长正是上文中与奥古斯丁大主教辩论之人。教会作家这样记载:"对奥古斯丁而言,那些蔑视过他的人,如今受到了惩罚,他

---

[1] Manuscrits Bretons, cites dans le t.II des *Horæ Britannicæ*, pag. 267-268.
[2] Bedæ presbyt. Hist. ecclesiast., lib II, cpa.II.
[3] Bedæ presbyt. Hist. ecclesiast., lib II, cpa.II.
[4] Bedæ presbyt. Hist. ecclesiast., lib II, cap.II.

的预言也因此实现。"[1]威尔士人坚信是奥古斯丁挑动了这次侵略,并且将班戈修道院指派给诺森布里亚(Northumberland)的无信仰之人。他们的想法无法得到验证,但是时间上的吻合实在让奥古斯丁难辞其咎。罗马教廷篡改史学家的手稿来掩盖这一切,声称奥古斯丁在侵略发生以及班戈修道院教士被集体屠杀之时,已经去世。[2]而事实上,奥古斯丁在当时确实已经年迈,但是在其所预言的侵略发生一年之后,他才去世。[3]

奥古斯丁去世之后,洛朗接任成为大主教。梅利图斯和贾斯特斯(Justus)则分别在伦敦和罗切斯特担任主教。梅利图斯成功地让埃特尔伯特的亲戚、东撒克逊人的首领——塞伯特皈依基督教。塞伯特作为一位新入教者,对基督教甚是虔诚,并且赋予各位神职人员以荣誉和权威。然而,这样的状况并没有持久。在塞伯特去世之后,他的两个儿子接任他的位置,但对基督教并不热心。他们不再信奉基督教,并且取缔了一切反对旧信仰的法律。不过,两位王子性格温和,他们对于梅利图斯主教及其坚定的追随者态度宽容,并没有怠慢他们。此外,两位王子虽不再信仰基督教,但出于心里的不安,仍然去基督教教堂祈祷。

一日,梅利图斯和他的门徒们享用圣餐,两位王子问道:"过去你曾经将这白面包给予我们的父亲,为何今日却不给我们呢?为何会有这样的区别对待?"[4]主教回答道:"若你们也像你们的父亲一样受洗,那么你们即可享用这有益于身体健康的白面包。""我们不想受洗,

---

[1] Bedæ presbyt. Hist. ecclesiast., lib II, cap.II.
[2] Bedæ presbyt. Hist. ecclesiast., lib II, cap.II. 根据著名神学家古德温(Goodwin)和哈蒙德(Hammond)所述,这句话是后添加的。Horæ Britannicæ, t.II, p.271.
[3] Bedæ presbyt. Hist. ecclesiast., lib II, cap.II.
[4] Bedæ presbyt. Hist. ecclesiast., lib II, cap.V.

可是我们想食用这白面包。"[1]两位王子多次提出这样的无理要求,他们认为主教这样执着地拒绝他们,是因为他不怀好意。于是他们说:"既然你不愿意在这件事情上满足我们的要求,那么你必须离开我们的土地。"[2]

梅利图斯和他的同伴被驱逐出伦敦,他们来到肯特,与洛朗大主教、贾斯特斯主教汇合。而埃特尔伯特的儿子艾德伯尔德(Edbald[3])对待基督教的态度同样冷淡,对待他们并不热情,两位主教几乎遭遇了同样的挫折,他们当即决定前往高卢。但是洛朗大主教愿意留在肯特做最后的努力,因为他觉得艾德伯尔德态度模糊,对于回归旧信仰并不坚决。洛朗大主教在英格兰度过的最后一个夜晚,把床铺摆在了埃特尔伯特在坎特伯雷建造的圣皮埃尔教堂(église de Saint-Pierre)。[4]第二天早晨他从教堂出来时,满身血迹,浑身瘀伤。他去拜见艾德伯尔德,说道:"看看,这就是使徒皮埃尔对我的惩罚,因为我试图离开他的信徒们。"[5]艾德伯尔德对这样的场景感到震惊,开始担心自己也会遭到这位使徒的报复,于是他请求洛朗大主教留下,并且召回贾斯特斯,允诺会发动自己的力量,协助两位主教让那些和他本人一样的弃教者回归基督教。就这样,在泰晤士河的周围,基督教得到重生,并且再也没有消亡。洛朗去世之后,依次由梅利图斯和贾斯特斯接任大主教之位。过去试图驱逐他们的肯特国王,如今因为他的虔诚以及对基督教事业的支持,屡次受到教皇的

---

[1] Bedæ presbyt. Hist. ecclesiast., lib II, cap.V.
[2] Bedæ presbyt. Hist. ecclesiast., lib II, cap.V.
[3] Gloss. d'Edward Lye.
[4] Bedæ presbyt. Hist. ecclesiast., lib II, cap.V.
[5] Chron. saxon. ed. Gibson, p.26.

褒奖。[1]

几年之后，艾德伯尔德的一个妹妹艾塞尔伯奇（Ethelberge[2]）嫁给了诺森布里亚[3]的国王——埃德温（Edwin）。艾塞尔伯奇从肯特出嫁时，有一位名叫保林（Paulin）的教士陪同。保林本是罗马人，如今被任命为约克主教，按照格里高利的计划，他将协同艾塞尔伯奇将无信仰的埃德温转变为基督教徒。保林有着黑色的头发，棕色的面庞，身材纤瘦，长相实在是有别于有着棕色头发的当地人。[4]艾塞尔伯奇怀孕之后，保林告诉埃德温，他已经获得了让其妻子无痛分娩的恩赐，但是条件是孩子必须以耶稣之名受洗。初为人父的喜悦让埃德温答应完成妻子的所有愿望，但他本人拒绝接受洗礼。[5]

罗马的教皇卜尼法斯（Boniface）给埃德温寄了一封信，试图通过财物和土地的诱惑来吸引埃德温，让他最终皈依基督教。教皇这样写道："我向您传递您的保护者圣皮埃尔赐予您的礼物，其中有金绣的亚麻衬衫，以及安科纳（Ancône）细羊毛制成的大衣外套。"埃德温的妻子艾塞尔伯奇也收到了象牙镶金的梳子和一面银制的镜子。[6]埃德温虽然接受了礼物，但是仍然无法下定决心皈依基督教，他的思想坚定顽固，让他改宗换教并非易事。[7]

埃德温年轻时曾有过十分稀奇的遭遇，但他对此守口如瓶，没有告诉过任何人。只是，床笫之欢间，他向妻子吐露了这个秘密。在他

---

[1] Bedæ presbyt. Hist. ecclesiast., lib I, cap.VI. Henrici Huntind. Hist., lib.III, apud rer. anglic. Script., p.326, ed. Savile.
[2] "Ehtel"意为"尊贵"；"berg"意为"安全，保护者"。
[3] 诺森布里亚，指代亨伯河以北的地区。
[4] *Bedæ presbyt. Hist. ecclesiast.*, lib II, cap.XVI.
[5] Henrici Huntind. Hist., lib.III, apud rer. anglic. Script., p.327, ed. Savile.
[6] Henrici Huntind. Hist., lib.III, apud rer. anglic. Script., p.327, ed. Savile.
[7] Bedæ presbyt. Hist. ecclesiast., lib II, cap.II.

年轻时，有一次受到敌人突袭，落入想置他于死地的敌人手中。奄奄一息、了无生望之时，他仿佛看到一个陌生人带着严肃的神情向他走来，说道："对于救你性命之人，你能给予什么作为回报呢？"埃德温回答道："一切在我能力范围以内的事情。"陌生人又说："那么，如果这个人只要求你按照他所说的方式去生活，你可愿意呢？"埃德温发誓说可以。这个陌生人展开一只手，放到埃德温的头上，说道："请你务必记得这个瞬间，务必遵守你许下的誓言。"[1]后来埃德温真的奇迹般地脱离危险，不过这个梦境他始终铭记在心。

一日，埃德温独自一人在房间。门突然打开，"梦中之人"向他缓缓走来，靠近他，一言不发地将手放在他的头上。埃德温甚是惊愕，当场从座位上跌落在地。此时，"梦中之人"轻轻地扶起他，从此成为他的教父。根据教会史学家记载，此人正是保林，他得知这个可以攻破埃德温心理防线的方法，使他心甘情愿地成为基督教徒。[2]于是，埃德温就这样皈依基督教，不过，他仍然坚持让自己的臣民自由选择宗教信仰。[3]保林让埃德温召集"全国议会"，在撒克逊语中为"Wittena-Ghemote"，意为"有智慧人所参加的会议"。全国议会是日耳曼人在重大事件时所召开的会议，与会人员往往包括大法官、大地主、战功赫赫的大将以及神职人员。埃德温在这次会议中告知大家他改宗的缘由，然后依次询问与会人员对于基督教的想法。

主教首先发言："在我族人民中，没有人比我更加热忱地信奉诸神，但我既不是最富有的，也不是最受人敬仰的。因此，我们所信奉

---

[1] Bedæ presbyt. Hist. ecclesiast., lib II, cap.XII. Henrici Huntind. Hist., lib.III, apud rer. anglic. Script., p.327, ed. Savile.

[2] Bedæ presbyt. Hist. ecclesiast., lib II, cap.XII.

[3] Ibid., cap.XIII.

的众神并没有任何实际能力,更不是万能的。"[1]

然后大将站起来发言:"您可还记得发生在冬天的一件小事?当时您和诸位上尉以及各位武官开会商议要事。火烧得很旺,屋里很暖,然而屋外雨雪交加,狂风大作。就在这个时候,一只小鸟突然飞进屋里,它从一扇门飞进来,很快又从另外一扇门飞出去。在屋内飞行的这一小段对它来说应该是温暖而又甜蜜的吧,它不再受到狂风暴雨的摧残,但在屋内的时间何其短暂,它很快飞了出去,继续接受寒冬的洗礼。这就让我想到,人在这世上活着的时间如此短暂,出生之前和死亡之后的路漫长而又黑暗,实在让人心生畏惧。如若基督教可以让我们对此多些确信,那么这个宗教就值得我们去信奉。"[2]

在所有人发言之后,保林介绍了基督教教义,议会投票表决,像是投票通过法律一般,大家慎重宣誓,放弃过去的信仰,不再信奉众神。不过,当保林提出要摧毁众神的画像时,没有任何一人胆敢亵渎圣物,承担这样的风险。此时,他们先前的主教站出来,向武官首领要了一匹公马,这是对旧信仰的公然挑衅,因为按照教义,神职人员不可以身披战袍,而且只可以骑母马。[3]在大家的注视之下,他挥舞着长矛向庙宇飞奔而去,敲打墙壁,毁坏画像,所有目击这一切的人都对其疯狂行为感到震惊。随后,人们建立起一个木头房子,在那里,国王埃德温和其他人接受洗礼。[4]由此,保林才成为名副其实的大主教,他穿越德伊勒(Deire)和伯尼西亚(Bernicie)等地区,在斯维尔(Swale)和格伦(Glen)两河流域,为那些响应议会决定的人们,

---

[1] Henrici Huntind. Hist., lib.III, apud rer. anglic. Script., p.328, ed. Savile. Bedæ presbyt. Hist. ecclesiast., lib II, cap.XIII.
[2] Henrici Huntind. Hist., lib.III, apud rer. anglic. Script., p.328, ed. Savile.
[3] Henrici Huntind. Hist., lib.III, apud rer. anglic. Script., p.328, ed. Savile.
[4] Act. pontific. Cantuar., apud rer. anglic. Script., t.II, col.1634, ed. Selden.

举行受洗仪式。[1]

受到诺森布里亚王国的政治影响,住在亨伯河南部、东撒克逊人北部的东盎格利亚人(Est-Angles)皈依了基督教。这个民族早前已接受南部罗马教士的传道,但是他们古老的宗教信仰和基督教竟然共存,以至于他们的首领——雷德沃尔德(Redwald)在同一座庙宇中设立了两个祭坛,一个用来祭拜条顿诸神,另外一个则用来祭拜上帝,而他自己则轮流向两个祭坛祈祷。[2]亨伯河流域的居民皈依基督教30年后,一位东盎格利亚妇女将麦西亚王国的国王转变为基督教徒,此时,麦西亚的势力范围从亨伯河延伸至泰晤士河。仍然保留着原始信仰的盎格鲁-撒克逊人住在南部河域,他们直到7世纪末才皈依基督教。[3]

八位罗马修道士陆续担任坎特伯雷大主教之后,这个职位才最终由撒克逊人接手。奥古斯丁之后所有的主教都从未放弃让坎布里亚神职人员归顺罗马教廷的希望,他们常常向威尔士教士发布限令和警告,对他们施加各种压力。罗马教廷在控制了整个不列颠岛后,野心甚至已经延伸到爱尔兰岛,不过,和不列颠岛一样,爱尔兰岛完全独立于外国势力,甚至被称为"神的岛屿",岛屿居民对基督教十分虔诚,但是他们拒绝归顺罗马教廷。因此,罗马教廷常常指责爱尔兰人,在发往爱尔兰的信件中,他们语气尖酸刻薄:"我们作为西部区域的教廷代表,此前完全相信你们对基督教的虔诚,可如今我们对此产生怀

---

[1] Henrici Huntind. Hist., lib.III, apud rer. anglic. Script., p.328, ed. Savile.

[2] Henrici Huntind. Hist., lib.III, apud rer. anglic. Script., p.329, ed. Savile. Bedæ presbyt. Hist. ecclesiast., lib II, cap.XV.

[3] Henrici Huntind. Hist., lib.III, apud rer. anglic. Script., p.328, ed. Savile. Act. pontific. cantuar., auclore Gervas. Dorobern., apud hist. anglic. Script., t.II, col.1635 et seq., ed. Selden.

疑。[1]高隆邦（Columban）到访高卢、达喀曼（Dagamman）到访不列颠岛时的种种表现都坚定了我们这一信念。这位达喀曼经过我们居住的地方却不愿意造访，更别说和我们同桌进餐了。"[2]

高隆邦拜访高卢，常常被用来证明爱尔兰基督教徒的堕落。高隆邦本是爱尔兰人，受到神灵感应而成为传教士，他愿意为信仰而冒险，于是选择12位同伴，准备航行。他先到达不列颠岛，然后抵达高卢，并最终来到高卢东部边境。在那里，人们信仰的仍然是日耳曼异教，于是高隆邦下定决心在此地建立一个祈祷和布教的场地。[3]他穿越孚日山脉（Vosges）茂密的森林，来到一处罗马要塞的废墟，也就是今天的吕克塞（Luxeuil）。废墟中央流淌着温泉水，装饰有雕像，甚至还有大理石水槽。高隆邦如获至宝，对于他和同伴们来说，这可是建造房屋和祈祷室的最佳素材，而他们最终建成的修道院完全符合爱尔兰修道院的各项要求。[4]爱尔兰教士名声在外，很快吸引了很多慕名而来的学徒以及有权之士。这片领地的首领提奥德瑞克也亲自拜访，并表示愿意参加他们的祈祷。

高隆邦比任何一位法兰克神职人员都更有勇气，他严厉批评了到访的提奥德瑞克，批评他没有合法妻子，却有不少情人。[5]这样的指责不仅激怒了提奥德瑞克本人，更让他的祖母十分生气，也就是那位格里高利大肆赞扬过的布鲁尼尔德。她为了完全控制自己的孙子，处心积虑地让他远离，甚至厌恶婚姻。[6]在这位充满野心、颇有心计

---

[1] Bedæ presbyt. Hist. ecclesiast., lib II, cap.IV.
[2] Bedæ presbyt. Hist. ecclesiast., lib II, cap.IV.
[3] Vita S. Columbani, apud Script. rer. gallic. et francic., t.III, p.476.
[4] Vita S. Columbani, apud Script. rer. gallic. et francic., t.III, p.477.
[5] Vita S. Columbani, apud Script. rer. gallic. et francic., t.III, p.478.
[6] Vita S. Columbani, apud Script. rer. gallic. et francic., t.III, p.478. Vita S. Columbani, apud Script. rer. gallic. et francic., t.IV, p.20-34.

的老妇人的挑唆下，诸位贵族以及各位主教通过恶意进谏让提奥德瑞克厌恶高隆邦。他们指控高隆邦的信仰并不正统，指责他在高卢教堂散播教会分立的言论，诬陷他禁止无信仰之人进入修道院内部。[1]最后，提奥德瑞克来到吕克塞，冲进修道院的餐厅，命令高隆邦离开高卢。[2]一行士兵护送高隆邦先到达贝藏松（Besançon）和欧坦（Autun），然后到了纳维尔（Nevers），在那里沿着卢瓦尔河到了南特，然后乘船回到爱尔兰。[3]由于高隆邦对基督教无比虔诚并且有冒险精神，因此，他再次回到高卢。他先抵达赫尔维西亚的阿尔卑斯山山区（Alpes），然后从那里前往意大利，并在那里去世。高隆邦的失败经历让撒克逊主教们断言，爱尔兰人所信仰的基督教不纯粹，他们有资格去改变其信仰，让其更纯粹。[4]

那些将高隆邦一行人赶出高卢的各位主教，将被祝圣过的十字架赠予盎格鲁-撒克逊各位首领，命令他们以此为战旗，去剿灭不列颠岛残留的旧基督教徒。[5]根据记载，这些基督教徒控诉外族的阴谋和品行不端的神职人员是导致整个民族不幸的根源。他们确信罗马教廷对不列颠岛不怀好意，于是更加坚定地抵制罗马教廷颁布的教条，顽强地抵抗罗马帝国的统治，此外，他们先后多次向君士坦丁堡教会讨教神学的一些疑难问题。其中最受人尊重的一位基督教教士，同时也是吟游诗人，他在自己所创作的诗歌中写道："因为一位牧羊人粗枝大叶，上帝的羊群受到了罗马狼群的迫害。"[6]

---

[1] Vita S. Columbani, apud Script. rer. gallic. et francic., t.III, p.479.
[2] Vita S. Columbani, apud Script. rer. gallic. et francic., t.III, p.480.
[3] Vita S. Columbani, apud Script. rer. gallic. et francic., t.III, p.479.
[4] Fredegarii chron., apud Script. rer. gallic., et francic., t.II, p.425 à 427. Dom Lobineau, Hist. de Bretagne, t.I, liv.I, p.22.
[5] Horæ Britannicæ, t.II, p.290.
[6] Horæ Britannicæ, t.II, p.290.

盎格鲁-撒克逊的多位首领听命于罗马教廷，教皇派来的各位使节以此为契机，打算利用他们进一步摧毁不列颠岛的古老信仰。8世纪，威尔士北部的一位主教在宗教评议会所规定的日期庆祝复活节，使得其他主教群起而攻之。得知这个内讧的消息之后，盎格鲁-撒克逊人趁机进攻南部地区。[1] 为了避免外族的侵略和掠夺，一位威尔士首领试图严惩这位篡改原本宗教习俗的主教。不过，为时已晚，民愤早已无法平息，这位首领后来在一次动乱中身亡。威尔士人的民族自豪感和对旧信仰的坚持逐渐消退，他们厌倦了源源不断的战争，很大一部分威尔士神职人员皈依正统基督教。就这样，这片土地的宗教信仰慢慢地统一，不过此时离整个英格兰的宗教统一，还有很长的路要走。[2]

　　盎格鲁-撒克逊首领为表示对罗马教廷以及圣彼得教堂的崇敬之意，提供了大量丰厚的礼物，并且每年按时纳贡。过去的勇士如亨吉斯特、霍萨、策尔迪克、埃拉和艾达的后继者们，受到罗马教士的教导，把原来的斧头标志替换为绣有金制花饰的棍棒，以此作为王权的象征，并且不再把战争作为第一事业。[3] 他们不再像过去那样以训练出最勇猛的军队为目的，而是按照教皇们所提倡的圣本笃会规[4]建立了多座修道院。很多首领剪去长发，遁世隐居。如若他们仍有具体职务在身，无法隐居，那么会将一座修道院的祝圣仪式看作头等大事。修道院的启用仪式往往极其隆重[5]，出席的人包括各位首领、主教、

[1] Extrait de Caradoc de Llancarvan, historien gallois; Horæ Britannicæ, t.II, p.367.
[2] Horæ Britannicæ, t.II, p.317-320.
[3] Willelm Malmesb. De Gest.reg.angl., lib.III, apud rer. anglic. Script., p.101, ed. Savile.
[4] 圣本笃会规（la règle de Saint-Benoit）为西方隐修之父圣本笃所拟定之规则，注重自给自足，共度团体献身生活，会规要求严格、培养团队精神，强调中庸之道。（译者注）
[5] Chron.saxon., ed.Gibson, p.35.

将领以及智者，国王和其他王室成员则坐在各位宾客中间。主教用圣水浇灌新建的墙壁，并以圣彼得和圣保罗两位忠实使徒之名，宣布将这座修道院献给上帝，国王站起来，大声说道[1]：

> 多亏上帝的恩赐，我才能够以耶稣和其他使徒之名，有所作为。我将赐予各位神职人员土地、沼泽、池塘和河流，在座的各位都是见证者。我希望他们能够拥有我所赐之物的全部使用权，并且不用纳税。修道院只服从罗马教廷的统治，因为我等无缘前往罗马朝拜的人，正是在这里祈祷并接触到使徒圣皮埃尔的。我的后继者，我的儿子、兄弟或者其他任何人，只要他们想要永生，想要从永恒的火焰中得救，就不得违背我今天的承诺。任何试图减少教士财产之人，日后在天堂的财产同样会被削减；努力扩充教士财产之人，将来在天堂也会得到同样的回馈。

然后国王拿起写有馈赠契约的羊皮纸，在上面画上十字架。随后，他的所有亲眷、各位主教、各方官员以及其他所有身份尊贵之人都在契约上画上十字架，并纷纷说道："我以耶稣之名发誓。"[2]

对于罗马教廷，盎格鲁-撒克逊人从宗教上的服从逐渐转变为政治上的顺从，但是随着隶属关系的凸显，双方的联系再也不像过去那样稳固。一些罗马使徒自称可以开启或是关闭上帝之门，在这些使徒面前，部分英格兰首领言听计从，[3]但是另外一部分首领识破他们利用宗教蛊惑人心的诡计，公然摒弃罗马教廷以基督教之名颁布的法

---

[1] Chron.saxon., ed.Gibson, p.35.
[2] Chron. saxon., ed.Gibson, p.35-38.
[3] Chron. saxon., ed.Gibson, p.38.

令。[1]在这场没有硝烟的战争中,英格兰神职人员一开始仍然支持罗马教廷,维护其权威,[2]但很快,他们自己被卷入国内舆论的漩涡,只向罗马教廷履行他们曾经允诺的义务,教皇对此甚是不悦。此时,对于罗马教廷而言,英格兰人与当时主张教会分立的坎布里亚人无异,于是出于宗教目的,更是出于政治目的,他们选择和英格兰人的敌人联手,全力支持其野心勃勃的进攻事业,正如当时他们自己侵略不列颠岛的原住民一样。他们向进攻英格兰的人允诺土地和财物,并答应赦免他们的罪过。英格兰人先前心甘情愿纳贡,后来对宗教的热忱慢慢消退,再加上有必要节约国家资金,他们开始拒绝向罗马纳贡,罗马也因此打算奴役这个国家。

故事的后续就是大篇幅的盎格鲁-撒克逊民族的没落史,不过现在,让我们把目光投向坎布里亚人对抗盎格鲁-撒克逊人的战争。盎格鲁-撒克逊人取得胜利,他们的白色军旗一步一步地将坎布里亚人的红色军旗击退至西部。[3]于是,在已经占领了福斯河和克莱德河以北区域之后,他们的领土继续向西扩大,不过在7世纪末,领土边境一直固定在西部的这个地方。皮克特人和斯科特人受到诺森布里亚国王——艾格佛里斯(Egfrith[4])的伏击,但是巧妙地将其引入峡谷,最终击败他。取得胜利之后,皮克特人和斯科特人继续向福斯河南部进犯,直至特威德河,并在那里设立了边境。这条边境线设立之后,南部居民一直未能进犯分毫,并且将不列颠岛分为两个部分。[5]住在福斯河和特威德河之间平原地区的盎格鲁人被皮克特人和斯科特人接

---

[1] Eddii vita S. Wilfridi, apud. rer.anglic. Script., t.III, p.61, ed. Gale.
[2] Horæ Britannicæ, t.II, p.329-347.
[3] 坎布里亚诗歌中,常常把这敌对的两支军队称为"红龙队"和"白龙队"。
[4] "Eg"意为"锋利的";"firth"则意为"和平的"。
[5] Henrici Huntind. Hist., lib.III, apud rer. anglic. Script., p.336, ed. Savile.

纳，并且被统称为"苏格兰人"（Ecossais），这个国家的现代用名也由此而来。

在岛屿的另外一端，也就是康沃尔，那里的居民一直为了获得独立而奋斗，他们偶尔会得到阿尔摩里克的布列塔尼人的支援。[1] 后来，康沃尔的居民向西撒克逊人纳贡，但坎布里亚人则一直拒绝屈服于西撒克逊人。他们的诗人这样说道："我们坎布里亚人绝对不会向任何人纳贡，我们会为得到威河（Wye）流域的土地奋战到底。"[2] 事实上确实如此，撒克逊人的领土范围到威河为止，试图打破此界线的是一位麦西亚国王——奥法（Offa[3]）。他跨越了萨维尔纳河以及不列颠岛南部的亚平宁山脉（Apennins），这可谓是最后一道防线。越过这些山脉向西大概50英里的位置，为替代这些自然屏障，奥法从南到北，建立了城墙和沟壑，从威河流域一直到迪河的山谷。就这样这城墙将不列颠岛的南部（从特威德河一直到康沃尔）一分为二，两边居民人数不均等，但互不干涉。

在迪河的入海港湾的北部，在山脉和海之间，有一处隐蔽的土地。半个世纪以来，此地受到盎格鲁-撒克逊人的控制，不列颠岛的原住民越来越少，他们或是逃往威尔士，或是逃往索尔韦海峡的山区。在这最后的避难所，他们得以保留原始的自由，在他们的民族语言中，自称"坎布里亚人"，以便与"英格兰人"区分开来，而这个名称也和他们所逃难的地方结合了起来。[4] 少数的布列吞人居住在加洛韦（Galloway）平原以外，克莱德河流域的幽深的山谷里，他们因为地形

---

[1] Extrait de Caradoc de Llancarvan; Horæ Britannicæ, t.II, p.161.
[2] Arymes Prydain vawr; Cambrian register for 1796, p.554 et suiv.
[3] "Offa"意为"宽厚的，温和的"。
[4] 如今我们称之为"坎伯兰"（Cumberland），古撒克逊语中，被称为"Cumbraland"。

优势，未曾受过侵扰。后来斯科特人和皮克特人攻占了苏格兰的洼地，直到安南山谷和特威德河，他们作为最后的不列颠岛的原住民，以坐落在岩石上的敦巴顿（Dumbarton）为要塞和首都。一直到10世纪，这些原住民一直作为独立的民族生活在这片区域。自那以后，他们的民族称谓逐渐消失，可能是在某次战争中被灭族，也可能是已经融入周围的其他民族。

除了威尔士人所占领的狭小贫瘠的土地之外，坎布里亚的凯尔特人、利比里亚人以及其他岛屿原住民都从不列颠岛消失了：他们中一些人是从东欧移民至此，一些人在高卢的西海岸生活过一段时间之后来到不列颠岛。这个伟大的民族仅剩的少部分人仍然倾尽全力保卫自己的最后一方家园，勇敢地对抗无论从数量还是财富都远远超过他们的敌人。他们也许会打败仗，但是从未被征服。多个世纪以来，他们始终坚信他们的民族和语言一定可以永存。在他们第一次遭遇溃败的时候，威尔士的诗人就这般预测过。[1]后来，每当有敌人越过坎布里亚的山区，并获得战争的胜利之后，他们就会听到威尔士人这样的言辞："你们白白打了胜仗，你们既不可能摧毁我们的姓氏，更不能毁灭我们的语言。"[2]岛屿的命运、人民的无畏，以及这片由岩石、湖泊和沙土构成的广阔的土地，都见证了威尔士诗人当初大胆的预言。而这诗歌的推测更是鼓舞了这个民族的爱国情怀，成为他们勇气和力量的源泉。

坎布里亚人以诗歌为生，此言不假，在保存至今的政治诏书中，他们把诗人和音乐家放在和农民以及手工艺者同样重要的位置，这三个职业是整个社会的三个支柱。[3]诗人创作的主题很固定，比如国家

---

[1] Taliesin; *Archaiology of Wales*, vol.I, p.95.
[2] 请参考本书第六章。
[3] Trioedd beirdd ynys Prydain, see. XXI, n.I; *Archaiology of Wales*, vol.III, p.283.

的命运、不幸和希望。坎布里亚人往往赋予最简单的语句一些奇妙的遐想：吟游诗人的愿望被看作承诺，他们的期待被当成预言。他们之所以没有吟唱亚瑟王的死亡，那是因为他们默认亚瑟王还活着。当竖琴的演奏家无意识地演奏出悲伤的音乐时，听众也会觉得这暗示着英格兰某座城市正浴血奋战，抵御外敌的侵略。[1] 这种充满回忆和希望的生活，对于坎布里亚人来说，无疑是美化了这个布满岩石和沼泽的国度。他们虽然贫穷，但是乐观开朗，他们认为困难痛苦只是暂时的，他们不知疲倦地等待着某次政治变革。按照某位吟游诗人的说法，变革之后，他们终将找回那些他们曾经拥有的，他们终将拿回属于他们的不列颠岛的王冠。[2]

几个世纪之后，不列颠岛仍然没有回到岛屿原住民的手里，这似乎和诗人们的预言背道而驰。虽然外国侵略者后来被打败，但击败他们的并非威尔士人，外国侵略者的战败也并没有给威尔士人带来任何益处。盎格鲁-撒克逊人也即将被来自海外的敌人侵略和征服，这些故事我将在后面的章节向大家娓娓道来。盎格鲁-撒克逊人曾经征服了所有先于他们到达不列颠岛的人，他们此后将作为受苦难和被压迫的民族而反抗。时间的流逝让我们忘却了那些古人的不幸，遗忘并淡化了已去之人的苦难。但是过去的史料对此有着详尽的记载，朴实的语言让另一个时代的人类复活，我们既对历史人物感到惋惜怜悯，又对史学家的刚正不阿感到敬佩。他们既要做到绝对公正，又要赋予故事人性化的色彩。

---

[1] 请参考本书第四章。
[2] Taliesin; *Archaiology of Wales*, vol.I, p.95. Arymes Prydain; ibid., p.156 à 159. Afallenan myrddin; ibid., p.150.

第二章
自丹麦人初次登陆英格兰至其统治结束
(787—1048年)

在丹麦人来到英格兰之前的一个半世纪之久,整个不列颠岛南部地区都一度由英格兰人管辖。直至一日,三艘大船逼近不列颠岛东部海岸,当地官员闻讯前往查看,却遭遇围攻并被残忍杀害;随后附近居民也惨遭劫掠。之后,这些不速之客又迅速扬帆离开。[1]这是北欧海盗第一次在英格兰出现,这片大陆也就此掀开了新的历史篇章,英格兰由此展开了长达几个世纪之久的反抗侵略和压迫的斗争。在日耳曼人的语言中,布列塔尼人和威尔士人意味着"仆人"(serviteur)、"进贡者"(tributaire),这也从侧面反映了英国人在这段历史中的悲惨经历。

北欧海盗指的是来自波罗的海的丹麦人和挪威海岸的诺曼人。他们同盎格鲁-撒克逊人以及法兰克人原属一个民族,有着相同的语言体系,但这并没能使不列颠、高卢以及莱茵河彼岸的日耳曼人免受侵略。9世纪,北方人[2]以"奥丁"[3]后裔之名为荣,南方条顿人却皈依了基督教,南北方因此彻底决裂。北方人把皈依基督教的条顿人称作叛徒,

---

[1] Henrici Huntind Hist., lib.IV, apud rer. anglic. Script., p.343, ed. Savile.
[2] 北方人特指斯堪的纳维亚人。(译者注)
[3] 奥丁(Odin)指北欧神话中的至高神。(译者注)

对于忠于日耳曼古神灵的人来说，不管法兰克人还是高卢人，伦巴第人还是拉丁人，但凡皈依基督教，便是背信弃义、不可饶恕的。斯堪的纳维亚人狂热崇拜奥丁，有着强烈的民族自尊心，在他们的血液中，热情似火的性格和贪得无厌的获胜欲望并行。在北欧海盗南下过程中，他们不断地杀害教士，破坏教堂，甚至让战马卧于祭台之上，一番大肆摧毁之后，他们讥讽道："既然你们要祈祷，我们就手持长矛为你们伴唱，从清晨到深夜，这又有何妨！"[1]

北方人驾船顺西风横穿大洋只需三日即可抵达不列颠南岸。[2] 通常，船只之间的装饰各不相同，每艘船上只有一位首领，上岸之后海盗们也是在这位首领的指挥下列队步行或骑马前进。这位首领被称为"海盗王"(roi)，负责海上行进和战场指挥，他们往往胆识过人，勇冠三军，视死如归，普通海盗必忠诚于他，誓死跟从。[3] 但是这个头衔绝非代表高人一等，身为首领的人平日里同普通士兵无异，常常和部队一起围圈而坐，高歌畅饮。

海盗王往往十分善于管理船只，他们拥有过人的胆识和高超的技能，人们对他们十分崇拜。他们精通古文，可以辨识出刻在剑上、船尾和船桨上的神秘文字，这些文字中往往暗含获胜的秘诀，抑或教人躲避海难的方法。[4] 维京人[5] 跟随海盗首领，赤胆忠肝，勇往向前，一路高歌猛进。他们被称作"海湾的孩子"(enfants des anses)，时而

---

[1] Olai Wormii Litteratura runica, p.208. Scriptores rerum danicarum, t.I, p.374. Scriptores rerum danicarum, t.IV, p.26.
[2] Annales Esromenses, ibid., t.I, p.236.
[3] Ingliuga saga, cap. XXXIV；Heimskringla edr Noregs kounugasogor af Snorra Sturlusyni, t.I, p.43.
[4] Edda Saemundar hiuns fróda, t.II, pp.195-197.
[5] 维京人（Viking），泛指北欧海盗。（译者注）

沿陆地走走停停，时而又乘风破浪穿越大海。前进的道路并不是一帆风顺的，有时狂风暴雨会撕裂他们脆弱的船只，集合号角吹起之时总有人无法与其他人会合；但是幸免于难的人不会焦躁不安、一蹶不振，他们嘲笑没能摧毁他们的狂风与浪涛："暴风雨使我们的手臂更加结实，飓风助我们一臂之力，将我们送去想去的任何地方。"[1]

北方人由康沃尔海岸登陆英格兰，展开了他们的首次入侵行动。此时，英格兰本土的贫民百姓正在饱尝赋税徭役之苦，人们渴望重获自由却无力改变现状，北欧海盗的到来成了人们情绪的宣泄口。北方人很快就被击退，康沃尔居民受压迫的生活再次开始。不久之后，大批斯堪的纳维亚人自东海岸登陆，并迅速深入英格兰内陆。他们顺江而上，建立据点，到处掠夺牲口。[2] 最初，丹麦人于一处肆意掠夺之后便会撤退，留下几个据点和营地，以备不时之需。但是他们很快改变了战术，每到一处便让人定居下来，并垄断土地所有权。渐渐地，英格兰人就被北欧人从东北地区驱赶了出来，只好到西南地区生活。[3]

在众多海盗首领之中，拉格纳·洛德布罗克[4]和他的三个儿子胡博（Hubbo）、英格瓦（Ingvar）、阿富登（Afden）最为有名。拉格纳是一个挪威人和丹麦一个岛屿国王的女儿所生，于是自然而然地继承了王位。然而此人命途多舛，意外地失去了领地，于是找来一艘船，

---

[1] Hist, S. Eadomndi, anctore Abbone floriac. abate, apud Surium in Vit. sanctor., novembr, 20, t.VI, p.441.

[2] Chron. saxon., ed. Gibson, p.139 et passim.

[3] Chron. saxon., ed. Gibson, p.72. Chron. Johan. Wallingford, apud rer. anglic. Script., t.III, p.532 et 533, ed. Gale.

[4] 拉格纳·洛德布罗克（Ragnar-Lodbrog），北欧传说中的维京人英雄和统治者，常出现在维京时代斯堪的纳维亚人的诗歌和传说中。据传统文学记载，他在9世纪多次侵袭法兰克王国和盎格鲁-撒克逊的英格兰。（译者注）

召集了一支队伍，自封为"王"。他的早期航行集中在波罗的海弗里西亚（Frise）和萨克森公国（Saxe）的海岸。随后他多次入侵英格兰和法兰克，战绩辉煌，名利双收。他率领的队伍英勇善战，在整整30年间都所向披靡，拉格纳因此变得雄心勃勃，他下令让人建造了两艘大船，其规模在整个北方地区闻所未闻。其妻子阿斯劳格（Aslauga）生性小心谨慎，拥有极强的预言能力，她曾警示丈夫如若执意扩张定会遭遇不测。然而拉格纳一意孤行，决定率领数百人扬帆出征英格兰。出发那天，锣鼓喧天，军心鼓舞，只见锚索刚被挥刀割断，船只便如同脱缰野马般，开始纵横驰骋。[1]

海上之行一切如常，无奈的是靠岸时由于操作失误，大船在浅滩搁浅，海盗们只好强行跳水登陆。他们此次由诺森伯兰登陆，如往常一样有序进攻，肆意掠夺。国王埃拉[2]带军大举反击，拉格纳身着临行时妻子送来的战袍四次深入敌军，经过一番激烈的斗争之后，英格兰人的实力明显更胜一筹，最终拉格纳全军覆没，他自己也被生擒。国王埃拉极其残忍，并没有将拉格纳直接处死，而是对其施以各种酷刑，将其关在爬满毒蛇的单人囚室中，让其受尽折磨。据说由拉格纳本人所作的《死亡之歌》便由此传唱开来。这首带有浓厚战争和宗教印记的诗歌被认为是斯堪的纳维亚诗歌的代表作之一，9世纪的北欧海盗也通过此诗歌名声大振。[3]

趁年轻之时，我们挥刀进攻，浴血奋战。我将赫尔辛堡[4]的

---

[1] *History of the Anglo-Saxons* by Sharon-Turner, vol.I, p.476 et suiv. 5ᵉ éd. Londres, 1828.
[2] 指诺森布里亚国王埃拉。（译者注）
[3] Mallet, Hist. du Danemarck, t.II, p.293.
[4] 赫尔辛堡（Helsinghie），瑞典南部省份，临近伯特尼海湾。（译者注）

人民送进奥丁殿堂。船只护送我们到维斯瓦河[1]河口,我们的矛刺穿敌人的铁甲,我们的剑砍断敌人的盾牌。

敌人在沙滩沉睡之日,我们挥刀进攻,血流成河。箭羽呼啸而过的声音让我满怀欣喜,如同坐拥江山和美人。

途遇下流之徒之日,我们挥刀进攻,终日被佳人迷惑之人即使英勇无比又能怎样?从不流血之人乃平庸之辈,战争才能出英雄。

我们挥刀进攻,我承认人类是命运的奴隶,只能服从天意。但我没想到,穿越了汹涌波涛,骁勇善战的我会命丧埃拉之手。但我仍要放声大笑,奥丁殿堂必有我的一席之地,我很快会身处华丽宴会,开怀畅饮。

我们挥刀进攻,倘若我的儿子们知道我所经历的痛苦,知道我被毒蛇缠身浑身创伤,他们定会满腔怒火地奔赴战场,为我报仇雪恨。因为他们伟大的母亲给予了他们勇敢的心。一条毒蛇爬上我的胸膛直击心脏,父亲被征服了,但我希望儿子们可以剑穿埃拉的胸膛。

我们在51场战役中挥刀进攻,没有任何一位国王比我更英勇善战。我自年幼时便在战场上抛洒热血,期望自己可以像今天一样英勇牺牲。奥丁派众位女神来到我的身边,向我伸出邀请之手。我将会坐在最重要的位置,与众神共饮。时间从我身边溜走,我将笑着逝去。[2]

《死亡之歌》最先在一场葬礼上唱起,之后就在拉格纳·洛德布

---

[1] 维斯瓦河(Vistule),波兰最长的河流,发源于贝兹基德山脉,流经克拉科夫、华沙、托伦,最后在格但斯克流入波罗的海。(译者注)

[2] Olai Wormii Litteratura runica, p.198 à 226. Turner's Hist. of the Anglo-Saxons, vol.I, p.480 et suiv.(诗歌超过29节,本书只选取了其中几节。)

罗克忠实追随者生活的地方广为传唱。诗歌中充斥着强烈的复仇欲望和战争热情，不仅仅是他的亲朋好友，各路豪杰和北方各个王国的年轻人都无不为之所感动。拉格纳死后的一年内，再无人敢登陆英格兰。后来，8位海盗首领和20位副舵手一起召集船只和海盗，结成联盟，共同进攻英格兰。这是有史以来远征的最大一支海盗船队。

本应于诺森伯兰靠岸的船队误抵了更靠南的东盎格利亚海岸，[1] 他们上岸发起进攻，掠夺粮食、马匹，火烧其首都约克。诺森布里亚的两位首领奥斯博（Osbert）和埃拉誓死守卫国家、抵挡进攻。起初，撒克逊人稍占上风，随后他们渐渐疏忽大意，北欧海盗趁其不备再次进攻，最终大获全胜。奥斯博战死，埃拉则被拉格纳的儿子们生擒，饱受酷刑。[2] 完成复仇大业后，联盟便开始对国家进行管理。拉格纳·洛德布罗克的儿子们作为亨伯河北部疆土的统领获得了众人的支持，挑起了统领大局的担子。他们在约克和其他重要城市驻军，将土地分给盟友，向来自斯堪的纳维亚的人民开放庇护所，以维护统治。

三年之后，新的侵略扩张再次开始。从亨伯至林塞[3]的所有8位首领一同由北向南大举进攻，他们掠夺城市，屠杀居民，火烧教堂和修道院。[4] 先遣部队靠近著名的克罗里兰德修道院（l'abbaye de Croyland）时遭遇了一支英格兰队伍的反击，此队伍人数不多，但是胆量过人、训练有素，联军在一天中都无法前进。这一队伍由名叫多利（Toli）的修道士集结附近民众而组成。[5] 三位首领在战斗中丧命，

---

[1] Turner's Hist. Of the Anglo-Saxons, vol.I, p.511.
[2] Turner's Hist. of the Anglo-Saxons, vol.I, p.513 et suiv.
[3] 林塞（Lindesey）是一个小村庄和一个民间教区，位于萨福克郡中南部，由巴贝尔区议会管辖。（译者注）
[4] Turner's Hist. of the Anglo-Saxons, vol.I, p.515 et 516.
[5] Hist. Ingulf. Croyland., apud rer. anglic. Script., t.I, p.20 et 21, ed. Gale.

但是主要兵力赶到之后，英格兰人寡不敌众，几乎全部战死。修道院得到失利的消息时正值晨经时刻，所有修道士都端坐于教堂之中。年长的院长对其他人说道："所有年轻壮士携带圣物、书籍、契约撤退至安全地带，众年长者、幼童与我留在此地，上帝保佑，念在我们年老体衰或许可躲过此劫。"[1]

30余位年轻人将圣物装上船只，躲进附近沼泽地中。教堂中只剩院长、孩子和残弱老人，其中还有两位百岁老人。他们继续高唱圣歌，同仇敌忾。弥撒时间到，院长身着祭祀服装准备坐上祭坛。就在此时，丹麦人破门而入。冲在最前面的统领在祭坛脚下杀死了院长，其他人一时受到惊吓，四处逃散。海盗们将他们一一抓获，挨个折磨，逼他们说出院内宝物所藏之地，修道士们拒绝回答，便被砍下头颅。在院长临死之际，一个平日十分仰慕院长的10岁孩童上前抱住他，痛哭流涕，场面十分感人。他的行为打动了一位联军统领，他出于同情，将孩子从人群中救出来，为他脱下传教士的衣服，穿上丹麦人的服装，对他说："紧跟着我，不要离开我的身边。"他就这样把孩子从屠杀中救了出来，然而其他人就没有这么幸运了，他们都没能逃过此难。丹麦人寻找宝物无果，便破坏了教堂的墓穴，愤怒地破坏尸骨，火烧教堂。

接着他们就继续向彼得伯勒修道院（monastère de Peterborough）前进。[2] 彼得伯勒修道院是当时极具撒克逊建筑风格的代表建筑之一，有着厚实的城墙，城墙上镶着拱形的窗子，这使得此修道院更具有防御优势。丹麦人抵达之时，只见院门紧闭，他们便开始向院内射箭投石。第一次进攻中，拉格纳的一个儿子便身受重伤，直至两轮进攻之

---

[1] Fleury, Hist. ecclésiast., t.XI, p.283, éd. Bruxelles, in 12, 1714.

[2] Hist. Ingulf. Croyland., apud rer. anglic. Script., t.I, p.22, ed. Gale. Fleury, Hist. ecclesiast., t.XI, p.284.

后，丹麦人才得以强行入院，胡博为了替兄报仇，亲手杀死了所有修道士，共计80人。他们四处破坏，挖开坟墓，拿院内藏书火烧教堂，大火持续了整整15日。[1]

一次在亨廷登（Huntingdon）夜间行军时，那位被丹麦统领救下的孩子逃了出来，返回到已变为一片废墟的修道院。他找到先前逃走的30位壮士，和他们齐心熄灭了燃烧在残砖断瓦之上的熊熊烈火。他向他们讲述了屠杀的整个过程，所有人都悲痛不已。他们开始寻找残存遗体，直到数日之后，才找到了压在木梁之下的院长遗体，他的头颅已被割去。之后，他们将找到的全部遗体安葬在了教堂附近的一个墓穴之中。[2]

接着丹麦人开始进攻麦西亚和东盎格利亚。东盎格利亚三年前曾遭遇诺森布里亚王国的入侵，如今又受到丹麦人的侵袭。国王埃德蒙（Edmund）沦为拉格纳儿子们的阶下囚，丹麦人被其宫殿之豪华所震慑，逼迫埃德蒙答应将英格兰作为丹麦人的附庸国，埃德蒙誓死抵抗。丹麦人便将他绑在大树上，把他当作箭靶来练习射箭。他们瞄准他的四肢不断射箭，但避免触及其要害，埃德蒙受尽折磨。最终，他们用斧头砍下这位国王的头颅后，这场野蛮游戏才得以结束。埃德蒙是位才华并不出众的国王，生前鲜为人知，但死后享誉盛名。他的牺牲唤醒了盎格鲁-撒克逊人的爱国热情，其所受之苦得到了穷苦百姓的极大同情，为民族的团结和发展做出了重大且神圣的贡献。[3]

像诺森伯兰一样，东盎格利亚在全部沦陷之后变成了丹麦人的领地，一位名叫戈德伦（Godrun）的丹麦人接管此地，自此以后，大量

---

[1] Fleury, Hist. Ecclésiast., t.XI, p.284.
[2] Fleury, Hist. Ecclesiast., t.XI, p.285.
[3] Turner's Hist. of the Anglo-Saxons, vol.I, p.529 et suiv.

北方人移居至此。而当地人在失去了土地所有权之后，沦为丹麦人的奴隶，开始了为外国人辛勤劳作的生活。同时，东盎格利亚的沦陷也使得麦西亚陷入了前所未有的危机之中，原本东部边界已经不保，如今可谓两面受敌。此时麦西亚以南地区，原来的埃塞克斯王国、肯特王国和萨塞克斯王国的独立历史在经过一个世纪以后都已宣告结束，成了韦塞克斯王国（West-Sex）的一部分。[1] 麦西亚王国和韦塞克斯王国长久以来一直处于敌对状态，如今面临大敌，他们不计前嫌，握手言和，结成联盟共同抵抗外来入侵。不幸的是，尽管付出了诸多努力，他们还是没能守住泰晤士河以北的领土，麦西亚王国沦陷。七国时代也就此终结，占据泰晤士河河口至萨维尔纳海湾的韦塞克斯王国成了仅存的七雄之一。

　　871年，丹麦人越过泰晤士河，韦塞克斯国王埃塞尔雷德（Ethelred）在迎战丹麦人时不幸战死。尽管埃塞尔雷德留有众多遗孤，但最终却是他22岁的弟弟阿尔弗雷德[2]登上了王位。此人胆识过人，足智多谋，曾两度通过战争或协商挫败对手，将丹麦人从自己的领土上赶了出去。[3] 后有北欧海盗试图从韦塞克斯南部海岸登陆，也被他成功击退。阿尔弗雷德在整整七年间守住了泰晤士河防线，保卫着自己的国家免受侵扰。

　　阿尔弗雷德一生热爱学习，潜心钻研，年纪轻轻便跑遍欧洲南部地区，深入了解各地民俗；他还精通古文，阅遍古书。也正因为如此，阿尔弗雷德自幼便野心勃勃。他的脑袋里充斥着罗马作家书中所讲述

---

[1] Hist Ingulf. Croyland., apud rer. anglic. Script., t.I, p.24 et seq., ed. Gale.
[2] 阿尔弗雷德（Alfred, 848/849—899），他是英国历史上真正第一位称呼自己为"盎格鲁-撒克逊之王"的君主（871—899年在位），由于其英勇地抗击维京海盗入侵，被尊为"阿尔弗雷德大帝"（Alfred the Great）。（译者注）
[3] Turner's Hist. of the Anglo-Saxons, vol.I, p.536.

的绝对权力，他无视议会，强烈要求政治改革。或许他的诸多设想可以使英格兰走上更加强大的道路，但是他却无法获得民心。阿尔弗雷德对各级官员极其严苛，即便在他死后的很长时间里，人们在谈论起他生前对渎职官员的惩办手段时还是不寒而栗。[1]尽管阿尔弗雷德的铁腕是为了盎格鲁-撒克逊整个民族的利益着想，但他过度关注个例，常常忽视对国家事务的整体把控，整个韦塞克斯可谓民声鼎沸。

不仅如此，阿尔弗雷德也没有对自己的子民给予应有的关注，对自己尽职保护的国民缺乏应有的爱意。他常常要求紧闭王廷的大门，完全不理会人们的请愿书。有证言称："如果人们需要国王的帮助，或者需要国家为自己伸张正义，国王是不屑于接见的，他从不倾听自己臣民的喊冤诉苦，不为穷苦百姓主持公道，他将民众视为无物。"[2]

如果君民始终勠力同心，想必韦塞克斯王国无人可敌。然而，登上王位的第七个年头，阿尔弗雷德早已失去民心。丹麦人于此时再次发动进攻，国王想要召集民众保卫国土之时，却惊讶地发现人们对国家危难早已漠不关心。他派人深入各个城市村镇，发布公告，召集人马："请有志之士走出家门，踊跃参军！"[3]然而却无人响应，几乎已没有英格兰人再愿意拿起武器保家卫国。敌人一路高歌猛进，国内却民心涣散，阿尔弗雷德孤立无援，只有少数好友因钦佩其学识和才华，选择继续留在国王身边。[4]得不到民众支持的阿尔弗雷德，[5]只好丢

---

[1] Horne, Miroir des justices, p.296, London, in 18, 1642.
[2] Asserius Menevensis, de Ælfredi rebus gestis; Camden, Anglica, Hibernica, etc., p.10.
[3] Chron. saxon., ed. Gibson, p.195. Mathæus, Paris. Variantes lectiones ad pag. 14, t.I, ad initium.
[4] Ethelwerdi Hist., lib.IV, apud rer. anglic. Script., p.847, ed. Savile.
[5] Asser. Menev., de Ælfredi rebus gestis; Camden, Anglica, Hibernica, etc., p.9. Chron. Johan. Wallingford., apud rer. anglic. Script., t.III, p.537, ed. Gale.

下自己的将领和战士，丢下他的子民，走上了逃亡之路。[1]他穿越森林，越过荒芜之地，直至康沃尔边界，躲在了多纳河（Tone）和帕利特河（Parret）交汇处的一个半岛上，岛屿周围全是沼泽地。这位国王隐姓埋名，住在一位渔民的小棚屋中，自给自足，偶尔受人施舍。整个韦塞克斯王国几乎都没有人知道国王的下落。[2]随后，丹麦人轻松攻占了整个韦塞克斯，很多居民选择坐船前往高卢或者伊林岛寻求庇护；留下的人们则为丹麦人纳税、耕耘。他们很快就发现，入侵战争所留下的创伤远远超过了他们的想象，他们开始怀念起曾经对他们漠不关心的铁腕国王，在一个英格兰人的专制统治下生活要远远胜于给外来入侵者做奴隶的日子。[3]

另一边，过着艰难野生生活的阿尔弗雷德也在反复思索，开始寻求重返王位的方法。他先是在岛上利用地形和树木筑起工事以防止遭遇突袭，接着，他离开小岛，在林间、沼泽和峡谷中游荡。此时的英格兰，于他来说已物是人非，在这里生活的人不再是他的子民，他们是丹麦人的奴隶，是国家的耻辱。阿尔弗雷德召集一众逃亡者结成匪帮，四处劫掠。[4]普通民众只想保卫自己的财产和家人，便奋起反抗阿尔弗雷德。对这位国王来说，英格兰人竟甘愿臣服于外国人的压迫，如此对待自己的国王，实在令他气愤不已。六个月之后，善用谋略的阿尔弗雷德感到时机已经成熟，带领从西部地区召集的有志之士，高举盎格鲁-撒克逊军旗开始反攻。丹麦人的营地坐落在爱丁顿（Ethandun），也就是威尔特（Wilts）和萨默塞特（Sommerset）的交

---

[1] Mss. In the British Musæum. Vesp., D. 14.
[2] Asser. Menev. de Ælfredi rebus gestis; Camden, Anglica, Hibernica, etc., p.10.
[3] Asser. Menev. de Ælfredi rebus gestis; Camden, Anglica, Hibernica, etc., p.10.
[4] Asser. Menev. de Ælfredi rebus gestis; Camden, Anglica, Hibernica, etc., p.9.

界处。旁边有一处名为塞尔伍德[1]的森林。在发起最终进攻之前，阿尔弗雷德想要深入了解敌军，便乔装成竖琴演奏者进入丹麦人营地，穿梭在帐篷之间，为丹麦军队演奏撒克逊歌曲。[2]回来之后，他将所有愿意参战的英格兰人召集到塞尔伍德森林以东，一个距离敌军阵营不远，名叫彼埃尔·埃格伯特（Pierre d'Egbert）的地方，开始部署计划，进行反攻。[3]

阿尔弗雷德率众人经过连续三天的跋涉，分批抵达了约定好的进攻地点。其间，参战的英格兰人之间逐渐发展出了良好的感情，士兵们互相称兄道弟，每每有新抵达的兄弟，他们便会欢呼雀跃。声音传到了丹麦人的阵营中，他们预感不妙，但由于无人通风报信说有异常情况，便也放下防范，只是稍微加强了外部防御。很快，印有白马的韦塞克斯军旗便出现在丹麦人的阵营之外，阿尔弗雷德早已打探到敌军防御的突破口，进入营地便大肆杀戮。用一位撒克逊编年史作者的话来说，阿尔弗雷德成了屠杀营的主人。[4]

眼看手下溃不成军，丹麦人国王戈德伦（Godrun）只能立誓，愿意接受洗礼，并撤回东盎格利亚，从此再不侵扰韦塞克斯。阿尔弗雷德也深知自己无力再战，便接受了和平共处的提议。戈德伦及其将领对着献给上帝的手镯发誓，表示会虔诚受礼；[5]阿尔弗雷德成为丹麦人国王的教父，戈德伦在盔甲之上披上了象征基督教徒的白袍。接着，他带领残余部队回到了东盎格利亚。两个国家通过条约划定边界，国

---

[1] 塞尔伍德（Sel-wood），靠近城市弗罗姆，郊区仍叫作"Wood-land"。
[2] Hist. Ingulf. Croyland., apud rer. anglic. Script., t.I, p.26, ed. Gale. Chronologia rer. septentr. Apud Script rer. danic., t.V, p.26.
[3] Willelm. Malmesb. de Gest. reg. angl., lib.II, apud rer, anglic. Script., p.43, ed. Savile.
[4] Chron. saxon., ed. Gibson, passim.
[5] Chron. saxon., ed. Gibson, p.83.

王阿尔弗雷德、国王戈德伦及其臣民将会永久遵守条约。[1]南部以泰晤士河和埃阿河（l'Éa）为界，北部和东部以乌斯河（l'Ouse）和凯尔特人所建、罗马人所修缮的维特岭嘎大道[2]为界。

丹麦人撤退到麦西亚的亨伯河以北，这与当初阿尔弗雷德和戈德伦签订的条约内容并不相符，所以韦塞克斯北部边界的战争从未中断过。然而其南部形势相对稳定，已经归顺戈德伦的萨塞克斯和肯特表示承认阿尔弗雷德为其唯一国王。自此，在韦塞克斯国土之上再无任何反对声，阿尔弗雷德不得民心的过去已被抹去。[3]除去丹麦人占领的区域，英格兰的其余地方形成空前的统一，古老的区域划分方式不复存在，七国时代彻底结束。由此看来，丹麦人的到来反而促进了英格兰的统一，正因为有外敌入侵，各个原本孤立的王国在共同的敌人面前选择团结一致，促成了统一的局面。

英格兰大分裂时代结束，国内行政区域的重新划分提上日程。就是从这时开始，"郡"的概念开始出现。英格兰自古就有将家族以十或百为单位集合在一起的区域划分方式，这种方式在英格兰人心中有着根深蒂固的地位，阿尔弗雷德便沿用这种方式进行了区域划分，每个"百户邑"（hundred）或"十家区"（tything）为一个镇（district或canton），并以此为根基建立了相关法律条文。很快，行政区域划分完成，区域首领随即诞生，国家逐渐回归到了正常的轨道上。但是，确切来说，百户邑和十家区并非阿尔弗雷德所建立，而是自古就有，相对应的行政职位[4]自然也并非阿尔弗雷德所创；随着时间的发展，审

---

[1] Wilkins, Leges anglo-saxon., p.47.
[2] 维特岭嘎大道（Westlinga-street）指从多佛尔到切斯特海岸的一条道路。（Rogerii de Hovedeno Annal. pars prior, apud rer. anglic. Script., p.432, ed. Savile.）
[3] Ethelwerdi Hist., lib.III, apud rer. anglic. Script., p.846, ed. Savile.
[4] 百家邑的行政长官叫作"centainier"，英语为"hundredar ii"；十家区的行政长官叫作"dizainier"，英语为"tything-menn"。

查委员会诞生,但这也是在先前基础上发展而来的。

国王阿尔弗雷德第二次登位以来,受到了诸多赞誉,被民众视为勇敢又博学之人,与曾经不得民心、倍受打击的国王形象有了天壤之别。阿尔弗雷德在尽心维持国家独立、爱护臣民的同时,还花大量时间阅读、潜心钻研,为我们留下了很多诗歌、散文,他想象力丰富,刻画的人物性格鲜明,比起古日耳曼文学,更加新颖独到。[1]

阿尔弗雷德的余生都在读书和征战中度过。东盎格利亚的丹麦人并没有遵守自己曾经在奥丁手镯和耶稣十字架前立下的誓言,他们厌烦了农耕的日子,又一次选择拿起他们的战斧。住在亨伯河岸的丹麦人南下加入了著名海盗首领哈斯汀(Hasting)的队伍当中。哈斯汀视大海为家[2],一生都驾船奔波在丹麦、奥克尼群岛(Orcades)、高卢、爱尔兰和英格兰之间。哈斯汀此次抵达英格兰,正值国内一片欣欣向荣之际,国王阿尔弗雷德深受英格兰人爱戴,举国上下团结一致,坚不可摧。哈斯汀虽然多次发动战争,但是最终都败下阵来,一部分丹麦人逃往诺森伯兰,一部分则逃回了东盎格利亚。在征战过程中有些许财物收获的人回去以后变成了城市居民或者乡村佃农;一无所获的人只能修缮船只,追随不知疲倦的领袖哈斯汀再次远航。这次,他们穿过海峡进入高卢,沿塞纳河深入内陆。[3]哈斯汀的到来在法兰克人中引起了极大的恐慌,只见他站在船上,脖挂象牙号角,指挥着队伍。只要号角声一响起,人们就如惊弓之鸟,抛下田地躲进附近的树林深处;贵族则吊起城堡的门桥,跑进主楼仔细检查武器,同时下令将征收来的贡品全部藏起来。[4]出于恐惧心理,高卢人称哈斯汀的号角声

---

[1] l'Histoire des Anglo-Saxons de Sharon Turner, vol.II, p.149 et suiv.
[2] Ermoldi Nigelli carmen, apud Script. rer. gallic. et francic., t.VI, p.50.
[3] Asser. Menev. Annal., apud rer. anglic. Script., t.III, p.172, ed. Gale.
[4] Willelm. Malmesb. de Gest. reg. angl., lib.II, apud rer. anglic. Script., p.43, ed. Savile.

为"雷声"。[1]

阿尔弗雷德去世之后,他的儿子爱德华[2]通过选举登上王位。[3]爱德华在对战哈斯汀的战役中脱颖而出,在人民心中有着不可撼动的地位。然而阿尔弗雷德的哥哥埃塞尔雷德的儿子埃塞尔瓦尔德(Ethelwald)公开反对,他坚称自己也有王位继承权,是继承王位的最佳人选。他的要求被议会驳回,被视为违背了国家法律,因此而遭到流放。他逃到了西南海边一个叫作文伯恩(Vimborn)的城市,发誓与之共存亡。[4]国王的人马追至此地,他又逃到了丹麦人控制的诺森伯兰,归附了丹麦国王,并开始与丹麦人一同出征海上。后来,埃塞尔瓦尔德在一次进攻中战死。

爱德华多次迎战丹麦人,夺回了从泰晤士河河口到波士顿海湾[5]的东部海岸,在亨伯河前建起了要塞,还在北方地区围困丹麦人。[6]他的儿子埃塞尔斯坦(Ethelstan)越过亨伯河,攻下约克,征服了斯堪的纳维亚人,使其签下条约归附英格兰。[7]丹麦的一位首领被邀请至英格兰王宫生活,然而无忧无虑的生活并不是丹麦人心之所向,不出四天他就厌烦了这样的日子。这位首领从王宫逃了出去,登上一艘海盗船,再次开始了海上征服之旅。有一位史学家曾经说过,丹麦人

---

[1] Extrait de la chronique de Saint-Florent donné par Dom Morice; Mémoire pour servir de preuves à l'histoire ecclésiastique et civile de Bretagne, t.I, p.119.

[2] "长者"爱德华(Edward the Elder, 870—924),他继承父亲的功业并加以扩大,多次击败丹麦人的入侵,收复英格兰大多数地区。(译者注)

[3] Asser. Menev. Annal., apud rer. anglic. Script., t.III, p.174, ed. Gale.

[4] Chron. saxon., ed. Gibson, p.100. Henrici Huntind. Hist., lib.V, apud rer. angl. Script., p.352, ed. Savile.

[5] 波士顿海湾(le golfe de Boston),位于英国东南部林肯郡东海岸的威瑟姆河口,在沃什湾西侧。(译者注)

[6] Chron. saxon., ed. Gibson, pp.100-109.

[7] Chron. saxon., ed. Gibson, p.109.

如同鱼一样，离开水则无法生存。[1]

英格兰人乘胜长驱直入特威德河，诺森布兰很快也归入了英格兰的管辖范围，埃塞尔斯坦成为历史上第一个完全统一英格兰的人。自此，英格兰人的征服欲望彻底被点燃，他们越过北方的古老边界线，[2] 开始向居住在克莱德河谷的皮克特人和斯科特人的后裔发起进攻。[3] 北方各民族只好和丹麦人联手，以抵抗南方人的入侵。诺森布里亚的最后一位丹麦人国王奥拉夫（Olaf）成为联盟的最高统领。来自奥克尼群岛的丹麦人，来自赫布里底群岛（Hebrides）、格兰扁山脉的盖尔人，来自邓巴顿（Dumbarton）和加洛韦的坎布里亚人同诺森布里亚的丹麦人联手，手持长矛和利剑汇聚到了亨伯河以北的布鲁南波夫（Brunanburgh），正式向英格兰人宣战。然而最终还是英格兰人占据绝对优势，联军很快被逼退，回到了海上、岛上和深山之中。英格兰人将这一天称为"伟大的战役日"，[4] 并把它写进了许多诗歌当中，其中部分篇章保留至今：

> 国王埃塞尔斯坦，王中之王，勇者无敌，他和弟弟埃德蒙用利剑劈开了布鲁南波夫的大门，他们撕开敌人的盾牌，直指斯科特人和丹麦人的心脏，多少赫赫有名之人都倒在了他们的脚下。
> 奥拉夫带着仅剩的残兵败将逃走，他们余生都将对着波涛感

---

[1] Willelm. Malmesb. de Gest. reg. angl., lib.II, apud rer. anglic. Script., p.50, ed. Savile. Hist. Ingulf. Croyland., apud rer. anglic. Script., t.I, p.29, ed. Gale.
[2] Liv. I, p.118.
[3] Liv. I, p.120.
[4] Ethelwerdi Hist., lib.III, apud rer. anglic. Script., p.849, ed. Savile. Willelm. Malmesb. de Gest. reg. angl., lib.II, apud rer. anglic. Script., pp.48-50, ed. Savile. Hist. Ingulf. Croyland, apud. rer. anglic. Script., t.I, p.29, ed. Gale.

叹命运。这些外国人将会回到家中和家人围坐在火炉旁边虚度时光，他们羞于对孩子和亲友谈论这场战役。这场与爱德华后裔的屠杀游戏最终只能让北方人独自哀叹。

国王埃塞尔斯坦和他的弟弟埃德蒙回到韦塞克斯，在他们身后，乌鸦啃噬着尸体，蛙鸣一片，雄鹰盘旋，恶狼成群，满目尽是荒凉景象。

从战争的始作俑者撒克逊人自东方横渡大洋来到此地征服了凯尔特人以后，这里就没再发生过规模如此之大的屠杀，从来没有这么多人死于刀剑之下，直至国王埃塞尔斯坦来到这里。[1]

埃塞尔斯坦对坎布里亚人怀恨在心，伺机报复并企图占领威尔士。威尔士国王阿伯弗劳（Aberfraw）向他献上大量金银珠宝、牛羊、隼和猎犬作为贡品，民众则向他缴纳佃租。[2] 随后，大批居住在埃克塞斯的康沃尔人被驱逐到了塔默河（Tamer）以南，[3] 直至今日塔默河都还是康沃尔郡的边界线之一。埃塞尔斯坦就这样通过战争和政治手段征服了不列颠，各个民族都臣服于他的统治之下。[4] 至于诺森布里亚，他则交由一个叫作埃里克（Erik）的挪威人进行管理，此人曾是海盗，后来皈依基督教，成了丹麦裔英格兰人。

埃里克接受洗礼之后，曾经的海上之王就变成了英格兰一个郡的首领，他发誓要誓死守卫诺森伯兰，坚决抵抗异教徒海盗的入侵。[5]

---

[1] Chron. saxon., ed. Gibson, pp.112-114.
[2] Lois d'Hywell Dda, lib.III, cap. II; Leges Wallicæ, ed. Wotton, p.199.
[3] Willelm. Malmesb. de Gest. reg. angl., lib.II, apud rer. anglic. Script., p.50, ed. Savile.
[4] Charta Edgari regis, apud Monasticon anglicanum, Dugdale, t.I, p.140. Chartæ Æthelstani regis.
[5] Saga Haconaz goda, cap. III; Snorre's Heimskringla, t.I, p.127.

但是尊贵的地位和安逸的生活并不能绑住一颗向往流浪的心，埃里克很快就对这样的生活心生厌烦，抛下了一切重新回到了海上。几年过去了，当他以海盗的身份重新在诺森伯兰登陆时，受到了人们的热烈欢迎，当地居民在没有得到当时的国王，即埃塞尔斯坦的儿子埃德雷德（Edred）的允许下，就重新推选埃里克为首领。这使国王极其不满，他逼迫人们赶走埃里克。一夜间众叛亲离的埃里克决定展开复仇计划，他找到昔日与自己并肩叱咤于惊涛骇浪中的五位将领，一同进攻诺森伯兰。然而第一场战役中六人便全部战死。[1] 作为斯堪的纳维亚人，战死英格兰的埃里克成了民族英雄，北方诗人们创作诗歌来歌颂这位勇敢的将领，渐渐将其美化，而对其曾经在英格兰接受过洗礼之事则避而不谈。诗人这样写道：

　　我做了一个梦，梦到自己身处瓦尔哈拉殿堂[2]，准备迎接在战役中逝世的英雄们。

　　我叫醒了沉睡的英雄们，扶他们起身，和他们一同摆放桌椅和酒杯，场面之隆重就如同即将迎接国王的到来。

　　突然殿外响起喧哗声，布拉吉[3]说道："这是什么声音？人们为什么如此欢呼雀跃？""想必是埃里克来了，"奥丁说道，"让我们大家起身，一同迎接英雄的到来。"

　　有人问奥丁为什么如此期待埃里克的到来，奥丁回答道："因为他英勇无比，所到之处必定剑染鲜血。"

　　"埃里克，我勇敢的战士，请允许我向你问好，代表众神欢迎

---

[1] Hist. regum norveg. Conscripta a Snorrio Sturlæ filio, t.I, p.128.
[2] 瓦尔哈拉殿堂（Valhalla）意思是死人的殿堂。
[3] 布拉吉（Braghi），斯堪的纳维亚奥林匹斯诸神之一，为诗歌和音乐之神。（译者注）

你来到殿堂。快给我们介绍一下与你一同前来的各位英雄。"

"与我共同前来的有五位英雄,"埃里克回答,"而我,是第六个。"[1]

至此,诺森布里亚也失去昔日辉煌而四分五裂。亨伯河和蒂斯河(Tees)之间的地区形成了约克郡,东部海岸泰恩河(Tyne)和特威德河之间的地区则改名为诺森伯兰郡。诺森伯兰的首领臣服于英格兰国王,但可以保留其原来的职位称号。斯堪的纳维亚人继续称其首领为"Iarls"[2],但这个称谓已经失去了其原始意义,而被广泛用于军事和政治领域,指最高统领的副手。后来,这个称谓还逐渐被引入到南部和西部地区,用来专指郡最高行政长官。大多数丹麦人在成为新的英格兰公民之后都皈依基督教来掩盖其异乡人的身份。很多人还献出土地以示对基督教的忠贞。久而久之,甚至有丹麦人开始从事神职工作,他们严守戒规,曾火烧过的教堂、曾践踏过的信仰,此刻却在丹麦人中风靡一时。[3]

在自特威德河流域至康沃尔海峡地区逐渐统一的过程中,英格兰国王的权力也逐渐扩大,并达到空前的集中。越来越多的丹麦人融入英格兰各地,这为英格兰人带来了政治上的不安和焦虑。对于北方地区来说,英格兰国王必须摆出征服者的姿态,实行压制政策;而对南方地区则实行相对温和的政策。久而久之,国王不再去刻意区分丹麦人和英格兰人,至高无上的权力所带来的酣畅淋漓使之迷失。英格兰国王越发自大狂傲,独断专制,荒淫无度,把以民为本的优良传统

---

[1] Torfæi Hist. rer. norveg., pars secunda, lib.IV, cap. X, p.197 et 198.
[2] 英文拼写为"Eorls",意为"伯爵"。
[3] Osberni Vita Odoni archiep. Cantuar.; Anglia sacra, t.II, p.84.

抛诸脑后，[1]我们可以在大多数国家的法律条文开端看到这样的话："我，阿尔弗雷德，韦塞克斯国王……"这为刚刚统一的英格兰埋下了祸根，虽然拥有了前所未有的辽阔疆土，但是各地区繁冗的官爵职位和制度，并没有使英格兰变得更为强大，奢靡之风反而使国家陷入了危机四伏的境地。[2]

而此时的丹麦人也并不甘心于这样生活，他们在心中隐隐期盼，终有一日会有救星自故乡踏浪而来。没过多久，丹麦人便重燃了希望。七艘大船从肯特郡登陆，将塔内岛洗劫一空；后有三艘船直抵南岸，突袭南安普顿（Southampton）；东部海岸也有多处受到劫掠。消息很快传到了伦敦：国王埃塞尔雷德二世[3]召开紧急会议，商议应对办法。无奈国王平日懒惰成性，不问政事，议会成员也全是阿谀奉承之人，没有真才实学，紧急时刻并不能真正地为国家出谋划策。[4]他们提议缴纳贡金以满足维京人的贪婪胃口，使其远离英格兰。

当时，英格兰有一种叫作"丹麦金"[5]的税收政策，政府会不定期地征收税金，主要用以维护海岸地区的安全和稳定，以免受斯堪的纳维亚人的侵扰。[6]英格兰政府提出征收一万镑税金送给北欧海盗，将他们请出英格兰国土。海盗们欣然接受，但自此胃口大开，离开不久后便卷土重来，且声势更加浩大。他们顺亨伯河而上，肆意掠夺两

---

[1] Les préambules des lois anglo-saxonnes; Hickesii Thesaurus linguarum septentrionalium, t.II, in fine, passim.
[2] Monast. anglic., Dugdale, t.I, p.140.
[3] 埃塞尔雷德二世（Ethelred II，约976—1016），英格兰国王，韦塞克斯王朝的第14位君主。（译者注）
[4] Willelm. Malmesb. de Gest. reg. angl., lib.II, apud rer. anglic. Script., p.63, ed. Savile. Osberni Vita S. Elphegi; Anglia sacra, t.II, p.131.
[5] 丹麦金（Danegheld），也写作"Dane-geld""Dane-geold"，是从911年起英格兰人为避免丹麦人的侵略而送给他们的赎金，后演变成英国中世纪的土地税。
[6] Leges Edwardi, apud Wilkins, p.198.

岸居民。周边地区的英格兰人手持武器，闻声而来与之一战，眼见胜利之际，三位丹麦出身的将领背叛民众，投靠了海盗。接着，越来越多新皈依基督教的丹麦人都露出了其真实的面目，他们重新与身为异教徒的丹麦海盗结盟，并肩作战。[1]

春天很快到来，泰晤士河迎来了一支拥有80艘船的船队，这支船队在挪威人奥拉夫（Olaf）和丹麦人斯文（Swen）的指挥下浩浩荡荡抵达英格兰。斯文曾经在英格兰接受过洗礼，之后又伺机逃离。这次回来，他同奥拉夫由南向北一路高歌猛进，用一位史学家的话来说，他们与刀剑和烈火为伍，[2]很快便占领了泰晤士河以北的全部区域。而此时的英格兰，国王埃塞尔雷德二世早已失去民心，[3]整个国家不堪一击，他只能又一次提议缴纳贡金以平息战争。丹麦人要求英格兰立即支付八万镑税金，与此同时，他们表示愿意交出一名丹麦统领接受洗礼，埃塞尔雷德二世欣然接受这个提议。洗礼仪式在温彻斯特（Winchester）的一个教堂里隆重举行。然而此时，洗礼对于丹麦人来说早已经不是一种神圣的行为，更不代表精神的臣服。一位丹麦统领嘲笑道，这种洗礼他至少接受过20次。[4]

一味的妥协就是纵容。丹麦人并没有就此停止脚步，他们继续在英格兰奸掳烧杀，所过为墟，英格兰人在惶恐之中度日如年，最终决

---

[1] Hist. Ingulf. Croyland., apud rer. anglic. Script., t.I, p.55, ed. Gale. Chron. Johan. Bromton, apud hist. angl. Script., t.I, col. 879, ed. Selden. Eadmeri Hist. novorum, lib. I, p.3 et 4, ed. Selden. Willelm. Malmesb., de Gest. reg. angl., lib.II, apud rer. anglic. Script., p.69, ed. Savile.
[2] Chron. Johan. Bremton, apud hist. angl. Script., t.I, col 883, ed. Selden.
[3] Willelm. Malmesb., de Gest. reg. angl., lib.II, apud rer. anglic. Script., p.69, ed. Savile.
[4] Monachus Sancti Galli, apud Script. rer. gallic. et francic., t.V, p.134. Chron. Johan. Bromton, apud hist. angl. Script., t.I, col. 880, ed. Selden. Chron. saxon, ed. Gibson, p.127 et seq.

定奋起抵抗。[1]他们与丹麦的个别官员和王室人员结盟,精心地制订作战计划,1003年的一天,他们突袭北欧海盗营地,烧杀抢掠,男女老少无一幸免。[2]这次屠杀没有涉及北部和东部的"丹麦区"[3],因为聚居在这里的丹麦人安居乐业,已然完全变成了英格兰人,而且他们并没有参与到战事中来;但还是有不少丹麦人在屠杀中死去,其中还包括丹麦国王的一个姐妹。所以,我们很难对英格兰人的这次反击行为定性。从这次大屠杀的行径中,我们可以清楚地看到,英格兰人强烈的爱国情感和民族仇恨已经演变成了一种近乎残酷的偏执,在屠杀中死去的丹麦人难以计数。这也激起了丹麦人更大的仇恨和野心,一场腥风血雨即将来临。

斯文精心挑选和组织了一支更为强大的作战队伍,准备对英格兰大陆再次发动进攻。在他的率领下,数艘长木船迎风起航,其阵势之强大令人叹为观止:这些船的船首镶有金铜雄狮、壮牛、海豚和战士,还有展翅盘旋的雄鹰高居桅杆之上;船体颜色不尽相同,更有闪光的盾牌依次排开悬挂其上;[4]旗舰呈长蛇状,蛇头迎浪向前,蛇尾盘卷于船尾,人们因此称之为"龙船"。[5]再看丹麦士兵,根据古书记载,他们当中无一老弱病残,又皆为自由之身,个个风华正茂,正值壮年,可谓势不可挡。[6]一抵达英格兰海岸,他们便高举起"乌鸦"军旗,气势之强令人震撼。这"乌鸦"军旗的由来还有个小故事,此旗由白

---

[1] Matth. Westmonast. Flores hist., p.200. ed. Francfort, 1601.
[2] Matth. Westmonast. Floeres hist., p.200.
[3] 878年,英格兰国王阿尔弗雷德和丹麦海盗讲和,双方平分英格兰,丹麦移民在英格兰东北部建立"丹麦区"。(译者注)
[4] Emmæ reginæ Encomium, apud Script. rer. normann., p.166.
[5] Saga af Haraldi Hardrada, cap. IXI; Snorre's Heimskringla, t.III, p.118.
[6] Emmæ reginæ Encomium, apud Script. rer. normann., p.168. Chron. saxon., ed. Gibson, p.127 et seq.

色丝绸制成,旗子中间是一只展翅的黑色乌鸦,这是斯文的三个姐妹熬夜亲手绣上去的,其间她们还不时唱歌、实施驱魔之术,为同胞祈福。[1]据斯堪的纳维亚人的迷信说法,"乌鸦"军旗可以鼓舞士气,为国家带来胜利。

凡丹麦人所到之处,当地人家都要被迫为他们准备饭菜,待酒足饭饱之后,海盗们便会取人性命、火烧房屋。[2]他们沿用祖先的马匹战术——沿途抢夺大量马匹化身骑兵,神出鬼没,以速度制胜,且擅长突袭,于短时间内攻下了东南自乌斯河至南安普顿的广大地区。而此时唯唯诺诺的国王埃塞尔雷德二世依然不断地在用金钱来换取英格兰的短暂安宁,由此导致赋税越来越高,[3]英格兰人民即使有幸躲过丹麦人的疯狂掠夺,也没有办法避免国家的横征暴敛,普通民众苦不堪言。

在英格兰国王庸懦无能一味妥协的同时,却出现了这样一位为了维护国家和人民利益在敌人面前宁死不屈的英雄,他就是埃尔菲戈(Elfeg)——坎特伯雷大主教。大主教德高望重,丹麦人将其俘虏之后提出,只要他向国王埃塞尔雷德二世开口索要一万两千金币作为赎金,他便可以拿到其中的四分之一,并恢复自由。但是大主教自始至终不肯妥协,他坚称不会索要任何赎金,不会背叛英格兰:"我既不富有,也不贪恋财富,更不会向国王开口索要赎金,损害国家利益。"[4]丹麦人所想不外乎就是金钱,倒也不厌其烦,三番五次地试图说服埃

---

[1] Emmæ reginæ Encomium, apud Script. rer. normann., p.170.
[2] Henrici Huntind. Hist., lib.VI, apud rer. anglic. Script., p.360, ed. Savile.
[3] Hist. Ingulf. Croyland., apud rer. anglic. Script., t.I, p.56, ed. Gale. Willelm. Malmesb., de Gest. reg. angl., lib.II, apud rer. anglic. Script., p.69, ed. Savile.
[4] Osberni Vita S. Elphegi; Anglica sacra, t.II, p.138.

尔菲戈。大主教只是拒绝:"你们不用再劝,我不是胆小的人,是不会将国家财富送给异教徒的,更不会把我的人民推进水深火热之中。"[1]

终于,丹麦人失去了耐心。一天,从南方运来好酒,他们纵情豪饮之后,如往日裁决俘虏一样,围圈而坐,不远处就是酒肉之欢过后的大堆动物残骨,一片狼藉。[2]一头老马将大主教驮至现场,丹麦人便喊道:"要么交出黄金,要么就如你所愿,让你在青史留名!"[3]埃尔菲戈冷冷地说道:"不如我来为你们的精神镀金,精神的财富可以让你们摒弃迷信,投靠真神。如若一意孤行,你们就会同所多玛[4]一样,必将遭到毁灭。"此言一出,所谓的判官起身将大主教掀翻在地,挥舞起斧头疯狂砍了下去。大主教对丹麦人宗教和信仰的侮辱使得人群极为愤慨,他们纷纷捡起动物残骨砸向了大主教。可怜的埃尔菲戈根本没有机会跪地求饶,便已奄奄一息。一位前夜接受他洗礼的丹麦人于心不忍,挥起斧头一刀砍掉了大主教的头颅,结束了他的痛苦。丹麦人原本打算将大主教的尸体弃至泥潭,英格兰人重金买下了埃尔菲戈的遗体,将他安葬在了伦敦。[5]

然而坎特伯雷大主教的英勇牺牲并没有唤起国王埃塞尔雷德二世的觉悟,他继续对人民横征暴敛用以讨好丹麦人。久而久之,丹麦人便取代英格兰征税员,开始自己出面直接逼英格兰民众纳税,而更让人忍无可忍的是,英格兰政府还要对这些民众冠以背叛国家的罪

---

[1] Osberni Vita S. Elphegi; Anglica sacra, t.II, p.138. Eadmeri Hist. nov., lib.I, p.4, ed. Selden. Hist. Ingulf. Croyland, apud rer. anglic. Script., t.I, p.57, ed. Gale. Chron. Johan. Bromton, apud hist. angl. Script., t.I, col. 889, ed. Selden.

[2] Chron. saxon., ed. Gibson, p.142.

[3] Osberni Vita S. Elphegi; Anglica sacra, t.II, p.140.

[4] 所多玛(Sodome)是《圣经》中一座被洪水和天火摧毁的城。(译者注)

[5] Chron. saxon., ed. Gibson, p.142. Chron. Johan. Bromton, apud hist. angl. Script., t.I, col. 890 et 891, ed. Selden.

名,对他们进行二次征税。[1]埃塞尔雷德二世的无能和软弱让人们在遥遥无期的等待中失去了希望,人们认清了国家领袖的真面目,决定结束在惶恐中等待的日子。先是中部多个郡纷纷向丹麦人投降,牛津(Oxford)和温彻斯特很快也对丹麦人敞开了大门。斯文顺势深入西部地区,畅通无阻直抵萨维尔纳海湾,在没有任何反对声的情况下称霸整个英格兰。[2]失去统治权的埃塞尔雷德二世成为众矢之的,惊慌逃至怀特的一个小岛上,之后横渡海峡抵达高卢向妻子的兄弟请求庇护。作为诺曼底公国的统治者[3],埃塞尔雷德妻子的这位兄弟的故事还要从头说起。

当初,埃塞尔雷德二世之所以会和一位外国女子结为夫妇,就是为了借助婚姻获取一些外部力量来对抗丹麦人,没想到事与愿违。[4]这场婚姻并没有达到从海外招贤纳士的目的,反而带来了一批势利之徒,他们所管理的那些城市是最先向丹麦人投降的。[5]而可笑的是,英格兰国王想要与之结盟来对抗斯堪的纳维亚人的内兄身上却留着丹麦人的血液。他是一位北欧海盗首领的儿子,父亲攻占高卢地区,儿子得以继承此地,和他的战友们一起在这片饱经摧残的土地上建立起了他们的国家:诺曼底公国。[6]

诺曼底公国以南是由逃难至此的凯尔特人建立的布列塔尼公国,以东就是法兰克人建立的法兰克王国。在诺曼底分裂出来之前,它们

---

[1] Hist. Ingulf. Croyland., apud rer. anglic. Script., t.I, p.57, ed. Gale.

[2] Chron. saxon., ed. Gibson, p.143.

[3] Chron. saxon., ed. Gibson, p.144. Willelm. Malmesb., de Gest. reg. angl., lib.II, apud rer. anglic. Script., p.69, ed. Savile. Henrici Huntind. Hist., lib.VI, ibid., p.362.

[4] Chron. Johan. Bromton, apud hist. angl. Script., t.I, col. 883, ed. Selden.

[5] Henrici Huntind. Hist., lib.VI, apud rer. anglic. Script., p.360, ed. Savile. Roger. de Hoved. Annal., pars prior, ibid., p.429, ed. Savile.

[6] Script. rer. normann., p.7.

共同被称为"高卢"。五个世纪过去了,日耳曼人的后代依旧掌控着高卢大地,他们同高卢人在民俗和语言上已大致统一,民族的差异更多地体现在他们社会等级的不同上,高卢人在外来入侵者的统治之下并不享有真正的自由。在10世纪,法语中体现公民自由权利的词汇只有"frankise"和"franchise",这两个词汇均从"Franc"(法兰克人)演变而来,而法语中法兰克人的原意就是自由、强大和富有。

为了巩固法兰克人的领导地位,墨洛维的后裔在入侵法国之后,就皈依了基督教。他们占领高卢后不到三个世纪,这些恐怖的入侵者就几乎完全变成了高卢人;克洛维一世的后代子孙掌权之时,法兰克人就已几乎褪去祖先身上的野性,不再好斗,更多地展现出了他们对这个民族的友好,变得和蔼并且亲民。[1] 但是,在莱茵河和阿登(Ardennes)之间有一片地区,被法兰克人称为"奥斯特拉西亚"(Oster-rike),比起"入乡随俗",这里的人们保留了条顿人好斗、善战的个性。作为最后一个来到高卢的民族,他们虽然错过了占领富有省份和南部大城市的最佳时机,但是他们仍旧对占领一席之地抱有野心,甚至计划攻占纽斯特里亚(Neoster-rike)。[2] 13世纪,奥斯特拉西亚人向纽斯特里亚发动进攻,多次尝试之后,他们的野心最终变成现实。高卢大地在经历了残酷的战争之后,就这样被第二次瓜分,迎来了新的统治阶层。

然而一切并没有结束。法兰克人的好战就此一发不可收拾,开始向外扩张。他们推进到多瑙河(Danube)和易北河流域,一举越过了比利牛斯山和阿尔卑斯山。自此,高卢和莱茵河两岸流域,撒克逊族的广大区域和斯拉夫族(Slave)的一部分领土,以及意大利全境和西

---

[1] Annales Fuldenses, apud Script. rer. gallic. et francic., t.II, p.676.
[2] Les Lettres sur l'Histoire de France, Lettre X.

班牙北部地区得到统一。在此过程中，查理大帝[1]登上了历史舞台。他沿用在西方消失了三个世纪之久的"皇帝"称号，成了恺撒的合法继承人。查理大帝勇武善战，在政事方面也颇有建树，他统筹全局，兼顾细节，其别具一格的统治风格为后世连连称赞。长达数世纪的战争铺垫，加上拥有了堆积如山的财富，这位天才最终将流着不同血脉，有着不同风俗文化和说着不同语言的民族统一起来了。然而，各个民族之间的对立现象一直存在，查理大帝毕生都在为阻止帝国分裂而努力。查理大帝生前，各族人民凝聚在他的统治之下，团结一体；而等到查理大帝身着帝袍于亚琛（Aix-la-Chapelle）入土为安时，表面的祥和立刻就被打破了，这个所谓的统一帝国开始分崩离析。

一瞬间风云变幻，起义四处而起。高卢人意欲脱离，意大利人也策划着国家独立。民心不一，同室操戈。欧洲大陆风起云涌，手足相残，一片混乱。查理大帝的三个孙子在高卢相争不下，一个率领着高卢和法兰克万千人马，一个同意大利人同仇敌忾，一个则代表条顿和斯拉夫人。三位恺撒子孙的相争只是各族人民之间混战的一个缩影，战争持续时间之久可想而知。所谓分久必合，合久必分，查理曼帝国同样如此，反复相争中，帝国分裂成数十个国家，为争取一时的和平，各国之间用古德语和通俗罗曼语相互达成约定，又很快自食其言。[2]各族人民之间剑拔弩张，欧洲大陆阴晴不定。

正当高卢大地一片混乱之际，北欧海盗乘虚而入，再次来袭。此时的法国人已经习惯称之为"诺曼人"（Normands）。这次入侵与以往不同，诺曼人由各大河口驾船而入，顺流而下，沿途在河两岸定点投

---

[1] 查理大帝（Charlemagne 或 Charles the Great，742—814），法兰克王国的国王，800年，由教皇利奥三世加冕为"罗马人的皇帝"。（译者注）

[2] Nithardi Hist., apud Script. rer. gallic. et francic., t.VII, p.26 et 27.

放兵力，一路烧杀抢掠。途中如遇桥梁或其他阻碍物，诸船只则会被拖至浅滩，待障碍破除再重新扬帆起航。有备而来的诺曼人一如既往地英勇善战、军纪严明，他们就这样攻占了沿岸的各大城市。他们在城市内部建筑成排的小木屋，一是做过冬的准备，二是存放战利品。

诺曼人尤其擅长突袭，每到一处便蜂拥而入，快速占领，所过之处必定废墟一片，即使建造于罗马时期坚固无比的古城墙也无法躲过摧残。而如遇抵抗，他们亦可快速撤退等待时机。诺曼人就这样在高卢土地上进退自如，烧杀抢掠，极其残忍。人们只能把城堡和高地作为避难所，富有的领主们会建起齿状城墙和深深的沟渠来保卫自己的庄园和城堡，生活在平坦地区的人们则在附近树林里建起茅屋，用树堆和栅栏保护自己。而朝堂之上，不管国王、公爵，还是伯爵，比起保护自己的子民，他们只会一味地苟且和妥协，与敌人谈判时作出让步，致民众于水深火热之中，使民众苦不堪言，人们长期处在恐慌和极度绝望之中。终于有一些勇猛之士奋起反抗，即使只有木棍护身，也奋勇向前与诺曼人锋利的斧头一决高下。[1] 然而，毕竟寡不敌众，眼看气势受挫，抵抗无望，有人开始向这些残忍的异教徒们屈服投降，他们甚至吃掉作为祭品的马肉，以示忠诚。久而久之，北欧海盗抵达之处，越来越多的人选择投降，他们甚至怂恿和召集那些在战争中失去家园的人一起加入弃教行列，与诺曼人沆瀣一气。据历史学家考证，著名的海盗统领哈斯汀就出身于特鲁瓦的一个农民家庭。

诺曼人两入高卢，中间间隔一个世纪之久。其间，查理大帝建立的帝国分崩离析，受当地传统和语言等因素的影响，各个小王国成立，高卢大地几经变幻，新的格局悄然形成。拿布列塔尼来说，它在

---

[1] Chronicon Namnetense; Dom Lobineau, Hist. de Bretagne, pièce justificatives, t.II, liv. I, p.45.

法兰克墨洛温王朝时期保持独立,而在加洛林王朝时期被纳入帝国版图,在9世纪前期再次实现独立。布列塔尼的主权自始至终都未被外族人剥夺,他们甚至还曾经从查理大帝的孙子手中夺回了雷恩、瓦纳(Vannes)和南特。50年后,原来的西哥特王国,也就是鲁尔河(Ruhr)、罗纳河和比利牛斯山中间的区域,结束了长时间被法兰克人统治的命运,变成阿基坦公国。罗纳河的另一边,勃艮第公国也实现独立。同时,莱茵河流域的省份,受早先日耳曼人带来的条顿方言影响而结成一体。各个新建立的王朝之间的过渡区域,也就是鲁尔河、默兹河、埃斯考河(Escaut)和布列塔尼之间的地区,则依旧受法兰克人统治,这就是法兰克王国,当然西部的沿海地带并不包括在内。

法兰克王国即为现代法国的摇篮。此时的法国大地上,民族众多,最主要的居民为高卢人和罗马人的后裔。不同民族的人对法国人的叫法也不尽相同:意大利人、西班牙人、英格兰人和斯堪的纳维亚人称法兰克王国的居民为高卢人;德国人视自己为纯正的法兰克人,故把西方友邻称为"瓦隆人"(Wallons或者Welche)。[1] 法兰克王国的人民也被划分为不同等级:土地主过着和先前法兰克人一样的生活,被叫作"franc-homme",即"贵族"(baron),这两个词均来源于法兰克人的语言;而那些没有土地和庄园的人,则生活在城市、乡镇和小村庄中,过着同早先罗马人一样的生活,被称为"平民"(villains或者manants)。平民包括自由佃农和农奴,而自由佃农又常常受到地主的威胁,朝不保夕。这就是当时的法兰克王国,也就是这样的法兰克,在高卢承受北欧海盗最后一次入侵之时,一举终止了分裂格局,实现了统一。要想追溯原因,让我们从北方地区的历史慢慢谈起。

---

[1] Willelm. Malmesb., de Gest. reg. angl., lib.I, apud rer. anglic. Script., p.24 et 25, ed. Savile.

9世纪末，挪威一个小王国的国王哈拉尔德·哈尔拉迪（Harald Harfagher）统一了全国。这次统一遭到了各个独立王国的强烈抵抗，战争过后，很多人不肯屈服于他的统治而移居国外，甚至到海上过起漂泊的生活。渐渐地，他们开始侵扰北部沿海地带，掠夺沿岸和小岛上的财物，引起了当地居民的反抗。国王哈拉尔德因此成为众矢之的，人们抱怨他虽然统一了全国，却使海盗盛行，民不聊生。于是他组织船队沿海岸追捕滋事之人，摧毁他们在岛上建立的据点，还明令禁止海盗行为，严惩以任何暴力形式进行征税的行为。[1]

当时，人们把登上海岸进行掠夺这一行为叫作"strandhug"[2]。人们没有食物时，就会上岸掠夺牛羊牲畜，这给当地居民带来了极大的恐慌。有时，原本不是海盗的人也会借助自己的权力和地位上岸进行掠夺，[3]比如我们接下来要讲到的这位。

哈拉尔德手下有一位叫作罗格瓦尔（Rognvald）的悍将，他为国王南征北战，立下汗马功劳，深受国王器重。罗格瓦尔有好几个儿子，均以勇猛闻名于世，罗洛（Roll）是其中最著名的一个。此人魁梧壮硕，甚至找不到任何一匹马可以为其所用，于是罗洛便长期步行，久而久之人们称之为"行者"罗洛（Roll-le-marcheur）。一日，罗洛带随从结束海上巡游返回挪威，途中停靠在维恩（Vighen）沿岸，可能是食物给养不足，也可能是不愿错过良机，他上岸抢夺。岂料此时国王哈拉尔德恰巧在附近，他听到了民众的抱怨之后，勃然大怒，无暇顾及这是什么人，便立刻召集庭审，要将此人依法处办，判处流放。罗洛的母亲跑到国王面前请求饶恕，哈拉尔德丝毫不为所动。这位母亲

---

[1] Mallet, Histoire du Danemarck, t.I, p.223.
[2] "strand"在英语中意为"海滨"，"strandhug"可以理解为"上岸"的意思。（译者注）
[3] Depping, Histoire des expéditions maritimes des Normands, t.II, ch. VIII, p.57.

恼羞成怒，即席创作，吟诗一首，呵斥国王道："忠心耿耿不言谢，崧生岳降却为敌。若胁豺狼会遇时，必悔昨日终成患！"[1]

尽管如此，哈拉尔德还是对罗洛宣判了。眼看就要被永久流放，罗洛遂召集几艘船只逃至赫布里底群岛。哈拉尔德统一全国之后，出身高贵及声名显赫之人不愿屈从，便移居至此，这些岛屿也就成了挪威人的避难所。罗洛与岛上众人结成联盟，聚集起他们的所有船只，就这样开始了他们的海上征程。[2]

海盗们从赫布里底群岛起航，绕过苏格兰直接向西南方向前进，由埃斯考河河口进入高卢，然而此河沿岸自然资源有限，加上长时间遭受侵略，早已一毛不拔，海盗们便再次扬帆起航。接着，他们进入塞纳河，顺流而下直至距离鲁昂（Rouen）20里格[3]的郁美叶（Jumièges）小镇。此时正是法兰克王国刚刚划定边界不久（国土范围限定在卢瓦尔河和默兹河之间），又迎来了政治斗争[4]，查理大帝的子孙——国王查理[5]，正在面临另一位竞争者[6]对其地位的威胁。此人由法国臣民推举而来，不能小觑。查理虽与查理大帝名字相同，却再无其他相似之处。这两人你争我夺，不分输赢，交替掌权。此时的法

---

[1] Haralds saga ens Harfagra, cap. XXIV; Snorre's Heimskringla, t.I, p.100. Mallet, Histoire du Danemarck, t.I, p.224.
[2] Depping Hist. des expéd. marit. des Normands, t.II, p.68.
[3] 里格（lieue），一种长度名称，是陆地及海洋的古代测量单位，在海洋中1里格相当于3海里，即5.56千米。（译者注）
[4] *Les Lettres sur l'Histoire de France*, Lettre XII.
[5] 即查理三世，又被称为"糊涂的"查理（Charles III le Simple，879—929年），他是卡洛曼二世的弟弟，卡洛曼去世后，贵族们迎接"胖子"查理即位，"胖子"查理被阿努尔夫废黜后，贵族们又推举有战功的厄德为王，直至898年厄德死后，他才成为西法兰克国王。（译者注）
[6] 指巴黎伯爵厄德（Odo，885—886年），维京海盗来袭时，他指挥保卫巴黎，888年，被贵族们推选为西法兰克王国的国王。（译者注）

兰克王国内部一片混战，两个国王都无力保护国家免受外敌侵扰，面对海盗的再次来袭，只能任其在塞纳河流域烧杀抢夺。

北欧海盗再次来袭的消息很快便传到了鲁昂，引起了人们巨大的恐慌。鲁昂早年遭受强敌入侵，家园尽毁，看着早已在战争中坍塌的城墙，人们陷入深深的绝望之中。此时，鲁昂当地一位名叫弗兰克（Franke 或 Francon）的主教，决心肩负起拯救城市的使命。同民众商议之后，他决定赶在敌人入侵之前举手投降。[1] 这位一心为民的主教无暇顾及这帮异教徒对于基督教的仇恨，带着一名翻译便来到了郁美叶小镇与诺曼人首领谈判。主教为人心思缜密，不形于色，百无一漏，谈判过程中，他尽最大可能给予诺曼人好处，最终达成了和平休战协议。诺曼人也同意平和进城，不对人民造成任何伤害。[2] 最终，这帮挪威人于圣马力诺教堂（Saint-Morin）旁边的一个港口平静登岸。进城之后，他们立刻对城市各处的城墙、港口等进行了细致的检查，诺曼统领对此地甚是满意，决定将此地作为他们的大本营。[3]

攻占下鲁昂之后，诺曼首领们带着主要部队继续沿塞纳河前进。此时的国王查理在法兰克王国的内战中占据上风，正值自信满满、寻找机会施展抱负之时。他派出一位名叫拉格朗德（Raghenold 或 Regnauld）的公爵率领部队赶到厄尔河（l'Eure）西岸，迎战诺曼人。诺曼人则在塞纳河与厄尔河交汇之处离法国军队几里格远的地方安营扎寨，观察形势，双方一时僵持不下。此时法兰克王国开始商议对策，在战争和谈判两者之间摇摆不定。在所有归顺法兰克国王的伯爵当中，就有大名鼎鼎的前海盗统领哈斯汀。20 年前，疲于长途跋涉、战争不

---

[1] Wace, roman de Rou, t.I, p.57.
[2] Roman de Rou, t.I, p.57.
[3] Roman de Rou, t.I, p.60.

断的哈斯汀归顺了法兰克王国，获得沙特尔[1]作为封地。如今海盗再次来袭，哈斯汀极力主张以和平谈判的方式解决危机，尽量避免战争。虽然这一建议受到了不少人的质疑，但是最终被国王采纳了。于是，哈斯汀带着两位懂丹麦语的人去同诺曼人谈判。

此时，诺曼人早已建起战壕准备一战。哈斯汀三人来到诺曼人阵营对岸，冲他们大声喊道："勇敢的战士们，你们的主叫什么名字？""我们没有主，我们所有人都是平等的，"[2]诺曼人回答道。"你们为什么而来，想要干什么？""赶走这里的居民，或者让他们臣服于我们。你是谁？为什么会说我们的语言？"[3]哈斯汀回答道："你们没有听说过哈斯汀吗？就是那个最著名的海盗，拥有大量船只，曾使这个国家备受折磨的英雄。""当然听说过，"诺曼人回答道，"他却未能善始善终。""你们难道没有想过臣服于国王查理吗，他会给你们封地，你们会生活得很幸福。""不，我们不会向任何人投降，请你回去告诉你的国王，所有我们意欲征服的都必将属于我们。"[4]

哈斯汀将诺曼人的话传达给国王，举国一片哗然。在接下来的商议中，哈斯汀依旧坚信在敌人已经做好充分准备的情况下冒险进攻，是不明之举。一位叫罗兰（Rolland）的伯爵随即大声斥责其为叛徒，众人纷纷附和，场面一度失控。这位曾经叱咤风云的海盗首领哪能受得了这种侮辱，一气之下就舍弃了他的封地，离开了法兰克，自此失去踪迹。但是他的预言却成真了：在与诺曼人的对战中，法国全军覆

---

[1] 沙特尔（Chartres），法国中北部的一座城市，也是厄尔-卢瓦省的首府。（译者注）
[2] Dudo de Sancto Quintino, apud Script. rer. normann., p.76.
[3] Willelmi Gemeticensis Hist. Normann., apud Script. rer. normann, p.228. Dudo de Sancto Quintino, ibid., p.76.
[4] Willelm. Gemet. Hist. Normann., apud Script. rer. normann., p.228. Dudo de Sancto Quintino, ibid., p.76.

没，拉格朗德公爵也死于效力于诺曼海盗的鲁昂渔民之手。

罗洛同其将领接下来的目标就是巴黎。然而这次却没有那么幸运，他们不仅没能攻下这座城市，一位主要首领还被巴黎人活捉。诺曼人为了赎回这位首领，同国王查理达成协议，休战一年。这一年间，诺曼人瞄准北方各国，暂时停止了对法兰克王国的侵扰。一年期满，他们便迅速回到根据地鲁昂，整顿休整之后，朝巴约进发。诺曼人首战告捷，他们杀死了巴约伯爵贝朗瑞（Béranger），还俘获了贝朗瑞的女儿，此人美若天仙，罗洛遵从诺曼人的风俗和礼仪与其结成百年之好。[1]

继巴约之后，埃弗勒（Evreux）及其周边数座城市也相继沦陷。自此，诺曼人统治地区已经覆盖原纽斯特里亚所有区域。诺曼人不仅善战，也擅长管理，在攻下这些地区之后，他们一改以往凶残的嘴脸，靠收取贡金过起了安稳的生活。形势稳定后，选举国王已刻不容缓。罗洛顺理成章地成了不二人选，他的勇敢与才华受到所有人的钦佩。身为异教徒的罗洛在当上国王之后，一直保卫人们免受海盗侵扰和内战之苦，深受人民的爱戴。以前人们咒骂和惧怕的海盗，现在却被视为守护神般的存在。[2]

拥有了更为辽阔的领土使诺曼人更加野心勃勃，相对稳定的局势也使他们更具战争实力。此后相当长时间内，他们同法兰克王国之间展开了更为持久的战争。诺曼人同占据鲁尔河河口的斯堪的纳维亚人一起，肆意入侵鲁尔河和塞纳河之间的大片区域，还一度将侵略范围延伸到了勃艮第和奥弗涅（Auvergne）地区。虽然有少数城市抵挡住了诺曼人的入侵，比如巴黎就抵挡住了他们的再次来袭，沙特尔、第

---

[1] Willelm. Gemet. Hist. Normann., apud Script. rer. normann., p.229.

[2] Dudo de Sacto Quintino, apud Script. rer. normann., p.86.

戎（Dijon）等地也没有沦陷，但还是有不少城市遭到劫掠。到了912年，也就是诺曼人占领鲁昂七年之后，整个法兰克王国开始疲于战争和长期的对立状态，人们叫苦连天，整个王国都十分渴望结束战争。主教和贵族们纷纷向国王进谏，平民们也怨声载道："请国王放眼望去，看看我们的王国吧！处处都是烧毁的教堂和死去的人们。都是因为国王的过错和软弱，诺曼人才会在我们的领土上肆意妄为！看看从布洛瓦（Blois）到桑利斯（Sanlis），人们因为战争不能耕种，颗粒无收。如果战争还不结束，饥荒即将到来！"[1]"糊涂"查理[2]眼见形势发展至此，如若不尽快采取措施，自己的王位也将不保，[3]便召集所有贵族和主教召开会议，公听并观。最终所有人一致同意休战，同诺曼人进行和平谈判。

曾经和诺曼人进行过谈判的鲁昂主教主动请缨，当时的情况下，他也是最有可能完成这项任务的人。主教找到罗洛，对他说道："如果您同意皈依基督教，并且愿意在法兰克王国一直和平生活，国王查理将把他的女儿许配给您，并赐予您自艾普特河（d'Epte）至布列塔尼之间的区域作为封地。"[4]

这次，诺曼人没有再说出"我们不会臣服于任何人"这样的话来。此时诺曼人在内心上早已不是从前狂妄不羁的北欧海盗，自从他们掌管了如此辽阔的领地之后，内心便趋于平静，相比南征北战的状态，他们对安稳的生活更加向往。如果他们继续同法国人对立，同法国人的信仰对立，他们就永远无法同其他贵族一样受到尊敬，同他们平起

---

[1] Roman de Rou, t.I, p.73.
[2] Script. rer. gallic. et francic., t.IX, p.22. Script. rer. gallic. et francic., t.IX, p.8.
[3] *Les Lettres sur l'Histoire de France*, Lettre XII.
[4] Willelm. Gemet. Hist. Normann., apud Script. rer. normann., p.231.

平坐，更不能从本质上消除自己异乡人的标签。并且，经过长时间的相处，此时的诺曼人也已经习惯了生活在基督教教徒当中，所以他们对于主教前来谈和之事并不反感。关于婚事，罗洛认为他完全可以再娶，并借机休掉按照诺曼人礼仪娶得的原配，正式皈依基督教。他对主教说："我对国王的好意不胜感激，但是国王赐予的封地恕我不能接受，这块领地荒芜贫穷，恐怕我的子民无法在那里维持生计。"主教将罗洛的意思传达给国王，国王便决定将佛拉芒赐予罗洛。罗洛仍旧不满足，拒绝了这项提议。他认为佛拉芒沼泽遍地，也不是适宜生存之地。国王查理一心想通过让出领地来换取和平，所以并不生气，而是再次大方地作出让步，在同意罗洛继续占有现有领地的同时，将布列塔尼公国也赐予他。罗洛一听欣喜不已，接受了这项安排。然而问题是，此时的布列塔尼还处于独立状态，想要统领此地，真是长路漫漫、困难重重。罗洛并没有想到这一点。[1]

双方达成协议之后，为了尽可能显得隆重，法兰克国王同诺曼人首领一起前往艾普特河沿岸的一个名叫圣克莱尔（Saint-Clair）的村庄举行仪式。他们分别有大队人马陪同，驻扎在艾普特河两岸。到了举办仪式的时间，罗洛走向国王，因不熟悉礼仪，他没有在国王面前行礼，就直接把两只手放在国王手中，发誓道："从今以后，我是您忠实的拥护者，我将誓死捍卫您、您的王国和您王国的荣誉。"接着，国王授予诺曼人伯爵封号，向他保证会尊重他、他的同胞和他的荣誉，并授予他协议中所承诺的所有封地。[2]

---

[1] D'Argentré, Histoire de Bretagne, liv. III, p.191. ed. Paris, 1588. Dudo de Santo Quintinom apud Script. rer. normann., p.83. Willelm. Gemet. Hist. Normann., ibid., p.231.

[2] Willelm. Gemet. Hist. Normann., apud Script. rer. normann., p.231.

在仪式行将结束之际，新封伯爵准备缓慢退下之时，旁边的法国人提醒他道："别忘了接受国王赐礼之后要双膝跪地，亲吻国王的脚尖。"海盗出身的罗洛哪能受得了这种屈辱，直接回答道："我从来不对任何人屈身下跪，也不会亲吻任何人的脚尖！"[1]法国人也不是一般的倔强，他们坚持要让罗洛走这道程序。罗洛灵机一动，狡黠一笑，招呼一个手下过来代替他去亲吻国王的脚尖。被叫上来的挪威人也是顶天立地的人，只见他没有屈膝，直接生硬地搬起国王的脚至自己的嘴边吻了下去，国王跟跟跄跄摔倒在地。[2]突然，人群中爆发出了笑声，随即引起了一片嘈杂，大家议论纷纷，笑声不断，然而没有任何一个人生气。海盗们对于宫廷礼仪的不习惯在很大程度上调节了气氛，甚至拉近了双方的距离。[3]

接下来，诺曼底伯爵的受洗仪式以及他与国王女儿的结婚仪式都选在了鲁昂进行。众多贵族护送国王女儿到达此地，见证仪式的举行。简单开场过后，罗洛接受圣洗，主教宣读圣言，为受洗者祈祷。圣洗礼毕，这位新的教徒就迫不及待地向主教咨询公国各个教堂及其庇护神事宜。主教则耐心而详细地为之解答。之后，罗洛就大声宣布："各位，在我把土地分给我的臣民之前，我要先将一部分土地献给我的上帝及诸位使徒。"[4]事实上，他也是这么做的，接受洗礼后的前七天，他穿着象征新的教徒的白色礼袍，尽心尽责地为各个教堂分配土地。这之后，他才开始着手处理诺曼人的领地划分。[5]

---

[1] Willelm. Gemet. Hist. Normann., apud Script. rer. normann., p.231.
[2] Willelm. Gemet. Hist. Normann., apud Script. rer. normann., p.231.
[3] Willelm. Gemet. Hist. Normann., apud Script. rer. normann., p.231.
[4] Fleury, Histoire ecclésiastique, t.XI, p.593.
[5] Willelm. Gemet. Hist. Normann., apud Script. rer. normann., p.231.

除去已经分给教堂的土地，罗洛伯爵将剩下的土地进行了细致的划分，不管荒芜抑或富饶之地，都重新在诺曼人之间进行了分配。诺曼首领和将士们都摇身一变成了新公国的贵族，而原来的法国地主则不得不屈从于新来者，无奈地为他们让出土地。就这样，农奴们换了新的主人，很多自由佃农也因此变成了农奴。新划分好的区域也更换了新的地名，其中很多都是以挪威贵族的人名命名的。[1]尽管公国内部还是存在明显的民族歧视和等级划分，但是罗洛伯爵名震四方，被人们当作守护神和正义的化身，其公国倒也是一片祥和安宁的景象，故有不少人慕名前来定居。

继罗洛伯爵接受洗礼之后，大多数诺曼人同他们的首领一样皈依了基督教，可还是有一小部分人誓死传承诺曼人祖先的一切习俗和信仰，拒绝接受洗礼。这些人渐渐地聚在了一起，形成小团体，定居在巴约郊区。在巴约居住的撒克逊人后裔直至10世纪还在使用日耳曼语，拒绝洗礼的诺曼人很欣赏这些人对祖先文化和语言的传承精神，故与之交往甚密，选择在此地久居。久而久之，挪威语便与当地方言融合到了一起，融合后的语言变得更易被斯堪的纳维亚人理解。[2]就这样几代春秋一去不回，贝辛（Bessin）和科坦登（Cotentin）的诺曼贵族对于基督教已不像过去那般厌恶，但是他们仍然保留着斯堪的纳维亚人的部分特征。同诺曼底的其他贵族和骑士不同，他们性格喧闹，有雄心壮志，对伯爵的管理依旧表现出不屑。有人甚至会携带写有异教信条的武器，大摇大摆走在路上，喊出斯堪的纳维亚人战争时的旧口号："向上帝守护着的人冲啊！"[3]

---

[1] Mémoire de M. de Gerville sur les noms de lieux en Normandie; Mémoires de la Société royale des antiquaires de France, t.VII.

[2] Dudo de Sancto Quintino, apud Script. rer. normann., p.112.

[3] Roman de Rou, t.II, p.32 et 34.

和平相处的时光并没有在法国人和诺曼人之间持续，诺曼人很快就开始向东扩张，直至瓦兹河和塞纳河交汇处；[1]他们北部的领土也扩大到了布雷勒河（Bresle），西南部则到了库埃农河（Coësnon）。居住在这片广阔区域的人被叫作诺曼人，但是丹麦人和挪威人认为，他们的身上才流淌着真正的诺曼人血液，他们才是真正的诺曼人文化和语言的传承者。他们的地位也确实不一样，人数较少的诺曼人占据统治地位，而人数较多的本地人则处在受压迫地位，双方的关系与几个世纪前的法兰克人和高卢人的关系如出一辙。在此时的诺曼底，身为诺曼人本身就是高贵的象征，代表着自由和权利。[2]

虽然从法律上来说，除去军事和政治地位有高低之分以外，所有诺曼底居民都是平等的。可事实是，诺曼贵族不用纳税，陆运和河运也都不用缴纳通行税；诺曼人还可以享受狩猎和捕鱼的特权。而本地平民不享有这些权利。尽管官位等级制度同法兰克王国一样，但由于教士全部都是法国出身，他们在诺曼底公国并不拥有尊贵的身份和地位。后来，一些挪威人和丹麦人开始从事圣职，教士才慢慢恢复了其应有的社会政治地位。可见，出身对于等级的划分和特权的享有有着至关重要的影响。[3]

法国人对于受到的不平等待遇心有不甘。诺曼底公国建立还不到一个世纪，受压迫民众想要摧毁民族差异和不平等现象，于是，开始出现暴动现象，并最终于罗洛第三代子孙理查（Richard）掌权时达到顶峰。在诺曼底各地，贫苦农民开始纷纷聚集起来感叹自己命运的悲苦，渐渐形成固定团体，一些能说会道之士还煽动了更多的人加入，

---

[1] Willelm. Gemet. Hist. Normann., apud Script. rer. normann., p.316.
[2] Dudo de Sancto Quintino, apud Script. rer. normann., p.152.
[3] Depping, Hist. des expéd. marit. des Normands, t.II, chap. XII.

他们四处演说，批斗贵族。[1]一些史料以诗歌的形式生动且真实地将演说内容呈现在我们面前[2]：

  贵族们只给我们带来痛苦，真理和正义都离我们远去。他们夺走我们的一切，却使我们生活在水深火热之中。每一天对我们来说都无比痛苦，我们辛苦劳作，却被剥削殆尽。我们为什么接受这样的待遇？让我们挣脱他们的统治吧，我们本应平等啊！让我们行动起来吧，让我们互相搀扶，一起前进！没有人可以看低我们，我们也要争取砍伐树木的权利，我们也有狩猎和捕鱼的资格，我们要从赋税中挣脱出来，让我们一起行动，去争取我们的权利吧！[3]

每每听到这样的演说，人们都群情激昂，农民们宣誓要团结一致、共抗敌人。[4]渐渐地，团体不断扩大，所有参与者被分到不同的小分队，史学家称之为"conventicules"；各个区域推选出一些代表，由代表们构成中央议会，[5]进行秘密集会，共同商议起义大事。同时，能言善道之人还会继续被派到各个地区进行游说，以争取更多力量。[6]

然而，平民组织秘密集会并商讨造反一事很快便传到了诺曼底政

---

[1] Roman de Rou, t.I, p.303.
[2] Roman de Rou, t.I, p.304 et suiv. Chronique des ducs de Normandie, par Benoît de Sainte-Maure, édit. de M. Francisque Michel, t.II, p.390 et suiv.
[3] Willelm. Gemet. Hist. Normann., apud Script. rer. normann., p.249.
[4] Chronique des ducs de Normandie par Benoît de Sainte-Maure, t.II, p.393. Roman de Rou, t.I, p.307.
[5] Willelm. Gemet. Hist. Normann., apud Script. rer. normann., p.249.
[6] Roman de Rou, t.I, p.307.

府官员的耳中。[1]诺曼人因为害怕会失去现有的一切，时刻保持警惕，因此消息一传来便受到高度重视。理查伯爵尚年幼，于是快速找来他十分信任的叔叔拉乌尔（Raoul），也就是埃弗勒伯爵，进行商议。拉乌尔信心十足，说道："您切勿担心，只需给予我所有精兵良将，便可平定此事。"[2]

拉乌尔安排数位密探潜入民众当中打探消息，意图在时机成熟之时将其一举歼灭。密探们很快掌握了民众集会的时间和地点，伯爵率领军队突袭集会地，将正聚集在一起宣誓的人们当场逮捕。[3]被捕的人没有受到任何调查和宣判，就直接被处以酷刑。拉乌尔生性残暴不仁，平民们有的被挖掉双眼，有的被砍掉手脚，还有不少被焚烧而死，或处以木桩刑。[4]还留有一口气的人则被带回他们的家乡，沿街示众，以警示世人。最终，在诺曼人的心中，恐惧战胜了对自由的向往，农民团体解散，秘密组织不再，甚至在接下来的几个世纪里，他们都只会一味悲观地屈从，再也不见当年的满腔热血。[5]

农民暴动过后，两个民族的矛盾日渐消失，语言得到了统一，单从外表我们已经难以辨别一个人真正的民族出身；鲁昂政府也开始将法语作为其日常交流的主要语言。唯独一个地方比较特殊，即巴约，那里流行的是撒克逊语和挪威语融合之后的语言，但诺曼人理解起来也并没有难度。也正是因为巴约方言中含有挪威语的元素，这个地方

---

[1] 有关此组织的更多详细信息请参阅 *Récits des temps mérovingiens* t.I, p.311, Considérations sur l'histoire de France。

[2] Roman de Rou, t.I, p.309 et 310.

[3] Roman de Rou, t.I, p.311.

[4] Roman de Rou, t.I, p.311 et 312. Chronique des ducs de Normandie, par Benoît de Sainte-Maure, t.II, p.395.

[5] Willelm. Gemet. Hist. Normann., apud Script. rer. normann., p.249.

对于北欧人来说便多出一份自然的亲近感,所以每当有人从故土来到诺曼底投奔亲朋好友之时,巴约必是他们的首选定居地。诺曼底的伯爵们也喜欢把自己的孩子送到巴约去学习挪威语。割不断的血缘关系曾一度促进了斯堪的纳维亚半岛和诺曼底之间的友好往来,尽管诺曼底的挪威人和丹麦人已经成为基督教信徒,但是诺曼底的人们和法国人产生矛盾时,斯堪的纳维亚半岛还是会派人来支援自己的同胞。然而,自法语成为诺曼底通用语言之后,形势便发生了变化,斯堪的纳维亚人不再把诺曼底的挪威人和丹麦人看作自己的同胞兄弟,他们甚至不肯承认他们为诺曼人,而是叫他们法国人、罗马人,认为他们同其他高卢人没有区别。[1]

直至11世纪初,诺曼人同斯堪的纳维亚半岛已经明显的疏远,几乎断绝来往了。正因如此,在被北欧海盗赶尽杀绝之际,英格兰国王埃塞尔雷德二世才会幻想得到罗洛子孙的支持,毕竟他们有姻亲关系。而理查显然看到其中无利可图,故并不是很想帮助这位妹夫。埃塞尔雷德二世在内兄这里受到冷漠对待时,英格兰人在异族国王的统治之下开始怀念之前的国王,人们开始后悔将自己的国王赶了出去,当年人们同国王阿尔弗雷德的往事似乎又要上演。1014年,斯文在英格兰人的怨声载道中去世,斯文的儿子克努特(Knut)登上王位。亨伯的英格兰人趁王位更替疏于管理之际,向流亡在诺曼底的埃塞尔雷德二世送去密信,表示只要国王一心为民,他们愿意重新将英格兰托付给他。[2] 埃塞尔雷德二世大喜,立即派自己的儿子爱德华(Edward)向英格兰人民带去了他的问候,并作出保证,回国之后必将励精图治,与人民共谋振兴大业。国王和人民之间就这样重新缔结了信任关系,

---

[1] Liv. VI; Francigenæ, Romani, Walli.
[2] Chron. saxon., ed. Gibson, p.145. Mathæi Westmonast. Flor. History., p.202.

英格兰议会宣布不再承认丹麦人为自己的国王。[1]

埃塞尔雷德二世就这样重新拿回了属于自己的荣誉，但还没能收复所有国土，大多数城市还是由丹麦人占领，其中就包括伦敦，维特岭嘎大道是独立地区和被占领地区的分界线。形势突然发生变化，愤怒至极的国王克努特自北方迅速赶回英格兰，一从桑威奇登陆便残忍地血洗河口岸的城市，[2]再一次正式拉开了和埃塞尔雷德二世之间的战争序幕。在与克努特展开的数年战争期间，埃塞尔雷德二世始终信守与英格兰国民之间的承诺，奋力捍卫着这片土地。后来，这位英格兰国王去世，他的儿子埃德蒙（Edmund）登上王位。埃德蒙也是一位勇猛之士，被人们称为"刚勇王"（Côte de Fer），在他的英明指挥之下，英格兰人共向丹麦人发起了五次战争，并从丹麦人手中收复了伦敦。[3]

在华威郡（Warwich）南部边界进行的一次战役中，一位名叫乌尔夫（Ulf）的丹麦将领不幸掉队，迷失在一个小树林里。在走了整整一夜之后，他碰到了一个赶着牛群的年轻农民。乌尔夫立刻上前打招呼寒暄，并趁机问路，年轻人看了看他，自我介绍道："我叫戈德温（Godwin），如果我没看错的话，你应该是名丹麦将士吧。"乌尔夫不敢直接回答年轻人的问题，只是苦苦哀求年轻人告诉他去萨维尔纳的路，因为他的战友和船只都在那里。戈德温说道："你太傻了，难道想让一个英格兰人给你指路吗？"乌尔夫尽可能展现他淳朴可怜的一面，

---

[1] Chron. saxon., ed. Gibson, p.145.

[2] Chron. saxon., ed. Gibson, p.145.

[3] Chron. saxon., ed. Gibson, p.148-150. Henrici Huntind. Hist., lib.VI, apud rer. anglic Script., p.362 et seq., ed. Savile. Willelm. Malmesb., de Gest. reg. angl., lib.II, ibid., p.72. Mathæi Westmonast. Flor. histor., p.203 et 204. Hist. Ingulf. Croyland, apud rer. anglic. Script., t.I, p.57 et 58, ed. Gale.

以得到这位年轻人的同情。戈德温心生怜悯，说："去萨维尔纳路途艰险，此时大家又都因为昨夜的胜利士气大振，各个路口都有人把守，一旦被抓住，我和你都不会有好下场。"乌尔夫拿下手上的一枚金戒指，递到年轻的英格兰人面前，戈德温接住戒指拿着细细观赏了一番，思考片刻之后，将戒指还给了他并说道："我来试试吧，跟我来。"[1]

两人躲进了戈德温父亲的小茅屋里，等到夜晚来临，便准备上路。临行前戈德温的老父亲对丹麦人语重心长地说道："戈德温是我唯一的孩子，此行凶险，即使平安归来，也再难以在同胞中立足，你把他带走吧，带他去见你的国王，希望可以为其所用。"[2] 乌尔夫保证他会信守诺言，如果顺利抵达，便会尽力帮助戈德温。两人顺利回到丹麦人营地，乌尔夫请这位年轻人坐上主座，好生款待。他也确实信守了对戈德温父亲的诺言，以后的日子里，他待戈德温如己出，并从国王克努特那里为他申请了军职，从此这位英格兰年轻人开始在一群异国人中崭露头角。戈德温很快通过自己的努力得到了丹麦人的重用，在极大程度上帮助了异国人在英格兰扩张势力。他的名字将很快在这段历史中闪耀，到时我们再详尽说来。

让我们回到英格兰人和丹麦人的对战中来。经过长时间的多次交锋，英格兰人的节节胜利使得丹麦人无力反击，双方商议休战。埃德蒙和克努特握手言和，两人称兄道弟，并达成协议，划定泰晤士河为双方分界线。[3] 岂料埃德蒙死后，丹麦国王又一次越界，短暂抗争之后，南部各地相继向诺曼人投降，斯文的儿子又一次称霸英格兰。克

---

[1] Torfæi Hist. rer. norveg., pars III, lib.I, cap. XXI, p.36.
[2] Torfæi Hist. rer. norveg., pars III, lib.I, cap. XXI, p.36.
[3] Henrici Huntind. Hist., lib.VI, apud rer. anglic. Script., p.363, ed. Savile. Emmæ reginæ Encomium, apud Script. rer. normann., p.171. Willelm. Malmesb., de Gest. reg. angl., lib.II, apud rer. anglic. Script., p.72, ed. Savile.

努特这一次向英格兰国民承诺,必将做到和平地治理国家。[1]

然而国王克努特并没有信守承诺,此人生性多疑,自成王之后,便将所有效忠过前王朝的将领驱逐出境或者处死。他甚至发话:"凡是提敌人人头前来见我的人,我将重重有赏。"[2]国王埃塞尔雷德二世和埃德蒙的所有亲戚都被贬为平民,埃德蒙的儿子们也遭到扣押。但克努特毕竟不敢在英格兰人面前将前国王的儿子们处死,便命人将他们带到斯堪的纳维亚半岛,暗示当地公爵杀人灭口。幸好公爵是善良仁慈的人,他装作没有明白国王的意思,放了他们一马。随后,埃德蒙的儿子们流亡到了力量不断壮大的匈牙利王国,在那里受到了盛情款待,其中一人还与国王的亲戚缔结连理。[3]

诺曼底公爵理查眼看形势发展至此,自己的侄子们再难在英格兰有立足之地,便决定与丹麦国王克努特结成友好关系。他建议克努特和他的妹妹爱玛,也就是埃塞尔雷德二世的遗孀,结成连理。当初,爱玛嫁到英格兰并接受过洗礼之后,就被英格兰人叫作阿尔夫吉夫(Alfghive),这个名字的意思是"上天的馈赠"。爱玛对于可以重新以王后的身份回到英格兰之事很满意,人们却认为这让她和自己的哥哥颜面尽失。[4]很快,爱玛为克努特生育一子,随着国王权力的不断扩大,利令智昏的她陶醉于眼前的生活,渐渐忘记了自己和埃塞尔雷德二世的儿子。此时,这几个英格兰王子在诺曼底也慢慢地接受了当地的文化和语言,甚至完全变成了诺曼人,这对后世产生了深远的影响。

[1] Roger. de Hoved. Annal., pars prior, apud rer. anglic. Script., p.436, ed. Savile.
[2] Florentii Wigorniensis Chron., p.619, ed. Francfort. 1601.
[3] Mathæi Westmonast. Flor. histor., p.206. Henrici Huntind. Hist., lib.VI, apud rer. anglic. Script., p.363, ed. Savile.
[4] Willelm. Malmesb., de Gest. reg. angl., lib.II, apud rer. anglic. Script., p.73, ed. Savile.

几年之后,克努特的政权得以巩固,他与已经皈依基督教的爱玛之间的亲事也多多少少地帮助他拉近了与英格兰人之间的关系。在此过程中,他不仅越来越擅长管理,而且性情也慢慢改变,展现出了和蔼仁慈的一面。他尤其注意处理民族不平等这一敏感问题,他用战争时期收纳的贡金送同胞们返回故土,只留下一支精英部队作为自己的侍卫,结束了英格兰人和丹麦人之间长期以来的对立局面。他还对基督教展现出了极大的热情,不仅重建了那些被父亲和自己亲手烧毁的教堂,还慷慨地捐助了很多修道院。[1] 为了最大限度地讨好英格兰人,他甚至在埃德蒙的墓地旁边建起了一座小教堂,来纪念这位一个半世纪以来深受英格兰人尊敬的国王。他还在坎特伯雷建起了一座纪念碑来纪念惨死于丹麦人手中的埃尔菲戈大主教,但是当他想要把大主教的坟墓从伦敦迁到坎特伯雷时,却遭到了伦敦人的拒绝。海盗出身的克努特在这件事情上违背了此前塑造的仁慈形象,命令两队士兵强制将大主教的遗骨挖出,用龙头船运送至坎特伯雷。[2]

在没有实现统一之前,英格兰历代国王会不定期地向罗马帝国缴纳献金,意在使前往罗马进行朝圣的英格兰教徒得到更好的帮助,同时也可以帮助罗马的年轻人接受学校教育,并且进行对圣皮埃尔和圣保罗两位使徒墓地的维护工作。献金并非强制,其金额的大小也没有规定,完全取决于国王及其臣民的宗教热情。然而这一切在9世纪丹麦人入侵英格兰之后便戛然而止。国王克努特为了对自己及同胞犯下的错误赎罪,也为了尽最大可能来展现自己的慷慨和宗教热情,宣布

---

[1] Diploma Chnuti regis; Hist. Ingulf. Croyland, apud rer. anglic. Script., t.I, p.58, ed. Gale.
[2] Osberni Hist. de translat. S. Elphegi; Anglia sacra, t.II, p.146. Monast. anglic., Dugdale, t.I, p.286. Chron. Johan Bromton, apud hist. angl. Script., t.I, col. 891, ed. Selden.

将重新开始向罗马帝国缴纳"圣皮埃尔贡金"[1]。克努特强制要求每家每户在每年的"圣皮埃尔日"[2]这一天上交贡金。[3]

然而,英格兰国王向罗马教堂献金一事其实不利于英格兰的独立。9世纪,随着意大利发生的一系列变革,很多城市从君士坦丁堡的最高统治之中脱离出来,法兰克人也从伦巴第国王手中抢夺了很多城市,这些城市全都归属教皇统治,罗马帝国的最高权力受到挑战,罗马教皇的势力得以加强。在此之前,教皇统治的区域零星分布在意大利、西西里岛(Sicile)和高卢的个别地区,如今囊括了相当辽阔的地域。[4]随着经济和政治的不断发展,教皇势力渐渐展现出野心,意欲扩大基督教势力以聚敛财富。因此,选在此时重新向罗马教皇送上献金,就有了与以往完全不同的性质,带有了讨好和归附之意,将极不利于国家的政治独立。不管是有着支持基督教发展热情的国王克努特,还是没有任何抱怨就虔诚缴纳贡金的英格兰民众,谁也没想到这件事会带来的后果。半个世纪之后,英格兰就尝到了苦果。

1030年,国王克努特决定前往罗马,参观使徒墓地。他肩披披带,手拿长棍,在大队人马的簇拥下来到了罗马。在完成朝拜即将回国之际,他给英格兰国民写了一封信,其语气得体且友善,与当年那个缺乏教养、残忍至极的海盗斯文的儿子已然判若两人。[5]他在信中

---

[1] "圣皮埃尔贡金"(denier de Saint Pierre),是基督教徒为了使徒皮埃尔的后人而募集,是意图帮助贫困之人的一项政策。(译者注)

[2] 圣皮埃尔日(la fête du prince des apôtres),也写作"fête des saints Pierre et Paul",日期是6月29日。(译者注)

[3] Leges Chnuti, art. XII; chron. Johan. Bromton. Apud hist. angl. Script., t.I, col. 920, ed. Selden.

[4] Fleury, Hist. ecclésiast., t.VIII, p.29.

[5] Torfæi Hist. rer. norveg., pars III, lib.III, cap. XVI, p.223. Emmæ reginæ Encomium, apud Script. rer. danic., t.II, p.492. in notis.

写道：

> 我亲爱的主教们，以及每一位我深爱的英格兰子民们，你们好。我克努特，作为国王给大家写信，意欲告诉大家，我前来罗马对我的罪行进行忏悔，并为罗马带来我们国家最真挚的问候。我十分感谢无所不能的上帝赐予我有生之年前来参拜使徒圣皮埃尔和圣保罗的机会。我从哲人口中得知，使徒圣皮埃尔有着至高的权力，掌管着每个国家的兴衰成败。故我执意前来，为国家祈福，请求圣人的庇护。
>
> 从加尔加诺山（Mont Gargano）一直到国境边界的沿海地带，我受到了罗马教皇约翰（Jean）、皇帝康拉德（Kunrad），[1] 以及其他重要人物的热情接待，我收到的贵重礼物数不胜数，其中包括大量金银珠宝、昂贵的布料和衣服。我同教皇会晤时，深入探讨了我国民众的情况，力求教皇确保我国民众前来罗马时的安全，罗马人同意不再封锁道路阻碍大家的朝圣行程，也同意不再征收通行税。我还提到了我国主教被赠予披带却被征收重金的事，进行了强烈抗议，我保证将来不会再发生类似的事情。
>
> 我希望所有的臣民都能知道，我祈求无所不能的上帝能够指引我走在刚正不阿的道路上，让我在管理国家的时候始终保持公正的态度。我年轻时鲁莽无知，犯下了一些有违公平原则的错误，现在我衷心地希望，在上帝的帮助下，可以有悔过自新的机会。我也以此督促我的臣子，在处理国家事务时不要出于对我或者对权力的敬重与畏惧而做出违背道义和公正原则的事情。我建议你

---

[1] 罗马教皇约翰十九世（1024—1032年在位）；康拉德二世，罗马人民的国王（1024—1039年在位）、神圣罗马帝国皇帝（1027年加冕）。（译者注）

们仁慈地对待每一个人，不要趋炎附势。我希望你们每一个人知足常乐，不要以国王或者人民的名义，更不要以为国王谋取财富为借口去获取不义之财，通过不正当渠道获取而来的金钱，我统统鄙夷不屑。

我打算在今年夏天，待一切准备就绪，就立刻启程回到英格兰。我请求我亲爱的主教和臣子们，在我回来之前兑现我们对上帝欠下的一切债务，有劳你们收齐地租和什一税[1]，以及每家每户都应该上缴的献给使徒皮埃尔的献金；八月中旬，收集献给圣马丁（Saint-Martin）的粮税。至我抵达之时，我希望所有这些税金能够收纳完毕，违令者将严厉惩办。[2]

在克努特统治时期，他多次发动战争去进攻斯堪的纳维亚半岛的各个小王国。在此过程中，戈德温，也就是我们在前文提过的那位传奇小伙子，立下了大功，逐级升至军队中的最高统领。在一次大胜挪威人之后，戈德温获封伯爵，获得了原埃塞克斯王国的领土作为封地。除戈德温以外，还有很多像他一样的英格兰人在为丹麦国王效忠，在与挪威以及波罗的海沿岸国家的战争中立下了功劳。可以说国王克努特是在不少英格兰人的帮助之下平定了北欧诸多小王国，最终得以称霸整个北欧地区的。[3]尽管国王克努特为英格兰带来了前所未有的军事辉煌，但是在他死后，英格兰人和丹麦人之间的表面祥和立即打破了，曾统一一时的王国如查理曼帝国一样面临分崩离析。几经波折，英格兰人最终将丹麦统治者扫地出门，成功推选本国人成为国家元首。

---

[1] 什一税（dîme），起源于旧约时代，由基督教会向居民征收的一种主要用于神职人员薪俸和教堂日常经费以及赈济的宗教捐税。（译者注）

[2] Florent. Wigorn. Chron., p.620 et p.621.

[3] Diploma Knuti regis, apud Wilkins, Concilia magnæ Britanniæ, t.I, p.296.

然而，因为长时间被丹麦人统治，英格兰人想要一举击败对方并非易事，[1]此过程，只待我慢慢说来。

国王克努特死于1035年，他有三个儿子，只有叫作哈德克努特（Hardeknut）的小儿子是他与诺曼人爱玛所生，其余两个均为其前妻所生。克努特对这个小儿子宠爱有加，其名字包含"强壮又勇敢的克努特"的意思。克努特生前一直希望他与爱玛的儿子可以继承王位。但是哈德克努特当时人在丹麦，为了尽快稳定局势，身处英格兰的诺曼人只能选择了克努特的另一个儿子哈罗德（Harald）作为国王。[2]虽为大势所趋，但还是有少数人站出来反对，英格兰人便乘虚而入，挑拨离间，激化内部矛盾。在整个丹麦人统治期间，西南部各省是最让丹麦人头疼的地区，这里每次都是最早发动起义，最后才被征服的地方。这次也不例外，在哈罗德前往伦敦即位之际，他们抓住时机，宣布只接受哈德克努特作为他们的国王。政权的分裂使得英格兰又一次以泰晤士河为界一分为二。北部地区支持哈罗德，南部各省则支持爱玛的儿子哈德克努特。双方对立的实质，其实是泰晤士河以北的丹麦统治者们和泰晤士河以南的英格兰被压迫民众之间的矛盾。

此时的戈德温作为埃塞克斯伯爵已经成为英格兰最有权势的人之一，因为哈德克努特迟迟无法赶到英格兰，戈德温便前去迎接爱玛，宣布支持哈德克努特。戈德温之所以这么做，或许是想抓住为国效劳的大好时机，也或许只是同情克努特最年幼的儿子，具体动机我们不得而知。爱玛带着几支丹麦人军队[3]和先王的部分财产来到埃塞克

---

[1] Petri Olai Excerpt., apud Script. rer. danic. t.II, p.207. Saga af Magnusi Berfætta, cap. XI; Snorre's Heimskringla, t.III, p.211 et 212.

[2] Hist. Ingulf. Croyland., apud rer. anglic. Script., t.I, p.61, ed. Gale. Chron. saxon., ed. Gibson, p.154.

[3] Chron. Saxon., ed. Gibson, p.154.

斯，戈德温代表爱玛的儿子成为最高统帅，负责守护国家，[1]并得到了所有南方人的支持。泰晤士河南北岸的对立局面愈演愈烈，逐渐从两个王子的夺位之战演变成了对立人民之间的战争。虽然泰晤士河以北支持哈罗德，但并非所有人都如此，其中就有坎特伯雷大主教亚登诺（Ethelnoth）。作为英格兰人，亚登诺拒绝为哈罗德加冕。[2]据说哈罗德最终是自己亲手戴上王冠的。此事在新国王的心中激起了对基督教的仇恨，每当弥撒时间，人们纷纷前往教堂时，哈罗德却在这个时间享酒肉之欢或出门打猎。[3]

至此，一场南北方之间、英格兰人与丹麦人之间的战争在所难免，一触即发。然而此时北方的英格兰人却心生惶恐，[4]他们表面承认了新国王，内心则不然。战争前夕，很多人选择离开他们的居住地躲进山林以保证自身的安全。成群结队的壮丁、妇女和儿童带着他们的家畜和行李住到了分布在剑桥（Cambridge）、亨廷登、北安普顿（Northampton）和林肯（Lincoln）的沼泽地，[5]这片区域有多个小岛零星分布在广阔的湖面上，以前有王国在水上建造起了桩基，人们才得以在此居住。[6]可怜的逃亡者们就定居在已经被淤泥覆盖的低洼地带。这一带是偏僻静谧之地，有很多修道院。人们缺乏生活必需品，又终日无所事事，于是，便开始频繁进出周围的克罗里兰德、彼得伯勒修道院进行祈祷或者请求帮助，此时的他们急需得到修道士对他们命运

---

[1] Willelm. Malmesb., de Gest. reg. angl., lib.II, apud rer. anglic. Script., p.76, ed. Savile. Henrici Huntind. Hsit., lib.VI, apud rer. anglic. Script., p.364, ed. Savile. Chron. saxon., ed. Gibson, p.155.
[2] Emmæ reginæ Encomium, apud Script. rer. normann., p.174.
[3] Emmæ reginæ Encomium, apud Script. rer. normann., p.174.
[4] Hist. Ingulf. Croyland., apud rer. anglic. Script., t.I, p.61. Gale.
[5] Emmæ reginæ Encomium, apud Script. rer. normann., p.174.
[6] Willelm. Malmesb., de Gest. reg. angl., lib.II, apud rer. anglic. Script., p.292, ed. Savile.

的同情，对他们施以物质和精神上的援助。[1]久而久之，修道院再无清净之日，修道士们便躲在自己的单人小室里不再出来，以躲避蜂拥而来的人群。[2]据传，有一位独自住在佩格伦（Pegheland）沼泽地中的修道士，过惯了清净生活，突有一日门庭若市，熙熙攘攘，他终不堪嘈杂的生活，离开了自己的小茅屋，前去寻找其他的偏僻之地定居。

事已至此，泰晤士河两岸的人们对于战争的态度便一目了然，一方摩拳擦掌野心勃勃，一方溃不成军仓皇而逃。然而战争最终却没有爆发，因为哈德克努特久久未到，他的拥护者们开始动摇，[3]南方的英格兰民众也开始怀疑民族独立之日不会到来。最终爱玛决定和对方握手言和，并把克努特的财产亲手赠给了自己儿子的对手，紧张局面得以缓和。戈德温和其余英格兰西部首领则被迫承认哈罗德为国王，宣誓自此忘记哈德克努特，永久臣服于新国王。[4]然而，同哈罗德一同在伦敦生活的爱玛于一日突然给远在诺曼底的两个儿子写了封信，信中说英格兰国民想要在他们两个人中挑选出一位国王，来推翻丹麦人的统治；她邀请两人一起秘密回到英格兰，共谋大计。[5]埃塞尔雷德二世的两个儿子收到信后欣喜万分，丝毫没有质疑信中内容的真假，两人商议之后，名叫阿尔弗雷德（Alfred）的小儿子便带领一支诺曼底部队启程，快速朝英格兰赶来。[6]而这一点明显违背了爱玛在信中的指示。[7]

---

[1] Hist. Ingulf. Croyland., apud rer. anglic. Script., t.I, p.61. Gale.
[2] Hist. Ingulf. Croyland., apud rer. anglic. Script., t.I, p.61. Gale.
[3] Roger de Hoved. Annal., pars prior, apud rer. anglic. Script., p.438, ed. Savile.
[4] Chron. saxon., ed. Gibson, p.155.
[5] Emmæ reginæ Encomium, apud Script. rer. normann., p.174.
[6] Willelm. Gemet. Hist. Normann., apud Script., rer. normann., p.271.
[7] Chron. Johan. Bromton, apud hist. angl. Script. t.I, col. 936, ed. Selden. Emmæ reginæ Encomium, apud Script. rer. normann., p.175 et 176.

年轻的阿尔弗雷德在多佛尔（Douvres）登陆，径直来到泰晤士河以南地区，因为这里丹麦人少，危险和阻挠相对较少。他马不停蹄前往会见戈德温，幻想与戈德温共谋大计，拯救国家于水深火热之中，他相信证明自己能力的一天终于到来了。然而等他看到戈得温时，便立刻改变了这一想法。他远远看到戈德温被簇拥在丹麦人中间，说道："听闻阿尔弗雷德带着众多诺曼人来到英格兰，他向他的诺曼同胞们承诺，会掌管英格兰，并且从英格兰带回财富。诺曼人以狡猾和残忍著称，我们不能让外国民族来当我们的主人……"[1] 阿尔弗雷德听到这番话，深感愤怒和绝望，他觉得自己被戈德温背叛，被自己的英格兰同胞抛弃了。[2] 事实上，英格兰人也并没有想让这个长期居住在异国的王子回来当自己的领袖，爱玛信中所说的只是她自己所想。随后，哈罗德下令追捕阿尔弗雷德。阿尔弗雷德同将领们在吉尔福德（Guildford）卸下武器休息之时，遭到突袭，被国王抓住。[3]

随阿尔弗雷德前来英格兰的共有六百余人，丹麦人将他们与阿尔弗雷德分开关押，用异常残忍的刑罚对待他们。百分之九十的人都被折磨致死，只有少数人幸存下来。埃塞尔雷德二世的儿子则被运送至丹麦区的中心伊利（Ely），他被判处危害国家和平的罪行，被挖掉双眼。而阿尔弗雷德的母亲爱玛却没有采取任何措施，没有做出一丝努力去拯救自己的儿子，[4] 最终阿尔弗雷德惨死于英格兰。有历史学家

---

[1] Henrici Huntind. Hist., lib.VI, apud rer. anglic. Script., p.365, ed. Savile.

[2] Willelm. Malmesb., de Gest. reg. angl., lib.II, apud rer. anglic. Script., p.77, ed. Savile.

[3] Roger de Hoved. Annal., pars prior, apud rer. anglic. Script., p.438, ed. Savile. Ailred. Rieval. Genealog. reg. angl., apud hist. angl. Script., t.I, col. 366, ed. Selden. Guill. Pictaviensis, apud Script. rer. normann., p.178.

[4] Willelm. Malmesb., de Gest. reg. angl., lib.II, apud rer. anglic. Script., p.76, ed. Savile. Monast. anglic., Dugdale, t.I, p.33.

说，这本来就是爱玛和新国王一起设计的一场阴谋，她写信给自己的儿子将他骗到英格兰来，就是为了取其性命。[1]我们对这一观点持质疑态度，但可以肯定的是，爱玛自己没过多久就被哈罗德流放了，她没有回到诺曼底的亲人和儿子身边，而是前往佛拉芒寻求避难。[2]也是从那时开始，她唆使远在丹麦的儿子哈德克努特为阿尔弗雷德报仇，声称其遭到了戈得温的背叛，最终被哈罗德杀死了。[3]

戈德温致使阿尔弗雷德惨死英格兰一事引起了诺曼人的强烈不满，比起丹麦人的惨无人道，他们更愿意盲目地相信，是英格兰人最终导致了他们的同胞遇难。关于戈德温和阿尔弗雷德之间的故事，民间流传有很多版本[4]，但是至今没有一个版本以真正的史料为据。在我们找到的最具可信性的版本当中，作者在故事开头写道："此书所讲皆根据叙述者的原话改编……"在书的最后他又写道："此为广大民众证言，本书无法对其真实性进行求证。"[5]关于戈德温和阿尔弗雷德会面，以及有人故意设计陷害阿尔弗雷德一事，多人表述一致，可以基本确定其真实性。埃塞尔雷德二世的儿子和同他前来的诺曼人也确实遭到了迫害，民间广为流传的版本也基本可以确定其为事实。不过故事的真真假假已经不再重要，总之，这件事引起了诺曼底和英格兰两个民族之间的强烈仇恨，对今后历史的发展产生了深远的影响。

不久，国王哈罗德离开人世，英格兰人尝试推举自己人作为本国国王，奈何力量薄弱，难成大事。爱玛和克努特的儿子终于顺利登上

---

[1] Chron. Johan. Bromton, apud hist. angl. Script. t.I, col. 936, ed. Selden. Monast. anglic., Dugdale, t.I, p.35.
[2] Henrici Huntind. Hist., lib.VI, apud rer. anglic. Script., p.364, ed. Savile.
[3] Roger de Hoved. Annal., pars prior, apud rer. anglic. Script., p.438, ed. Savile.
[4] Chron. Johan. Bromton, apud hist. angl. Script. t.I, col. 936, ed. Selden.
[5] Willelm. Malmesb., de Gest. reg. angl., lib.II, apud rer. anglic. Script., p.77, ed. Savile.

了王位,[1]即为克努特二世。哈德克努特即位以后的第一件事就是下令挖出先王哈罗德的遗体,砍掉其头颅,将其遗骸扔进泰晤士河。有丹麦渔民将先王的遗体打捞起来,带回伦敦重新将其安葬在丹麦人专属墓地中。[2]克努特二世担心他对兄长的残忍行径会引起人们的强烈不满,便佯装痛惜数日,之后就开始对同母异父的兄弟阿尔弗雷德之死展开大规模的调查。作为丹麦人,克努特二世必然不会追究任何一个丹麦人在此事中的责任,最终只有英格兰人被追加刑罚,戈德温便首当其冲;再加上克努特二世对戈德温在英格兰的强大权势有些许不安,便决定顺便铲除此人。审判当天,戈德温携众多亲朋好友来到法庭,证人们句句证实他与埃塞尔雷德二世的儿子之死没有任何直接或者间接的关系。然而想要为自己洗清罪行,单有呈堂证供并不足够。对于一个丹麦裔国王来说,欲加之罪,何患无辞,戈德温几乎没有逃脱的可能,唯有行财买免这一条出路。戈德温随即为国王奉上镀金船只一艘,上有80位身披黄金盔甲的战士,左肩佩戴金色斧头,臂绑六盎司[3]金色锁链,其奢华程度让人难以置信。之后,戈德温及名为利奥芬(Leofwin)的主教同谋才得以无罪释放。[4]

由此可见,克努特二世作为一国之主,与其说是残虐无道,更多的是贪得无厌,他对金钱的热爱程度超乎常人的想象。他在位期间,对英格兰人征收重税,行径野蛮,人们不堪重负,痛不欲生,终于起身反抗,民间先后发生多起征税人被愤怒民众杀死的事件。直至一日,

---

[1] Willelm. Malmesb., de Gest. reg. angl., lib.II, apud rer. anglic. Script., p.76, ed. Savile. Mathæi Westmonast. Flor. histor., p.210.

[2] Hist. Ingulf. Croyland., apud rer. anglic. Script., t.I, p.62, ed. Gale.

[3] 英国重量单位,合28.35克。(译者注)

[4] Willelm. Malmesb., de Gest. reg. angl., lib.II, apud rer. anglic. Script., p.77, ed. Savile.

伍斯特（Worsecter）的居民又杀死两位征税人，丹麦人无法一再忍受其权威受到挑战，便派两位将领洗劫发生暴动的城市，彻底解决此事。两人分别为麦西亚伯爵利奥佛里克（Leofrik）和诺森布里亚伯爵西沃德（Siward）。他们迅速聚集起各自的兵力，一同前往镇压起义者。伍斯特人纷纷抛弃自己的家园，躲到了萨维尔纳的一个小岛上。他们在岛上建起了战壕，英勇抵抗进攻者，直至其同意他们回到被洗劫一空的家园。[1]

久而久之，英格兰人对独立的渴望就这样被激发出来了。英格兰人所承受的悲惨生活和他们所遭遇的一切凌辱，慢慢唤醒了他们对失去已久的自由的向往，加深了他们对眼前情景的痛恨。[2]要知道，压榨英格兰人的并不只有国王克努特二世，在他身后还有整个民族，他们都在欺凌英格兰人：丹麦人明显高人一等，英格兰人只是他们的奴隶而非同胞；丹麦人从来不用纳税，反而会和国王一起分享从英格兰人身上剥削而来的财富。[3]每当国王军事视察或者私下游玩之时，如果征用丹麦人的民宅作为国王的临时居所，丹麦人则会被赏重金，抑或被赐予家畜；如若征用的是英格兰人的居所，国王则不会给予任何奖赏，还会无偿使用家中的一切起居设施，趁机霸占主人的妻子、女儿甚至仆人，[4]如若有人反抗，就会被通缉，直至"变成'狼头'（tête de loup）"：在那个时代，捕到狼的人，可以获得狼头作为奖赏；试图反抗或者复仇的英格兰人也是这样，人们像追捕猛兽一样，将其抓

---

[1] Willelm. Malmesb., de Gest. reg. angl., lib.II, apud rer. anglic. Script., p.76, ed. Savile.

[2] Chron. Johan. Bromton, apud hist. angl. Script., t.I, col. 954, ed. Selden.

[3] Willelm. Malmesb., de Gest. reg. angl., lib.II, apud rer. anglic. Script., p.76, ed. Savile. Chron. saxon., ed. Gibson. p. 156.

[4] Henrici Knyghton, de Event. angl., lib.I, cap. XXVI, apud hist. angl. Script., t.II, col. 2326, ed. Selden.

获之后砍去其头颅。[1]

长期忍受痛苦折磨的英格兰人终于在国王克努特二世去世之后全面爆发。在丹麦人准备选举新国王之际，一位名叫霍恩（Hown）的英格兰人组织了第一支反抗队伍，[2]虽然这支队伍和其首领并没有被太多后人铭记，但他却为英格兰独立铺开了道路，对英格兰历史的发展产生了深远的影响。随后戈德温和他的儿子哈罗德（Harold）也高举起了复国大旗，正式宣布与丹麦人为敌。一日，戈德温设宴款待丹麦上层人士，哈罗德负责邀请各级首领，最终在两人的缜密安排下，大量丹麦重要人士被俘获。[3]随后，他们在全国发起独立运动，英格兰人来势汹汹，丹麦人猝不及防，遭到步步紧逼，只好撤退到了北方地区；英格兰人紧追不舍，逐个击破，丹麦人溃不成军，终于驾船仓皇逃回了自己的故乡。[4]

就这样，英格兰人最终得以从斯堪的纳维亚人多年的统治中解脱出来，恢复自由之身。在争取独立的战争中，戈德温和他的儿子拯救国家于水深火热之中，显然起到了至关重要的作用。[5]国家独立以后，诸多国事也暂时压在了戈德温的肩上。国家英雄戈德温成为民心所向，他若选择在此时称王，定不会有任何人反对。但是他更愿意让人们把目光转向一位身居异国的英格兰人身上，此人之前一直远离国内的一切纷纷扰扰，故没有敌人，也不会招致嫉恨，有着天然良好的民众基

---

[1] Wilkins, Leges et concilia, passim.

[2] Henrici Knyghton, de Event. angl., lib.I, cap. XXVI, apud hist. angl. Script., t.II, col. 2326, ed. Selden.

[3] Petri Olai Excerpt., apud Script. rer. danic., t.II, p.207.

[4] Henrici Knyghton, de Event. angl., lib.I, cap. XXVI, apud hist. angl. Script., t.II, col. 2326, ed. Selden.

[5] Monast. anglic., Dugdale, t.I, p.24.

础,同时他悲惨的命运又能使人对之多上几分好感。他就是埃塞尔雷德二世的另一个儿子爱德华[1]。在戈德温的建议下[2],一众人组成委员会,聚集到吉灵厄姆(Ghillingham)共商大事,最终决定送信给在诺曼底的爱德华,信中恳切地表示全体英格兰人愿意接受他为英格兰国王;但附加条件是,他只能带极少数的诺曼人回到英格兰。[3]

爱德华欣然同意,带少数诺曼人很快就来到英格兰。一到国内,他就在温彻斯特的一个大教堂里加冕为王。大主教在为之加冕,交予他统治国家的权力之后,还叮嘱其作为一国之君应尽的责任与义务,并叮嘱其要以仁慈、平等之心来管理国家事务。由于爱德华尚未成亲,他便选择了戈德温的女儿作为自己的妻子。人们对这门婚事议论纷纷,有人说爱德华是因为惧怕戈德温的强大权势,才决定通过与其女儿结婚来结成友好关系,避免与之为敌;[4]也有人认为戈德温在将爱德华推上王位之前,曾逼迫其承诺之后要与自己女儿完婚,以保证自己在英格兰的势力和地位。总之爱德华最终娶到了一位年轻貌美、知书达理、温柔谦逊的美好女子。她名为埃迪特(Edithe),[5]有一位与她有过几面之缘的人这样说道:"小时候,我的父亲在王廷中做事,我探望父亲时,和她见过几次。她每次都是恰巧从课堂归来,见到我就会考我语法、诗句和天地哲理,她知识渊博,每每对我都有所启发。每当我被她的缜密逻辑逼问得说不出来话时,她总会让她的侍女赐我金钱,

---

[1] 即"忏悔者"爱德华(1001—1066年),他是英格兰韦塞克斯王朝的国王(1041—1066年在位)。
[2] Willelm. Malmesb., de Gest. reg. angl., lib.II, apud rer. anglic. Script., p.80, ed. Savile.
[3] Chron. saxon., ed. Gibson, p.156. Henrici Huntind. Hist., lib.VI, apud rer. anglic. Script., p.365, ed. Savile. Henrici Knyghton, de Event. angl., lib.I, cap. VIII, apud hist. angl. Script., t.II, col. 2329, ed. Selden.
[4] Willelm. Gemet., Hist. Normann., apud Script. rer. normann., p.271.
[5] Monast. anglic., Dugdale, t.I, p.24.

然后引我到王廷中。"所有接近过埃迪特的人必夸其睿智贤淑。当时有一诗句流传甚广,诗中用优美且诗意的方式赞美她道:"戈德温把埃迪特带到这个世界,就如同荆棘中开出了玫瑰。"[1]

丹麦人的惨败象征着英格兰人被征服时代的结束。人们的爱国情感渐渐苏醒,更加爱惜自己的文化和风俗。人们急于排除一切外来入侵者留下的东西,恢复他们自己的生活,使最纯正的风俗文化复活。在国王爱德华的带领下,国家很快就开始恢复其父亲统治时期的法令制度。[2]所以从某种程度上说,爱德华并不算是一个立法者,他没有颁布任何新的法令,只是沿用了其父亲在位期间的制度,或者停用了先前的诸多条例。[3]比如我们先前见过的"丹麦金",这项税款先是不定时征收,后来按年征收,在经历了30年之后,[4]终被废除,这并不是因为新国王体恤民情,而是此时的英格兰已不再有丹麦海盗前来侵扰。

从此,这片土地上再没有丹麦统治者,只有少数勤奋憨厚、忠实于平淡生活的斯堪的纳维亚人继续在这里生活。他们服从英格兰法律,只要可以生存,他们就愿意对英格兰人卑躬屈膝,所以重新恢复自由的英格兰人并没有将他们赶走。英格兰人也没有对他们征收重税,反而接纳了他们的存在,并且不去侵扰他们的生活。在英格兰东部各个地区,尤其是东北部,斯堪的纳维亚人甚至多于英格兰人,这些地区同英格兰中部和南部在方言、生活习惯和风俗文化方面有着明显的区别,人们在英格兰政府的统治之下安心并且平静地生活着。事实上,

---

[1] Hist. Ingulf. Croyland., apud rer. anglic. Script., t.I, p.62, ed. Gale.

[2] Willelm. Malmesb., de Gest. reg. angl., lib.II, apud rer. anglic. Script., p.75, ed. Savile.

[3] Willelm. Malmesb., de Gest. reg. angl., lib.II, apud rer. anglic. Script., p.75, ed. Savile.

[4] Chron. saxon., ed. Gibson, passim.

英格兰人对丹麦人的态度对于实现社会平等有着至关重要的影响，在很短的时间内，两个本是旧敌的民族就拉近了距离，渐渐融合到了一起。整个英格兰团结一气，令海外入侵者望之生畏，从此再无北欧人前来侵扰。斯堪的纳维亚半岛的各个王国甚至与英格兰建立起了和平友好的关系，并且对爱德华宣誓："我们愿意支持您和您的国家，我们将会珍惜这片上帝馈赠给我们的土地，保证再不侵扰贵国。"[1]

然而，独立后的英格兰，在那祥和平静的表面之下，正在滋生一些新的矛盾。爱德华的母亲是诺曼人，他本人也在诺曼底长大，所以英格兰于爱德华来说，是一个近乎陌生的存在。[2]他从小就说诺曼底语言，在异国的文化风俗中成长，与他出生入死的朋友、他最亲近的家人，此刻都身在大海的另一端。他来英格兰时曾承诺过只带一小部分诺曼人，他也确实是这样做的。但是，爱德华在英格兰稳定下来之后，诺曼人便蜂拥而来了。爱德华流亡之时，也就是在他最穷困潦倒的时候，正是这些人给予他帮助和关爱的，如今他们来投靠他，[3]新国王必定热情款待，比起给予他信任、地位和名誉的英格兰人，国王显然对诺曼人更为亲近，他对诺曼人的信任和好感甚至远远超越他对英格兰人的情感。渐渐地，爱德华开始把国家的相关重要事务交予诺曼人管理，很快，诺曼人就掌握了这个国家的重要权力；驻守英格兰边境的也是诺曼人所组成的军队；诺曼底的教士在英格兰拥有管辖区，是国王身边最受宠的人。

于是，越来越多自称爱德华亲眷的人越过海峡来到英格兰，他们

---

[1] Magnus then godes Saga, cap. III; Snorre's Heimskringla. t.II, p.52. Hist. Ingulf. Croyland., apud rer. anglic. Script., t.I, p.65, ed. Gale. Chron. Johan. Bromton, apud hist. angl. Script., t.I, col. 938, ed. Selden.

[2] Hist. Ingulf. Croyland., apud rer. anglic. Script., t.I, p.62, ed. Gale.

[3] Willelm. Malmesb., de Gest. reg. angl., lib.II, apud rer. anglic. Script., p.80, ed. Savile.

确信在这里必会受到优待。[1]此时的英格兰确实如此，不管来者是谁，只要会讲法语，[2]就可以来此定居，绝对不会遭到拒绝。久而久之，整个英格兰国内掀起了一股诺曼底风潮，在王廷中讲英语甚至会成为被嘲笑的对象。英格兰贵族之间也刮起了"诺曼底风"，他们开始在家中学习说法语，他们脱去英格兰长袍，像诺曼人一样戴起帽子；书写上也开始模仿诺曼底的书写格式，他们不再将名字签在公文的下方，而是像诺曼人一样在公文上面盖章。总而言之，诺曼人对英格兰人产生了巨大的影响，英格兰人渐渐开始将自己的传统抛诸脑后了。[3]

但是，那些曾为英格兰独立付出过鲜血的人，对于这股新潮流却持鄙视态度，只有他们意识到，他们正在被外国人用一种新的方式重新征服，其中就包括戈德温家族。一人之下万人之上的戈德温是平民出身，深深地了解这股潮流意味着什么，他深谙精神腐蚀是一种更为可怕的征服形式，于是开始毅然抵抗外国的思想入侵。戈德温和他的四个儿子利用自己在国内享有的地位和人民的信任，带头反对这股诺曼底潮流。[4]他们开始冷漠地对待这些从高卢而来的寄生虫和献媚者，他们嘲笑诺曼人的文化和习惯，并且公然指责国王的软弱无能，指责他辜负人民对他的信任，将一个国家的权力和财富拱手送到外国人的手中。[5]

王廷中一时间流言四起，诺曼人小心翼翼地收集戈德温及其儿子们的各种言论，然后跑到国王爱德华面前哭诉，说他们在戈德温和他

---

[1] Hist. Ingulf. Croyland., apud rer. anglic. Script., t.I, p.62, ed. Gale. Monast. anglic., Dugdale, t.I, p.34.
[2] Hist. Ingulf. Croyland., apud rer. anglic. Script., t.I, p.62, ed. Gale.
[3] Hist. Ingulf. Croyland., apud rer. anglic. Script., t.I, p.62, ed. Gale.
[4] Willelm. Malmesb., de Gest. reg. angl., lib.II, apud rer. anglic. Script., p.80, ed. Savile.
[5] Willelm. Malmesb., de Gest. reg. angl., lib.II, apud rer. anglic. Script., p.81.

的儿子们那里受到羞辱,还造谣戈德温扬言要背叛国王,并取而代之。[1]但是各郡级机构[2]对于戈德温和他的儿子们的所作所为则完全是另一种说法:"帮助国王登上王位的正是戈德温本人,如果他有二心,根本用不着多此一举。"[3]诺曼人成了英格兰民众心中卑鄙的献媚者、不和谐的制造者。[4]人们甚至开始抱怨埃塞尔雷德当初就不应该跟诺曼女人结婚,虽然这个结合的本意是为了保护国家免受外来入侵,[5]但在和平与友谊的面具之下,却孕育了新的危机。

有一位历史学家曾这样评价英格兰:"上帝为英格兰的毁灭准备了两套计划,在经历了丹麦人的军事进攻之后,又再次面临诺曼底风潮的威胁。"[6]曾抵抗住丹麦千军万马的英格兰,接下来又将如何应对诺曼人的进犯呢?

---

[1] Willelm. Malmesb., de Gest. reg. angl., lib.II, apud rer. anglic. Script., p.80 et 81.
[2] Hickes., Thesaur. linguar. Septentrion., sur les institutions sociales des Anglo-Saxons.
[3] Willelm. Malmesb., de Gest. reg. angl., lib.II, apud rer. anglic. Script., p.80, ed. Savile.
[4] Willelm. Malmesb., de Gest. reg. angl., lib.II, apud rer. anglic. Script., p.80, ed. Savile.
[5] Henrici Huntind. Hist., lib.VI, apud rer. anglic. Script., p.350, ed. Savile.
[6] Henrici Huntind. Hist., lib.VI, apud rer. anglic. Script., p.359, ed. Savile.

第三章
自英格兰人起义反抗爱德华的诺曼亲信至黑斯廷斯战役（1048—1066年）

从海峡对岸的诺曼底来到英格兰、拜访英格兰国王爱德华的人中，有一位布洛涅公爵（comte de Boulogne）厄斯塔什（Eustache），他刚刚迎娶爱德华的妹妹，也就是法国人高缇耶（Gaultier de Mantes）的遗孀。[1]作为贵族，他继承爵位，并管辖布洛涅城以及一小片沿海区域。布洛涅公爵出兵打仗时，总会在自己的尖顶头盔上系上两缕鲸须作为装饰，以凸显自己对沿海区域的管辖权。[2]此时，他带领大批随从，拜访妻兄国王爱德华，并入住英格兰王宫。厄斯塔什在王宫中遇到其他诺曼人，他们人数众多，用法语交流。布洛涅公爵觉得英格兰已经被征服，诺曼人可以在这里为所欲为。他离开王宫后，在坎特伯雷稍作休息，打算前往多佛尔。在离城区一英里时，他让整支队伍停下，自己离开坐骑，穿上锁子甲，骑上高大威武的战马。他的随从也纷纷效仿，他们就这样以作战的姿态进入多佛尔。[3]

一行人大摇大摆地穿越城区，强行占领最豪华的房子。市民们议

---

[1] Walterus Medantinus.（Willelm.Malmesb., de Gest.reg.angl., lib.II, apud rer.anglic. Script., p.81, ed.Savile.）

[2] Guillelmi Britonis Philippeis, apud Script.rer.gallic.et francic., t.XVII, p.262 et 263）

[3] Chron.saxon., ed.Gibson, p.163. Willelm. Malmesb., de Geat.reg.angl., lib.II, apud rer. anglic. Script., p.81, ed. Savile.

论纷纷,却不敢阻止他们的野蛮行径。后来,他们欲侵占一个英格兰勇士的宅第时,该勇士在家门口阻拦法国人。法国人用剑刺伤他,勇士及其家族成员立刻拿起武器反攻并最终杀死了法国人。厄斯塔什听到这则消息,率领他的部队离开住所,骑上战马,围攻英格兰勇士的住宅。根据记载,他们在英格兰勇士家门口将其处决。[1]随后,他们手持武器,横穿城区,肆意伤害当地居民,他们的马匹横冲直撞,甚至撞翻孩童并从他们身上无情地碾压过去。[2]不过,他们很快遭遇一群当地武装民众的围堵,双方展开厮杀,19位布洛涅人在战斗中丧命。厄斯塔什公爵带领剩余人仓皇而逃,他们不敢去港口乘船离开,而是返回格罗斯特(Glocester),国王爱德华和他的诺曼亲信们此时正居住于此。[3]

根据编年史记载,爱德华尽力安抚厄斯塔什及其随从。[4]他仅凭厄斯塔什一面之词,就相信多佛尔市民寻衅滋事、挑起纠纷,对他们的行为感到震怒。由于多佛尔在戈德温的管辖范围,国王命令道:"你即刻出发,惩治那些拿着武器伤害我的亲人、扰乱国家安宁的恶徒。"[5]为了一个外国人而去惩治自己的同胞?戈德温心里觉得不妥。他认为,与其盲目地惩戒多佛尔市民,不如根据法律,请司法官员在法庭上,在国王陛下和各位王室法官面前,为多佛尔市民辩护。他试图劝说爱德华:"未曾查明事情真相,未曾给予他们辩解的机会,就下令惩处他们,这是万万不可的,因为他们是英格兰的子民,正是您要保护的人啊!"[6]

---

[1] Chron. Saxon., ed. Gibson, p.162.
[2] Roger de Hoved. Annal., pars prior, apud rer. anglic. Script., p.441, ed. Savile.
[3] Chron. Saxon. Fragm. Sub anno MLII, apud Gloss., ed. Lye, t.II, ad finem.
[4] Chron. Saxon. Fragm. Sub anno MLII, apud Gloss., ed. Lye, t.II, ad finem.
[5] Chron. Saxon., ed. Gibson, p.163.
[6] Willelm; Malmesb., de Gest. Reg. Angl., lib.II, apud rer. anglic. Script., p.81, ed. Savile.

然而，在其亲信的挑唆下，爱德华的怒火转向了戈德温。这位英格兰大将一直背负着"忤逆者"和"反叛者"的罪名。国王打算在格罗斯特召开紧急会议，勒令戈德温到会申辩。戈德温起初不以为意，认为国王的怒火终将平息，而其他贵族也一定会为他说情，还他清白。[1]但他很快发现，在外国亲信的煽动下，会议已决定将他和儿子们驱逐出英格兰领土。戈德温和儿子们商量后决定，利用他们家族在英格兰的威望，号召英格兰子民团结起来反抗外国亲信。不过，根据记载，他们自始至终都不想伤害爱德华一分一毫。[2]

戈德温在泰晤士河以南招募志愿军（该地区属于戈德温管辖区），大儿子哈罗德在泰晤士河和波士顿港间的东部海岸招兵买马，二儿子斯韦恩（Sweyn）将住在萨维尔纳河岸以及威尔士边境的人们拉入爱国联盟战线。三支军队在格罗斯特附近会合，要求国王以国家的名义审判厄斯塔什以及其他几位仍在英格兰境内的诺曼人和布洛涅人。国王对于这样的要求置之不理，并且向西沃德和利奥弗里克发布命令，召集所有军力，向西南方向进攻。西沃德和利奥弗里克都是丹麦人。他们号召维护英格兰国王的威信，但诺森布里亚和麦西亚的居民兴致怏怏。两位首领曾经听到士兵们私底下这样议论："国王爱德华为了其诺曼亲信，竟然指望我们去攻打自己的同胞，他可真是大错特错了。"[3]

西沃德和利奥弗里克对于士兵们的私下议论并非无动于衷。事实上，此时在英格兰，英格兰人和丹麦裔英格兰人之间的地位差距已经微乎其微，两族人过去的恩怨也不足以被外族人利用。北部的首领和

---

[1] Willelm; Malmesb., de Gest. Reg. Angl., lib.II, apud rer. anglic. Script., p.81, ed. Savile.
[2] Chron. Saxon., ed. Gibson, p.164.
[3] Chron. Saxon. Fragm. Sub anno MLII, apud Gloss., ed. Lye, t.II, ad finem. Roger. De Hoved.Annal., pars prior, apud rer. anglic.Script., p.441, ed. Savile.

将士们拒绝向南方所谓的"暴动者"发起战争，他们建议戈德温和国王停战讲和，并且在伦敦召开会议，协商解决方案。爱德华不得已做出让步，而大动干戈并非戈德温本意，他也欣然应允。根据撒克逊编年史记载，双方向上帝发誓，维护和平，维持友谊，这似乎是当时处理争端的普遍办法。[1]但是，爱德华的允诺并非真心实意。会议定于秋分在伦敦召开，戈德温率领军队回到西南，他组织起来的志愿军们既没有军饷，也没有营地，所以各自打道回府。在此期间，爱德华却试图壮大自己的军队，他在泰晤士河以南和以北区域均发布公告，招募士兵，建立军队。他就这样打破了自己的誓言。[2]

根据编年史记载，这是爱德华登基以来，声势最浩大的一支军队。[3]国王将这支军队的指挥权交给自己的外国亲信，其中包括他妹妹戈达（Goda）和法国人高缇耶的儿子罗尔夫（Raulfe）。爱德华命令军队驻扎在伦敦城内外，会议几乎在军队以及王室的双重压力下进行。会议传讯戈德温及其两个儿子，要求他们遣散手下所剩无几的士兵，[4]并勒令他们与会时，不得带领随从，更不得携带武器。戈德温同意遣散士兵，但是为了保证自己的人身安全，要求出入时必须有护卫随行。[5]此时，伦敦城内外都驻扎着爱德华的军队，他们这样的要求并非无理。[6]然而，他们前后两次提出要求，均被驳回。国王勒令他们不得再耽搁，立即出席会议，戈德温和儿子们思虑再三，最终并未前往。于是，会议宣布他们故意缺席，并限他们在五日之内，协同

---

[1] Chron. Saxon., ed. Gibson, p.164.
[2] Chron. Saxon., ed. Gibson, p.164. Chron. Saxon. Fragm. Sub anno MLII, apud Gloss., ed. Lye, t.II, ad finem.
[3] Chron. Saxon., ed. Gibson, p.164.
[4] Willelm. Malmeab., de Gest. reg. angl., lib.II, apud rer. anglic. Script., p.81, ed. Savile.
[5] Chron. Saxon., ed. Gibson, p.164.
[6] Willelm. Malmeab., de Gest. reg. angl., lib.II, apud rer. anglic. Script., p.81, ed. Savile.

家人，离开英格兰。[1]戈德温、妻子埃迪特以及他的三个儿子斯韦恩、托斯蒂（Tosti）和格斯（Gurth）在东海岸登船前往佛拉芒。哈罗德和兄弟利奥芬（Leofwin）则往西至布里斯托（Bristol）穿越爱尔兰海。五日之期未到，爱德华就违反会议的决定，派一队武装骑兵追杀他们。不过队伍的指挥官是一位撒克逊人，他无意伤害戈德温一家。[2]

戈德温家族的财产被全数没收。就连他的女儿（爱德华的妻子）也未能逃脱厄运。她名下的所有土地、房屋用具和钱全部被没收。国王的那些亲信讥讽道："她的家人遭受流亡之苦，她却还躺在柔软的床褥上，这不合常理。"[3]软弱无能的爱德华甚至同意将他的爱妻关押在修道院。[4]诺曼亲信们从此在英格兰逍遥快活，不受任何拘束；诺曼底还源源不断地向英格兰输送各级行政官员。过去丹麦人需要抛头颅洒热血才争取到的权力，诺曼人似乎不损一兵一卒就得到了。郁美叶的修道士罗贝尔（Robert）成为坎特伯雷大主教，另外一位诺曼底修道士成为伦敦主教。很多英格兰主教和教士被罢黜，取代他们的或者是诺曼人，或者是爱德华的母系亲眷。[5]戈德温家族的管辖区也被外国人侵吞霸占。一位名叫厄德（Eudes）的人成为德文郡（Devon）、萨默塞特郡（Sommerset）、多赛特郡（Dorset）以及康沃尔郡等地的统治者。戈达和高缇耶的儿子罗尔夫则负责赫里福德郡（Herefort），并在那里抵御威尔士人的侵扰。[6]

---

[1] Chron. Saxon., ed. Gibson, p.164.

[2] Chron. Saxon. Fragm. Sub anno MLII, apud Gloss., ed. Lye, t.II, ad finem. Roger. De Hoved. Annal., pars prior. Apud rer. anglic. Script., p.441, ed. Savile.

[3] Willelm. Malmeab., de Gest. reg. angl., lib.II, apud rer. anglic. Script., p.82, ed. Savile.

[4] Willelm. Malmeab., de Gest. reg. angl., lib.II, apud rer. anglic. Script., p.80, ed. Savile.

[5] Chron. Saxon., ed. Gibson, p.165.

[6] Roger. de Hoved. Annal., pars prior, apud rer. anglic. Script., p.443, ed. Savile. Willelm. Malmeab., de Gest. reg. angl., lib.II, apud rer. anglic. Script., p.81, ed. Savile. Thom. Rudhorne, Hist. major Winton.; Anglia sacra, t.I, p.240.

不久之后，另一位身份尊贵的诺曼人带领随从来到英格兰，拜访爱德华，这便是诺曼底公爵威廉（Guillaume）。来到英格兰之后，他参观了市镇和城堡。[1] 他的父亲，即前任诺曼底公爵名为罗贝尔（Robert），因为性格残暴，被称为"魔鬼的化身"，威廉便是他和一位法莱斯（Falaise）女子的私生子。根据诗体编年史[2] 的记载，一日，罗贝尔打猎而归的路上，看到这位女子及其女伴在小溪边浣洗衣裳。罗贝尔被年轻女子的美貌所吸引，想要将其变为自己的情妇，于是派自己最信赖的骑士去女子家中，传达他的愿望。女子的父亲起先对这样的提议不屑一顾，但一番思虑之后，他决定去附近的林中，拜访自己的兄弟并商讨此事。他的这位兄弟是一位颇有声望的隐士，他建议该女子的父亲务必满足罗贝尔的愿望。就这样，双方商量好日期之后，事情便被敲定下来。[3] 这名女子名为埃利特（Arlète），这是丹麦名"Herleve"受到拉丁语的影响后转变而来。罗贝尔对这位情妇甚是喜爱，并像对待其他王子一样去抚养他们的孩子威廉，完全没有把他看作私生子。[4]

罗贝尔一生犯下无数滔天大罪，他殷切地希望自己的罪行得到宽恕，因此决定徒步去耶路撒冷朝圣，此时，威廉才不过七岁。诺曼底贵族们纷纷恳求罗贝尔留下，他这样回应道："我有一个私生子，如果上帝眷顾，他将成长为一名有识之士。从现在开始，他就是我的继承者，请各位接受他作为新的诺曼底公爵。"[5] 各位贵族认可他成

---

[1] Hist. Ingulf. Croyland., apud rer. anglic. Script., t.I, p.65, ed. Gale.
[2] Chronique des ducs de Normandie, par Benoît de Sainte-More, t.II, p.555 et suivantes.
[3] Chronique des ducs de Normandie, par Benoît de Sainte-More, t.II, p.558.
[4] Willelm. Malmeab., de Gest. reg. angl., lib.III, apud rer. anglic. Script., p.95, ed. Savile.
[5] Chronique des ducs de Normandie, par Benoît de Sainte-More, t.II, p.571. Chron. de Saint-Denis; Recueil des historiens de la France et des Gaules; t.XI, p.400.

为新的诺曼底公爵，他们紧握威廉的手对其发誓，以示忠诚。[1]然而，有一些贵族，尤其是罗贝尔公爵的家族，则公然反对威廉，他们觉得，一个私生子不配去领导丹麦人的后裔。[2]贝桑（Bessin）和科唐坦半岛（Cotentin）的贵族们比其他人更为激愤，他们对于自己纯正的血统甚是骄傲，于是带领其他叛乱者组建军队，但是在卡昂（Caen）附近的瓦格斯沙丘（Val-des-Dunes）战败。法国国王在这次战役中支援年轻的威廉公爵，这一方面是他的个人意愿，另一方面，也是因为他试图通过这次机会改变法国国内局势。年轻的威廉受到支持者们的热捧，他身披铠甲，无需借助马镫，就跃上自己的第一匹战马。威廉虽然年轻，但是对军中事务亲力亲为，还曾向邻国安茹（Anjou）和布列塔尼（Bretagne）发起进攻。他心仪骏马，常叫人从加斯科涅（Gascogne）、奥佛涅（Auvergne）以及西班牙等地寻找血统纯正的珍贵马匹。[3]威廉野心勃勃并且报复心很强，成为诺曼底公爵之后，他不遗余力地削弱其父亲家族的财势，竭尽所能地增强其母系家族的势力和名望。凡是对他的出身讥笑讽刺之人，无论是诺曼人还是外国人，他都严惩不贷，手段甚是残暴。一日，当他攻打阿朗松（Alençon）时，被围攻的人站在城墙上，大胆地喊道："兽皮！兽皮！"他们还拍打兽皮，只为影射威廉的外祖父是一名卑微的鞋匠。后来，威廉把落入自己手中的俘虏全部砍手跺脚，并命人将残肢断臂扔到城墙内。[4]

威廉在访问英格兰期间，仿佛仍旧置身于诺曼底。在多佛尔港口

---

[1] Dudo de Sancto Quintino, apud Script. rer.normann., p.157.
[2] Willelm. Gemet. Hist. Normann., ibid., p.268.
[3] Guill. Pictav., apud Script. rer. normann., p.181.
[4] Chronique des ducs de Normandie, par Benoît de Sainte-More, t.III, p.93, 94 et 96. Willelm. Gemet. Hist. Normann., apud Script. rer.normann., p.276.

停泊船只的是诺曼人,在坎特伯雷的山丘扎营驻军的也是诺曼人。[1]他所到之处,常有诺曼底上尉或是高级教士向他致敬,爱德华的亲信们也对这位诺曼底公爵甚是敬仰。在英格兰,威廉甚至比爱德华更像国王,而这位野心家也期盼着,在深受诺曼底文化影响的爱德华去世之后,他可以继承英格兰王位。不过,他心中的盘算无人知晓,甚至对爱德华也只字未提,因为他觉得事情会自然而然地、像他所预想的那样发展。[2]让自己的挚友成为王位的继承者?爱德华本人是否考虑过这种可能性?无人知道。总之,爱德华热情款待威廉,毫不吝啬地赏赐他武器、马匹、猎狗和猎鹰等物。[3]爱德华全身心地怀念在诺曼底的生活,却将英格兰政事抛诸脑后。然而,英格兰国内局势紧张,这位国王陛下也不得不分心料理国事。

1052年的夏天,戈德温带领几艘船舰从布鲁日(Bruges)出发,在肯特靠岸。[4]他暗中派信使向英格兰军队报信,将军队驻扎在萨塞克斯郡(Sussex)的黑斯廷斯港。其他密使则前往英格兰的南部和北部,散布消息。响应号召的人数众多,人们立下誓言,要与戈德温共进退,同生死。[5]正在东海海域巡航的英格兰王室舰队听到这则消息,在诺曼人厄德和罗尔夫的带领下,追杀戈德温及其部队。戈德温一行的军力不足以对抗王室舰队,后退至佩文西(Pevensey)的锚地。王室舰队受到暴风雨的影响,未能继续追捕。随后,戈德温沿着南部海岸抵达怀特岛。此时,他的两个儿子哈罗德和利奥芬率领小众部队,

---

[1] Roger de Hoved. Annal., pars prior, apud rer. anglic. Script., p.441, ed. Savile.
[2] Hist. Ingulf. Croyland., apud rer. anglic. Script., t.I, p.65, ed. Gale.
[3] Roman de Rou, t.II, p.100.
[4] Chron. Saxon., ed Gibson, p.165.
[5] Roger de Hoved, Annal., pars prior, apud rer. anglic. Script., p.442, ed. Savile.

从爱尔兰而来。两支部队在怀特岛会合。[1]

戈德温和儿子们率领的部队受到了南部各郡居民的支持,他们不仅向其提供粮食,交出土地作为抵押,还宣誓加入部队。[2]此外,在港口驻守的王室舰队也纷纷加入,戈德温部队不断壮大。[3]此前,爱德华命令所有英格兰百姓阻止叛军,但是戈德温率部队在桑威奇[4]靠岸时,并未受到任何拦阻。此时国王身在伦敦,并将英格兰西部和北部的军队全部调至伦敦。然而,响应他命令的极少数人,最终抵达伦敦时,为时已晚。[5]戈德温率领的舰队沿着泰晤士河向北,到达了萨瑟克(Southwark[6])小镇,逼近伦敦,退潮时,舰队抛锚停泊。戈德温派密使前往伦敦打探消息,伦敦人和桑威奇人一样,愿意协助戈德温驱赶外国势力。[7]舰队一路通行无阻,经过伦敦桥,一队士兵下船在泰晤士河岸列队。

开战前,戈德温一行派信使前往英格兰王室,恳求爱德华收回之前对他们的判决。一开始,爱德华断然拒绝,戈德温不甘心,不断派信使表达自己的诚意,戈德温此番委曲求全的态度让其盟友十分恼火。[8]爱德华发现,自己手下的部队视戈德温为手足兄弟,不愿意与他挥戈相向。[9]外国亲信考虑到一旦双方达成协议,他们的利益势必

---

[1] Chron. Saxon., ed. Gibson, p.165. Roger de Hoved. Annal., pars prior, apud rer. anglic. Script., p.442, ed. Savile.

[2] Chron. Saxon., ed. Gibson, p.167.

[3] Roger de Hoved. Annal., par prior, apud rer.anglic. Script., p.442, ed. Savile. Vid., Somneri glossarium, apud hist.anglic. Script., t.II, ad finem, ed. Selden.

[4] 桑威奇(Sandwich)位于坎特伯雷。(译者注)

[5] Roger de Hoved. Annal., pars prior, apud rer. anglic. Script., p.442, ed. Savile.

[6] 撒克逊人写作"suth-weare"。

[7] Roger de Hoved. Annal., pars prior, apud rer. anglic. Script., p.442, ed. Savile.

[8] Chron. Saxon., ed. Gibson, p.167.

[9] Roger de Hoved. Loc. Supr. cit.

受到削弱，于是给爱德华施加压力，让他务必发动战争。不过，爱德华最终没有听取他们的意见。在东盎格利亚的主教斯蒂甘德（Stigand）的主持下，双方见面商谈，并达成协议。根据协议，戈德温向国王提供人质作为担保，而国王同样提供一些抵押品，双方致力于维护英格兰内部的和平。[1]

爱德华和戈德温讲和的消息一经传出，仍在英格兰逗留的诺曼人立刻骑上自己的坐骑，仓皇而逃。一些人逃到由诺曼人奥斯伯特（Osbert）把守的西部要塞，还有些人逃往同样由诺曼人看守的位于英格兰北部的一处堡垒。坎特伯雷大主教罗贝尔和伦敦大主教纪尧姆带上几名诺曼底武士，从东门逃出。他们逃往海岸边，乘坐渔船离去。因为走得过于匆忙，罗贝尔没能带走他最值钱的物品，其中还包括他从罗马教廷获得的彰显其尊贵身份的披带。[2]

后来，英格兰王室和戈德温在伦敦城外召开会议，当时英格兰的达官贵人都参加了此次会议。戈德温和儿子们在会议中发言，为自己辩护，在国王和人民面前，力证自己的清白。[3]就这样，之前的判决被撤回，另外，会议一致通过针对诺曼人的判决，将其驱逐出英格兰，并判定他们在英格兰国王身边恶意中伤英格兰子民，是英格兰内乱的罪魁祸首。[4]戈德温最小的儿子乌尔夫诺特（Ulfnoth）以及斯韦恩的一个儿子被当作人质，交于国王爱德华。然而，爱德华仍然对诺曼底怀有深厚的感情，于是把这两名人质交于诺曼底公爵威廉照管。戈德温的女儿离开被关押的修道院，回到英格兰王宫。戈德温家族的所有成员都恢复了尊贵的身份，斯韦恩却心甘情愿地放弃贵族地位。他曾经挟持一位

---

[1] Chron. Saxon., ed. Gibson, p.167.
[2] Chron. Saxon., ed. Gibson, p.167 et p.168.
[3] Chron. Saxon., ed. Gibson, p.168.
[4] Willelm. Malmesb., de Gest. reg. angl., lib.II, apud rer. anglic. Script., p.82, ed. Savile.

修女，冲动之下犯下杀人的罪行。为了赎罪，他决定赤脚去耶路撒冷朝圣。他完成这艰苦的朝圣之旅后，死亡也悄然而至。[1]

主持这次议会的斯蒂甘德主教取代罗贝尔，成为坎特伯雷大主教。在罗马教廷赐予他披带前，主持祭礼时，他身穿罗贝尔逃亡时所留下的披带。于格（Hugues）以及奥斯伯特-庞特科斯蒂（Osbert-Pentecoste）这两位诺曼人交出自己负责看守的堡垒，并以此换得安全离开英格兰的通行证。但是，国王爱德华却屡次违反将全部诺曼人驱逐出英格兰的法令。那些受到爱德华喜爱，并且没有过多牵扯到英格兰内乱之中的诺曼人获得继续住在英格兰的特权，并且得以保留职位，包括高缇耶和国王妹妹之子罗尔夫、绰号为"龙人"（le Dragon）的罗贝尔及其女婿理查、绰号为"松鸦之足"（Pied-de-Geai）的王宫骑兵翁弗鲁瓦（Onfroy）等人。[2] 一段时间之后，伦敦大主教纪尧姆也被召回，回到了自己的职位；一位名叫赫尔曼（Herman）的佛拉芒人成为威尔顿（Wilton）主教。[3] 爱德华打破法令，违背英格兰子民的意愿，戈德温全力反对，但是无济于事，因为很多人支持国王的决定，他们曲意奉承，只为在国王那里得到和诺曼人一样的特权。戈德温和这些趋炎附势之人，到底谁才是真正优秀的政治家呢？后面的故事将为大家揭晓答案。[4]

国王爱德华是否把英格兰的利益放在首位呢？他真心愿意和戈德温家族握手言和吗？或许，身处英格兰王室的他深感无助，不得已才

---

[1] Willelm. Malmesb., de Gest. reg. angl., lib.II, apud rer. anglic. Script., p.82, ed. Savile. Roger de Hoved. Annal., pars prior., ibid., p.442. Eadmeri Hist. nov., p.4, ed. Selden.

[2] Roger de Hoved. Annal., pars prior, apud rer. anglic. Script., p.443, ed. Savile.

[3] Ranulf; Higden, Polychron., apud.rer.anglic. Script., t.III, p.281, ed. Gale.

[4] Roger de Hoved. Annal., pars prior, apud Script. rer. anglic., p.442 et 443, ed. Savile. Gervasii Act. Pontif. Cantuar., apud hist. anglic; Script., t.II, col. 1651, ed. Selden. Ranulf. Higden, loc. Supr. cit.

顺从了英格兰百姓的意愿。他和诺曼底公爵、其他诺曼底亲信的私人关系,我们都不得而知。当时的记载表明,爱德华和他的岳父戈德温只维系着表面上的和睦,诺曼人则对戈德温深恶痛绝,因为戈德温,他们失去了自己在英格兰的职位和荣宠,他们称戈德温为"叛徒",是英格兰国王的死敌,也是杀害英格兰国王兄长阿尔弗雷德的凶手。

戈德温杀害阿尔弗雷德的罪行流传甚广,直到临死前他都因此受到非议。一日,戈德温和爱德华用餐时突然晕倒。虽然诸多史学家认为这纯属意外,但是人们仍然以此为基础,杜撰出多个版本的故事。故事经过大概是这样的:一名仆人在倒酒时,一只脚踩空,踉跄之时,靠着另一只脚站稳。戈德温打趣道:"啊哈!这两只脚就像是亲兄弟,关键的时候,还是兄弟靠得住啊!"爱德华意味深长地看着戈德温,回应道:"没错,亲兄弟往往相互依靠,相互扶持,上帝啊,我多么希望我的哥哥还活着!"戈德温叫道:"您为何每每提及您的兄长,就对我冷着脸呢?上帝啊,但凡我和阿尔弗雷德的死有一丝一毫的联系,那么我就不能吃下这一口面包。"[1] 戈德温把面包放在嘴里,立刻噎住了。以上便是民间流传的故事,然而事实却是戈德温在用餐时,从座位上滑落,跌倒在地,被他的两个儿子托斯蒂和格斯架出去,五天之后才去世。[2] 关于戈德温的死,英格兰人和诺曼人讲述的方式完全不同。一个多世纪之后,某位史学家表达了自己的困惑:"在我面前,总有两个截然相反的故事,这让我处于两难的境地。"[3]

戈德温去世后不久,诺森布里亚首领西沃德也去世。西沃德之前以英格兰王室的名义对戈德温开战,双方是敌对的关系。不过在

---

[1] Hnrici Huntind. Hist. lib. VI, apud rer.anglic. Script., p.366, ed. Savile. Willelm. Malmesb., de Geat. Reg.angl., lib.II, ibid., p.81.

[2] Roger de Hoved. Annal., pars prior., ibid., p.443.

[3] Willelm. Malmesb., de Geat. Reg.angl., lib.II, ibid., p.80 et 81.

和解大会中,他支持英格兰国内和平,同意把外国亲信赶出英格兰。他本是丹麦人,曾用斧头劈开花岗石,诺森布里亚人称他为"Siward-Digr",意为"力大无比之人"。[1]后来,他身患痢疾,知道自己时日不长,对身边的人说道:"扶我起来,我要站起来,像一个战士一样、有尊严地死去。替我穿上锁子甲,帮我戴上头盔,将盾牌放在我的左臂,金斧放在我的右手,这样我便可以以战斗的姿态死去。"[2]西沃德育有一子瓦尔塞奥夫(Waltheof),但是年岁尚幼,不能执政,于是戈德温的第三子托斯蒂成为诺森布里亚的执政者。哈罗德,作为戈德温长子,接替他父亲,负责泰晤士河以南的区域,而之前他所掌管的东部省份交由麦西亚掌权者利奥弗里克的儿子阿佛加(Alfgar)。[3]

在英格兰,哈罗德的军事才华无人能敌,权力威望显赫一时。他运筹帷幄,将威尔士人赶出英格兰领土。此前,爱德华的侄儿罗尔夫驻军在赫里福德郡,他军事才华平庸,威尔士人借此契机,屡屡向英格兰发起进攻。罗尔夫作为诺曼人,对于保卫英格兰疆土不以为意。作为将领,他训练英国士兵陆地作战的技术,命令他们骑马作战。由于英格兰人并不擅长骑马作战[4],当威尔士人发起攻击时,英格兰士兵们笨拙地骑上马,遇到敌人纷纷落荒而逃,完全无力抵抗威尔士人的进攻。赫里福德周边的城市——沦陷,赫里福德甚至被洗劫一空。[5]就在此时,哈罗德从英格兰南部赶来援救,他将威尔士人赶出

---

[1] Origo et gesta Sivardi regisn apud Script. rer.danie., t.III, p.288.
[2] Henrici Huntind. Hist., lib.VI, apud rer. anglic. Script., p.366, ed. Savile. Ranulf. Higden, Polychron., lib.VI, apud rer. anglic. Script., t.III, p.281, ed. Gale. Chron. Johan. Bromton., apud hist. angl. Script., t.I, col. 946, ed. Selden.
[3] Roger de Hoved. Annal., pars prior., apud rer. anglic. Script., p.443, ed. Savile. Hist. Ingulf. Croyland, apud rer. anglic. Script., t.I, p.66, ed Gale.
[4] Roger de Hoved. Annal., pars prior., apud rer. anglic. Script., p.443, ed. Savile.
[5] Roger de Hoved. Annal., pars prior., apud rer. anglic. Script., p.443, ed. Savile.

英格兰境内，并让他们发誓再不越境，一旦越过欧法当初建立的城墙，此人将被处以砍除右臂的酷刑。后来，英格兰人又建立了一个平行的城墙，两个城墙之间的区域成为两国贸易往来的自由之地。如今，考古学家仍然可以辨识出这两座平行城墙的遗址，城墙之上，还有过去哨所的遗迹。[1]

在英格兰南部，哈罗德名声大噪，颇受爱戴，但是他的弟弟托斯蒂在诺森布里亚的统治却没那么顺利。托斯蒂的母亲本是丹麦人，他的身体里面流淌着丹麦人的血液，然而，托斯蒂却把诺森布里亚居民看作是低人一等的庶民。当地百姓在托斯蒂身上感受到的不是领导者的权威和气魄，而是征服者的不可一世、盛气凌人。托斯蒂肆意破坏他们的传统习俗和文化，大肆征税，凡是对他有所忤逆之人，不经审判，就判处死刑。[2]几年后，诺森布里亚人民对托斯蒂大失所望、心灰意冷。两位有识之士，带领起义者，直逼约克郡。托斯蒂仓皇退遁，其他的官员和大臣，无论是英格兰人还是丹麦人，都遭到屠杀。

起义者占领军火库和金银库，召开议会，罢免托斯蒂，并将他驱逐出诺森布里亚。[3]阿佛加在他的父亲利奥弗里克去世之后，掌管麦西亚王国，他的儿子莫卡尔（Morkar）如今被推选为诺森布里亚的掌权者。莫卡尔前往约克郡，接过诺森布里亚军队的指挥权，将托斯蒂往南部驱赶。莫卡尔率领军队继续向麦西亚领土迈进，直至北安普顿，不少当地居民加入，壮大了军队的力量。莫卡尔的兄弟埃德温（Edwin）手握威尔士边境的指挥权，带领军队支持兄弟的事业，他还招募了一些威尔士士兵。这些威尔士人一方面为赚得军饷，一方面则

---

[1] Roger de Hoved. Annal., pars prior., apud rer. anglic. Script., p.444, ed. Savile.
[2] Roger de Hoved. Annal., pars prior., apud rer. anglic. Script., p.446, ed. Savile.
[3] Roger de Hoved. Annal., pars prior., apud rer. anglic. Script., p.446, ed. Savile.

是为了国仇家恨攻打英格兰人。不过，他们此战却是在英格兰人的指挥下去攻打英格兰人，多少有些讽刺的意味。[1]

听到起义的消息之后，爱德华命令哈罗德，率领英格兰南部和东部兵力去攻打起义者。哈罗德对于起义者的行为颇为愤怒，因为作为托斯蒂的哥哥，起义者的行为让哈罗德及其整个家族蒙羞。由此看来，哈罗德似乎对于起义者、对于他们推选的国王莫卡尔而言都将是冷酷的对手。不过，哈罗德的理智战胜了情感，在开战之前，他向诺森布里亚人建议，召开和谈会议。会议中，诺森布里亚人说明了对托斯蒂的不满，以及他们起义的缘由。哈罗德试图为其兄弟辩解，他保证，如果诺森布里亚人愿意原谅托斯蒂，再次接纳他，那么他一定会洗心革面。然而，诺森布里亚人并不买账，他们拒绝和这位"暴君"和解。[2]他们说道："我们生来自由，在自由的氛围中成长。傲慢自大的君主于我们万万不能接受，因为我们的祖先教导我们，要么自由地活着，要么自由地死去。"[3]他们让哈罗德向爱德华传达他们的意愿。此时，对于哈罗德而言，正义、国家的利益高于自己兄弟的事业，[4]他向爱德华如实禀报，又亲自将国王的决定传达给诺森布里亚人，国王同意驱逐托斯蒂，认可莫卡尔为新君，以维系和平。[5]托斯蒂对于英格兰国王、对于抛弃他的子民甚是愤怒，对于自己的兄长哈罗德更是充满恨意。他离开英格兰，前往佛拉芒，向佛拉芒公爵求助，并迎娶他的女儿为妻。

[1] Chron. Saxon., ed. Gibson, p.171. Roger de Hoved. Annal., pars prior., apud rer. anglic. Script. p.446, ed. Savile.
[2] Roger de Hoved. Loc.supr.cit.
[3] Willelm. Malmesb., de Geat.reg.angl., lib.II, apud rer. anglic. Script., p.83, ed. Savile.
[4] Willelm. Malmesb., de Geat.reg.angl., lib.II, apud rer. anglic. Script., p.83, ed. Savile.
[5] Chron. Saxon., ed. Gibson, p.171.

自从英格兰脱离丹麦人的统治,当初由克努特国王颁布的法令就被一一废除,他要求英格兰子民每年按时缴纳圣皮埃尔贡金,如今这项税收也难逃被取缔的命运。英格兰各级行政单位不再强求缴纳贡金,罗马教廷只能收到个人自愿供奉的财物,罗马教廷对于英格兰百姓的友好与日递减。在拉特朗·圣若望大殿,人们横加指责英格兰国王和子民,[1]并大肆批判英格兰主教买卖圣职的行为。然而,根据记载,罗马教廷素来收受钱财,售卖圣职,[2]根本没有立场指责英格兰教士。[3]对于所有基督教教士而言,罗马教廷所赐予的披带象征着无上的荣光,这就如同古罗马的附庸国珍视恺撒大军流传下来的紫色战袍一般。约克郡主教在一位英格兰勇士的护送下来到罗马,请求教皇赐予披带,却感受到了罗马教廷的蔑视和敌意。教廷拒绝授予披带,在英格兰勇士的威逼利诱下,才勉为其难地作出让步。[4]

郁美叶的前任主教、遭到英格兰人驱逐的罗贝尔也启程前往罗马,他讲述自己在英格兰的遭遇,指责英格兰人冒犯了他身为主教的尊严。他控诉英格兰人民选举的主教斯蒂甘德,认定他强夺了自己的圣职。罗马教皇和红衣主教们听信了罗贝尔的各项控诉,他们认为,斯蒂甘德曾经身穿前任主教的衣物主持祭祀仪式,此乃大罪,不得饶恕。罗贝尔则带着教皇的亲笔信函回到诺曼底,信中宣称他才是坎特伯雷的合法大主教。[5]

---

[1] Alexandri papæ Epist., apud Labbeum Concil., t.IX, p.1121.
[2] Willelm. Malmesb., de Geat.reg.angl., lib.II, apud rer. anglic. Script., p.204, ed. Savile.
[3] Willelm. Malmesb., de Geat.reg.angl., lib.II, apud rer. anglic. Script., p.204, ed. Savile. Ranulf. Higden. Polychron., lib.II, apud rer. anglic. Script., t.II, p.280, ed Gale.
[4] Willelm. Malmesb., de Geat.reg.angl., lib.II, apud rer. anglic. Script., p.271, ed. Savile.
[5] Ranulf. Higden. Polychron., lib.II, apud rer. anglic. Script., t.II, p.279, ed Gale. Willelm. Malmesb., de Geat.reg.angl., lib.II, apud rer. anglic. Script., p.204, ed. Savile.

斯蒂甘德担心自己不能得到罗马教廷的认可，惶惶不可终日，于是向时任教皇申请披带，但是后来发生的事情实在让人始料未及。斯蒂甘德的申请抵达罗马时，教皇一职由罗马贵族推选的贝努瓦十世（Benoît）担任，不过此次选举违背了德国皇帝的意愿。德国皇帝享有法兰克国王所传承下来的恺撒头衔[1]，觉得任何一任教皇的选举都应该得到自己的首肯。贝努瓦十世生性宽容，而且他的权力并不稳定，十分需要盟友，因此，他同意授予斯蒂甘德披带。然而，此时一支军队翻山越岭而来，罢黜贝努瓦十世，并选举新的教皇。新教皇毫不迟疑地穿上前任教皇留下的盛装，并且宣布将贝努瓦十世逐出教会，由他签署的文件通通无效。不幸的斯蒂甘德再次与披带失之交臂，不只如此，罗马教廷甚至给他定下重罪，认定他企图从一个被逐出教会的假教皇那里得到圣恩。[2] 从坎特伯雷到罗马，路途遥远，斯蒂甘德未能及时前往罗马到新教皇面前申辩，罗马教廷对英格兰人的不满和怨恨不断加深。[3]

与此同时，对于戈德温所谓的"叛变"，诺曼人一直伺机报复，诺曼底公爵威廉更有野心勃勃的计划。诺曼人对英格兰有企图，而罗马人对英格兰有怨恨，双方联合起来，一致针对英格兰。此时，在诺曼底宫廷有一位名叫兰弗朗克（Lanfranc）的教士，他本是伦巴第人，在法学领域颇有建树，在维护基督教正统方面多有著作，因此在

---

[1] 恺撒，源自拉丁语"Cæsar"，这是罗马帝国皇帝的头衔之一。罗马从共和政体转型为帝国政体的过程中，在身为独裁官的盖乌斯·尤利乌斯·恺撒（前102—前44年）去世之后，几位罗马掌握实权的领导人，都宣称自己继承了恺撒家族的名号（与其合法的统治地位）。于是"恺撒"一词便成了罗马皇帝的诸多头衔之一。在罗马帝国的四帝共治时期，戴克里先正式将"恺撒"一词重新定位为"副帝"，为"正帝"头衔"奥古斯都"的副手与指定继承人。（译者注）

[2] Anglia sacra, t.I, p.791.

[3] Hist. Ingulf. Croyland., apud rer. anglic. Script., t.I, p.66, ed. Gale.

宗教界很有威望。威廉公爵对他十分敬重，常常让他为自己出谋划策。后来，威廉打算迎娶佛拉芒公爵博杜安（Baudoin）的女儿玛蒂尔达（Mathilde）为妻，由于教会禁止近亲结婚，兰弗朗克坚决反对这桩婚姻，因此而失去了威廉公爵的荣宠，并被逐出诺曼底宫廷。对于威廉和玛蒂尔达的结合，新任教皇尼古拉二世（Nicolas II）同样坚决反对、不予恩准。兰弗朗克离开诺曼底后，径直前往罗马拜访尼古拉二世。不过，他不仅没有抱怨或斥责威廉公爵，反而恳请教皇批准这桩婚姻。[1]他思维敏捷，情感真挚，最终得到了教皇的特许，也因此被威廉公爵再次接纳，他们亲密的关系更胜从前。兰弗朗克从此在诺曼底议会中占据着举足轻重的地位，更是诺曼底在罗马教廷的全权代表。此时，罗马教廷和威廉公爵对英格兰都有所图，双方如何联合起来达成各自的目标，是商谈的核心内容。不过，罗马和诺曼底双方都未曾考虑武力进攻英格兰，他们认为威廉和爱德华的亲属关系是成功的关键。一直以来，罗马在整个欧洲推行王权世袭制，反对选举制。[2]

两年以来，英格兰国内局势平稳。爱德华与戈德温的儿子们朝夕相处，关系也逐渐得到缓和。哈罗德对爱德华毕恭毕敬，全心恭顺，这让英格兰国王甚是欣慰。甚至有人传言，爱德华对待哈罗德像对待自己儿子一般亲近。[3]事实究竟如何，我们不得而知，但是能确定的是，过去爱德华确实对戈德温怀有敌意，多有提防，但是现在对他的儿子们则不然，他甚至不需要从他们那里得到人质或者抵押品作为保障。此前，戈德温将自己的儿子和孙子交于爱德华作为人质，后来这两名人质被转送至诺曼底，由威廉公爵负责看管。十年以来，他们远

---

[1] Vita lanfranci, apud Script. rer. gallic. et francic., t.XIV, p.31.
[2] Mabillon, Annales benedictini, t.IV, p.528.
[3] Saga af Haraldi Hardrada, cap. LXXVII; Snorre's Heimskringla, t.III, p.143.

离故国,作为俘虏生活在诺曼底。1065年年末,哈罗德认为赎回人质的时机已到,便向爱德华请示,以英格兰国王的名义,派他前往诺曼底将两名人质带回英格兰。爱德华对于释放人质并无异议,但是哈罗德提出亲自前往诺曼底,这让他深觉不安。他这样说道:"我内心并不愿意否定你的提议,但是我不同意你亲自去诺曼底带回人质。因为你一旦启程,必然会遭遇不幸,我们的国家也会因此而遭殃。我了解威廉公爵,他心思缜密,城府颇深,他对你只有仇恨,如果他得不到任何利益,他绝不会将人质交给你。因此,让他交出人质唯一的办法就是,让别人代替你前往。"[1]

然而哈罗德自信满满,并没有听取爱德华的建议。他把这次横跨英吉利海峡的行程看作是轻松愉快的旅程,他带上自己喜爱的同伴,猎鹰、猎兔和猎狗一同前往。[2] 他在萨塞克斯的某一港口起航,但是遭遇狂风,船只偏航,将他们的两艘船推到了索姆河的入河口——蓬蒂厄(Ponthieu)公爵盖伊(Guy)的领地。在中世纪,所有海岸边的国家,都有着同样的习俗:一旦有外国船只因为暴风雨抵达自己的领土,他们不会施以救援,反而是将来客囚禁,并且向其亲眷索要赎金。盖伊搜刮了哈罗德一行人的随身行李,并将其关押在蒙特勒伊(Montreuil)旁的博兰(Beaurain)的堡垒中。[3]

哈罗德不甘愿这样被长期囚禁,他便宣称自己是英格兰国王派出的信使,负责给诺曼底公爵威廉送信。他请人务必通知威廉,告知他自己的处境。威廉起初威胁蓬蒂厄公爵释放哈罗德,对于赎金的事情

---

[1] Chronique de Normandie; Recueil des hist. de la France, t.XIII, p.223. Roman de Rou, t.II, p.108 et 109. Eadmeri Hist. nov., lib.I, p.4, ed. Selden.

[2] Tapisserie de Bayeux. Voyez le Mémoire de Lancelot, joint à l'atlas.

[3] Roman de Rou, t.II, p.110 et 111. Eadmeri Hist.nov., lib.I, p.5, ed. Selden.

只字不提。蓬蒂厄公爵置若罔闻,最终在拿到了一大笔钱和得到奥姆(Eaume)河岸边的一片土地之后,才同意释放哈罗德。[1]哈罗德前往鲁昂,对于威廉而言,哈罗德不仅是诺曼底的敌人戈德温的儿子,还曾经带领手下将自己的亲眷和朋友驱逐出英格兰,并一手摧毁了自己对英格兰的企图和计划。[2]因此,他对于哈罗德的到来非常"期待"。表面上,威廉公爵对哈罗德盛情款待、无微不至,他对哈罗德说道:"只要你开口,我们立刻释放人质,你们可以立即离开诺曼底。"然而,他坚持尽地主之谊,邀请哈罗德在诺曼底多住些日子,参观城池,参加当地庆典。哈罗德和他的随从走访城市、参观城堡并参加马上比武。威廉公爵封他们为骑士,这使得哈罗德一行人成为诺曼底军队的高层人员。根据诺曼底习俗,所有贵族在参军前,人们都会举行盛大典礼庆祝,典礼由资历老练的军人主持,新兵们则接受佩剑、镶银的肩带和有火焰装饰的长矛等象征战友情谊的物件。哈罗德和他的随从入乡随俗,参加典礼并接受馈赠,其中包括精美的武器和品种优良的战马。[3]威廉又以试用新型武器(马刺)为由,让哈罗德一行人跟随诺曼底军队出征布列塔尼。在《埃普特河畔圣克莱尔条约》[4]中,法兰克国王"糊涂的"查理将宗主权让给维京首领罗洛,自那之后,每一任诺曼底公爵都试图让这项权力有实效。因此,库埃农河(Coësnon)

---

[1] Chronique de Normandie; Recueil des hist. de la France, t.XIII, p.223.
[2] Matth. Paris., t.I, p.1. Henrici Huntind. Hist., lib.VI, apud rer. anglic. Script., p.366, ed. Savile.
[3] Roman de Rou, t.II, p.113. Guill. Pictav., apud Script. rer. normann., p.191. Tapisserie de Bayeux.
[4]《埃普特河畔圣克莱尔条约》(Traité de Saint-Clair-sur-Epte)是法兰克国王"糊涂的"查理与维京人首领罗洛于911年签订的和约,从此法兰西西北部成为诺曼人的领地。(译者注)

两岸的纷争不曾间断。

哈罗德一行人迫切地想要证明自己骁勇善战，于是接受威廉的提议，同意出征布列塔尼，而这草率的决定将在后来，让他自己和他的国家蒙受巨大的损失。哈罗德身体健硕，行动敏捷，在经过库埃农河时，救下好几位陷入流沙的士兵。哈罗德和威廉在作战期间，共用一个帐篷和餐桌。[1] 归途中，他们并肩骑行，一路谈笑风生。[2] 一日，威廉突然回忆起他和爱德华的往事，说道："爱德华和我，我们小时候住在同一个屋檐下，就如亲兄弟一般，他当时答应我，如果有一天，他成为英格兰国王，那么我就是他的王位继承人。哈罗德，我希望你能帮助他兑现这个诺言。请务必相信，一旦事成，无论你需要什么，我定当竭尽所能，达成你的愿望！"[3] 听到爱德华此番言论，哈罗德大吃一惊，但仍然故作镇定，并含糊其辞地答应了威廉的请求。威廉继续说："既然你已经同意我的请求，那么我希望你能设法将多佛尔堡垒的指挥权交于我的战士。此外，我希望你把你的妹妹嫁给我的一位男爵，你迎娶我的女儿阿德莉萨（Adelize）为妻。除此之外，你离开的时候，只能带走一位人质，另外一位将由我继续照看。来日，我成为英格兰国王后再释放他。"[4] 哈罗德听闻才意识到，如果他拒绝威廉的请求，那么他自己的处境、他那作为人质的弟弟和侄子的处境，都将十分危险。他思忖着日后可以食言，便先答应了威廉的请求。[5] 哈罗德曾经率领英格兰将士，先后两次将诺曼人赶出英格兰，如今竟然答

---

[1] Guill. Pictav., apud Script. rer. normann., p.191.
[2] Peter Langtofts Chronicle improved by Robert of Brune, p.68.
[3] Eadmeri Hist. nov., lib.I, p.5, ed. Selden. Chron. De Normandie; Recueil des hist. de la France, t.XIII, p.223. Guill. Pictav., apud Script. rer. normann., p.191.
[4] Eadmeri Hist. nov., lib.I, p.5, ed. Selden.
[5] Eadmeri Hist. nov., lib.I, p.5, ed. Selden.

应将英格兰最重要的防御堡垒交于诺曼底公爵,日后他恐怕要为自己的轻率付出惨重的代价。

回到巴约城堡后,威廉召集所有诺曼底男爵,举行会议。据传,会议召开前夕,威廉命人去巴约教堂以及附近城池的教堂,取出所有的圣骨遗骸,并按照顺序,将这些圣人的遗骸安放在一个木制箱子里,并在箱子外面裹上金丝线制成的宽布,箱子随后被移送到召开会议的大厅。[1] 会议召开时,威廉手持装饰着花纹的佩剑入座,诺曼底贵族则坐在他的两侧,其中包括哈罗德。此时,人们将两个小小的圣物盒放在木箱上,威廉说道:"哈罗德,我希望你在会议成员面前发誓,你一定会遵守对我许下的诺言,也就是,在英格兰国王爱德华去世之后,你要帮助我得到英格兰王位。你将迎娶我的女儿阿德利萨为妻,并把你的妹妹嫁给我的一位男爵。"[2] 哈罗德面对如此阵势,猝不及防,无法否认自己说过的话,走近两个圣物盒,把手放在上面立誓:"上帝保佑,在我的有生之年,一定不遗余力履行自己的诺言。"所有与会的人都跟着喊道"愿上帝保佑!"[3] 哈罗德立誓之后,威廉公爵命人打开木箱,人们这才看到下面的箱子里面装有圣骨。哈罗德此前立誓时,万万没有想到这样的状况,他看到这一幕,浑身颤抖,面色凝重,担心自己立下了世界上最可怕的誓言。[4] 不久之后,哈罗德将弟弟乌尔夫诺特留下,带着侄子离开诺曼底。威廉公爵一直送他到岸边,馈赠

---

[1] Chron. de Normandie; Recueil des his. de la France, t.XIII, p.223. Roman de Rou, t.II, p.113.

[2] Roman de Rou, t.II, p.113. Eademeri Hist.nov., lib.I, p.5, ed.Selden. Guill.Pictav., apud Script. rer. normann., p.191.

[3] Roman de Rou, t.II, p.114. Tapisserie de Bayeux.

[4] Roman de Rou, t.II, p.113. Chron. de Normandie; Recueil des his. de la France, t.XIII, p.223.

他大量礼物。威廉此时内心喜悦，因为哈罗德已经立誓助他一臂之力，这块通往英格兰王位之路的绊脚石已经被铲除。[1]

哈罗德回到英格兰之后，将在诺曼底所发生的一切告知爱德华，国王若有所思，说道："你出发之前，我就提醒过你，你亲自前往诺曼底势必会给你自己乃至整个英格兰招来祸事。上帝保佑，希望这一切不会在我有生之年发生！"[2]这样的言辞、这样的语气几乎证明，爱德华在年少轻狂时期，确实答应诺曼底公爵，将英格兰王位传于他。他即位之后，很可能对诺曼底公爵又做过允诺，以至后者对英格兰王位几乎势在必得。而且即使他没有明确表态，他对威廉表达的手足之情就足以让后者对得到英格兰王位信心满满。

如今，诺曼底和罗马教廷之间的合作有了坚实的基础和明确的方向。哈罗德曾经在圣骨遗骸的面前立下誓言，这是有目共睹的，只要诺言被打破，罗马教廷就有权进行干涉。如果哈罗德未能履行诺言，罗马教廷会联合诺曼人，以教会的名义，指控英格兰，向其发难；或者散播迷信的阴谋论，从精神上击垮英格兰人。此时，谣言四起，人心惶惶，人们不禁联想起过去的一些预言：英格兰人会遭遇前所未有的灾难、英格兰会受到外族人的侵略以及英格兰百姓从此受到奴役等。[3]这些谣言毫无根据，不足为信，但是却深深禁锢了英格兰人的思想，在他们看来，一场暴风雨即将来临。

爱德华本就孱弱，经历了这些事件，对英格兰的未来甚是担忧，

---

[1] Guill.Pictav., apud Script.rer.normann., p.192. Eademeri Hist.nov., lib.I, p.5, ed. Selden.

[2] Eademeri Hist.nov., lib.I, p.5, ed. Selden. Roger de Hoved. Annal., pars prior, apud rer. anglic. Script., p.449, ed Savile.

[3] Chron. Johan. Bromton, apud rer. anglic. Script., t.I, col.909, ed. Selden. Osberni Vita S. Dunstani; Anglia sacra, t.II, p.118.

健康每况愈下。他心里清楚英格兰即将要面临的所有危机，都是他对诺曼人过于亲近和信任而导致的，因此备受煎熬。为了获得内心的安宁、为自己犯下的错误赎罪，爱德华对宗教信仰更加虔诚，慷慨馈赠各地教堂和修道院。这位英格兰国王直到去世前，都过着哀伤闲散的日子。弥留之际，他精神恍惚，神志不清，仿佛看到《圣经》里可怕的场面，他不断重复自己的不祥预感："上帝的愤怒之火恐怕要通过战争才能熄灭！"[1]他的言论吓坏了病榻前的众人[2]，不过坎特伯雷大主教斯蒂甘德认为这不过是年迈国王临死前的臆语，不足为惧。[3]

去世前，爱德华年迈病弱，不过还是向所有大臣们宣布他的继承人。在他看来，最有能力统治英格兰的人就是戈德温的儿子哈罗德。[4]在这样的情况下，爱德华将王位传给哈罗德而非诺曼人这个决定，打破了人们对于爱德华的偏见。此时，"刚勇王"埃德蒙的孙子埃德加（Edgar）也身在英格兰，他的父亲在丹麦人统治时期逃到匈牙利，埃德加出生于匈牙利。他资质平庸，童年时期在匈牙利度过，他甚至不会讲英语。[5]这样的王位候选人显然不敌哈罗德这位英勇无畏、成功击退外国势力的大将。[6]在英格兰百姓的眼中，即使年迈病重的爱德华国王没有将王位传于哈罗德，他也是众望所归，是带领英格兰

---

[1] Ailred. Rieval., de Vita Edwardi confess., apud hist. angl. Script., t.I, col.400, ed. Selden.

[2] Robert of Gloucester's chronicle, p.350 et 352. Willelm. Malmeasb., de Gest. reg. angl., lib.II, apud rer.anglic. Script., p.93, ed. Savile.

[3] Ailred. Rieval., de Vita Edwardi confess., apud hist. angl. Script., t.I, col.400, ed. Selden. Willelm. Malmeasb., de Gest. reg. angl., lib.II, apud rer. anglic. Script., p.93, ed. Savile.

[4] Chron. Saxon., ed. Gibson, p.172. Eademeri Hist.nov., lib.I, p.5, ed. Selden. Roger de Hoved. Annal., pars prior, apud rer. anglic. Script., p.449, ed Savile.

[5] Pontani rerum danicarum Hist.lib.v.p.183 et 184, ed. Amsterdam, 1651.

[6] Orderici Vitalis Hist. ecclesiast., apud Script. rer. normann., p.492.

摆脱厄运、脱离困境的不二人选。[1]爱德华葬礼次日,哈罗德就被推选为新任英格兰国王,并由大主教斯蒂甘德为其加冕。[2]他自即位起,便为国家的命运操劳,成了一位公允、明智以及和善的君主。[3]

此时,英格兰子民情绪低迷,哈罗德费尽心思鼓舞人心。由于一颗彗星出现,整整一个月,英格兰人都可以观测到此颗彗星,大家惊讶之余,甚是恐慌。人们聚集在城市街道和广场,观此天象,认为过去种种针对英格兰的不祥预言即将应验。一位马姆斯伯里镇(Malmesbury)的修道士对天文学颇有研究,写下这样的诗歌:

> 你,总算回来了。
> 你可知道,你曾让多少母亲哭瞎了双眼!
> 多年以来,
> 我在地面仰望着你,
> 你在那星空中熠熠生辉。
> 如今,
> 你的再次出现,
> 似乎暗示着英格兰的命运多舛,
> 这令我惶惶不可终日。[4]

哈罗德执政之初,恢复了过去爱德华取缔的一些撒克逊习俗。比

---

[1] Vita Haroldi; Chron. Anglo-norm., t.II, p.243.
[2] Tapisserie de Bayeux. Guill. Pictav., apud Script. rer. normann., p.196. Order. Vital., Hist. ecclesisast., apud Script. rer. normann., p.492.
[3] Roger de Hoved. Annal., pars prior, apud rer. anglic. Script., p.447, ed Savile. Willelm. Malmesb., de Gest.reg.angl., lib.II, apud rer. anglic. Script., p.93, ed. Savile.
[4] Ranulph. Hygden. Polychron., lib.VI, apud rer. anglic. Script., t.III, p.281, ed. Gale.

如，哈罗德在宪章中亲自签名，而不像诺曼人那般用印章代替。[1]对于那些得到爱德华特许留在英格兰并保留职位的诺曼人，哈罗德既没有剥夺他们的职位，更没有将其驱逐出境。这些外国人继续享有各项公民权利，但是对于哈罗德的宽容大度却不曾有感恩之心。他们把爱德华去世以及哈罗德即位的消息告诉威廉，并为其出谋划策。

威廉在鲁昂附近的猎场里面试箭时，得知这个重大消息，他若有所思地把弓箭交给随从之后，越过塞纳河，回到了鲁昂的居处。他在大厅中来回踱步，时坐时站，整个人思绪万千。手下的人均不敢靠近，他们一言不发，静静地看着威廉公爵。[2]此时，一位与威廉关系很亲密的官员正好来了，大家都围上去，询问他公爵这样不安是为什么。官员回答道：“具体情况我并不清楚，大家不要着急，我来问问。”话毕，他走到威廉面前，问道：“您为何不将您得知的消息告诉大家呢？您想要做什么呢？消息都传开了，英格兰国王已经去世，哈罗德登上王位，他这是背叛了对您许下的诺言呀！”公爵回应道：“传闻不假。我因为爱德华的去世而伤心，因为哈罗德的背叛而恼恨。”官员说道：“爱德华国王的去世，我们无能为力。但是，对于哈罗德，我们势必要惩罚他，讨回公道！您千万不要恼火，只要您下令，诺曼底英勇的战士们即刻出征，讨伐哈罗德！”[3]

此时，哈罗德的弟弟托斯蒂，从佛拉芒来到诺曼底，鼓动威廉发动战争，支持他惩戒哈罗德这个背信弃义之人。[4]托斯蒂此前被诺森布里亚人剥夺统治权，哈罗德成为英格兰国王之后，也不曾为自己的

---

[1] Ducarel's norman Antiquities.
[2] Chronique de Normandie; Recueil des hist. de la France, t.XIII, p.224.
[3] Chronique de Normandie; Recueil des hist. de la France, t.XIII, p.225.
[4] Order. Vital., Hist. ecclesisast., apud Script. rer. normann., p.492.

弟弟重新夺回政权。托斯蒂在威廉面前宣称自己在英格兰比哈罗德更享声誉、更有权势，而且他允诺，任何愿意协助他征战英格兰的人，事成之后，他都愿意将英格兰国王之位双手奉上。[1] 仅凭托斯蒂一面之词，向来谨慎的威廉岂敢冒险？威廉赠予他几艘船，等待时机，以观察托斯蒂的实力。托斯蒂没有直接前往英格兰，而是驶向波罗的海，抵达欧洲北部寻求外援，联合北欧各君主，对抗自己的祖国。他和丹麦国王斯文会面，寻求他的帮助来与哈罗德抗衡。事实上，斯文是托斯蒂的母系亲属，但是这位丹麦国王毫不迟疑地拒绝了托斯蒂的请求。托斯蒂愤然离开丹麦，去往其他北部国家，企图找到一位与他"志同道合"的君主合作。[2] 最终，他找到了一位挪威勇士——西格德（Sigurd）的儿子哈拉尔德（Harald）。在北欧的最高神奥丁的影响下，北欧大多数人已不再像从前那般骁勇恋战，哈拉尔德被誉为"北欧最勇猛的战士、最后一位冒险家"。他向南部征战时，或走陆地，或行水路，时而化身战士，时而变为海盗，在北欧方言中，大家称他为"维京人"（*viking et varing*[3]）。

哈拉尔德曾经前往欧洲东部，因为他的族人两个世纪以来，在那里逐步占领一些斯拉夫国家。[4] 后来，他前往君士坦丁堡，和他一样的北欧移民以"勇士"自居，组成一支雇佣军队，护卫各位君主首领。

---

[1] Saga af Haraldi Hardrada, cap. LXXVII; Snorre's Heimskringla, t.III, p.146 et 147.
[2] Torfæi Hist. rer. norveg., pars tertia, lib.v, cap. XVII, pp.347-349.
[3] 更准确的写法为"varghing"，从"varg"转变而来，意为"逃亡者"。所有古老的日耳曼语中，都有该词。
[4] 斯拉夫人是欧洲各民族和语言集团中人数最多之一，约有三亿四千万人。主要分布于东欧和中欧，语言属于斯拉夫语族。斯拉夫人发源于今波兰东南部维斯杜拉河上游一带，于1世纪时开始向外迁徙，6世纪前后，斯拉夫人出现在东欧平原上，那时的他们介乎于游牧民族和农耕民族之间，有时还靠抢掠为生。6世纪的扩张使得他们的居地已经遍布欧洲中东部。近代随着俄罗斯疆域的扩张，斯拉夫人也向西伯利亚和中亚地区迁徙。（译者注）

哈拉尔德加入了此支雇佣军队，他虽是挪威国王的兄弟，属于挪威贵族，也并未觉得这样自降身份，有任何不妥。他将战斧扛在肩头，保卫宫廷；他和军队的其他战士被派往亚洲和非洲执行任务。每一次远航他们都带回大量的战利品，而哈拉尔德也由此积累了大量的财富，并决定离开雇佣军队。然而，军队并不放行，于是，他准备走水路逃离，临行前，还带走一位出身高贵的女士。他沿着西西里岛海岸边，以海盗的身份巡航，不断收缴战利品，船上的财富与日俱增。[1]和其他北欧海盗一样，哈拉尔德还是一位诗人。当海上风平浪静之时，他放慢前进的速度，以吟诵诗歌为乐，主题几乎都是自己的胜利以及对未来的期望。漫长的旅程结束，哈拉尔德返回挪威时，他那黑色的船只上满载士兵。他开始组建军队，试图向挪威国王发起战争以篡夺王位，他认为自己才是王位的合法继承人。不过，他很快意识到，自己很难取得绝对的胜利，于是同意和挪威国王和谈。协商的结果如下：哈拉尔德搜刮来的财富以及挪威的国土都将成为两人的共同财产。此时，在北欧，哈拉尔德财力惊人，权倾一方，名声大震，托斯蒂为了与他结成同盟，向其献媚讨好，说道："世人皆知，没有任何勇士可以与你相提并论，只要你愿意，英格兰都将属于你！"[2]哈拉尔德对他的提议很是心动，同意带领自己的舰队出航。这个时节，冰雪融化，正适合远航。[3]

在哈拉尔德出发前，托斯蒂率先带领一批从佛里斯（Frise）、波兰以及佛拉芒召集的勇士，前往英格兰北海岸边一探虚实。上岸之后，他抢劫掠夺，摧毁几个村镇。不过，亨伯河流域各郡的两大首领莫卡

---

[1] Saga af Haraldi Hardrada, cap.III; Snorre's Heimskringla, t.III, p.56.
[2] Saga af Haraldi Hardrada, cap. LXXVII; Snorre's Heimskringla, t.III, p.149.
[3] Saga af Haraldi Hardrada, cap. LXXVII; Snorre's Heimskringla, t.III, p.149.

尔和埃德温团结一致，顽强抵抗，并将托斯蒂一行人逼退至苏格兰境内。[1]此时，国王哈罗德在英格兰南部安然度日，迎来了威廉公爵派来的信使，后者说道："威廉公爵大人提醒您，您在圣骨前许下的誓言，请务必遵守。"[2]英格兰国王回答道："没错，我确实向威廉公爵许下诺言。但是，当时我被情势所逼，别无选择；另外，我所允诺的当时不属于我，而且永远都不属于我个人。英格兰这个国家并非我个人所有，没有英格兰子民的同意，我既不可能让与王位，也不可能迎娶一位外族女子。至于公爵之前提及的，让我将妹妹下嫁于他的男爵，我只能说，我的妹妹已经去世，他该不会让我把她的遗体送往诺曼底吧？"[3]信使回到诺曼底，把英格兰国王的回应如实禀告威廉公爵，后者再次命信使前往英格兰，这一次言辞中带有让步和恳求，[4]表示如若英格兰国王不愿意履行之前许下的所有诺言，但是最起码遵守其中一项，那就是迎娶威廉公爵的女儿为妻。哈罗德再次表示拒绝，并且迎娶埃德温和莫卡尔的妹妹为妻。如此，哈罗德国王和威廉公爵彻底闹翻，威廉表示一定不择手段让哈罗德履行诺言。[5]

11世纪，诺曼底公爵威廉四处发布公告，表示国王哈罗德背信弃义。[6]事实上，哈罗德此举在于保护英格兰，他审慎小心，只为不辜

---

[1] Saga af Haraldi Hardrada, cap. LXXVII; Snorre's Heimskringla, t.III, p.148. Roger de Hoved. Annal., pars prior, apud rer. anglic. Script., p.448, ed. Savile.

[2] Chronique de Normandie; Recueil des hist. de la France, t.XIII, p.229. Robert of Glencester's Chronicle, p.358, ed. Hearne. Guill. Pictav., apud Script. rer. normann., p.192.

[3] Eadmeri Hist. nov., p.5, ed. Selden. Roger de Hoved. Annal., pars prior, apud rer. anglic. Script., p.449, ed. Savile. Ranulph. Hygden. Polychron., lib.VI, apud rer. anglic. Script., t.III, p.285, ed. Gale.

[4] Eadmeri Hist. nov., p.5, ed. Selden.

[5] Willelm.Malmesb., de Gest.reg.angl., lib.II, apud rer.anglic. Script., p.99, ed. Savile. Hist. Ingulf. Croyland, apud rer.anglic. Script., t.I, p.68, ed Gale. Matth. Paris, t.I, p.2.

[6] Eadmeri Hist. nov., p.5, ed. Selden.

负英格兰子民的期望，然而，此时原本不偏不倚、公正的英格兰子民，却因受到迷信思想的蛊惑，不能理解哈罗德的苦心，大部分人公然表示反对哈罗德，支持威廉公爵。他们并不知道事情的原委，其实是威廉利用神圣的宗教，先为哈罗德设下陷阱，逼他许下诺言，如今又公然强迫哈罗德履行诺言而背叛自己的国家。此时，郁美叶的前任主教罗贝尔、威廉的亲信兰弗朗克教士与罗马教廷的商谈正进行得如火如荼。利雪（Lisieux）的副主教翻山越岭来到罗马，带来了针对国王哈罗德及整个英格兰的指控。在呈递给罗马教皇的信中，诺曼底公爵指控哈罗德亵渎圣物，要求罗马教廷将英格兰驱逐出教会，还希望教廷宣布第一个占领英格兰的人，不必得到教皇的首肯，即可得到英格兰的至尊之位。[1] 他对于哈罗德的指控主要基于以下三点：杀害阿尔弗雷德以及其他诺曼底同胞，剥夺罗贝尔坎特伯雷大主教之位，违背自己在圣骨前所许下的诺言。此外，威廉公爵表示自己有英格兰王位的合法继承权，一方面他和国王爱德华有血缘关系，另一方面，这也是爱德华临死前的意愿。如此，威廉公爵可谓是扮演了一个"楚楚可怜"的受害者的角色。然而，哈罗德并未按照罗马教廷的指示，前往罗马为自己申辩。他认为罗马根本没有资格对自己进行判决，因此也并未派任何使者前往罗马。他不愿意让外国人来干涉自己国家的命运和独立，也根本不相信，罗马教廷是真正的公正不阿。[2]

此时，拉特朗·圣若望大教堂的红衣主教会议由中世纪最负盛名的教士希尔德布兰德（Hildebrand）[3] 主持。他来自克吕尼修道院（Cluny），后来教皇尼古拉二世为他新设一职，即罗马教廷的主教代

---

[1] Willelm.Malmesb., de Gest.reg.angl., lib.II, apud rer.anglic. Script., p.100, ed. Savile.
[2] Ranulph. Hygden. Polychron., lib.VI, apud rer. anglic. Script., t.III, p.285, ed. Gale.
[3] 此名意为"战斗和剑"。（译者注）

理。希尔德布兰德以教皇尼古拉二世的名义管理罗马教廷，几年之后，他不顾罗马教廷的反对，选举一位新的教皇——亚历山大二世（Alexandre II）。此人目光长远，野心巨大，他企图将罗马在宗教上的至高权威延伸到政治方面，即真正操控所有信奉基督教的国家。事实上，罗马早在9世纪，就已经开始这样的宗教改革。当时，意大利中部的几座城市完全受教皇的控制。在后来的两百年间，罗马从未停止推进这项宗教改革。坎帕利亚大区（Campanie）的主教即为罗马教皇，此地区的所有城池，或是出于自愿，或是受到武力的胁迫，最终都落入教皇的手中。11世纪上半叶，这些城池正是由诺曼底移民手举军旗，带领罗马军队所攻占的。[1]同时期，其他的诺曼底朝圣者或者冒险家受到意大利南部贵族的雇佣，为其效力。不过，就像过去撒克逊人曾经受雇于当时的布列吞人一样，这些诺曼人打破约定，占领一些堡垒，并确定了在意大利南部的控制权，他们的介入彻底结束了大希腊[2]对普利亚大区（Apulie）以及卡拉布里亚大区（Calabre）的长期统治。罗马教廷提倡"宗教不宽容"[3]政策，诺曼人的此番作为颇得教会赞赏。此外，罗马教廷决定对这些头脑简单、对教廷绝对忠诚的诺曼底士兵多加利用。有几位诺曼底伯爵心甘情愿地接受罗马教廷赐予的战旗，并将自己征战而得的领土双手奉上。如此，罗马教廷利用诺曼底军力，不断在意大利扩大自己的势力范围。他们认为诺曼人的奉献是合乎情理，甚至是天经地义的。

---

[1] Order. Vital. Hist. ecclesiast., apud Script.rer.normann., p.472 et 473. Fleury, Hist. ecclésiast., t.XII, p.40.
[2] 大希腊指公元前8世纪到公元前6世纪，古代希腊人在意大利半岛南部建立的一系列城邦的总称。（译者注）
[3] "宗教宽容"指允许个人选择并非国家认可的宗教信仰形式的政策。"宗教不宽容"则与之相反。（译者注）

偶然性的事件、权力的交错更迭等造成了如此局面。就在此时，罗马教廷收到了来自诺曼底公爵威廉针对英格兰国王的指控。主教代理希尔德布兰德认为，罗马教廷在意大利所取得的成功或许可以在英格兰复制，而现在适逢其时，切不可错过机会。在罗马教廷看来，英格兰子民对待宗教不够热忱，其教士买卖圣职，英格兰国王更是背信弃义，这些似乎都是不争的事实。希尔德布兰德认为字面上的指控无关痛痒，他提议举行正式协商，向英格兰发动战争，以谋取切实利益。于是，罗马召开红衣主教会议，商讨威廉对哈罗德的各项指控，以此掩盖威廉以及罗马教廷的政治野心。会议内容包括英格兰王位的合法继承权、圣骨前的庄重誓言等。部分与会人员觉得，这几项指控似乎并不足以让教会发动战争，但希尔德布兰德一意孤行。大家低声议论，反对者劝希尔德布兰德道："不管如何，鼓动杀人的罪行是可耻的。"[1]不过，希尔德布兰德不为所动，固执己见。

教皇亲自宣读针对英格兰的判决书，即允许诺曼底公爵威廉带兵讨伐英格兰，让英格兰重新归顺罗马教廷，并且在英格兰设立永久性的圣皮埃尔贡金制度。[2]罗马教廷将以下三样物品交于威廉派来的诺曼底使者：将哈罗德及其亲信逐出教会的教皇谕旨、罗马教会的军旗以及镶嵌着使徒圣皮埃尔发丝的钻石戒指。[3]如此看来，这是一道有着宗教和军事双重性质的授意。其中的军旗正是几年前，诺曼人拉乌尔和来自蒙特勒伊（Montreuil）的纪尧姆，以罗马教会的名义，树立在坎帕利亚地区堡垒的那一面。[4]

---

[1] Epistola Gregor. VII, apud Script. rer. gallic. et francic. T.XIV, p.648.
[2] Chronique de Normandie; Recueil des hist. de la France, t.XIII, p.227.
[3] Guill. Pictav., apud Script. rer. normann., p.197. Matth. Paris, t.I, p.2.
[4] Orderici Vitalis Hist. ecclesiast., apud Script.rer.normann., p.473. Fleury, Hist. ecclesiast., t.XII, p.400.

在教皇谕旨到达之前，威廉召开内阁会议，向其最亲近的朋友征求意见。与会人员包括他同母异父的两位兄弟——巴约主教厄德（Eudes）和莫尔坦（Mortain）伯爵罗贝尔（Robert），奥斯伯特（Osbert）的儿子——诺曼底宫廷总管纪尧姆（Guillaume），其他的贵族等。所有人都认为必须征战英格兰，并向威廉表示，他们愿意付出全部身家性命，全心全意帮助威廉。他们还补充道："但这还远远不够，您还必须得到全体诺曼人的同意，因为他们才是最后为这次战役买账的人。"威廉立即召集诺曼底最有声望的将领、从事圣职的人以及从事买卖的商人，向他们公布自己的计划，并寻求他们的帮助，与会人员随后退出大厅商议。[1]

各方意见不一：一些人愿意提供船只、军需品以及税金，帮助威廉；另一些人则拒绝提供任何形式的帮助，他们认为自己已经负债累累，实在无能为力。他们激烈争论时，[2]宫廷总管纪尧姆站出来，大声说道："为何要如此争论呢？既然公爵是你们的主人，他现在需要你们，你们的职责便是主动提供援助。你们却百般推诿，置身事外，他将来战败，你们定会为此付出惨重的代价！因此，请把握机会，显示你们对公爵的忠诚！"反对者们一致表示："他是我们的主人，这是毋庸置疑。但是我们按时缴纳年金还不够吗？他坚持去海外征战，却让我们为此买账？他常年征战，我们早已不堪重负。万一此次远征失败，那么整个诺曼底公国都面临着破产的风险。"[3]大家又议论许久，各方争执不下，最后大家推选纪尧姆作为代表，他们认为他知晓各位

---

[1] Chronique de Normandie; Recueil des hist. de la France, t.XIII, p.225.

[2] Chronique de Normandie; Recueil des hist. de la France, t.XIII, p.225.

[3] Chronique de Normandie; Recueil des hist. de la France, t.XIII, p.225. Guill. Pictav., apud Script. rer. normann., p.98.

与会人员的财产、军力等状况,由他向威廉公爵禀报再合适不过。他们希望纪尧姆如实禀报:对于威廉公爵出征英格兰,他们无奈只能提供微薄的帮助,他们对此深感遗憾。[1]

所有人回到大厅内,纪尧姆对威廉公爵说道:"恐怕这世界上,再也没有比他们更衷心、更热忱之人,他们愿意不计代价地帮助您完成事业。无论在诺曼底,还是在海外,他们都愿意支持您,跟随您!因此,尊敬的公爵大人,进攻英格兰吧!请不要有后顾之忧,先前提供两名骑兵的人,现在愿意提供四名,大家都表示愿意贡献双倍的兵力、财物,助您一臂之力。"[2]这样的言论和大家的意见大相径庭,于是在场的人立即反驳纪尧姆:"大人,这根本不是我们的想法!这样万万不可!在诺曼底,威廉公爵但凡有任何需要,我们义不容辞,必定相助;可如今他执意进攻英格兰,我们则没有义务承担军饷等费用。如果我们这一次做出妥协,提供双倍的军力、财物,支持公爵的海外事业,那么将来还有第二次、第三次,这将演变成一种约定俗成的习惯、一项法则。可想而知,我们的子孙定然会不堪重负!这样万万不可啊!"大家再次议论纷纷,最终威廉公爵不得已解散会议。[3]

面对这样的状况,威廉义愤填膺、怒不可遏。不过,他首先掩藏了自己的怒火,然后尝试劝服所有人。他挨个召见参会人员,首先是那些最富有、最有影响力的人。他晓之以理,动之以情,请求他们给予无偿帮助。威廉表示,他并非滥用他们的馈赠,战争之后,他也绝

---

[1] Chron. De Normandie; loc.supr.cit. Henrici Huntind. Hist., lib.VI, apud rer. anglic. Script., p.367, ed. Savile. Henrici Knyghton de Event. Angliæ, lib.I, cap.XVI, apud hist. angl. Script., t.II, col.2340, ed Selden.

[2] Chron. De Normandie; Recueil des hist. de la France, t.XIII, p.226. Roberti de Monte Appendix ad Sigebertum; apud Script. rer. gallic. et francici., t.XI, p.168.

[3] Chron. De Normandie; Recueil des hist. de la France, t.XIII, p.226. Roman de Rou, t.II, p.132.

对不会继续向他们索要钱财或物品。他甚至表示，只要能赢得他们的信任，他愿意立字为据，并在上面盖上他的大印。[1]单独会面中，几乎没有人敢于当面拒绝公爵的恳求，他们所答应提供的援助立即被登记在册。后来被召见的人也纷纷改变立场，答应提供援助。有人答应捐助船只，有人提供将士，有人愿意亲赴战场；教士们答应捐出钱财、物品、布匹；农民们则答应提供粮食。[2]诺曼人每次反对贵族势力时，威廉公爵都用这样的方法扭转大局，屡试不爽。

很快，罗马的军旗和谕旨抵达诺曼底，至此，诺曼底有充分的理由向英格兰发起进攻。听到这样的消息，前来捐赠的人络绎不绝，大家尽自己所能，纷纷表示愿意为征战出一份力。母亲们为了响应罗马教廷的号召，纷纷送自己的儿子参军。[3]威廉公爵命人发出战争公告，欢迎所有身形魁梧的人，携带武器入伍，作为回报，他会提供丰厚的军饷并分享日后所得的战利品。[4]所谓"重赏之下，必有勇夫"，大批勇士从各地赶来，投奔威廉公爵。他们从缅因（Maine）、安茹、普瓦图（Poitou）、布列塔尼、佛拉芒、阿尔卑斯山区，以及莱茵河沿岸而来；[5]既有经验丰富的探险家，也有在西欧流浪的人；既有骑士或将领等军队高官，也有步兵或是士官等普通士兵。有人为得到军饷而来，有人则为战利品而来；一些人想要得到英格兰的地产、城堡甚至城池；有人则只为娶到一位富有的英格兰淑女为妻。[6]人们因为贪婪

---

[1] Chron. De Normandie; Recueil des hist. de la France, t.XIII, p.226.
[2] Chron. De Normandie; Recueil des hist. de la France, t.XIII, p.226.
[3] Chron. De Normandie; Recueil des hist. de la France, t.XIII, p.227.
[4] Willelm.Malmesb., de Gest.reg.angl., lib.II, apud rer. anglic. Script., p.99, ed.Savile. Willelm.Malmesb., de Gest.reg.angl., lib.II, apud rer.anglic. Script., p.51, ed.Savile. Hist. Franc. Fragm., ibid., p.162.
[5] Orderici Vitalis Hist. ecclesiast., apud Script.rer.normann., p.494.
[6] Chron. De Normandie; Recueil des hist. de la France, t.XIII, p.227.

和欲望而聚集在威廉公爵麾下，公爵承诺不让任何人失望而归，几乎答应了他们的所有要求。[1]一位费斯盖普（Fescamp）的教士答应捐赠一艘船和20位战士，作为回报，威廉允诺他主教的职位。[2]

整个春季和夏季，港口的工人们都忙着装备船只；铁匠和军械师忙着建造矛、剑以及铠甲；码头的搬运夫则来回搬运武器。[3]准备工作有条不紊地进行着，威廉前往圣日耳曼（Saint Germain），拜访法兰西国王菲利普[4]。威廉公爵对法兰西国王恭敬顺从，他说道："您是我的主君，请务必帮助我吧！如果上帝保佑我凯旋，那么我一定将英格兰献给您！"[5]菲利普没有独自决断的能力，他立刻召开内阁会议，但是所有人都反对出兵帮助威廉公爵征战英格兰，他们劝说道："您知道，诺曼人对您并非真心归顺，他们将来一旦占领英格兰，就会翻转脸面，不讲情义。此外，如果我们帮助威廉公爵，那么我国势力必然折损；威廉征战失败，我们将和英格兰结下不解之仇。"[6]就这样，威廉公爵未能得到法兰西国王的援助，他随后去拜访佛拉芒公爵，也是他妻子的兄弟，但同样遭到拒绝。[7]

诺曼人和布列塔尼人向来不和，虽然诺曼底贵族和布列塔尼贵族之间存在一定的血缘关系，两国的关系却并未因此好转。当初，威廉的父亲——前任公爵罗贝尔启程去耶路撒冷时，他最亲近的人就是布

---

[1] Chron. De Normandie; Recueil des hist. de la France, t.XIII, p.227.
[2] Anonym. De Taylor, cité par Sharon Turner, Hist. des Anglo-Saxons, t.II, p.416, à la note. Eadmeri Hist. nov., p.7. Willelm.Malmesb., de Gest.reg.angl., lib.II, apud rer. anglic. Script., p.290, ed.Savile.
[3] Tapisserie de Bayeux.
[4] 菲利普，即卡佩王朝国王菲利普一世（1060—1108年在位）。（译者注）
[5] Chron. De Normandie; Recueil des hist. de la France, t.XIII, p.227.
[6] Chron. De Normandie; Ibid., p.226.
[7] Chron. De Normandie; Ibid., p.226.

列塔尼公爵阿兰（Allan ou Alain），罗贝尔将自己的领地和幼小的儿子威廉托付给他。不过，阿兰对威廉的血统持怀疑态度，因而支持试图剥夺其政权的党羽。后来，这批人在瓦格斯沙丘战败，阿兰伯爵也被威廉的支持者毒死。阿兰的儿子科南（Conan）继承了布列塔尼的政权，威廉准备去英格兰征战之时，正是科南当政。科南工于心计，邻国对他很畏惧，他最大的野心就是削弱威廉公爵的势力，因为在他看来，威廉不仅是篡权者，更是杀害自己父亲的凶手。如今，他得知威廉陷入困境，觉得报复威廉的时机已到，便让内侍给威廉带信道：

> 我听说你要越过英吉利海峡，攻打英格兰。诺曼底前任公爵罗贝尔，在出发去耶路撒冷朝圣前，已将其公爵领地托付给他的表兄弟，也就是我的父亲阿兰公爵。但是，你和你的同谋下毒杀害我的父亲，直至今日，你还霸占着本属于他的领地。你本是私生子，根本没有合法继承的权利。请你立刻将诺曼底交还于我，否则，我将倾尽所有军力，向你发起战争！[1]

根据诺曼底史学家的记载，科南的威胁确实让威廉公爵有些恐慌，毕竟此时，正是诺曼底征战英格兰的关键时期，如若布列塔尼真的出兵，那么势必会分散诺曼底的军力。科南的宣战十分鲁莽，威廉公爵很快找到应对他的办法。他买通了科南派来报信的内侍，让他在科南打猎所使用的号角上涂上毒液，保险起见，还让他在科南的手套以及缰绳上通通下毒。[2] 不久之后，科南中毒身亡。新上任的布列塔尼公爵厄德（Eudes）不敢像科南那样质疑威廉公爵对于诺曼底的继承权，

---

[1] Willelm. Gemet. Hist. normann., apud Script. rer. normann., p.286.
[2] Willelm. Gemet. Hist. normann., apud Script. rer. normann., p.286.

他和威廉联合一致，并将自己的两个儿子送去参军，帮助威廉征战英格兰。两位年轻人布莱恩（Brian）和阿兰（Allan）带领布列塔尼的精锐骑兵，[1]前去和诺曼底部队会和，他们被布列塔尼人称为"主人的儿子"[2]，而诺曼人则称呼他们为"伯爵"（comtes）。另一些布列塔尼贵族，比如罗贝尔·德·维特里（Robert de Vitry）、贝特朗·德·迪南（Bertrand de Dinand）以及拉乌尔·德·盖尔（Raoul de Gaël），也来到威廉公爵身边，提供自己的帮助。这些贵族的名字带有浓重的法国色彩，但他们并不拥有纯正的凯尔特人血统。

军队和船只会合的地方在迪夫河（Dive）的入海口，处于塞纳河和奥恩河（Orne）之间。但是整整一个月，海风始终逆向而吹，全部船只被困于港口。后来，来自南部的风将船只带到索姆河畔圣瓦莱里。[3]恶劣的天气再次将诺曼底军队困于此地，几日之后船只才可起航。舰队在圣瓦莱里抛锚靠岸，而军队则在河岸边安营扎寨，大雨倾盆而下，士兵们陷入困境。

几艘军舰被暴风雨击碎，船上士兵下落不明。听到这样的消息，原本疲倦不堪的士兵更是担忧害怕。白天，他们闲暇无事，在帐篷里面聊天，讨论未来旅程的凶险以及征战英格兰的困难。[4]他们私下里讨论，战争并未真正开始，很多战士就已经死亡。被浪水打到岸边的尸体数量被无限地夸大。士兵们原本斗志昂扬，但是如今他们的士气

---

[1] Dom Lobinean, Hist. de Bretagne, liv.III, t.I, p.98.
[2] "Mactierns"意为"主人的儿子"；Thiern，意为"主人、领袖"；高卢语为"Teyrn"。
[3] 不少古代著名学者认为他们抛锚的地方应该是位于科镇的圣瓦莱里（Saint-Valéry-en-Caux），而不是不在诺曼底地区的索姆河畔圣瓦莱里（Saint-Valéry-sur-Somme）。不过，今日在布鲁塞尔图书馆发现的手稿却最终推翻了他们的推测。Widonis Carmen de Hastingæ prælio; Chron. anglo-normandes, t.III, p.3.
[4] Willelm.Malmesb., de Gest.reg.angl., lib.II, apud rer.anglic. Script., p.100, ed.Savile.

大受打击，萎靡不振。一些人甚至决定撤离。[1] 为了打破这些不吉利的流言，鼓舞士气，振奋军心，威廉公爵不得不采取措施。他命人秘密安葬那些去世的士兵，并且增加每日食物和酒精的供给。[2] 但是长期在岸边扎寨，久久未能起航，士兵们仍然情绪低迷。他们说道："这位妄想夺取他人领土、试图攻占他人国家的人势必是不理智的！上帝不允许他如此胡作非为，所以才不让我们起航！这阻挠我们起航的风向就是上帝所传达的讯息啊！"[3]

尽管威廉公爵意志坚定、思维敏锐，他此时也无法掩藏自己深深的忧虑。其间，他常常前往圣瓦莱里教堂，久久地祈祷，每每从教堂出来，他都会抬头观察钟楼顶部的公鸡塑像，以判断当时的风向。如果公鸡朝南，他则十分喜悦；但如若朝北朝西，他则更加沮丧忧郁。[4] 后来他派一列队伍到教堂里面取出存放圣骨的盒子，并大张旗鼓地让列队经过士兵安营扎寨的地方，此举既是为了向上帝表明自己虔诚的信仰，也是为了鼓舞士气。整支军队开始祷告，军队长官们都献出丰厚的祭品，哪怕是品级最低的士兵也拿出自己的钱币。随之而来的夜里，奇迹发生了，风向改变，海面一片平静。第二日，也就是9月27日，黎明拂晓之时，士兵们一边快速拆除帐篷，一边紧锣密鼓地做起航准备。太阳落山前几个小时，舰队已然准备就绪。在六万战士喜悦的欢呼声以及响彻天际的锣鼓声中，四百艘大型帆船以及一千多艘普通船只起航，驶向大海深处。

威廉公爵乘坐的帆船行驶在最前面，他将教皇所赐的战旗固定在

---

[1] Guill. Pictav., apud Script. rer. normann., p.198.
[2] Guill. Pictav., apud Script. rer. normann., p.198.
[3] Willelm.Malmesb., de Gest.reg.angl., lib.II, apud rer.anglic. Script., p.100, ed.Savile.
[4] Widonis Carmen de Hasting. Prælio; Chron.anglo-normandes, t.III, p.4.

船的桅杆高处,并在信号旗上面插上十字架。船帆五彩缤纷,帆布上绘有诺曼底公国的标志——三只雄狮。船首雕刻着一个射箭孩童,[1] 船的艉楼上装有大大的舷灯,夜航之时,这些灯指引着后面的船只,引导他们到达会合的地点。威廉公爵所乘坐的大型帆船行驶在舰队最前面,到了晚上,更是将其他船只甩在后面。清晨,威廉公爵命令士兵爬上桅杆高处,确定后面的船只是否跟上,士兵说:"我只能看到蓝天和大海,并未看到其他船只啊!"于是,他命人在此处抛锚。[2] 公爵装作若无其事,以防士气再次遭到打击,他让人准备丰盛的食物和烈酒。士兵再次爬上桅杆时,看到了四艘船。第三次他爬上去,喊道:"我看到一大片桅杆和帆船,他们正朝着我们的方向前进!"[3]

当诺曼底军队向英格兰迈进时,挪威首领哈拉尔德遵循了此前对托斯蒂许下的诺言,也集合了几百艘战船和商船。和此前诺曼底军队在索姆河河岸驻扎的情况类似,挪威军队同样在某地抛锚驻扎,等待着出发的信号。挪威军队的士兵同样因为久久未能起航而士气低迷,再加上北欧人比诺曼人更加迷信,更容易感到悲观。一些士兵的梦里曾经出现不好的征兆。其中一位曾经梦到,他们抵达英格兰后,英格兰的军队早已在岸边等候。英格兰军队的最前面,一位身材壮硕的女士骑着一只狼,狼嘴里叼着一具血淋淋的尸体,待它将这尸体吃光抹净之后,女士又给了它另外一具尸体。[4] 另外一位士兵梦到,他们的舰队终于出发,一些乌鸦、秃鹫以及其他鸟类伫立在船只的桅桁上,旁边的岩石上坐着一位女士,她手持军刀,数着这些船只,对那些鸟

---

[1] Widonis Carmen de Hasting. Prælio; Ibid., p.5.
[2] Guill. Pictav., apud Script. rer. normann., p.198.
[3] Guill. Pictav., apud Script. rer. normann., p.199.
[4] Saga af Haraldi Hardrada, cap. LXXXIV; Snorre's Heimskringla, t.III, p.151.

说道:"去吧,不要畏惧,你们的猎物可多着呢!"[1]

  纵使阻碍重重,哈拉尔德和他的儿子奥拉夫(Olaf)仍然率领舰队起航,向西南方向出发。在抵达英格兰前,他们先在住着北欧人的奥克尼群岛(Orcades)停靠修整。后来,有两位首领和一位主教加入了哈拉尔德之列。他们沿着苏格兰东海岸前行,与托斯蒂的舰队会合。他们继续前行,途中攻打海滨城市斯卡伯勒(Scarborough),遭到了当地居民的顽强抵抗。于是他们攻占此地山脉的最高处,将树干、树枝、茎秆等捆在一起,制成圆柱形的巨大武器,从山顶滚下,山下的房屋遭到严重破坏。接着他们开始放火,趁火势攻开城门,对斯卡伯勒进行抢劫。[2]这次的胜利大大鼓舞了士气,他们忘记此前的不祥之兆,绕过胡德尼斯(Holderness),到达亨伯河入海口,继续沿着亨伯河前行。

  他们自亨伯河航行至乌斯河,乌斯河流经约克郡,最终汇入亨伯河。托斯蒂曾经在约克郡掌权,因此,他率领挪威军队,打算攻破这座城市的防线,并夺回自己的政权。此时,莫卡尔、他的哥哥埃德温以及西沃德的儿子——亨廷登的首领瓦尔塞奥夫集合军力,在约克郡的南部、亨伯河的沿岸,向侵略者发起攻击。他们起初连连告捷,后来渐渐力不从心,被迫退回城中。托斯蒂宣称自己是诺森布里亚的首领,并在挪威人的军营发布宣言,但是响应其号召的人非常少。[3]

  北方激战之时,英格兰国王哈罗德率领部队驻扎在英格兰南部,以监督威廉公爵的一举一动。长期以来,诺曼底对英格兰虎视眈眈,

---

[1] Ibid., cap.LXXXIII; Snorre's Heimskringla, t.III, p.150 et 152.
[2] Torfæi His. Rer. norveg., pars tertia, lib.V, cap.VII, p.351. Turner's Hist. of the Anglo-Saxons, vol.II, p.390.
[3] Torfæi His. Rer. norveg., pars tertia, lib.V, cap.VII, p.352. Saga af Haraldi Hardrada, cap. LXXVII; Snorre's Heimskringla, t.III, p.156.

哈罗德一直十分警惕。[1]哈罗德在最靠近诺曼底的海岸边驻扎了整个夏天，[2]加强防守，但是诺曼底始终没有动静，人们甚至认为诺曼底军队可能要等到冬天才会进犯。挪威军队已经占领英格兰北部的部分领土，和暂未踏上英格兰领土半步的诺曼底军队相比，更有威胁。哈罗德向来大胆果断，他计划短时间内将挪威军队驱逐出境，然后快速返回南部对抗诺曼底军队。于是他带上精锐部队，快马加鞭连夜赶到约克郡。此时，约克郡居民已经向托斯蒂投降，但是挪威人尚未进城。当地居民已经口头承诺投降，想必也无力再战，诺曼人便撤下防线，以让士兵们进行修整。约克郡的居民第二天要迎接托斯蒂和挪威国王，他们召开会议，讨论约克郡的执政问题，并讨论如何将土地分配给挪威人和英格兰叛徒。[3]

哈罗德没有惊动挪威哨兵，而是偷偷潜入约克郡。英格兰国王抵达后，约克郡民众一改此前归顺挪威人的态度，他们拿起武器，关闭城门，防止任何人出城给挪威人通风报信。翌日，挪威国王带领一小队人马从亨伯河的营地出发，前往约克郡。虽然已经是秋季，但是烈日炎炎，天气酷热，他们脱去铠甲，只戴上头盔，拿上盾牌自卫，未曾料想，他们此去将有一场硬仗。在靠近约克郡的地方，突然扬起一片尘土，隐隐约约地可以看到某种金属物在阳光下闪闪发光。挪威国王问托斯蒂："那些向我们走来的人是谁？"托斯蒂回答："可能是一些来请求我们宽恕、获得我们友谊的英格兰人吧。"[4]然而，这队人马不

---

[1] Guill.Pictav., apud Script.rer.normann., p.197.

[2] Roger. de Hoved. Annal., pars prior, apud rer. anglic. Script., p.448, ed Savile.

[3] Saga af Haraldi Hardrada, cap. LXXVII; Snorre's Heimskringla, t.III, p.156. Roger de Hoved. Annal., pars prior, apud rer. anglic. Script., p.448, ed. Savile. Henrici Knyghton, de Event. Angl., lib.I, cap.XVI, apud hist. angl. Script., t.II, col.2339, ed. Selden.

[4] Saga af Haraldi Hardrada, cap. LXXVII; Snorre's Heimskringla, t.III, p.158 et 159.

断壮大,以作战姿态向他们靠近。挪威人大叫道:"是敌军!是敌军!"他们派三名骑士赶回营地报信,让他们赶紧前来援助。挪威国王展开战旗,他一直称这面旗为"称霸世界之旗"(le ravageur du monde)。[1] 挪威士兵列队,每队只有少数几人,他们没有锁子甲护身,因此紧紧挨在一起,成弧形列队面向敌人。哈拉尔德骑着黑色战马,吟唱即兴作的诗歌,其中一个片段由北部史学家记载下来,流传至今:"我们战斗吧!我们前进吧!哪怕我们没有铠甲,哪怕我们要面对那锋利的刀刃!我们的头盔在阳光下闪烁,对于真正的勇士而言,比起铠甲,更重要的是勇气!"[2]

两支部队正式交锋前,20名英格兰武装骑兵来到挪威军队,其中一人大声喊道:"请问戈德温的儿子托斯蒂在哪里?"托斯蒂自己回答道:"在这里!"带信的人喊道:"你就是托斯蒂?你的哥哥让我问候你,他会保你平安,恢复你过去的荣华富贵。""一年以来,我看遍世间冷眼,遭受太多侮辱和敌意。哥哥给我的提议我很感激。但是如果我同意,那么我最忠诚的同盟者,哈拉尔德会如何呢?""他将得到七英尺的英格兰领土,或者再稍微多一点儿,他作为首领,理应比普通人多得一些领地。"托斯蒂最后回答道:"告诉我哥哥,让他来应战吧。因为我不希望将来有人乱嚼舌根,说我托斯蒂曾经背叛过哈拉尔德。"[3]

两支部队就此开战,挪威国王很快就中箭身亡了,托斯蒂接过指挥权。他的哥哥哈罗德第二次派人来讲和,表示保他平安,也饶挪威

---

[1] Saga af Haraldi Hardrada, cap. LXXVII; Snorre's Heimskringla, t.III, p.156.

[2] Saga af Haraldi Hardrada, cap. LXXVII; Snorre's Heimskringla, t.III, p.160. Gesta Danorum, t.II, p.165.

[3] Saga af Haraldi Hardrada, cap. LXXVII; Snorre's Heimskringla, t.III, p.160. Turner's Hist. of the Anglo-Saxons, vol.II, p.395.

人不死。[1]但是全体挪威人齐声喊道,宁愿一死,也不愿意对英格兰人有任何亏欠。就在此时,挪威人的援兵抵达,他们虽然人数众多、全副武装,但是炎炎烈日下,早已疲惫不堪,仍然不敌英格兰军队。此时,英格兰已经攻破第一道防线,并且夺下挪威人的军旗。托斯蒂和大部分挪威将领战死沙场。哈罗德第三次派人来讲和,剩下的挪威人同意投降。哈拉尔德的儿子奥拉夫、奥克尼群岛的主教和首领们带领23艘船离开英格兰,并保证绝不再犯。[2]英格兰再次击退北欧人的进攻,但是,当北欧人离开英格兰时,南部的敌人却在靠近。英格兰成功打退挪威人,与此同时,诺曼底军队扬帆起航,并抵达萨塞克斯海岸。

萨塞克斯的英格兰舰队因为长时间巡航,粮食供应不足,不得不提前返航,这给了诺曼底船队可乘之机。[3]英格兰国王哈罗德在约克郡取得胜利,三天之后,威廉带领诺曼底船队,于1066年9月28日在靠近黑斯廷斯的佩文西靠岸,在这里,他们几乎没有遭到任何抵抗。弓箭手先登陆,他们身着短衫,剃光头发;随后下船的是骑兵,他们身穿锁子甲,头戴锥形头盔,手握长矛以及笔直的双刃剑;最后上岸的是军队的一些劳工、工程兵、木匠、铁匠,他们将船上整整三个船舱的提前打削好的木材卸载到河岸边。威廉公爵最后下船,当他踩到沙滩,一个踉跄,面部朝下跌倒在地。队伍里有人低声议论:"上帝保佑啊!这可不是什么吉兆。"威廉公爵爬起身,立刻回应道:"你们怎

---

[1] Saga af Haraldi Hardrada, cap. XGVI; Snorre's Heimskringla, t.III, p.164. Turner's Hist. of the Anglo-Saxons, vol.II, p.396.

[2] Saga af Haraldi Hardrada, cap. XGVII; Snorre's Heimskringla, t.III, p.165. Chron. Saxon. Frag., sub anno MLXVI, apud Gloss. Ed. Lye, t.II, ad finem. Pontani rerum danicarum Historiæ, lib.v, p.186.

[3] Roger. de Hoved. Annal., pars prior, apud rer. anglic. Script., p.448, ed. Savile.

么啦？这有什么可讶异的？普天之下，莫非王土？我的双手既然实实在在地握着这沙土，这就表示上帝与我们同在！"[1]威廉伯爵如此快速机智的反驳立刻打消了所谓凶兆的传言。部队向黑斯廷斯前进，在黑斯廷斯附近安营扎寨，他们建造了两座木制堡垒，在里面存放军粮。几支部队去探查周围环境，抢劫当地居民并焚烧他们的房舍。附近的村民纷纷离开家里，将他们的房屋用具和牲畜藏起来，逃亡至教堂和墓地。他们考虑到诺曼人是虔诚的基督教徒，因此，没有比教堂和墓地更安全的地方了。但是，诺曼人此时迫切地想要得到各种战利品，早已忘却教堂是神圣不可侵犯的场所。[2]

　　哈罗德此时在约克养伤，疲惫不堪。一位信使匆忙来报，说威廉的部队已经登陆，并且在英格兰的领土上插上了诺曼底的军旗。[3]哈罗德立即启程前往英格兰南部，途中所经城市，他均发布命令，让当地首领立刻组织武装部队，前往伦敦。西部民兵立刻就位，北部因为路途遥远稍有延迟，总之，哈罗德得到了全国人民的支持。那些得到爱德华的偏爱而留在英格兰、哈罗德即位之后也没有将其驱逐出境的诺曼人，此时充当了间谍，他们写信告知威廉，提醒他务必谨慎，因为四日之内，哈罗德将集结十万人马南下。[4]然而，哈罗德心急如焚，在听说诺曼人在黑斯廷斯附近的野蛮行径之后，他便要立即和诺曼人决一死战，四天的等待对他来说过于漫长。[5]他想立刻对诺曼人发动进攻，尽快解救黑斯廷斯居民，遂带领比诺曼底军队少四倍的人马前

[1] Roma, de Rou, t.II, p.151 et p.152.
[2] Tapisserie de Bayeux. Roman de Rou, t.II, p.153.
[3] Robert of Gloucester's Chronicle, p.359. Suppletio historiæ regni Anglæ. (Mas. Musæi britannici.)
[4] Chron. de Normandie; Recueil des hist. de la France, t.XIII, p.228. Guill. Pictac., apud Script. rer. normann., p.199.
[5] Chron. de Normandie; Recueil des hist. de la France, t.XIII, p.228. Ibid., p.201.

往黑斯廷斯。[1]

威廉公爵的部队设防严密，完全可以应付突袭，而且哨所覆盖的范围甚广。很快，一支骑兵分队从哨所撤退，禀告威廉公爵，英格兰国王已经逼近。[2]发动突袭之前，哈罗德克制住自己的怒火，深思熟虑之后，在距离敌军七英里的地方停下，准备在沟壑和栅栏后面筑垒固守。哈罗德派出通晓法语的间谍前去敌军阵营打探他们的军力和布置。这些间谍回来后，向哈罗德禀告，威廉公爵军队中的神职人员远远多于士兵。事实上，间谍们将那些身穿短衫、剃光头发的战士们当作了教士，因为此时，在英格兰，蓄长发、留胡须才是流行的趋势。哈罗德听后，不免觉得庆幸，但是他仍然不敢轻敌，如此说道："你们看到的那些人，他们不再是教士，而是试图打败我们的战士！我们万万不可掉以轻心！"[3]好几位英格兰将领建议哈罗德不要正面攻击诺曼底军队，而是慢慢向伦敦撤退，途中可以破坏城池、掠夺食物，这样诺曼底军队最终会因为缺乏军粮而不得不撤退。哈罗德说道："我作为英格兰国王，职责是保卫英格兰，现在你们却让我去做伤害英格兰子民的事情？不！我不能这样背叛自己的国家！我宁愿带领着少数人马，去搏一搏运气，为了我的大业而英勇奋斗！"[4]

和其外表所显示的不同，威廉公爵个性谨慎，比起个人尊严，他更看重长远利益。如今，他意识到哈罗德处于劣势，于是打算派人去重申自己的要求。他派出的是一个名叫于格·麦格罗（Dom Hugues Maigrot）的修道士，这次他向哈罗德提供三个选择：直接将英格兰王

---

[1] Mas. Abbatiæ Walthal, in Musæo britann. Florens. Wigorn. Chron., p.634. Roger de Hoved. Annal., pars prior, apud rer. anglic. Script., p.448, ed Savile. Hist. Ingulf. Croyland., apud rer. anglic. Script. t.I, p.69, ed. Gale.

[2] Guill. Pictav., apud Script. rer. normann., p.201.

[3] Roman de Rou, t.II, p.174. Matth. Paris., t.I, p.3.

[4] Chron. de Normandie; Recueil des hist. de la France, t.XIII, p.229.

位让与威廉公爵,此为其一;请罗马教皇来做决定,在他们两位中选出一位作为英格兰君主,此为其二;将这项选择交给战争,让实力来决定,此为其三。哈罗德回答道:"我既不会让出英格兰王位,也不会让教皇去裁决,更不会同意战争。"[1] 诺曼底公爵仍然不死心,他再次派出这位修道士,对他指示道:"你去告诉哈罗德,如果他同意履行过去和我之间的契约,那么亨伯河以北的领土将属于他,戈德温过去执政的土地将属于他的兄弟格斯。但是如果他仍然不同意我的条件,就当着所有人的面告诉他,他是一个撒谎者,一个背信弃义之人,我这里有教皇的谕旨,他和所有支持他的人都将被逐出教会。"[2]

于格·麦格罗庄严地宣布了威廉公爵的指示,英格兰各位将领在听到"逐出教会"一词时,无不神色凝重,好似大难临头。他们其中一人回答道:"无论如何,我们都打算背水一战。我们的国王哈罗德仍然健在,我们何故要接纳新的君主?当然这还并非事情的症结所在。诺曼底公爵已经将英格兰的土地允诺给他的男爵、骑士以及其他诺曼人;他自己则将占据英格兰的最大一块领地。如果威廉公爵真的成为英格兰君主,那么诺曼人都将试图在英格兰分一杯羹。如此,威廉公爵便会将我们的身家财产、我们的妻儿全部献给诺曼人,因为按照诺曼人所述,这一切都是哈罗德国王此前允诺的,他们不过是收回自己应得的东西。诺曼人此次征战英格兰,影响的何止是我们一代人呢?我们的子子孙孙都将受到牵连,不得翻身。这是我们祖先打下的江山,如果不能守卫疆土,那么国将不国,我们又将何去何从呢?"英格兰各位将领一同发誓,拒绝和诺曼人进行任何谈判,要与敌人决一死战。[3]

---

[1] Chron. de Normandie, ibid., p.230. Guill. Pictac., apud Script. rer. normann., p.201.

[2] Chron. de Normandie; Recueil des hist. de la France, t.XIII, p.231.

[3] Chron. de Normandie; Recueil des hist. de la France, t.XIII, p.231.

双方互传消息整整花费了1天,此时,自哈罗德打败挪威军队,已过去18天。由于哈罗德紧急南下,援兵很难在短时间内与其汇合。北方的两大统领,埃德温和莫卡尔或是在通往伦敦的路上,或是身处伦敦。只有一些志愿兵、紧急带上武器出发的商人、离开修道院响应国家号召的神职人员,三三两两地前来支援。前来相助的神职人员里,有来自伊利(Ély)彼得伯勒修道院(Peterborough)的院长以及来自温彻斯特希达(Hida)修道院的院长,后者带来了12位教士以及自费召集的20位士兵。[1]两国之战已经迫在眉睫,大多数人都支持哈罗德应战,但是格斯劝哈罗德不要亲自参与这次作战,而是前往伦敦寻求支援,他说道:"兄长,不管你是自愿的也好,被强迫的也罢,你确实当着圣骨的面,向威廉公爵发过誓。此战是为了惩罚你所谓的'背信弃义',如果你应战,岂不授人口实?就让你的两个弟弟前去应战吧,我们未曾在圣骨前发誓,我们为了保家卫国而出战,这便是一场正义之战。如果我们不敌对方,你再来相助;如果我们牺牲,你日后为我们复仇!"听到兄弟如此贴心的劝慰,哈罗德感动万分,但是让他人冒险而自己袖手旁观,[2]他绝不能这样推卸责任。哈罗德最终还是决定亲自应战。[3]

直到今天,两军交战的地点都被称作"战地"(lieu de la bataille)。[4]英格兰军队以山脉为防线,用木桩和柳枝栅栏防御敌人。10月13日夜里,威廉公爵向诺曼底将士们宣布第二天就是决战之日。诺曼底战士们开始筹备战事,那些尾随而来的大批教士和其他神职人员开始祈

---

[1] Monast. anglic., Dugdale, t.I.p.210.
[2] Willelm. Malmesb., de Geat.reg.angl., lib.II, apud rer. anglic. Script., p.100, ed. Savile.
[3] Mas. Abbatiæ Waltham.
[4] Willelm. Gemet. Hist. Normann., apud Script. rer. normann., p.288. Monast. anglic., Dugdale, t.I, p.311.

祷，他们同战士们一样，渴望胜利，期待得到大量战利品。[1]教士们开始坦陈自己的过失、忏悔，然后领受圣事。[2]英格兰将士们则用另一种方式为战争做准备，他们大肆庆祝，吟唱古老的撒克逊歌谣，围着篝火，一干为敬。[3]

  清晨，威廉公爵同母异父的兄弟——巴约主教，身穿铠甲，并在外面披上白色法衣，举行弥撒，为诺曼底军队祝圣。随后，他骑上白色战马，手持指挥仗，开始布置骑兵队。整支诺曼底军队被分为三列：第一列是来自布洛涅和蓬蒂厄的战士，他们多是为了军饷而参战的人员；第二列来自布列塔尼、勒芒（les manceaux）以及普瓦图；第三列均是来自诺曼底的骑兵，由威廉公爵亲自指挥。每一支部队的最前面和侧面都安排有轻步兵，他们身穿大袖口加厚外套，手握长长的木制弓箭以及钢制的弩。威廉公爵骑上一匹西班牙战马，这战马是由一位诺曼底贵族前往加利西亚（Galice）的圣雅克（Saint-Jacques）朝圣时带回来的。他脖子上系上最珍贵的圣骨，正是在这些圣骨前，英格兰国王哈罗德曾经立下誓言。在他身侧，一位名叫图斯坦·勒布朗（Toustain-le-Blanc）的年轻人扛着教皇祝圣过的战旗。[4]整支部队准备出发时，威廉公爵大声发表演讲：

---

[1] Willelm. Gemet. Hist. Normann., apud Script. rer. normann., p.288. Monast. anglic., Dugdale, t.I, p.311.

[2] 基督教各派的礼仪，又称圣礼。基督教认为圣事都源于《圣经》，并为耶稣所定立。天主教与东正教的圣事有7种：圣洗（洗礼）、坚振、告解、圣体（圣体血）、终傅、神品、婚配。宗教改革后出现的新教简化了原有的七种圣事，一般只保留了洗礼及圣餐。英国圣公会还保留了婚配。少数新教派别不承认所有圣事。（译者注）

[3] Roman de Rou, t.II, p.184 à 186. Chron. de Normandie; Recueil des hist. de la France, t.XIII, p.231 et 232.

[4] Guill. Pictav., apud Script. rer. normann., p.201. Roman de Rou, t.II, p.198. Chron. de Normandie; Recueil des hist. de la France, t.XIII, p.232 et 233.

请各位全力以赴地去战斗！如果我们赢得胜利，那么我们将得到财富！无论我得到什么战利品，你们同样可以享有！如果我们成功地征服了英格兰，那么胜利是属于大家的！我获得英格兰的领土，你们同样有份！我希望大家明白，我并非为了个人恩怨来攻打英格兰，而是要为诺曼底讨回公道，因为英格兰人背信弃义，曾经背叛过我们！他们在圣布利斯之夜（la nuit de Saint-Brice）残忍屠杀丹麦人；他们无情杀害阿尔弗雷德的同伴以及我的诸多亲眷。愿上帝保佑我们，让我们出发去惩处他们，让他们为自己的罪过付出代价！[1]

诺曼底军队很快抵达黑斯廷斯的西北部，与英格兰军队对峙。随行的诺曼底教士爬到附近的高处，祈祷并且观战。[2]一位名叫泰尔佛（Taillefer）的诺曼底战士骑着战马奔赴前线，他哼唱高卢人都熟悉的、赞颂查尔曼以及罗兰的英雄事迹的诗歌。他一边唱，一边将剑用力抛到空中，然后灵活地用右手接住。诺曼底士兵们都跟着他哼唱，大声呐喊道："愿上帝保佑！愿上帝保佑！"[3]

弓箭手开始射箭，弓弩手则开始射方镞箭，但是大部分都被英格兰人棱堡上那高高的护墙挡住。手持长矛的步兵以及骑兵逼近棱堡，试图强攻。英格兰人此时列队站在军旗周围，在护墙后列好队形，准备迎击。英格兰士兵手拿斧头对抗诺曼底士兵，轻松地就毁坏了敌人

---

[1] Roman de Rou, t.II, p.187 à 190. Chron. de Normandie；Recueil des hist. de la France, t.XIII, p.232.

[2] Roman de Rou, loc.supr. cit.

[3] Roman de Rou, t.II, p.187 à 190. Chron. de Normandie；Recueil des hist. de la France, t.XIII, p.234. Henrici Huntind. Hist., lib.VII, apud rer. anglic. Script., p.368, ed. Savile.

的兵器和铠甲。[1]诺曼人既无法攻进护墙内部，也无法毁坏墙上的木制栅栏，他们实在疲于这样无效的进攻，于是纷纷撤退，回到威廉公爵的指挥中心。威廉让弓箭手再次出发，但是命令他们不要向正前方射箭，反而是向上空发射，让箭落到敌营内部。如此，不少英格兰士兵脸部中箭，受到重创。英格兰国王哈罗德的眼睛被箭射中，但是他继续指挥、坚持战斗。诺曼底步兵和骑兵继续前进，大声喊道："圣母玛利亚！愿上帝保佑！愿上帝保佑！"很快，英格兰士兵开始反击，将敌军逼进长满灌木的水沟。马匹踉跄，诺曼底士兵东倒西歪，很多人阵亡。[2]诺曼底军队的士气受到很大打击，甚至有传言，威廉公爵已经牺牲，听到这则消息，很多人打算逃走。威廉公爵亲自走到逃兵前面，挡住他们的去路，手拿长矛威胁他们道："我在这儿呢！好好看着，我还活得好好的！上帝保佑我，我们定能取得胜利！"[3]

诺曼底骑兵再次返回应战，他们停在护墙前面，既不敢强攻，也未能找到突破口。此时，威廉公爵想到一个绝妙的主意，尝试让英格兰人离开他们的哨位，以此来打破他们的列队。他命令一千名骑兵先佯装前进，然后佯装逃窜。英格兰人见状立刻拿起武器，对这些诺曼底骑兵进行追捕。[4]这些所谓的"逃兵"到达某一个位置之后，忽然一声令下，调转马头，转而袭击追来的英格兰士兵。此时，英格兰士兵双手被笨重的斧头占据，根本无法抵挡敌人的疯狂进攻，护墙终于沦陷。诺曼底步兵和骑兵进入，双方又是一场激战。威廉公爵的战马被斩杀，而哈罗德和他的两位兄弟都倒在了英格兰的战旗之下，诺曼

---

[1] Guill. Pictav., apud Script. rer. normann., p.201.
[2] Monast.anglic., Dugdale, t.I, p.311. Willelm. Gemet. Hist. Normann., apud Script. rer. normann., p.287.
[3] Guill. Pictav., apud Script. rer. normann., p.202.
[4] Chron. de Normandie; Recueil des hist. de la France, t.XIII, p.235.

人则竖起罗马教皇所赐的战旗。失去首领的英格兰士兵依旧坚持，激战至黄昏。天色暗下来之后，双方士兵需要通过语言才能判断对方是敌是友。[1]

英格兰军队战败，士兵四处溃散，很多人因为负伤或过于疲倦，而死在路上。诺曼底骑兵对他们进行追捕，并毫不留情地将他们一一诛杀。[2] 次日清晨，威廉公爵在圣瓦莱里港口召集所有士兵，拿着出征前所拟好的名册，对士兵进行点名。[3] 诺曼底士兵同样伤亡惨重，幸存的诺曼底士兵可以得到死去的英格兰士兵的遗物，这也是他们的第一份战利品。在转移遗体时，他们发现13具身穿教士服装的遗体，这正是希达修道院院长和他的12位同伴。因此，希达修道院的名字被首先登记在诺曼人的战利品名册上。[4]

至于那些战死沙场的英格兰士兵，他们的母亲和妻子从周围村镇而来，寻找遗体并将其妥善安葬。英格兰国王哈罗德的遗体一直留在战场上，无人前来认领。后来，戈德温的遗孀吉塔（Ghitha）在悲痛之余，让人带信给威廉公爵，请他给哈罗德留有最后的体面。根据记载，她愿意提供和他儿子同等重量的金子作为交换。但是威廉公爵严词拒绝，在他看来，一个背信弃义之人，只能葬在河岸边的沙土里。哈罗德在世的时候，曾建立并发展沃尔瑟姆修道院（Waltham），此时，该修道院的院长派出两位教士，分别是奥斯古德（Osgod）和艾尔瑞克（Ailrik），他们恳求威廉公爵将哈罗德的遗体交还给他们，并允许他们运回教堂，妥善安葬。威廉最终答应。此时，无人认领的英格兰

---

[1] Ibid., p.236. Monast.anglic., Dugdale, t.I, p.312. Math. Westmonast. Flor. Hist., p.223. Eademeri Hist. nov., lib.I, p.6, ed. Selden.

[2] Guill. Pictav., apud Script. rer. normann., p.203.

[3] Chron. de Normandie; Recueil des hist. de la France, t.XIII, p.236 et 237.

[4] Monast.anglic., Dugdale, t.I, p.210.

士兵遗体被撤掉武器，扒光衣服，全部堆在一起。两位教士无奈，只能挨个仔细排查，以找到国王的遗体，但是这些遗体因为受伤早已面目全非，根本无从辨认。他们伤心之余，自觉没有能力找到哈罗德的遗体，不得不向哈罗德即位前的一位情妇求助。这名女子名叫埃迪特（Edithe），人们称她为"天鹅颈美女"。[1] 她同意两位教士的请求，并最终完成任务，找到了她曾经爱过的男人的遗体。

　　这所有的事件都是由盎格鲁-撒克逊的编年史作者们所述，他们的语气颓丧，很难模仿。他们把作战之日称为"苦涩的一天、死亡之日、被勇敢者血液浸染的日子"。[2] 伊利教堂的史学家如此感叹道："我的祖国，我该如何讲述关于你的故事呢？我该如何向我们的子子孙孙讲述这一切呢？我们失去了国王，而英格兰落入外族人的手里；英格兰子民前仆后继却战死沙场；贵族们不是投降，就是战死，或是被剥夺继承权。这一切，我该如何讲述呢？"[3] 很久之后，仍然有这样的传说，每当雨水湿润了土地，人们就能看到鲜血自黑斯廷斯西北方向的山上流淌下来。[4] 战争胜利之后，威廉公爵立下誓言，要在战地修建一所修道院，并将其置于马丁神——高卢所有战士的庇护神的庇护之下。[5] 修道院外墙沿着英格兰人所建立的护墙而建，祭坛的位置设在英格兰军旗倒下的地方，而周围1里格[6]的范围，都属于修道院所有。这个修道院，在诺曼语中，被称为"战役修道院"。[7] 图尔附近

---

[1] De Inventione sanctæ crucis walthamensis; chron. anglo-norm., t.II, p.249.
[2] Math. Westmonest. Flor. histor., p.224.
[3] Hist. eccles. Eliensis, lib.II, p.44, apud rer. anglic Script., t.III, p.516. ed. Gale.
[4] Guilielm. Neubrig. Hist., p.10, ed Hearne.
[5] Chartæ Willelmi Conquæstoris, apud Monast. Anglic., Dugdale, t.I, p.317 et 318.
[6] 里格是长度单位，在陆地上，1里格约为4.83千米。
[7] Charta Willelmi Conquæstoris, in notis ad Eadmeri Hist. nov., ed. Selden, p.165.

的马尔穆捷修道院（le grand couvent de Marmoutiers）的教士们来到此处定居，他们为所有在战争中牺牲的亡灵祈祷。[1]

有人说，建筑师们在给修道院打地基时，发现当地严重缺水，便将情况禀告威廉公爵。后者听到后，反而以愉悦的口气说道："你们不用忧虑，尽管继续，既然上帝保佑，让我在此地赢得战争，在这里建造起来的教堂必然至尊至贵，又怎会缺乏清澈的水源呢？在这教堂里任职的教士的酒杯中，又怎会缺少醇馥幽郁的美酒呢？"[2]

---

[1] Monast. Anglic., Dugdale, t.I, p.312.
[2] Monast. Anglic., Dugdale, t.I, p.312.

# 第四章
从黑斯廷斯战役到诺曼人攻占切斯特
（1066—1070 年）

黑斯廷斯一战，威廉正式开启了征服英格兰之旅。稍作休整之后，他带领战后残余部队朝北推进，目标直指伦敦。英格兰国王哈德罗惨死沙场，但是，英格兰各地人民站了起来，誓死捍卫自己的家园。诺曼人想要完全占领英格兰并非易事，不断有船只陆续从诺曼底出发，穿越汹涌波涛，来到黑斯廷斯，加入战斗。一日，几艘诺曼底船只准备前往黑斯廷斯，却误于罗姆尼（Rumeney，今天写作 Rumney）靠岸。罗姆尼位于黑斯廷斯以北几千英里，诺曼人在这里与当地民众展开激烈斗争，最终落败。[1] 几天之后，威廉得知这件事，为了避免后续援兵再次遇阻，他决定暂时搁置进攻伦敦的计划，转战东南沿海地区，以保证后续力量顺利抵达战场。威廉亲自带兵撤回黑斯廷斯，打造声势，扰乱人心，以达到不战而胜的目的。在此地停留几日之后，威廉便带上部队和援兵重新上路。[2]

威廉率兵沿海岸由南向北进发，沿路各地皆被洗劫一空。[3] 抵达罗姆尼之后，他火烧房屋，屠杀民众，为之前的失利报了一箭之仇。

---

[1] Guill. Pictav., apud Script. rer. normann., p.204.
[2] Chron. saxon. frag., sub anno MLXVI, apud Gloss. Ed. Lye, t.II, ad finem.
[3] Chron. saxon. frag., sub anno MLXVI, apud Gloss. Ed. Lye, t.II, ad finem.

接着他转战整个海岸线防御最为坚固的地方——多佛尔，此处的堡垒于不久前刚刚修缮完毕，人们经过多年的艰苦劳作，才得以在延伸进大海的陡峭岩石上建起一道壁垒。攻克这道壁垒的难度可想而知，对于诺曼人最后究竟如何将之拿下，我们不得而知。总之，据史料记载，诺曼人最终火烧多佛尔。[1]威廉在多佛尔停留了8天，在此地建造起新的堡垒和防御工事，之后离开沿海地区，朝伦敦进发。

诺曼底部队沿着维特岭嘎大道前进，这条著名的罗马古道曾在历史上多次被当作领地分界线，见证了英格兰人和丹麦人在这片大地上的恩恩怨怨。[2]维特岭嘎大道直通伦敦，途经肯特郡时，诺曼人在泰晤士河附近一处森林中遭遇一队英格兰人马的突袭。在坎特伯雷的圣奥古斯坦修道院（monastère de Saint-Augustin）的教士埃格西格（Eghelsig）和曾经为哈罗德加冕的坎特伯雷大主教斯蒂甘德的指挥下，英格兰人与诺曼人展开了一场激烈的战斗，无奈最终寡不敌众。[3]肯特郡向诺曼人承诺，将不再允许该郡民众参与到战争中，并签订协议。[4]肯特郡人此时将自己的安危与国家的命运分割开来，这必将是一个错误的决定，日后他们必将为此付出代价。自古以来，没有任何外来入侵者可以做到自始至终地信守与战败人民之间的诺言，也没有任何外来统治者会在他们制定的法律条例中格外优待某一个地区的战败人民。当然，并非所有英格兰人都是如此贪生怕死、自私自利，个性果敢的大主教斯蒂甘德在此之后就离开肯特前往伦敦，[5]在他看来，

---

［1］Guill. Pictav., apud Script. rer. normann., p.204.
［2］Livre II, p.151 et passim.
［3］Chron. Willelmi. Thron., apud hist. angl. Script., t.II, col. 1786, ed. Selden.
［4］Chron. Willelmi. Thron., apud hist. angl. Script., t.II, col. 1786, ed. Selden.
［5］Gervas. Cantuar. Act. pontif. cantuar., apud hist. angl. Script., t.II, col. 1651, ed. Selden.

伦敦与肯特不同，伦敦人始终还在进行顽强的抗争，他们展现出了宁死不屈的精神。此时，伦敦正在策划发动第二次战役，相较第一次战役来说，这次人们进行了更为周密的部署和详细的安排，可谓志在必得。[1]

发动第二次战役前夕，还留有一关键问题亟待解决，即选举出一位领袖指挥兵力、部署战术。此事本该由议会完成，奈何此时各股势力之间勾心斗角，各执一词实难达成统一，故迟迟没有结果。先王的几个兄弟本是最佳人选，却全部战死在黑斯廷斯；哈罗德的两个儿子又太过年幼，鲜为人知，没有群众基础；占据天时地利人和的唯有哈罗德的两个内兄——诺森布里亚伯爵埃德温和麦西亚伯爵莫卡尔。埃德温和莫卡尔得到整个北方人民的支持，但是伦敦和南方人却支持年轻的埃德加（Edgar），也就是国王爱德华侄子的儿子，因为他身上有王室血统。[2]然而这个年轻人性格软弱，乃常鳞凡介，故没能在一年前战胜哈罗德；但是因为得到了大主教斯蒂甘德和约克·埃尔德雷德（York Eldred）的极力支持，埃德加又在一定程度上动摇着阿佛加儿子们（莫卡尔和埃德温）的地位。[3]

除了斯蒂甘德和约克·埃尔德雷德两位主教，其他诸位主教既不支持埃德加，也不支持埃德加的竞争对手，而是倡导臣服于教皇。[4]他们当中，有的人是出于对宗教权力的盲目服从，有的人则是完全疲于政事，还有一些有异族血统的主教则被国外垂涎英格兰王位的人所

---

[1] Chron. saxon. frag., sub anno MLXVI, apud Gloss. Ed. Lye, t.II, ad finem.
[2] Guill. Pictav., apud Script. rer. normann., p.205. Willelm. Malmesb., de Gest. reg. angl., lib.III, apud rer. anglic. Script., p.102, ed. Savile.
[3] Chron. saxon. frag., sub anno MLXVI, apud Gloss. Ed. Lye, t.II, ad finem.
[4] Johan. de Fordun Scotichronicon, lib.V, cap. XI, p.404, ed. Hearne. Willelm. Malmesb., de Gest. reg. angl., lib.III, apud rer. anglic. Script., p.102, ed. Savile.

收买，但他们并没有太占据上风。最终，大多数议员商讨之后，决定选择一位英格兰人作为新任英格兰国王，最终埃德加当选。然而，他并非最佳国王人选，似乎也并不能解救英格兰于危难之中。埃德加成功登上了王位，然而此前英格兰人在新任国王的选定中优柔寡断，已经浪费了太多时间。[1] 新国王的上任也未能将英格兰各方势力团结起来，埃德温和莫卡尔此前承诺将率领士兵来伦敦支援，以保家卫国，此时也反悔，带兵撤退，回到了北部。他们迫切想要保护北方，自然无暇顾及英格兰的其他地区。埃德温和莫卡尔的离开显然削弱了伦敦的兵力，大敌来临，伦敦的反抗热情在一定程度上受到了打击。[2]

在此期间，诺曼底军队在攻下多个海岸地区之后，直入萨里（Surrey）、萨塞克斯和汉普（Hants），火烧城市和村庄，屠杀平民百姓。[3] 在向伦敦发动进攻之前，威廉派出五百骑兵深入伦敦南部郊区，他们在那里与一支英格兰部队狭路相逢，双方展开殊死搏斗，诺曼人眼看获胜无望，只好实施紧急撤退。这场败仗令诺曼人怒火中烧，撤退途中他们烧毁了泰晤士河右岸的所有建筑。[4] 看到伦敦人如此坚忍不拔，没有任何投降的迹象，威廉便没有继续逼近伦敦，而是改向西部进发，越过泰晤士河，来到伯克（Berks）的沃灵福德（Wallingford）。他们在这里驻扎设防，留下一部分兵力阻断西部援兵的去路。接着威廉朝东北方向进发，亲自驻扎在哈特福（Hertford）的伯克汉斯特德（Berkhamsted），此地乃要塞关口，可以完全阻断伦

---

[1] Chron. saxon. frag., sub anno MLXVI, apud Gloss. Ed. Lye, t.II, ad finem.
[2] Willelm. Malmesb., de Gest. reg. angl., lib.III, apud rer. anglic. Script., p.102, ed. Savile.
[3] Roger de Hoved. Annal., pars prior, apud rer. anglic. Script., p.450, ed. Savile.
[4] Guill. Pictav., apud Script. rer. normann., p.205. Order. Vital. Hist. ecclesiast., lib.IV, apud Script. rer. normann., p.503.

敦与北方各个地区的联系,从而阻止埃德温和莫卡尔前来支援。[1]这样一来,伦敦就被彻底隔离,不仅无法得到兵力支援,还被诺曼人阻断了食物供给,整个城市陷入孤立无援的境地。伦敦人曾多次尝试同诺曼人对抗,但是渐渐地,他们开始疲惫不堪,终无力再战。打倒他们的并不是强大的兵力,饥饿、被困的绝望才是压倒伦敦人的"最后一根稻草"。[2]

伦敦的上层阶级像英格兰的绝大多数城市一样,在汉萨同盟[3]的名义下组织了一个市政工会,这个组织起到了临时政府的功能。工会不受国王的约束,甚至可以不经过国王的允许就召集成员商议国家内务。关于组织的最高领导人,历史学家无法考证其姓名,只找到一篇文章,文中称他为"hansward",意思是"汉萨同盟的监督者"。[4]他曾多次参加战争,在战争中不幸失去了双腿,只能坐在车辇上来回奔波,操劳各项事务。此人身残志坚,一心想要将伦敦人从饥饿中拯救出来,对保护这座城市充满热情。这在极大程度上鼓舞着伦敦人的斗志。[5]据说,威廉在听说此人之后,考虑到他在伦敦人中的影响力,曾派密使前去试探他的口径,但是却没有一点儿收获,这位汉萨同盟的领导者既没有表达友好,也没有表露出敌意。[6]他性格内向严谨,恪尽职守,永远以集体利益为重,他的爱国情感自不必多说。面对此时此刻的伦敦,他认为当务之急是将这座城市从一片狼藉中拯救出来。

---

[1] Guill. Pictav., loc. supr. cit. Order. Vital., loc. supr. cit.
[2] Willelm. Gemet. Hist. normann., apud Script. rer. normann., p.288.
[3] 汉萨同盟是德意志北部城市之间形成的商业、政治联盟。"汉萨"(Hanse)一词,德文意为"公所"或者"会馆"。(译者注)
[4] Chroniques anglo-normandes, t.III.
[5] Chron. anglo-norm., t.III, p.31.
[6] Chron. anglo-norm., t.III, p.31.

在认清伦敦已经孤立无援的形势之后,他最终决定顺应形势,采取权宜之计。于是,他召集所有上层人士,在会议上率先提出同敌人签订投降协议的提议,以尽最大可能地保住伦敦,避免使其毁于一旦。[1]

他在会议上真挚地说道:"亲爱的兄弟们,你们看到我们的城市已经被包围,我们等待的援兵却迟迟不来。郊区已经被鲜血浇灌,四处都是熊熊战火,整个伦敦弥漫着绝望的气息。我的观点是,现在只有一种方法可以拯救我们,就是变通。如果大家相信我的话,请抓住当下时机,向敌人求和。诺曼人比谁都清楚我们在经受什么,一旦我们投降,他们会立刻终结当前局面。但是此事事关国家大局,请大家务必选择一位合适的人前去谈判,我认为只有刚正不阿之人才能胜任此事,狡诈利己之辈必坏大事。"[2]

这个观点得到了大多数人的支持,但是他们却推选国王埃德加前去同诺曼底公爵威廉谈判,然而他绝对不是最佳人选。只有军权、没有对外发言权的年轻国王埃德加,因为并没有控制国内上层阶级的实力和号召力,自然也无力说服民众绝地反击。这个在一片混乱之中莫名其妙坐上王位的国王,并没有独自决定国家命运的能力,但只能接手这项艰巨的任务。埃德加在大主教斯蒂甘德、埃尔德雷德、伍斯特主教伍尔斯坦德(Wulstand)和一众大臣的陪伴下,来到伯克汉斯特德威廉的兵营中,向他传达伦敦人民的决议。[3]谈判过程中,身为一国之君的埃德加尽量表现得漫不经心、云淡风轻,他认为这样可以使得向诺曼人请求怜悯和饶恕之事显得没有那么卑微。[4]威廉表面十分

---

[1] Chron. anglo-norm., t.III, p.32.
[2] Chron. anglo-norm., t.III, p.33.
[3] Chron. saxon. frag., sub anno MLXVI, apud Gloss. Ed. Lye, t.II, ad finem.
[4] Chron. saxon. frag., sub anno MLXVI, apud Gloss. Ed. Lye, t.II, ad finem.

热情，内心却充满鄙视。[1]他尽量掩饰自己的傲慢和狂妄，虚伪地表示他对英格兰心存愧疚，承诺会以宽大仁慈之心对待英格兰人。前去谈判的英格兰人对此深信不疑，埃德加代表英格兰投降，向威廉献上他们的国土和人民。威廉随后还以礼相赠，英格兰人甚是欢喜。[2]埃德加回到伦敦，宣布只要伦敦人为诺曼人敞开城门，伦敦城将得到和平和安宁。然而，这与传说中残酷无情的征服者威廉的形象大为不同，人们半信半疑，逼问埃德加，威廉是否作出保障，埃德加无言以对，只好答非所问，极力称赞自己在谈判过程中表现出的机智和风度。[3]伦敦百姓长期忍受担惊受怕的生活，早已心生厌烦，此时他们只能选择相信埃德加，他们太渴望安宁的生活了，便决定向威廉敞开伦敦的城门。[4]

  威廉顺理成章地朝伦敦进发，然而他并没有打算信守自己的诺言，沿路烧杀劫掠，无恶不作。[5]从伯克汉斯特德前往伦敦的路上，要途经圣奥尔本斯修道院（monastère de Saint-Alban），这座修道院修建在一座罗马古城的废墟旁边。在接近修道院的时候，威廉惊讶地发现，路边树木全部被砍断，倒在道路中央，拦住了他们的去路，可见是修道院有意为之。他命人带来修道院的院长弗里斯克（Frithrik），问他："你为什么砍断树木？"院长回答道："我在做分内之事，如果所有英格兰人都像我一样，做好他们应该做的事，敌人就不会在我们的国家肆意横行。"[6]威廉意识到，并不是所有伦敦人都甘愿臣服于他，贸然前

---

[1] Chron. saxon. frag., sub anno MLXVI, apud Gloss. Ed. Lye, t.II, ad finem.
[2] Chron. saxon. frag., sub anno MLXVI, apud Gloss. Ed. Lye, t.II, ad finem.
[3] Chron. anglo-norm., t.III, p.33.
[4] Chron. anglo-norm., t.III, p.34.
[5] Chron. saxon. frag., sub anno MLXVI, apud Gloss. Ed. Lye, t.II, ad finem. Roger de Hoved. Annal., pars prior, apud rer. anglic. Script., p.450, ed. Savile.
[6] John Speed's History of Great Britain, p.436, ed. London, 1623.

去伦敦必定危机四伏，便放弃了直接进驻伦敦的想法，而是在距离伦敦几英里以外的地方停留，并调遣一支临时部队前去伦敦，为他建造堡垒供其日后居住。[1]

一边，一部分诺曼底士兵在加速建造市内堡垒；另一边，停留在伦敦附近营地里的诺曼人在商议一举结束战争的办法。威廉的亲信提议，为了更好地震慑还在独立地区的英格兰人，应该按照惯例先在英格兰称王，以稳定军心，平息造反事态。这个提议无疑让威廉心生欢喜，但他还是十分谨慎，表现出对王位漠不关心的样子。尽管占有这个王国并称王就是威廉的最终目的，但是他还是在尽力隐藏野心，极力凸显自己的高尚无私。威廉假意推辞，表示要和所有并肩作战的战士们共同分享荣誉和财富，称王时机还未成熟，可以稍作等待；威廉还说，他来英格兰不是为了自己的利益，而是为了整个诺曼底，如果注定他要成为英格兰的国王，那么距离即位也尚需时日，因为英格兰并未完全平定，反抗声还在四处响起。[2]

大多数的诺曼底将领没有意识到威廉只是在佯装推让，反而同意了这一说法，共同表示时机的确尚未成熟。平日勤于在威廉身边阿谀奉承的人当中，有一个叫埃莫里（Aimery）的分队将领，此刻站了出来，激情昂扬地发表了一番言论，看似在公然反对威廉的说法，实则是看穿了威廉的真实想法："士兵们请求他们的统领称王算什么过分之事，此事没有必要在所有人中进行商议，我们的争论只会耽误大事。"[3] 此番言论一出，原先与国王的真正想法背道而驰的人便不敢再发表意见了，为了表现自己的忠诚，大家纷纷表示赞同埃莫里的看法，

---

[1] Guill. Pictav., apud Script. rer. normann., p.205.
[2] Guill. Pictav., apud Script. rer. normann., p.205.
[3] Guill. Pictav., apud Script. rer. normann., p.205.

最终全体一致同意在发动新的战争之前，先行操办威廉加冕之事。

加冕仪式定在圣诞节举行，地点选在伦敦附近的西米斯特修道院（monastère de West-mynster）。曾经前来讲和的坎特伯雷大主教斯蒂甘德被邀请为新国王加冕，斯蒂甘德断然拒绝，坚称绝对不会为一个双手沾满鲜血和侵夺英格兰人民权利的人加冕。[1] 不过，约克大主教埃尔德雷德则顺应形势，接受了为新国王加冕的邀请；[2] 据史学家所说，埃尔德雷德为人更为小心谨慎，[3] 他认为，威廉的胜利必然是得到了上帝的庇护，因此为其加冕也算是听从上帝的指令。[4] 仪式当天，西米斯特教堂装点一新，似乎与往日的加冕仪式无异，[5] 只不过这次新上任的国王并非经由选举产生，更不是英格兰百姓心之所向。威廉如此自以为是，为自己加冕称王，已然沦为英格兰人的笑柄。加冕仪式开始，威廉在两列士兵的护送下走向教堂，战时所俘获的英格兰士兵站在修道院前恭顺迎接。远处，教堂周边的所有道路和广场上，站满了手拿武器的士兵，[6] 以防止出现暴动，时刻保卫这个即将成为英格兰国王的人。[7] 伯爵、贵族和其他的战士将领一共260人，同威廉一同进入教堂中。

加冕仪式开始之后，库唐斯（Coutances）大主教杰弗里（Geoffroy）登上神坛，用法语问诺曼人是否同意他们的统帅加冕为英格兰国王，

---

[1] Guilielm. Neubrig., de Reb. Anglic., p.15, ed. Hearne. Chron. Johan. Bromtonm apud hist. angl. Script., t.I, col. 962, ed. Selden.

[2] Guilielm. Neubrig., de Reb. Anglic., p.15, ed. Hearne.

[3] Guilielm. Neubrig., de Reb. Anglic., p.15, ed. Hearne. Chron. Walteri Hemingford., lib.I, cap. II, apud rer. anglic. Script., t.II, p.457, ed. Gale.

[4] Guilielm. Neubrig., loc. supr. cit. Chron. Walteri Hemingford., loc. supr. cit.

[5] Chron. saxon., ed. Gibson, passim.

[6] Guill. Pictav., apud Script. rer. normann., p.206.

[7] Order. Vital. Hist. ecclesiast., lib.III, apud Script. rer. normann., p.503.

与此同时，约克大主教埃尔德雷德用英语问英格兰俘虏是否愿意接受诺曼底公爵为他们的国王；接着，教堂中传出了雷鸣般的欢呼声，声音传至驻守在外面道路的士兵耳中，他们误以为是有突发状况，便按照之前收到的秘密指令，放火烧毁周边房屋。[1]火势慢慢蔓延至教堂附近，所有见证加冕仪式的人都四散而逃，一些人跑去灭火，还有人趁乱抢夺财物。[2]加冕仪式被突如其来的混乱局面打断，只有埃尔德雷德主教和其他几位教士留下，匆匆结束了仪式。新国王威廉在一片混乱之中显然也受到了惊吓，在慌乱之中向主教承诺会善待英格兰臣民。[3]

从这一天开始，伦敦这座城市就真正体会到，新任国王所说的"善待英格兰臣民"究竟意味着什么。虽然接受了加冕仪式，但是毕竟不同于英格兰人自己选出来的国王，威廉的处境也是十分尴尬。尤其在演说言辞的选择上，他有时谎称自己为合法继承王位，有时又直言国家是自己暴力夺取而来。[4]但是在行动上，威廉从不含糊，态度十分鲜明，面对这个利用刀剑抢夺而来的国家和王位，他必然站在人民的对立面。他向人民征收重税，扣押人质，人民怨声载道。[5]威廉不敢居住在伦敦市内，之前慌忙建造的城堡并不能让他安心；他暂住在伦敦周边的乡下等待工程加固，同时又建起另外两个堡垒，以更好地对抗和镇压这个强大和自信的民族。[6]

话说埃德温和莫卡尔在退出战役返回北方地区之后，伦敦沦陷，

---

[1] Order. Vital. Hist. ecclesiast., lib.III, apud Script. rer. normann., p.503.
[2] Order. Vital. Hist. ecclesiast., lib.III, apud Script. rer. normann., p.503.
[3] Order. Vital. Hist. ecclesiast., lib.IV, apud Script. rer. normann., p.503.
[4] Hickesius, Thesaurus linguarum septentrionalium, t.II, p.71.
[5] Chron. saxon. frag., sub anno MLXVI, apud Gloss. Ed. Lye, t.II, ad finem.
[6] Guill. Pictav., apud Script. rer. normann., p.208.

不久就听到威廉加冕之事，二人大为震惊。但是根据英格兰传统，每每有新国王即位，各地伯爵必须从四面八方赶来参见。埃德温和莫卡尔也不例外，他们从北方赶到威廉的临时居所巴金[1]，向新国王表忠心。[2]但是，埃德温和莫卡尔的臣服并不能代表北方人民的臣服，北方地区仍旧在进行顽强抗争，威廉也迟迟未能攻克北方各地。至此，诺曼底军队主要集中在伦敦周边以及东部和南部沿海靠近高卢的地区。新国王加冕，形势趋于稳定，此刻，诺曼人最关心的便是战后所得。军队抵达并占领的地方，随后会有官员负责清点整个区域的具体公共财产和私人财产状况，并进行细致的记录（诺曼人自古就十分依赖笔头记录[3]）；他们甚至详细调查并记录每一个英格兰人的信息：无论是否参与战争，无论在战争中是否幸存，所有英格兰人都受到盘查，他们的资产被全数没收，包括土地和居所。[4]战死英格兰人的儿女会被永久剥夺对父亲财产的继承权；被俘虏的英格兰人虽然得以保住性命，但是其儿女也会被剥夺同样的权利；[5]没有参战的平民百姓也不例外，但是，如果在归顺新国王后的几十年内都可以安分守己，那么他们的后代可以继承家族的部分财产，[6]这样是为了使英格兰人民彻底臣服于威廉的统治，不再滋事。

战争抢夺来的巨额财物让诺曼人一夜暴富。威廉将战利品进行有序划分，保证每一个诺曼人都有所收获。首先，以前国王留下的所有财富、从教堂掠夺来的宝物，以及从商人手中抢到的珍贵且罕见的金

---

[1] 巴金（Barking），伦敦东郊的一个地区。（译者注）
[2] Guill. Pictav., apud Script. rer. normann., p.208.
[3] Dialogus de scaccario, in notis ad Matth. Paris., t.I, ad initium.
[4] Dialogus de scaccario, in notis ad Matth. Paris., t.I, ad initium.
[5] Dialogus de scaccario, in notis ad Matth. Paris., t.I, ad initium.
[6] Dialogus de scaccario, in notis ad Matth. Paris., t.I, ad initium.

银珠宝,全部归威廉国王所有。[1]威廉先是拿出自己的一部分所得财产以哈罗德国王的名义献给教皇亚历山大(pape Alexandre);[2]接着,他还不忘奖赏远在战场之外为他们祈福的同胞:所有为诺曼底军队高唱赞美诗、为他们的胜利欢呼雀跃的诺曼底教堂都获得了金制十字架和器皿作为奖赏。[3]国王拿走属于自己的份额以后,剩下的财产、土地则会根据等级和贡献程度在士兵中进行分配。表示希望获得土地的迪夫河阵营,接手被剥夺财产的英格兰人的土地;[4]贵族和骑士获得城堡、庄园和部分城市;士兵获得的份额最少,[5]其中一些人领到一些钱,另外一些人战前就表示要娶英格兰女子为妻,威廉便将在战争中失去丈夫并继承巨额财产的女子赐予他们。然而并不是所有人都贪恋财富,其中有一位骑士,表示他既不要土地和女人,也不接受任何一个战败者的财产。此人名叫吉尔伯特(Guilbert),他表示,自己随将领来到英格兰,这是他的使命,他并不是贪恋财富才来的;这些抢来的财富并不吸引他,他要回到诺曼底生活,那里有他的合法财产,虽然数目不够庞大,但这才是真正属于他的,他不会从别人那里夺取任何东西。[6]

转眼到了1066年年末,在这段时间内,威廉对已被诺曼人征服的所有地区进行了视察。我们很难具体说出当时诺曼人控制的地区到底有多少,威廉的领地到底有多大;但是仔细翻阅过相关史料之后,我们可以证实,诺曼人在此期间并没能向东北方向继续扩大,他们始终

---

[1] Guill. Pictav., apud Script. rer. normann., p.206.
[2] Guill. Pictav., apud Script. rer. normann., p.206.
[3] Guill. Pictav., apud Script. rer. normann., p.206.
[4] Chron. de Normandie; Recueil des hist. de la France, t.XIII, p.239.
[5] Roman de Rou, t.II, p.387.
[6] Order. Vital. Hist. ecclesiast., lib.VI, apud Script. rer. normann., p.606.

没能掌控波士顿港以北的区域；西南方向的领地则可以延伸到多塞特（Dorset）周边的山地；而位于波士顿港和多塞特之间的牛津则拒绝投降。诺曼人越过牛津向南部和北部分别突破，故而很难界定入侵者当时确切的领地边界。

威廉将所得领地分封给诺曼人之后，短时间内，他们在各自领地就建起了坚固的堡垒。[1]当地人无力抵抗，被迫放下武器，表示愿意服从新的主人。然而在他们的内心，却自始至终都不承认威廉为英格兰国王，在他们的心中，真正的国王还是年轻的埃德加。位于北安普顿的彼得伯勒修道院的做法就很好地证明了这一点：黑斯廷斯战役爆发，彼得伯勒修道院全体奔赴战场，院长利奥佛里克（Leofrik）不幸战死，回来之后，一位名为布兰德（Brand）的修道士被推选出来继任院长一职。英格兰有规定，修道院如若更换院长，需要得到英格兰国王的批准，他们便将布兰德送去拜见埃德加，而并非威廉。彼得伯勒修道院之所以这么做，是因为人们对于埃德加必将重登王位之事深信不疑。[2]事情很快传到了威廉的耳中，他勃然大怒，怒火直指平民百姓，有当时人这样说道："从这一天起，英格兰人民陷入了无尽的痛苦和折磨当中，愿上帝怜悯我们！"[3]

自此，英格兰男性全部沦为奴隶，终日辛勤做工，却仍旧难以养家糊口；英格兰女性则长期忍受入侵者的暴力行为。有些女性被国王赐婚，被迫嫁给诺曼人；还有一些女性直接沦为诺曼底士兵的玩物。有历史学家曾这样描述道："这些卑鄙的士兵、肮脏的流氓肆意玩弄这些高贵的女子，她们痛不欲生，甚至哭着哀求赐死，诺曼人都无动于

---

[1] Chron. saxon. frag., sub anno MLXVI, apud Gloss. Ed. Lye, t.II, ad finem.
[2] Chron. saxon., ed. Gibson, p.173.
[3] Chron. saxon., ed. Gibson, p.173.

衷。[1]他们以折磨人为乐，并为自己的所作所为深感骄傲和自豪。他们来到英格兰，将掠夺来的财富归为己有，他们的仆人甚至都比他们远在诺曼底的整个家族更富有。[2]他们得意忘形，深深沉醉于无限膨胀的自我当中。为了夺取金钱和土地，他们折磨甚至杀害穷苦百姓，以保障自己的生活、满足自己的欲望……"

谁能料到，自从印有三只雄狮的军旗深入到英格兰的大街小巷之后，英格兰人的命运竟发生了天翻地覆的改变。诺曼人尚未踏足的城市也俨然一副乡村的样子，他们蹂躏过的地区现状自然可想而知。威廉将这些地区划分给自己的手下，希望诺曼人可以为这些地方带来生机。关于诺曼人分封领赏之事，让我们通过一些具体的事例加以深入了解。其中不乏大人物的故事，同时，为了将当时的情景尽量生动地还原在读者眼前，也会讲到很多不为人知的小人物。

经历过火海的多佛尔成了巴约主教厄德的领地，厄德没有经过周密思考便接过了这片荒芜之地。[3]他将多佛尔的房屋分给他的战士：拉乌尔·德·库尔贝皮讷（Raoul de Courbespine）分到三座房屋和一块田地；[4]纪尧姆也分到了三座房屋，其中一座还是萨德同盟城市工会所在地。[5]在埃塞克斯的科尔切斯特（Colchester）附近，来自芒德维尔（Mandeville）的杰弗里获得了四座庄园，周围全是耕地。还有40位英格兰土地主的财产全部被恩格利（Engelry）占为己有，一个名叫纪尧姆的诺曼人则将30个英格兰人的土地全部收入囊中。贝德福德（Bedford）的波顿（Burton）、斯特拉特福（Strafford）成了

---

[1] Order. Vital. Hist. ecclesiast., lib.IV, apud Script. rer. normann., p.523.
[2] Order. Vital. Hist. ecclesiast., lib.IV, apud Script. rer. normann., p.522 et 523.
[3] Extracta ex Domesday Book, apud rer, anglic. Script., t.III, p.759, ed. Gale.
[4] Domesday-book, vol.I, fol. 9, verso.
[5] Extracta ex Domesday Book, apud rer, anglic. Script., t.III, p.759, ed. Gale.

居伊·德·里安库尔（Guy de Riencourt）的领地，他一直都占据着这块区域；他的儿子理查（Richard）后来继承了这片领土，却在同亨利（Henri）——威廉的第二顺位继承人扔骰子时输掉了领地中最好的区域。不少英格兰有钱人在被剥夺财产之后，选择投靠诺曼人以保全性命，一个英格兰人就自愿向诺曼人高缇耶交钱，还有一个英格兰人甚至在原本属于自己的土地上当起了农奴。[1]

让我们接着来看一看当时英格兰各地所发生的事情。在萨福克（Suffolk），一个诺曼底将领将一个叫作伊迪夫（Edive）的英格兰妇人的土地据为己有。[2]诺维奇（Norwich）被攻下之后，整个城市向威廉缴纳了30镑零20苏[3]的税金，但是威廉并不满足，他还要求诺维奇人民再向他缴纳70镑的税金和一匹名贵宝马，还要将100苏献给王后，20镑献给留下管理诺维奇的最高长官。[4]留在诺维奇的诺曼人很快便在城市中心建起了一座坚固的城堡，主要是考虑到士兵需要长时间在海岸边巡逻，而留在城内的诺曼人的安全又需要时刻得到保障。[5]接着让我们移步至多切斯特（Dorchester），爱德华在位期间，这里曾经有172座建筑巍然耸立，一片盛世之景；如今，这里只剩下80座房屋，其余的都已成废墟。而在沃勒姆（Warham）的113座建筑中，也有62座被摧毁。[6]在布里德波特（Bridport），也有20座建筑消失，直到20多年以后，这座城市都没能得到重建。[7]威廉的宫廷

---

[1] Domesday-book, vol.I, fol. 36, recto.
[2] Domesday-book, vol.I, p.285.
[3] 苏（sou），法国辅币名，旧时相当于1/20英镑。（译者注）
[4] Domesday-book, vol.II, p.117.
[5] Guill. Pictav., apud Script. rer. normann., p.208.
[6] Extracta ex D. B., apud rer. anglic. Script., t.III, p.764, ed. Gale.
[7] Extracta ex D. B., apud rer. anglic. Script., t.III, p.764, ed. Gale.

总管大臣纪尧姆攻下位于南部海岸的怀特岛，怀特岛自此归入英格兰的领土范围；后来，他的侄子博杜安继承这座岛屿，英格兰人称他为"岛主博杜安"（Baudoin de l'Île）。[1]

温彻斯特附近，汉普郡有一座希达修道院，黑斯廷斯战役爆发，修道院院长带领30余人投奔战场，至今未归。[2]诺曼人占领此地之后，从修道院抢走财物和土地，其野蛮行径在今日看来实为可笑：他们从这里抢走的土地，足够分给12位骑士和一位贵族作为封地；从这里抢夺的财物相当于13位英格兰被剥夺战士的财产总和。[3]还有一件荒谬至极的事情，一个叫作阿德琳（Adeline）的行吟诗人，从一个叫作罗杰（Roger）的诺曼底的公爵那里领取了封地和薪水，之后，却又一次出现在了同一地区的待领赏名单之上。[4]

在哈特福，一个英格兰人花了九盎司黄金，重新赎回了自己的土地，但是，因为害怕自己的土地被再次抢走，他不得不主动向当地一个叫作维戈（Vigot）的诺曼底士兵交钱，以寻求庇护。[5]英格兰的三兄弟瑟诺（Thurnoth）、瓦尔塞奥夫（Waltheof）和瑟曼（Thurman）在圣奥尔本斯修道院附近拥有一座庄园，此庄园乃修道院所赠，意在请求三兄弟保护修道院免受外敌侵扰。[6]诺曼人来袭，三兄弟与入侵者展开激烈斗争，无奈寡不敌众，被迫放弃了自己的领地。随后，这里成为一个名叫罗杰的诺曼人的领地。不过三兄弟很快便卷土重来。三人逃进附近的山林，召集一众被剥削得一无所有的英格兰人，于一

---

[1] Monast. anglic., Dugdale, t.II, p.905.
[2] Livre III, p.360.
[3] Monast. anglic., Dugdale, t.I, p.210.
[4] Domesday-book, vol.I, fol. 38, verso.
[5] Domesday-book, vol.I, fol. 137, verso.
[6] Matth. Paris. Vitæ abbatum S. Albani, t.I, p.46.

日发动突然袭击，虽然诺曼人死伤惨重，但是三兄弟最终还是没能成功将入侵者全部驱逐出去。[1]

诸如此类的事件不胜枚举，一一道来难免乏味；以上这些已足以向读者展示，英格兰人民的悲惨命运每天都在英格兰的南部和东部地区以不同的方式上演着；而此时，英格兰国王威廉却安居于伦敦的城堡，悠闲度日。国王的城堡建在泰晤士河边的城墙一角，取名为"帕拉蒂尼"（Tour Palatine）。"帕拉蒂尼"是古罗马语，原本是威廉在诺曼底时的称号，人们称他为帕拉蒂尼公爵。后下令新修建的两座城堡建在伦敦城西，交由贝纳德（Baynard）和吉尔伯特·德·蒙菲切（Gilbert de Montfichet）看守，两座城堡也分别以两人的名字命名。[2] 城堡上方原本飘扬着贝纳德和吉尔伯特各自的军旗，威廉即位以后，两人都表示愿意降下自己的军旗，向国王宣誓永远效忠于他。自此，飘扬在伦敦三座城堡上空的就统一为三只雄狮的军旗。

威廉成为英格兰国王之后，像贝纳德和吉尔伯特一样，诺曼底将领们纷纷向国王作出承诺、表示忠诚，就这样，整个诺曼底军队，尽管分布在不同的领地，但是众志成城、团结一致。在各个地区，上级分配土地和金钱给下属，下属对上级保持忠诚，为其所用；获封土地较多、战争中收获较大的人，会将财物赠予收获较少的人，比如贵族会赠予骑士，将领会赠予普通士兵。普通士兵则会把财物赠予骑士侍从，骑士侍从赠予低级士官，低级士官再赠予弓箭手和仆人。总的来说，富人救济穷人，穷人通过富人的施舍和帮助，很快也会变成富人。就这样，诺曼人的军衔和地位等级不断发生着变化，战争于他们来说，是一场机遇，最低级士官摇身一变成为高级统领并不是不可能的事。

---

[1] Matth. Paris. Vitæ abbatum S. Albani, t.I, p.46.
[2] Maitland's History of London, p.41.

很多普通诺曼人的命运，在他们抵达英格兰之后，发生了彻底改变。当初他们身着青鞋布袜，漂洋过海来英格兰，换上戎马装束，跃上马背，开始四处征战。晚些抵达英格兰的诺曼人为他们的改变感到新奇和惊讶。就这样，穷酸骑士来到英格兰，很快就成为一支部队的首领，被人前呼后拥，尽享荣华富贵。当初生活在佛拉芒庸庸碌碌的牧牛人和织布工们，很快在英格兰摇身一变成为上流人士。无数诺曼人在海峡一边过着平淡拮据的生活，到了海峡另一边却大放异彩。

当初同威廉一同前来英格兰征战的诺曼人当中，不乏勇猛之士，大家想知道他们的姓名吗？[1] 我们可以看到，他们当中大多数人都没有用自己的圣名：曼德维尔（Mandeville）和丹德维尔（Dandeville）、弗雷维尔（Freville）和多福维尔（Domfreville）、布特维尔（Bouteville）和埃斯图特维尔（Estouteville）、莫恩（Mohun）和博恩（Bohun）、彼塞（Biset）和巴塞（Basset）、马兰（Malin）和马尔沃森（Malvoisin）……很多名字都像这样按照韵脚两两列在一起记录在牛皮纸上，存放在一些教堂的档案室中，存档名为"征服者名册"，一直保留至今。[2] 还有的名单中，每三个名字被列为一组：巴斯塔德（Bastard）、布拉萨德（Brassard）、贝纳德（Baynard），比戈特（Bigot）、巴戈特（Bagot）、塔尔博特（Talbot），托雷特（Toret）、特里维特（Trivet）、布维特（Bouet），露西（Lucy）、莱西（Lacy）、珀西（Percy）……收藏在巴塔利亚修道院（monastère de la Bataille）[3] 的人名录中包含一些奇怪的人名：邦维兰（Bonvilain）和布特维兰（Boutevilain）、特鲁塞罗（Trousselot）和特鲁布（Trousse-bout）、恩

---

[1] Chron. Johan. Bromton, apud hist. angl. Script., t.I, col. 963, ed. Selden.
[2] Johan. Lelandi Collectanea, vol.I, p.202.
[3] 今天写作"monastère de Batalha"，位于葡萄牙。（译者注）

格尼（l'Engayne）和隆戈贝（Longue-Épée），厄德博（Œil-de-bœuf）和弗兰德博（Front-de-bœuf）[1]……有许多人的名字还附带有自己之前的职业，比如赶大车的纪尧姆、裁缝于格、鼓手纪尧姆[2]……很多人自高卢四面八方而来，名单中还有很多人直接用了城市或者国家的名字：圣康坦（Saint-Quentin）、圣莫尔（Saint-Maur）、圣丹尼（Saint-Denis）、圣马洛（Saint-Malo）、图尔奈（Tournai）、凡尔登（Verdun）、菲姆（Fismes）、夏隆（Châlons）、绍纳（Chaunes）、罗什福尔（Rochefort）、拉罗切利（La Rochelle）、卡奥尔（Cahors）、香槟（Champagne）、加斯科涅（Gascogne）……

　　诺曼人的入侵，使得越来越多身份高贵的英格兰富人过上了颠沛流离的生活；[3]而从诺曼底而来的布衣摇身变成了英格兰绅士，过上了富足的生活。就这样，所谓的"英格兰贵族"数量一直在增长。威廉成为英格兰国王之后，各郡统领被封为伯爵，副长官被封为子爵，士兵也都成为贵族。尽管地位不完全平等，但是这些法国出身的平民百姓都通过战争获利，命运发生了根本的改变。

　　形势稳定后，威廉开始为下一步进攻做准备。在大举进攻北部和西部地区之前，向来高瞻远瞩的威廉想到自己的巨额财富放在英格兰并不安全，便决定先将所有财物运回诺曼底。在启程回乡之前，他将英格兰的一切事务交给自己的哥哥厄德和奥斯伯特的儿子纪尧姆处理，并点名命令以下将领辅佐两位处理国事：于格·德·格朗麦斯尼尔（Hugues de Grantmesnil）、于格·德·蒙福尔（Hugues de Montfort）、高缇耶·吉法尔（Gaultier Giffard）和纪尧姆·德·加雷

---

[1] Script. rer. normann., p.1023 et seq.
[2] Monast. anglic., Dugdale, passim.
[3] Johan. de Fordum Scotichronicon, lib.V, p.404, ed. Hearne.

纳（Guillaume de Garenne）。[1] 安排好这一切，威廉前往佩文西，从那里登船，启程回国；6个月前，威廉正是从佩文西登陆英格兰，6个月后重回故地，可谓满载而归。此刻佩文西舳舻千里，到处洋溢着获胜的喜悦。随威廉一同返回诺曼底的还有一部分英格兰人：埃德加、斯蒂甘德大主教、圣奥尔本斯修道院院长弗里斯克、埃德温和莫卡尔，还有西沃德的儿子瓦尔塞奥夫。显然，威廉带走了英格兰目前最有民众基础和军事实力的人，其目的非常明显，挟持人质以暂时保证英格兰的稳定。只要这些人不在英格兰，想必不会有人可以掀起大规模的反抗浪潮。[2]

想当初在威廉第一次踏上英格兰这片国土的时候，他就承诺不会让任何一个诺曼人一无所获。如今他不仅让所有诺曼底士兵都腰缠万贯，还给整个高卢带来了前所未有的巨额财富。修道院和教堂争相庆祝征服者的回归，所有修道士和教士都被重金赏赐。威廉赠予他们金币和黄金器皿，铺在祭台上的绣花布尤其让人为之赞叹。[3] 要知道在那个世纪，英格兰妇女可是以擅长金线刺绣而闻名的。诸如此类的奇珍异宝，琳琅满目，法国虽然国土辽阔，但是此次从英格兰带回的很多战利品于诺曼人来说都是闻所未闻。[4] 法兰西国王的亲戚拉乌尔（Raoul）在复活节时来到诺曼底，同诺曼人一样，他惊讶地看着这些从英格兰带来的金银器皿和上面雕刻的精致图案，赞叹连连。还有英格兰人的酒杯，它由水牛角做成，角尖还有金属装饰，其精致程度让人叹为观止。就连威廉从英格兰带来的人质，也都个个气宇轩昂。四

---

[1] Guill. Pictav., apud Script. rer. normann., p.209.
[2] Guill. Pictav., apud Script. rer. normann., p.209.
[3] Guill. Pictav., apud Script. rer. normann., pp.209-211.
[4] Guill. Pictav., apud Script. rer. normann., p.211.

面八方的人都闻讯而来,想一睹这盛世奇观,待回乡之后好将此情此景转述于他人。[1]

海峡一边普天同庆,喜气洋洋;海峡另一边,英格兰人却在暴政、专制之下痛不欲生。大主教厄德和奥斯伯特的儿子狂妄自大,无视百姓的怨声载道,他们的士兵肆意抢劫民众,蹂躏英格兰妇女,人们如若要求讨回公道,便会被重重责罚。[2]诺曼人横行霸道,英格兰民众根本无处伸张正义。最终,东部海岸人民忍无可忍,决定向诺曼人的蛮横专制发起挑战。然而普通民众的力量明显不足,他们第一时间想到布洛涅公爵厄斯塔什,此人与国王爱德华是亲戚关系,曾在英格兰引起不少事端;[3]而且他非常擅长作战,和威廉又势不两立。这样看来,厄斯塔什便是最佳人选。

肯特人民火速派人送信给厄斯塔什,请求援助,并向他保证,只要他愿意帮助英格兰人对抗诺曼人,多佛尔就归他所有。在一个月黑风高的夜晚,厄斯塔什来到多佛尔,所有周围地区的人们也都拿起武器,准备背水一战。[4]厄斯塔什试图突袭多佛尔堡垒未果,诺曼人大举反击,厄斯塔什一方乱了阵脚。诺曼人又放出消息说厄德正携大部队赶来,厄斯塔什无奈宣布撤退,其手下将士如一盘散沙,慌慌张张朝河岸逃跑,准备乘船撤离。岂料诺曼人见状,开始奋力追赶。多佛尔位于海边峭壁之上,很多士兵在逃跑的过程中从高高的岩石上摔了下去;厄斯塔什翻身上马迅速撤离,才得以逃过此劫;英格兰民众因熟识道路才得以安全返回家中。[5]就这样,英格兰人试图推翻诺曼人

---

[1] Guill. Pictav., apud Script. rer. normann., p.211.
[2] Order. Vital. Hist. ecclesiast., lib.IV, apud Script. rer. normann., p.507 et p.508.
[3] Guill. Pictav., apud Script. rer. normann., p.212. Livre III, p.261 et 262.
[4] Order. Vital. Hist. ecclesiast., lib.IV, apud Script. rer. normann., p.508.
[5] Order. Vital. Hist. ecclesiast., lib.IV, apud Script. rer. normann., p.508. Guill. Pictav., apud Script. rer. normann., p.212.

统治的第一次尝试宣告失败。厄斯塔什也很快就在敌人的金钱和荣誉诱惑下背叛了英格兰人，不久之后就同诺曼底公爵握手言和。[1]

在被群山环绕的赫里福德，住着一个叫作理查（Richard）的丹麦人。1052年，丹麦入侵者大败，被驱逐出英格兰，不少安分守己的丹麦百姓得到国王爱德华的特许可以继续留在英格兰，理查就是其中之一。如今，诺曼人来袭，英格兰人为自己当初的善良付出了代价。威廉登陆英格兰之后，理查就同入侵者暗中勾结，他带领部队出没在赫里福德周边的城市和乡村，迫使当地人投降。在英格兰人艾德里克（Edrik）的带领下，人民奋力抵抗，最终将理查赶了出去。[2]

艾德里克头脑聪明，凭借个人魅力，同好几个威尔士部落保持着友好关系。而在那时，威尔士人和英格兰人本是势不两立的劲敌。[3] 面临外来入侵者，威尔士人和条顿人后裔联合起来共抗外敌，这是历史上两个民族第一次握手言和。艾德里克得到威尔士人民的支持，多次成功抵抗住理查的进攻，并将他击败，艾德里克成为赫里福德的守护神。[4] 在威廉启程回诺曼底之后的第三个月，他就捣毁了诺曼人的据点，把他们从赫里福德驱逐出去，解放卢格河[5]流域周边地区，[6] 以南至萨维尔纳海湾，以北一直到北部山区，都实现了完全独立。至此，英格兰完全独立地区从原来的北方地区，也就是从波士顿海湾到

---

[1] Guill. Pictav., apud Script. rer. normann., p.212. Order. Vital. Hist. ecclesiast., lib.IV, apud Script. rer. normann., p.508.

[2] Monast. anglic., Dugdale, t.II, p.221.

[3] Florent. Wigorn. Chron., p.635. Chron. saxon. frag., sub anno MLXVII, apud Gloss. Ed. Lye, t.II. Ad finem.

[4] Florent. Wigorn. Chron., p.635. Chron. saxon. frag., sub anno MLXVII, apud Gloss. Ed. Lye, t.II. Ad finem.

[5] 卢格河（Lugg），流经波厄斯郡郡和赫里福德郡，全长72千米。（译者注）

[6] Florent. Wigorn. Chron., p.635.

特威德河之间的区域,得到了进一步扩大。在这些地方,没有诺曼人的堡垒,国王威廉不被认可,他们的法律也不成立。

在中部地区,诺曼人牢牢控制着乡村地区,但是有很多城市仍旧没有投降。在完全被占据地区也并不风平浪静,很多爱国之士秘密游走于城市之间,团结各地民众,重整旗鼓,准备再次起来反抗。[1]那些在英格兰百姓中极具威望的人士,曾迫不得已向威廉臣服,如今在收到爱国人士的邀请之后,就放弃权力和地位,接连在外国掌权人的眼皮底下消失不见,秘密加入复国行列。[2]然而并非所有人都如此,其中就有一位名叫科克斯(Kox)的英格兰人,收到来信之后,他予以了拒绝。[3]他的所作所为激怒了英格兰人,他们命令甚至威胁科克斯,但无济于事。最终,英格兰人忍无可忍,他们发动了一场暴乱,科克斯尽管得到了外国人的保护,还是没能保住性命。[4]诺曼人把科克斯奉为烈士,他对威廉的忠心受到诺曼人的高度赞扬。[5]

英格兰人掀起了不小动荡,身在法国的威廉听说此事以后,迅速启程返回英格兰。他于12月从迪耶普(Dieppe)上船,经过一夜的航行之后,一抵达英格兰,就将他在诺曼底挑选的亲信派去了萨塞克斯稳定当地局势。很快,他发现了一支正在秘密策划反抗行动的伦敦地下组织,这才意识到反抗思潮已经来到伦敦。威廉那三座坚固的城堡防守严密,但他还是担心不能彻底抵抗人民暴动。眼看形势不妙,威廉决定一改往日的暴力形象,以巧取胜,故实行安抚政策。所以有史

---

[1] Guill. Pictav., apud Script. rer. normann., p.212.
[2] Guill. Pictav., apud Script. rer. normann., p.212.
[3] Guill. Pictav., apud Script. rer. normann., p.212.
[4] Guill. Pictav., apud Script. rer. normann., p.212.
[5] Guill. Pictav., apud Script. rer. normann., p.212.

学家称他"狡猾如狐狸一般"。[1]他在伦敦隆重地庆祝圣诞节,邀请了众多英格兰伯爵和大主教,热情款待每一个人。[2]只要有人请求奖赏,他就应允;只要有人纳谏,他便洗耳恭听。威廉展现出了最大程度的友好,他所制造的假象暂时平息了人民的怨气。[3]

就这样,威廉得到了相当一部分的支持者。他还以自己的名义给伦敦民众用英语写了一封信,命人在教堂和城市广场上高声诵读。信中他这样写道:"我向大家宣誓,我所想追求的是所有人都受国家法律的保护,就如同国王爱德华在位期间一样;每个家庭中的孩子都能继承父亲的财产;没有任何一个诺曼人可以对你们为所欲为。"[4]虽然这番誓言缺乏诚意,但是仍然平息了暴动。这些宽慰使伦敦人不再那么急迫地冒险挑战诺曼人的权威和统治。伦敦人也暂时挣脱了入侵者带来的暴力、法律和剥削这三大枷锁,但是这样的状况持续了多久,我们不得而知。在伦敦形势稳定下来之后,威廉总算心无旁骛,带着精英部队离开伦敦,继续征服之旅。

威廉朝西南方向进发,越过多塞特郡和德文郡中间的高地,进入埃克塞特(Exeter)。[5]哈罗德的母亲在黑斯廷斯战役之后就躲在这里,儿子为国捐躯,她把剩下的财富捐献给了这个地方。埃克塞特人口众多,充满爱国热情,十分痛恨外来入侵者。[6]他们建起堡垒,加固城墙,召集附近地区所有善武之人,重金收买停靠在港口的外国船只;他们还向其他城市的居民发送信函希望与他们联盟,为全力抵抗外国

---

[1] Matth. Paris. Vitæ abbatum S. Albani, t.I, p.47.
[2] Order. Vital. Hist. ecclesiast., lib.IV, apud Script. rer. normann., p.509.
[3] Order. Vital. Hist. ecclesiast., lib.IV, apud Script. rer. normann., p.509.
[4] Maitland's History of London, p.28.
[5] Chron. saxon. frag., sub anno MLXVI, apud Gloss. Ed. Lye, t.II, ad finem.
[6] Order. Vital. Hist. ecclesiast., lib.IV, apud Script. rer. normann., p.510.

入侵者做好了一切准备。[1]

威廉一路所向披靡,将沿途地区全部毁坏殆尽。[2]敌军逼近的消息很快便传到埃克塞特。威廉在距离城市还有四英里的时候,命令军队稍事休息,向埃克塞特发出了最后通牒,要求他们投降。埃克塞特人民回复道:"我们绝不会为任何外国侵略者献上我们的忠诚,这个自称英格兰国王的人,在埃克塞特可得不到任何承认;我们同意向他纳贡,但绝不服从他的统治。"威廉说道:"我所想要的正是人民精神上的臣服,否则便不必多说。"[3]诺曼底军队继续逼近,先遣部队是一支英格兰人组成的军队,这在当时并不稀奇,无非是一些无力承受暴力和苦难、想要通过剥削同胞来发家致富的人,总之,当时不乏这样心甘情愿为外国人效劳的英格兰人。[4]先遣部队先行抵达,在威廉宣布发动最后进攻之前,埃克塞特的几位官员亲自来见威廉,表示愿意向他献上埃克塞特。但是,这并非人民的想法,几位官员回来的时候,民众自发关闭城门,拒绝他们入内,准备重新投入战斗。[5]

威廉包围埃克塞特,令人将一位人质带到城墙前,挖掉其双眼以示决心,然后发动进攻。[6]战争持续了18天,埃克塞特人顽强不已,诺曼人损失了大批人马,直到后续部队赶来之后,他们才得以破墙而入。埃克塞特人民在对敌抗战过程中始终顽强不屈,只可惜遭到懦弱之徒的背叛,贪生怕死之徒携主教来到威廉的营地求和,埃克塞特人民的英勇抗争由此画上句点。[7]史料上对这一事件有几行简短的评论:

[1] Order. Vital. Hist. ecclesiast., lib.IV, apud Script. rer. normann., p.510.
[2] Chron. saxon. frag., sub anno MLXVI, apud Gloss. Ed. Lye, t.II, ad finem.
[3] Order. Vital. Hist. ecclesiast., lib.IV, apud Script. rer. normann., p.510.
[4] Order. Vital. Hist. ecclesiast., lib.IV, apud Script. rer. normann., p.510.
[5] Order. Vital. Hist. ecclesiast., lib.IV, apud Script. rer. normann., p.510.
[6] Order. Vital. Hist. ecclesiast., lib.IV, apud Script. rer. normann., p.510.
[7] Order. Vital. Hist. ecclesiast., lib.IV, apud Script. rer. normann., p.510.

"人民因为遭到背叛,不得已交出了自己的城市。"[1]

投降之后,当地妇女为了逃避敌人的暴力行径,[2]和哈罗德的母亲一起躲到了萨维尔纳的小岛上,后来逃到了诺曼人尚未掌控的巴斯(Bath);从那里她们到了西部海岸,上船去了佛拉芒。而在她们的家乡,有88座建筑被毁,诺曼人用这些碎屑残骸建起了叫作"红山"(Rouge-Mont)的城堡,因为它坐落在一个红土堆起的小山丘之上。城堡交给吉尔伯特·格瑞辛(Gilbert Grespin)的儿子博杜安(Baudoin)来看守,作为德文郡的子爵,他还同时拥有了埃克塞特的20座建筑和159座庄园。

在埃克塞特抗争过程中,盎格鲁-撒克逊人和康沃尔的古老民族凯尔特人联合起来共抗外敌,埃克塞特失守之后,他们的土地被外国人据为己有。诺曼人当中,获得最多封赏的是佛拉芒伯爵博杜安的女儿,也就是威廉的妻子玛蒂尔达。玛蒂尔达拿走了一个叫作布里斯特里克(Brithtrik)的英格兰人的所有土地和财产。[3]此人和玛蒂尔达早已相识,据说在他作为国王爱德华的使者游历佛拉芒期间,曾拒绝同玛蒂尔达结婚而招致其不满。诺曼人攻占埃克塞特,玛蒂尔达向国王求赐布里斯特里克的所有财产,这个曾经无视过她的英格兰人不仅失去所有,本人也被禁锢起来。[4]

诺曼人在西部地区首战告捷。萨默塞特和格罗斯特海岸地区在顽强抵抗无果之后,也相继沦陷。温什科姆修道院(monastère de Winchcomb)因为曾经反对威廉登上王位,而被洗劫一空。[5]他们的

---

[1] Chron. saxon. frag., sub anno MLXVI, apud Gloss. Ed. Lye, t.II, ad finem.
[2] Order. Vital. Hist. ecclesiast., lib.IV, apud Script. rer. normann., p.510.
[3] Domesday-book, vol.I, fol. 101, recto.
[4] Monast. anglic., Dugdale, t.I, p.154.
[5] Monast. anglic., Dugdale, t.I, p.190.

院长歌德里克（Godrik）被关押在格罗斯特，修道院则交由英格兰人埃格威格（Eghelwig）看守。埃格威格绝非等闲之辈，他还同时监管伊夫舍姆修道院（abbeye d'Evesham）。此人从诺曼人来到英格兰之初，就表示这是上帝的安排，他将忠诚于上帝的选择，[1]归顺外国入侵者，并自始至终忠诚至极，故编年史作家称他为"le Circonspect",[2]意思是"小心谨慎的人"。当战争延伸到西部地区之后，他就像诺曼人一样，开始霸占同胞的土地；他还收重金，扬言可以保护英格兰人免于灾难，而一旦他们被杀害，他就将这些人的财产据为己有。[3]埃格威格很快引起了威廉的注意，他的所作所为让威廉甚是欢喜。[4]威廉重重奖赏了他，并命他暂时掌管温什科姆修道院，直到一个叫作贾兰德（Galand）的诺曼人赶来英格兰接手这项工作。

在西部地区的反抗斗争一直持续的同时，北方的辽阔地域成了英格兰人的避难所。那些失去家庭和土地的人、不甘心变成奴隶而过着艰苦生活的人，穿越丛林和一个又一个荒凉之地，直到走出诺曼人修建的最后一道要塞。[5]他们越过围墙，来到依旧属于他们的英格兰土地，重新恢复自由之身。渐渐地，早期向诺曼人投降而变身为达官贵族的英格兰人，也纷纷对诺曼人的统治失望透顶，踏上了寻求自由之路。[6]昔日他们虽身在贵族阶层，也被诺曼人呼为好友，[7]但这只是虚伪的假象，是另一种形式的俘虏；国王利用他们制造出被本国贵族簇拥的表象，利用他们来打击那些尚在挣扎的英格兰人民。他们在看

---

[1] Order. Vital. Hist. ecclesiast., lib.IV, apud Script. rer. normann., p.509.
[2] Chron. saxon. frag., sub anno MLXVI, apud Gloss. Ed. Lye, t.II, ad finem.
[3] Monast. anglic., Dugdale, t.I, p.132.
[4] Monast. anglic., Dugdale, t.I, p.151.
[5] Matth. Westmonast. Flor. histor., p.225.
[6] Matth. Westmonast. Flor. histor., p.225.
[7] Matth. Paris. Vitæ abbatum S. Albani, t.I, p.47.

清这一切之后，选择逃离，埃德温和莫卡尔就包括在其中，他们拒绝做敌人的工具，而是带着穷苦人民的愿望，毅然回到北方地区。[1]

莫卡尔和埃德温一回到麦西亚和诺森布里亚，就在两个地区引起了强烈反响。麦西亚同威尔士人以水洗血，握手言和，商议共抗外敌，从诺曼人的侵扰中得到彻底解放。他们派密使到各个地区进行游说，激发人们的反抗热情，一支强大的争取独立阵营就这样慢慢形成了。[2]解放了赫里福德的埃德瑞克也属于其中一员。他们把约克作为据点，在湖边和北部沼泽地布置战壕。[3]很多人都宣誓在自由之日到来之前放弃安稳生活，风餐露宿。他们因此被诺曼人愤怒地称为"野人"（sauvages）。[4]

在这期间，麦西亚人同威尔士人同仇敌忾，构想出无数作战计划但随后又将其一一推翻，我们就不再一一列举。不过其中一项作战计划一直受到诺曼人的非议：在经过一个世纪之后，诺曼人已经成为基督教的忠实信徒。斋戒第一天，他们赤脚来到教堂忏悔。[5]英格兰人在这一天突然对手无寸铁的诺曼底驻军发动袭击。虽然英格兰人的进攻最后还是以失败告终，但是他们的做法备受争议。[6]阴谋的策划者在失利之后又逃回了北方地区。

很快，北方地区又迎来了一个新的逃亡者，那就是接受过人民选举和教堂祝圣加冕仪式的英格兰合法国王埃德加。他携母亲阿加莎、两个姐妹玛格丽特（Marguerite）和克里斯汀（Christine）、亲信纳尔斯

---

[1] Order. Vital. Hist. ecclesiast., lib.IV, apud Script. rer. normann., p.511.
[2] Order. Vital. Hist. ecclesiast., lib.IV, apud Script. rer. normann., p.511.
[3] Order. Vital. Hist. ecclesiast., lib.IV, apud Script. rer. normann., p.511.
[4] Order. Vital. Hist. ecclesiast., lib.IV, apud Script. rer. normann., p.511.
[5] Willelm. Gemet. Hist. normann., apud Script. rer. normann., p.289.
[6] Willelm. Gemet. Hist. normann., apud Script. rer. normann., p.290.

韦恩（Nerlsweyn）以及其他随从一同来到这里。[1]一行人一起越过边境，来到古老的阿尔巴王国[2]领地。[3]自从国王艾格弗里斯败给皮克特人和斯科特人之后，这里就从英格兰分离出去，成了独立王国。[4]

当年，北欧海盗尽管曾到达过特威德河流域全境，但是始终没能占领这片辽阔的土地。阿尔巴南部，也就是佛斯河和特威德河中间地带的居民，是皮克特人、凯尔特人和撒克逊人融合而成的民族，在丹麦人到来之后，又融合了部分日耳曼民族。从佛斯河南部一直到东部地区，人们使用的主要语言是掺杂了盖尔语和凯尔特语的条顿语，从语法构成上来说，比起古英语，这一语言更像丹麦语。这些变化在阿尔巴南部悄然发生，同时，北部则通过快速彻底的革命结合成了一个整体，东部沿海地区的皮克特人和西部山区的斯科特人组成了一个独立国家。两个民族虽然有着一样的血脉，说着近乎一样的语言，[5]在抵抗外敌时自然结成联盟，但是在和平时期却是冲突不断。

斯科特人久居山林，以捕猎为生，和生活在平原的皮克特人相比，过着一种更为粗犷、流动性更强的生活。斯科特人自认为他们较皮克特人来说更为高贵，戏称皮克特人为"吃面包的人"（mangeurs de pain）。[6]尽管对平原生活存在鄙视，斯科特人还是有霸占中原的野心，那里物产丰富、食物充足，占领平原地区也意味着统治权力的扩

---

[1] Chron. saxon. frag., sub anno MLXVI, apud Gloss. Ed. Lye, t.II, ad finem.
[2] 阿尔巴王国（Albanie），传说中的国王肯尼思一世（Kenneth）征服了周围地区的皮克特人，建立了第一个真正的苏格兰王国，盖尔语称阿尔巴，时间大约在9世纪上半叶。（译者注）
[3] Livre I, p.118, et livre II, passim.
[4] 685年，盎格鲁人艾格弗里斯率领大军侵入现在的邓泥城（Dunnichen），却遭遇惨败，自此盎格鲁王国江河日下，皮克特人和斯科特人后来建立阿尔巴王国。（译者注）
[5] 8世纪的史学家彼德（Bède）对于皮克特语和斯科特语进行了区分。
[6] Jamieson's Popular songs, t.II, notes.

大。长久以来斯科特人都在进行策划和尝试,但是皮克特人顽强抵抗。后来丹麦人入侵到这里,皮克特人的力量遭到削弱。[1] 斯科特人首领肯尼思(Kenneth)趁机征服皮克特人,两个民族形成统一整体。大多数"吃面包的人"臣服于肯尼思的统治,少数皮克特人撤退到北部地区尝试独立,[2] 但是他们没能坚持多久,肯尼思就完全统一了阿尔巴,建立独立王国,这一地区自此就被称作苏格兰,肯尼思也被人称为肯尼思一世。皮克特人融入斯科特人,但是他们并没有沦为奴隶,他们在政治上没有受到任何歧视。中世纪的外来入侵者征服一个国家之后,当地人往往都会沦为奴隶、过上艰苦的生活,但是这件事并没有在苏格兰发生。很快,佛斯河以北的人们如同一个民族般,欢乐祥和地生活在一起。国王肯尼思选择离开故土,来到邓弗姆林[3] 和斯昆[4],居住在皮克特人当中。国王还带来了所谓的"圣石",根据斯科特人的古老迷信风俗,国王要在加冕之日站在圣石之上向人民宣誓,这样才能保佑国家平安福顺。

在诺曼人入侵英格兰期间,苏格兰的民族分裂现象已经几乎消失;唯一的分歧存在于讲盖尔语的苏格兰高地人和住在南部平原地区的苏格兰低地人,也就是条顿人后裔之间。低地苏格兰人在血统上其实和英格兰人更为亲近,他们的语言可以同时被英格兰人、丹麦人和日耳曼人听懂。他们虽被叫作苏格兰人,却与英格兰有着千丝万缕的联系。语言和血缘成了低地苏格兰人和高地苏格兰人之间最大的障碍,加上

---

[1] Johan de Fordun Scotichronicon, lib.IV, p.280, ed. Hearne.
[2] Johan de Fordun Scotichronicon, lib.IV, p.293, ed. Hearne.
[3] 邓弗姆林(Dumferline),是苏格兰法夫的一个镇,靠近福斯湾。(译者注)
[4] 斯昆(Scone)是英国苏格兰珀斯—金罗斯行政区的镇,是苏格兰历史上最知名的城镇,古苏格兰王国最初的几百年内的实际首都,当时是重要的政治和宗教中心,位置在今天的珀斯中心以北大约5千米处。(译者注)

高地苏格兰人的个性中又融入了原始部落所特有的高傲和狂妄，时常挑起事端，高地和低地苏格兰人无法和睦相处，多年以来战争不断。苏格兰王室虽为高地苏格兰出身，但是为了解决民族分裂这一棘手问题，他们世世代代利用两个民族之间的矛盾，同低地苏格兰人联合，一起打压、对抗高地苏格兰人。肯尼思一世的后代更是开始大方接受英格兰移民，给予他们优待，以博取低地苏格兰人的好感。

就是在这样的政治形势下，埃德加携亲友忠臣来到苏格兰。苏格兰国王马尔科姆（Malcolm）热情地迎接了他们。[1] 他称埃德加是英格兰唯一的合法国王，并表示愿意援助其东山再起；他还为埃德加的将领们分封加爵。马尔科姆尚未结婚，便娶了埃德加的小妹妹玛格丽特为妻。玛格丽特不懂盖尔语，在同北部和西部地区首领谈话时需要翻译，而担当此职责的正是她的丈夫。[2] 久而久之，这门由自己的祖先斯科特人流传下来的古老语言，就遭到了马尔科姆的嫌弃，他开始渐渐厌烦起盖尔语。

在英格兰人同苏格兰国王联手的同时，英格兰北部地区的反抗联盟也逐步成型，留给威廉的时间越来越少，他必须立刻发动进攻。[3] 威廉率军先行进攻牛津，面对诺曼人的来势汹汹，牛津人顽强不屈，诺曼人突破城墙，进入城内，发动猛烈袭击，肆意烧杀抢掠。[4] 720座建筑当中，有将近400座被毁。[5] 圣弗里德韦德修道院（couvent de Sainte-Frideswide）的修道士拿起武器保卫自己的家园，却无济于

---

[1] Johan de Fordun Scotichronicon, lib.V, p.420 et seq., ed. Hearne.
[2] Johan de Fordun Scotichronicon, lib.IV, p.412, ed. Hearne. Ellis's Metrical romances, introduction, p.127.
[3] Chron. saxon. frag., sub anno MLXVII, apud Gloss. Ed. Lye, t.II, ad finem.
[4] Matth. Paris., t.I, p.6.
[5] Extracta ex D. B., apud rer. anglic. Script., t.III, p.765, ed. Gale.

事，他们在诺曼人获胜之后全部被流放。[1]诺曼人乘胜追击，接着，他们拿下了华威（Warvic）和雷塞斯特（Leycester），两座城市也几乎被毁殆尽，[2]德比（Derby）有三分之一的房屋被掀翻。[3]攻下诺丁汉（Nottingham）之后，威廉在这里建立大本营，交由纪尧姆·佩维尔（Guillaume Peverel）看守。纪尧姆·佩维尔可谓收获颇丰，他拿到了诺丁汉的55座庄园、48座商人房屋、12座英格兰士兵的房屋和8座英格兰农夫的房屋。[4]他将自己的城堡建在德比的一座岩石尖上，看上去像一个悬在空中的鹰巢，气势磅礴。[5]

接着，诺曼人从诺丁汉向东进发，直逼林肯。在林肯，有166座房屋最终被毁。考虑到这座城市的特殊性，这里的居民拥有丹麦血统，与丹麦人始终保持友好往来，诺曼人担心会像在诺维奇一样，遭遇援兵突袭，后果不堪设想。[6]于是，他们用被毁掉的房屋碎片建造起堡垒和战壕，以形成更强有力的防御工事。[7]在林肯，诺曼人所关押的人质当中，有一位叫作瑟尔戈（Thurgot）的丹麦人后裔，他通过贿赂监狱看守人而成功越狱。[8]他秘密前往亨伯河口的格里姆斯比（Grimsby）港口，求助正要驾船启程回国的挪威商人，带其一同回到斯堪的纳维亚半岛去找援兵。不巧的是，他们碰到威廉派去北欧各国进行谈判的使者，使者决定征用这艘船，同挪威商人一同前往目的地。挪威人见机行事，将瑟尔戈藏在船的最里面，全力协助他躲避搜

---

［1］Monast. anglic., Dugdale, t.II, p.984.
［2］Monast. anglic., Dugdale, t.II, p.312.
［3］Domesday-book, vol.I, fol. 280, recto.
［4］Domesday-book, vol.I, fol. 280, recto.
［5］此地如今名为"the Peak"，法语为" le Pic"，佩维尔城堡的废墟仍然可见。
［6］Guill. Pictav., apud Script. rer. normann., p.208.
［7］Domesday-book, vol.I, fol. 336, verso.
［8］Successio priorum eccles. dunelmensis; Anglia sacra, t.I, p.786.

查、保护他的安危。[1]使者登船之后，船顺利离港，待地平线消失于眼前之后，瑟尔戈突然跳了出来，使者们大为震惊，遂要求船只掉头返航，以将逃犯交给国王。[2]奈何挪威人全然不屑，搪塞道："风向正好，船只正在全速行驶，万万不可掉头。"诺曼人坚持要求返航，争论愈演愈烈，最终短兵相接，挪威人稍占上风；随着船只越来越深入海中，诺曼人渐渐失去对局势的掌控。[3]

拿下林肯[4]之后，诺曼人继续向约克前进。行经亨伯河口，他们遇到了盎格鲁-撒克逊人和威尔士人联合部队的激烈反击。奈何这也只是黑斯廷斯战役的重演，诺曼人凭借人数众多和装备精良击退了敌人。[5]大多数英格兰人战死，少数人逃至约克；诺曼人紧追不舍，突破约克城墙进入城内，大肆杀戮，老弱妇孺无一幸免。[6]被诺曼底史学家称作"叛乱分子""强盗"[7]的英格兰剩余残留将士自亨伯河驾船逃至北方英格兰和苏格兰交界处，准备在那里稍作休整，重整部队。然而，面对当前局势，埃德温和莫卡尔都感到无能为力，他们宣布撤退；接着，一众有影响力的人物和大主教也宣布撤退。但是他们相互承诺，誓死不做诺曼人的奴隶。[8]

诺曼人在约克建立起坚固的堡垒，这便是诺曼人在北方地区的大本营。五百位装备精良的士兵和数千位骑士耸立其上，对整个北方地

---

[1] Roger de Hoved. Annal., pars prior, apud rer. anglic. Script., p.456, ed. Savile.
[2] Roger de Hoved. Annal., pars prior, apud rer. anglic. Script., p.456, ed. Savile.
[3] Roger de Hoved. Annal., pars prior, apud rer. anglic. Script., p.456, ed. Savile.
[4] 林肯，法国人当时也称之为"Nicole"，其法语发音与林肯的英文相似。（Monast. Anglic., Dugdale, t.II, p.645.）
[5] Willelm. Gemet. Hist. normann., apud Script. rer. normann., p.290.
[6] Willelm. Gemet. Hist. normann., apud Script. rer. normann., p.290.
[7] Willelm. Gemet. Hist. normann., apud Script. rer. normann., p.290.
[8] Matth. Westmonast. Flor. histor., p.225.

区虎视眈眈。然而，约克不断涌现出的反抗联盟令诺曼人大伤脑筋。他们一边下令修沟壕以巩固防御工事，一边从各处搬运生活物品至堡垒当中，以免陷于包围之中被困而亡。危机四伏的约克似乎困住了诺曼人的脚步，他们侵占北方地区的大计也就此暂时搁置。时值某一盛大宗教节日，曾为国王威廉加冕的大主教埃尔德雷德回到约克。[1]一来到这里，他便派人出城寻找粮食，待其仆人押运装满粮食和生活用品的马车回城之时，于城门处偶遇诺曼底的子爵。诺曼人见状问道："你们为何人？要把粮食运给何人？"他们回答道："我们是大主教的仆人，这些物品都是供大主教所用。"[2]子爵随即心生疑虑，并未考虑大主教的处境，[3]就示意其随从将马匹和粮车引至堡垒，将这些物品统统收入了诺曼人的粮仓之中。

此事一出，埃尔德雷德深受打击，他一直自认为是威廉的盟友，如今却受到如此待遇，愤怒之感从心而生。他身着主教礼服，手拿权杖，来到国王面前想要讨个说法。[4]按照当时的习俗，国王在接见大主教之时应起身与主教行贴面礼；但是威廉起身之后，埃尔德雷德却后退几步，说道："请您听我说。您曾是外国人，您用沾满鲜血的双手接过了英格兰。我曾用我的双手为您加冕，为您祝圣。但是现在我要诅咒您和您的民族。这是您应得的，因为您背叛了上帝，您无视上帝指派到人间的使者。"[5]

此番言论一出，威廉手下诸位将士愤怒不已，纷纷拔剑，要惩戒

---

[1] Thom. Stubbs, Act. pontif. eborac., apud hist. angl. Script., t.II, col. 1703, ed. Selden.
[2] Thom. Stubbs, Act. pontif. eborac., apud hist. angl. Script., t.II, col. 1703, ed. Selden.
[3] Thom. Stubbs, Act. pontif. eborac., apud hist. angl. Script., t.II, col. 1703, ed. Selden.
[4] Thom. Stubbs, Act. pontif. eborac., apud hist. angl. Script., t.II, col. 1703, ed. Selden.
[5] Thom. Stubbs, Act. pontif. eborac., apud hist. angl. Script., t.II, col. 1703, ed. Selden.

这个肆无忌惮的英格兰人；[1]威廉却静静地听着大主教的牢骚，甚至还有闲暇之心平息众人的怒气，想必老教士无力的诅咒并不能在他的心中掀起任何波澜。他保全了埃尔德雷德的性命，让其毫发无损地回到了约克。但是此次事件却在大主教的心中留下了无尽的忧愁，[2]或者说，他终于意识到，是自己曾经助推自己的国家进入水深火热之中，内疚之感令其惆怅不已。埃尔德雷德的雄心壮志就此被摧毁，于威廉而言，他既不是人质也不是奴隶，而是个没有任何分量、不值一提的人。这一事实令他一蹶不振，健康状况每况愈下，疾病一点一点地吞噬着他的精力。一年之后，英格兰人高举抗争旗帜朝约克进发，企图夺回这片土地，埃尔德雷德的忧愁和抑郁也随之加重，比起死亡，他更害怕看到威廉镇压同胞，害怕会目睹自己的祖国和教堂变为废墟，而他也只是无能为力，便祈求上帝带他离开这个世界。[3]

英格兰边境的战争仍在持续，四处动荡不安；人们期待着曾经从约克逃离的人们可以从远方归来，再次尝试赶走外敌。诺曼人也渐渐感受到了局势的动荡和英格兰人的倔强不屈，很多人满足于已经到手的财富，决定就此罢手；有的人认为，英格兰这片大地已不值得让自己去冒险失去眼前所得；还有人因为持续收到家信，遂决心回国，信中的内容全是妻子苦苦哀求自己的丈夫早日回乡。[4]为了挽留军心，威廉展现出前所未有的慷慨，对诺曼人实施更为诱人的分封奖励政策；同时向众人承诺，一旦战争结束，他们所获土地、金钱和荣誉都将不可计数；[5]他还命人在诺曼底士兵当中散播各种诋毁诺曼底妇女的言

---

［1］Thom. Stubbs, Act. pontif. eborac., apud hist. angl. Script., t.II, col. 1703, ed. Selden.
［2］Willelm. Malmesb., de Gest. reg. angl., lib.III, apud rer. anglic Script., p.271 ed. Savile.
［3］Thom. Stubbs, Act. pontif. eborac., apud hist. angl. Script., t.II, col. 1703, ed. Selden.
［4］Order. Vital. Hist. ecclesiast., lib.IV, apud Script. rer. normann., p.512.
［5］Order. Vital. Hist. ecclesiast., lib.IV, apud Script. rer. normann., p.512.

论，嘲笑诺曼底妇女的无知和无为，说这些妇女是致使军心混乱的罪魁祸首。[1]尽管使出了一系列手段，诺福克公爵于格·格朗麦斯尼尔（Hugues Grantmesnil），黑斯廷斯的堡垒看守者翁弗鲁瓦（Onfroy）和其他很多人都准备放弃他们的土地和荣誉，启程回国。威廉嘲笑他们胸无大志，称他们的行为是在损害国家的利益。[2]众人的离去为威廉带来了严重的精神压力，他预示到未来将会面临前所未有的困难和挑战，便将自己的妻子玛蒂尔达也送回诺曼底，使其免受伤害，也可以使自己全身心地投入战争当中去。[3]

前任国王哈罗德的两个儿子很快就令威廉的焦虑变成现实。他们分别叫作埃德蒙（Edmund）和戈德温（Godwin），在黑斯廷斯战役之后，或者埃克斯特沦陷之后，两人均被流放到爱尔兰。其中一人于此时自爱尔兰重回英格兰，并带来了66艘大船和一支军队。[4]他由阿温（Avon）河口登岸，企图攻下布里斯托尔，奈何错失良机；之后，他沿着河岸向西南方向前进，最终于萨默塞特重新登陆。先王儿子的到来极大地鼓舞了当地群众，他们全部奋起反抗诺曼人，一场暴动由此引发，甚至延伸到了德文和多塞特地区，其范围之广、影响之深远可想而知。康沃尔的凯尔特人和邻居撒克逊人也重新联手，与一支诺曼底军队展开了殊死搏斗。诺曼底将领德勒·德·蒙德古（Dreux de Montaigu）[5]眼见形势不利，向威廉请求援助，威廉派来一支英格兰人组成的部队进行支援，由埃德诺斯（Ednoth）指挥，此人曾经是国王

---

[1] Order. Vital. Hist. ecclesiast., lib.IV, apud Script. rer. normann., p.512.

[2] Order. Vital. Hist. ecclesiast., lib.IV, apud Script. rer. normann., p.512.

[3] Order. Vital. Hist. ecclesiast., lib.IV, apud Script. rer. normann., p.512.

[4] Willelm. Gemet. Hist. normann., apud Script. rer. normann., p.290. Order. Vital. Hist. ecclesiast., lib.IV, apud Script. rer. normann., p.513.

[5] Order. Vital. Hist. ecclesiast., lib.IV, apud Script. rer. normann., p.514.

哈罗德的臣子。[1]这些英格兰人都是自愿加入敌军为其效劳的,就如同在埃克塞特一样,战斗过程中,他们作为先遣部队,负责冲在队伍最前面。威廉派埃德诺斯前去支援,镇压起义群众,这是他刻意为之,也是他的政治手段,威廉让英格兰人自相残杀,待两败俱伤之时坐收渔翁之利。[2]果不其然,埃德诺斯在战争中死去,哈罗德的儿子也撤回到爱尔兰请求援助。

埃德蒙和戈德温两兄弟一起,又一次从爱尔兰起航,绕过英格兰最西南的海角,[3]从塔维(Tavy)河口登陆,进入德文郡。[4]他们没有进行过多的计划和准备,在这片区域横冲直撞。而驻扎在南部各地的诺曼人早已聚集起全部力量来对抗西部暴动。两位主要镇压起义的将领之一就是布列塔尼公爵,也就是厄德的儿子布莱恩,他率军对两兄弟发动突然袭击,使其损失近两千人。两兄弟溃不成军,眼看无望重整旗鼓,不得已登船离去。[5]为了彻底击垮多塞特和萨默斯特的起义群众,库塘塞的大主教杰弗里带领伦敦、温彻斯特和索尔兹伯里(Salisbury)的驻军来到两地,强行扣留一切参战和疑似参战人员,并砍去他们的手脚,以示军威,彻底消灭反抗群众。[6]

然而,埃德蒙和戈德温两兄弟的溃败并没有完全击垮西部地区群众的气势,这场反抗威廉的革命甚至蔓延到了整个英格兰。未被征服的切斯特此刻发挥了重要作用,切斯特居民聚集起来南下至什鲁斯伯里(Shrewsbury),同艾德里克率领的起义部队会师。前文我们已经

---

[1] Chron. saxon. frag., sub anno MLXVII, apud Gloss. Ed. Lye, t.II, ad finem.
[2] Willelm. Malmesb., de Gest. reg. angl., lib.III, apud rer. anglic. Script., p.104, ed. Savile.
[3] 英文叫作 Land's End,位于英格兰最南端。
[4] Chron. saxon. frag., sub anno MLXVIII, apud Gloss. Ed. Lye, t.II, ad finem.
[5] Chron. saxon. frag., sub anno MLXVIII, apud Gloss. Ed. Lye, t.II, ad finem.
[6] Order. Vital. Hist. ecclesiast., lib.IV, apud Script. rer. normann., p.514.

见识到，艾德里克绝非平庸之辈，被诺曼人称为"野人"。在他的紧逼之下，诺曼人不得已向东撤退。[1] 眼见形势不妙，刚刚成功击退哈罗德儿子们、镇压德文和科沃尔的两位诺曼底将领——布莱恩和纪尧姆，自南部海岸向前加速推进；另一边，威廉则带着精锐部队从林肯出发，沿着东部海岸前进。威廉在斯塔福德（Stafford）的山脚下遭到起义军最大主力部队的包围，但是威廉更胜一筹，将英格兰部队一举歼灭。[2] 至此，什鲁斯伯里及其周围乡村地区全部被诺曼人攻下，人们交出武器，选择投降。少数有志之士不甘心就此认输，携武器潜逃。他们选择继续作战，尽管无力与大队人马对抗，但是一旦遇到迷失在林间的敌军、穿行在山谷中的信使，他们必与之一战。然而，少数人的战斗只是徒劳，什鲁斯伯里已经向敌人敞开大门。在当地居民的心中，恐惧已经完全吞噬掉希望，再无人敢提及反抗之事，西南全部地区又一次陷入沉默。

回看北方地区，诺曼人始终没能彻底征服约克，更没能越过约克继续向更北边的地区深入。英格兰人的部队神出鬼没，持续对约克驻军发动小规模突袭，诺曼人渐感力不从心：约克子爵于格不敢外出，如需南下至塞尔比（Selby），必有大型护卫队随行；士兵鞍不离马，甲不离身，否则随时可能陷入危险之中。[3] 约克驻军统帅纪尧姆·马莱（Guillaume Malet）不堪重任，请求威廉援助，并明言，如若请求被驳回，自己恐力所不及，只能请辞。[4] 威廉这才意识到形势之严峻，急忙带军赶往约克。此时约克人已经和平原地区联手，包围了诺曼人

---

[1] Order. Vital. Hist. ecclesiast., lib.IV, apud Script. rer. normann., p.514.
[2] Order. Vital. Hist. ecclesiast., lib.IV, apud Script. rer. normann., p.514.
[3] Hist. monast. selebiensis, apud Labbe, Nova biblioth. Mss., t.I, p.602.
[4] Order. Vital. Hist. ecclesiast., lib.IV, apud Script. rer. normann., p.512.

的堡垒。威廉向约克人发动猛烈攻击,最终将其击退,并下令修建第二座堡垒,交由他最信任的人,也就是奥斯伯特的儿子——宫廷总管大臣和军队元帅纪尧姆看守。[1]

形势得到控制之后,威廉便离开约克。尽管英格兰人再一次尝试反抗,并包围了两座堡垒,但还是很快被击退,且伤亡惨重。诺曼人终于得以确保约克的稳定了。[2]接着,他们便朝下一个目标——达勒姆(Durham)进发。负责这次推进的是诺森伯兰伯爵罗贝尔,[3]此人战绩平平,却踌躇满志、信心十足,在他的带领下,军队很快顺利抵达达勒姆。身处达勒姆城池前,罗贝尔看着这座突破北方防线的重要防御堡垒,[4]志在必得。达勒姆大主教埃格尔温(Eghelwin)来到罗贝尔面前,提醒他务必小心伏军。[5]罗贝尔不以为然,说道:"谁人要向我军发动进攻?我想,你们当中无人敢为之。"[6]他大步迈入达勒姆,随便杀掉几人以示威严;[7]接着便令士兵在广场上安营扎寨,而自己则借用了大主教的居所暂住。

夜晚降临,泰恩河岸突然燃起点点星火,人们手握火把聚集在一起,朝达勒姆快马加鞭地赶了过去。拂晓,他们抵达城门前,强行进入城内,[8]对诺曼底军队展开疯狂进攻。露天休息的诺曼人遭到来自四面八方的攻击,[9]纷纷逃到大主教家中,并在其周围快速设置路

---

[1] Order. Vital. Hist. ecclesiast., lib.IV, apud Script. rer. normann., p.512.
[2] Order. Vital. Hist. ecclesiast., lib.IV, apud Script. rer. normann., p.512.
[3] Chron. saxon., ed. Gibson, p.174.
[4] Willelm. Gemet. Hist. normann., apud Script. rer. normann., p.290.
[5] Aluredi Beverlacensis Annal. de gest. reg. Britan., lib.IX, p.128, ed. Hearne.
[6] Chron. Walteri Hemingford., lib.I, apud rer. anglic. Script., t.II, p.458, ed. Gale.
[7] Alured. Beverlac., loc. supr. cit.
[8] Aluredi Beverlacensis Annal. de gest. reg. Britan., lib.IX, p.128, ed. Hearne.
[9] Aluredi Beverlacensis Annal. de gest. reg. Britan., lib.IX, p.128, ed. Hearne.

障，命弓箭手从高处放箭，这样才得到些许喘息的机会。没料到的是，英格兰人火烧大主教的居所，里面的人全部被烧死，[1]包括罗贝尔本人，以及随他前来的一千两百位骑士，还有我们并不清楚数目的步兵和随从。[2]此次失利在诺曼人当中引起了极大的恐慌，以至于支援部队来到诺斯阿勒热顿（Northallerton）之后，便不敢再前进。甚至有传言说，之前诺曼人的失利是因为侵犯了教堂守护神卡斯伯特（Cuthbert），守护神心系身后的这片土地，才使冒犯之人受到严惩。[3]

取得伟大胜利的诺森布里亚人，是先前丹麦区居民的后裔，同丹麦人一直保持着友好往来。诺曼人入侵之初，他们就向丹麦请求援助，同样请求丹麦人援助的还有约克、林肯和诺维奇的丹麦人后裔。[4]还有一行逃亡者亲自跑去北方各王国请求援助，力劝他们加入到抵抗诺曼人的战争当中来。[5]威廉虽也是北欧人的后裔，却一生都不会讲自己祖先的语言，对丹麦人并无亲近之感。他从一开始就预测到英格兰人和丹麦人终有一日会联合起来，所以当初才会在英格兰东部沿海建造如此多的堡垒，以保证丹麦援军来到之日，可以阻断他们的前路。威廉曾多次派大使、谈判家、能言善辩的主教去见丹麦国王斯文，每次必有大量金银财宝相赠，企图买通丹麦人，将其对诺曼人构成的威胁降低到最小。[6]但是，斯文不为所动，他不忍心看着英格兰人民沦

---

[1] Aluredi Beverlacensis Annal. de gest. reg. Britan., lib.IX, p.128, ed. Hearne.
[2] Chron. saxon., ed. Gibson, p.174. Roger de Hoved. Annal., pars prior, apud rer. anglic. Script., p.450 et 451, ed. Savile.
[3] Chron. Sanctæ-Crucis edimburg.; Anglia sacra, t.I, p.159.
[4] Legatio Helsini in Daniam, apud Script. rer. danic., t.III, p.255, in nota n ad calc. pag.
[5] Legatio Helsini in Daniam, apud Script. rer. danic., t.III, p.253 et 254.
[6] Henrici Knyghton, de Event. Angl. lib. II, apud hist. angl. Script., t.II, col. 2343, ed. Selden. Torfæ Hist. rer. norveg., t.III, p.385 et 386.

为外国人的奴隶，于是召集船队和士兵，前往英格兰进行援助。[1] 240艘船在斯文弟弟奥斯比恩（Osbiorn）和斯文的两个儿子哈拉尔德、克努特的指挥下朝英格兰驶来。曾几何时，丹麦人的到来让英格兰人胆战心惊，如今英格兰人却为丹麦人即将到来的消息欢呼雀跃，[2] 援军一到，反击外来强敌计日而俟。除此之外，英格兰人还在古撒克逊王国和弗里西亚王国海岸花钱招募参战士兵，[3] 逃到苏格兰的英格兰人也表示愿意回来共抗外敌。士气大振的诺森布里亚人开始时常南下至诺曼人驻扎之地，展开小规模的进攻，[4] 诺曼人不堪其扰，约克一座堡垒的看守者就是在此时遇害的。[5]

最终，在那年秋天，斯文的弟弟奥斯比恩和斯文的两个儿子，以及另外五位将领率军登陆英格兰。[6] 他们直入东南部，但是东南部是诺曼人防御最坚固的区域，丹麦人在多佛尔、桑威奇和诺维奇连连受到打击，只好转战北方地区。他们效仿自己的祖先朝北进入亨伯海湾，[7] 丹麦人抵达的消息迅速传开，亨伯居民立刻放下手中的农活，带上装备离开自己的家园，准备同丹麦人一同战斗。[8] 国王埃德加、梅尔斯韦恩（Merlsweyn）、克斯帕特里克（Cospatrik）、西沃德·伯恩（Siward Beorn）以及许多其他当初出逃的人，也都迅速从苏格兰赶来加入战斗。这当中就有西沃德的儿子瓦尔塞奥夫，此人十分年轻，同

---

［1］ Legatio Helsini in Daniam, apud Script. rer. danic., t.III, p.254.
［2］ Livre II, passim.
［3］ Order. Vital. Hist. ecclesiast., lib.IV, apud Script. rer. normann., p.513.
［4］ Willelm. Gemet. Hist. normann., apud Script. rer. normann., p.290.
［5］ Order. Vital. Hist. ecclesiast., lib.IV, apud Script. rer. normann., p.512.
［6］ Matth. Westmonast. Flor. histor., p.226. Matth. Paris, t.I, p.6.
［7］ Order. Vital. Hist. ecclesiast., lib.IV, apud Script. rer. normann., p.513.
［8］ Chron. saxon. frag., sub anno MLXVIII, apud Gloss. Ed. Lye, t.II, ad finem. Matth. Paris, t.I, p.6.

他的父亲一样,身材挺拔,强壮有力,走在队伍当中十分显眼,他在接下来的战争中立下了汗马功劳。[1]

这支部队以英格兰人为先锋,丹麦人为主力;他们当中有的人骑马,有的人徒步,所有人都昂首挺胸、意气风发地朝约克逼近。信使先走一步去通知约克人民,救援部队正在接近。抵达约克以后,他们从四面将城市包围,与诺曼人僵持不下。诺曼人堡垒周围全是居民房屋,若敌军将其拆毁填满沟壑,堡垒恐受威胁。于是在城市被包围第八天时,两座堡垒的看守人下令将周边所有房屋烧毁。[2]岂料丹麦人和英格兰人趁火光深入堡垒附近将其包围,诺曼人彻底被困。同一天,联军发动突袭,两座堡垒失守。[3]战争过程十分惨烈,死去的诺曼人不计其数。[4]瓦尔塞奥夫在城门设置陷阱,亲手用斧头砍死很多想要逃跑的诺曼人。[5]他还追踪百名骑士直到附近的一处树林,为了速战速决,他放火烧毁树林,诺曼人全部被活活烧死。一位丹麦战士暨诗人就这次军事事件作曲一首,称赞瓦尔塞奥夫是同奥丁一样勇猛的人,歌颂其为英格兰赢得了一场酣畅淋漓的胜利。[6]

战后,英格兰人并未将驻守在约克的将领吉尔伯特·德·格兰(Gilbert de Grand)和纪尧姆·马莱处死,也放过了马莱的妻儿;还有一些诺曼底士兵被丹麦人带上船只带走,逃过一死。英格兰人想要将诺曼人留在此地的痕迹全部抹去,便将他们所建堡垒全部拆

---

[1] Chron. saxon. frag., sub anno MLXVIII, apud Gloss. Ed. Lye, t.II, ad finem.
[2] Alured. Beverlac. Annal. de gest. reg. Britann., lib.IX, p.128, ed. Hearne.
[3] Alured. Beverlac. Annal. de gest. reg. Britann., lib.IX, p.128, ed. Hearne.
[4] Chron. saxon. frag., sub anno MLXVIII, apud Gloss. Ed. Lye, t.II, ad finem. Matth. Paris. t.I, p.6.
[5] Origo et gesta Sivardi ducis, apud Script. rer. danic., t.III, p.299.
[6] Sagan af Haralde Hardrada, cap. CI; Snorre's Heimskringla, t.III, p.168.

除。[1]这场胜利使得英格兰重新崛起，埃德加在约克人的支持声中重新掌权，[2]其领土一度涵盖从特威德河到亨伯河之间的所有区域。威廉虽然遭到重创，却依旧统治着英格兰南部地区，占据着诸多富饶城市。

冬天临近，不宜继续战斗，丹麦人将船只停靠在亨伯海湾，也就是乌斯河和特伦特河（Trent）的河口交汇处。他们在静静地等待着春天的到来，从而继续向南方推进，彻底击退外来入侵者，赶走威廉。[3]而威廉却没有休息，约克失守，诺曼底军队溃败的消息使他十分痛苦和愤怒，他发誓必将这种痛苦数倍奉还给英格兰人，重新夺回失去的一切。[4]盛怒之余，威廉开始着手准备反击。一向勇猛无敌的他这次决定以巧取胜，他派信使前去拜见斯文的兄弟奥斯伯恩，也就是当时丹麦船队的最高统帅。他秘密赠送给奥斯伯恩黄金万两，并允诺其可以在东部沿海随意搜刮粮食与财物；条件是奥斯伯恩必须在春天到来之前离开这里，并不再加入到战斗当中。[5]奥斯伯恩本是贪财之人，他毫不犹豫地选择背叛自己的国家，向威廉承诺会按照要求撤军。[6]

在悄无声息地去除了英格兰人最主要的兵力之后，威廉开始安抚已占领地区，这些地区的英格兰人深受诺曼人的压榨，叫苦不迭，威廉便趁机象征性地惩罚个别官员，以平民怨。[7]就这样，威廉仅做出

---

[1] Chron. saxon., ed. Gibson, p.174.
[2] Chron. saxon. frag., sub anno MLXVIII, apud Gloss. Ed. Lye, t.II, ad finem.
[3] Matth. Westmonast. Flor. histor., p.226. Matth. Paris., t.I, p.6.
[4] Roger de Hoved. Annal., pars prior, apud rer. anglic. Script., p.451, ed. Savile.
[5] Florent. Wigorn. Chron., p.636.
[6] Florent. Wigorn. Chron., p.636.
[7] Matth. Westmonast. Flor. histor., p.226.

小小的让步就获取了人民的信任。[1]稳定住目前的形势之后，威廉带上自己的精兵良将再次朝约克出发。此时英格兰人已经得知丹麦船只离开和诺曼底军队逼近的消息，受到重创的英格兰人没有选择放弃，他们仍旧在坚持。诺曼人再度来袭，英格兰人站上城墙誓死抵抗，数千人从城墙上掉落。[2]战斗持续了很长时间，诺曼人在付出惨痛代价之后，最终获胜。埃德加再度被迫逃回苏格兰。苏格兰国王马尔科姆再一次热情接待了他，并向所有英格兰逃难者提供避难所。[3]

拿下约克以后，诺曼人没有就此罢手，他们继续朝北方突进。他们制订了严密的计划，复仇的欲望使他们变得更为疯狂。[4]诺曼人在诺森布里亚火烧耕田、村庄和城市，屠杀人畜，惨无人道。[5]英格兰北部俨然变成了不毛之地，有志之士纷纷逃离家乡，隐居深山老林，或者逃到东部海岸沼泽地带，变身强盗或海盗，继续对抗诺曼人。诺曼人不得已发布公告，指责他们是破坏和平的罪人。[6]接着，诺曼人第二次进攻达勒姆，这次他们没有再给英格兰人机会，而是快速占领了这一区域。

在诺曼人再次进攻达勒姆之前，达勒姆主教埃格尔温，也就是曾经给罗贝尔通风报信、提醒他小心埋伏的那位主教，早已和居民们一起逃走，他们还带走了圣徒卡斯伯特的遗骨。他们一直向北方前进，直到特威德河口一个叫作林迪斯法恩（Lindisfarney）[7]的地方，据一

---

[1] Matth. Westmonast. Flor. histor., p.226.
[2] Matth. Westmonast. Flor. histor., p.226.
[3] Matth. Paris. t.I, p.6.
[4] Alured. Beverlac. Annal. de gest. reg. Britan., lib.IX, p.128, ed. Hearne.
[5] Matth. Paris., t.I, p.6.
[6] Willelm. Gemet. Hist. normann., apud Script. rer. normann., p.290.
[7] "Lindisfarney"意为圣人之地（l'Ile de Sainte）。(Alured. Beverlac. Annal. de gest. reg. Britan., lib.IX, p.129, ed. Hearne.）

位英格兰诗人说，此地无人知晓，无人抵达，鲜有人居住，[1]岛上到处都是圣骨和圣物。此地十分神秘，涨潮之时隐于水中，潮退之时重现天日，一日之内随着潮水涨退而起起落落两次。而此时的达勒姆教堂，在被遗弃之后无人看守，变成了英格兰伤兵的避难所，他们躺在光秃的石头上睡觉，饥肠辘辘，筋疲力尽，躲在教堂之中勉强维持生命。[2]

再说此次诺曼底军队北上，战争涉及范围之广令人惊叹，所过之地必令其寸草难生。从亨伯河一直到泰恩河，再没有一处文明覆盖之地。[3]曾经躲过丹麦人劫掠的修道院再无往日的幸运，圣皮埃尔修道院（monastère de Saint-Pierre）和惠特比修道院（monastère de Whitby）全部被烧毁。[4]亨伯河南岸的情况同样惨烈。从约克到东部海岸，可谓荒无人烟，[5]只有贝弗利（Beverley）圣约翰教堂（l'église de Saint-Jean）挤满的逃难者才能让人忆起往日之盛景。诺曼人逼近，很多人便携贵重物品跑到这里来避难，因为相传此教堂的守护神乃盎格鲁-撒克逊后裔，人们认为他可以保佑他们和他们的财产免受外国人的侵犯。

诺曼人的营地在距离贝弗利4英里多的地方，圣约翰教堂里躲避了很多有钱人的消息很快便传到了这里。一些诺曼人脱离部队，在图斯坦（Toustain）的率领下朝教堂奔来，想要抢夺更多财物。[6]诺曼人的不期而至令教堂里的人大为恐慌，人们纷纷躲到墓地当中。诺曼

---

[1] Peter Langtoft's Chronicle, as illustred and improv'd by Robert of Brunne, vol.I, p.77, ed Hearne.
[2] Alured. Beverlac. Annal. de gest. reg. Britan., lib.IX, p.129, ed. Hearne.
[3] Alured. Beverlac. Annal. de gest. reg. Britan., lib.IX, p.128.
[4] Chron. Johan. Bromtonm apud hist. angl. Script., t.I, col. 966, ed. Selden. Willelm. Malmesb., de Gest. pontif. angl., lib.III, apud rer. anglic. Script., p.271, ed. Savile.
[5] Alured. Beverlac. Annal. de gest. reg. Britan., lib.IX, p.129, ed. Hearne.
[6] Alured. Beverlac. Annal. de gest. reg. Britan., lib.IX, p.129, ed. Hearne.

人径直朝墓地走去，越过栅栏，对神圣之地没有丝毫敬畏之意。团伙首领图斯坦扫了一眼英格兰人群，发现一位衣着华丽、手带黄金饰品的老人，[1]他拔出手中的利剑朝老人走来，老人惊恐万分，逃至教堂内部，图斯坦紧追不舍，岂料刚一越过教堂门槛，他的马便滑倒在地，图斯坦从马上滑落，身受重伤。[2]眼见首领身负重伤、奄奄一息，诺曼人调转马头，仓皇而逃。回到营地，他们将所遇之事详细转述给其他人，言语间充满畏惧。自此，诺曼人再不敢前往此地，这块土地也成了唯一人丁兴旺、草木丛生的地方。[3]

威廉在掌控住从泰恩河至索尔韦河（Solway）之间的大片区域之后，率领诺曼人继续征战，一直深入到罗马长城的脚下。接着，威廉回到约克，从温彻斯特带来了黄金皇冠、权杖、裘皮大衣和所有其他象征英格兰王室的物品，在圣诞节期间高调展示这些物品，这对几个月前同埃德加一起为英格兰战斗的人来说，无疑是一种示威和蔑视。[4]此时，已没有人再敢对这样的挑衅做出回应，最后一批有志之士也逃到了泰恩河彼岸，[5]这也就预示着英格兰人的彻底妥协和其自由时代的终结。[6]

至此，在亨伯河两岸，威廉的将领和执行官们（baillis）[7]终于可以自由行走在乡间小路、穿梭于城市之间。紧接着，从1067年开始，很多地区爆发饥荒，唯独被诺曼人占领的地区安然无事。1070年，饥

---

[1] Alured. Beverlac. Annal. de gest. reg. Britan., lib.IX, p.129, ed. Hearne.
[2] Alured. Beverlac. Annal. de gest. reg. Britan., lib.IX, p.129, ed. Hearne.
[3] Chron. Johan. Bromtonm apud hist. angl. Script., t.I, col. 966, ed. Selden.
[4] Order. Vital. Hist. ecclesiast., lib.IV, apud Script. rer. normann., p.515.
[5] Order. Vital. Hist. ecclesiast., lib.IV, apud Script. rer. normann., p.515.
[6] Willelm. Gemet. Hist. normann., apud Script. rer. normann., p.290.
[7] "bailli"可以用来指各种公务人员。

荒蔓延到整个英格兰，约克郡以及约克以北的部分地区，由于长时间没有食物补给，人们苦不堪言，被迫吞食诺曼人丢弃在路边的死马充饥；很快，人们便吃光了所有的死马，吞食人肉的现象也出现了。[1] 饥荒导致数万英格兰人惨死，[2] 道路上、广场上和房屋前，经常可以看到正在被虫子侵蚀的尸体，根本没有人来掩埋这些尸体。[3] 满目的荒凉景象，如正在上演的一部惊恐戏剧。然而饥荒只是波及了英格兰人民，诺曼人仍旧生活富裕。在他们的堡垒内，有堆积如山的谷物，他们用从英格兰人身上搜刮的财物从海外购买粮食。饥荒的爆发进一步帮助诺曼人彻底征服了英格兰人，英格兰曾经响当当的大人物，如今个个骨瘦如柴，为了给全家人讨口饭吃，不得不来做诺曼人的奴隶。[4] 英格兰人卖身作奴隶的事情现在还可以在部分弥撒经书上找到详细描述，随着岁月的流逝，经书中的字迹虽已模糊不清，但依旧是后人研究那个时代的珍贵史料。

战争过后，亨伯以北地区遭到重创，两次战争让约克的郊区在几个世纪之后还是十分荒凉。[5] 但是诺曼人还是对之进行了瓜分，威廉将约克的房屋，或者更精确地说，将废墟进行了分配。威廉占有大多数的完好房屋，[6] 将剩下的房屋、教堂、商铺废墟分给手下将领。[7] 纪尧姆·德·加雷纳掌有约克的28座村庄，纪尧姆·德·珀西（Guillaume de Percy）拿到80余座庄园[8]。大多数地区在15年之后

---

[1] Florent. Wigorn. Chron., p.636.

[2] Order. Vital. Hist. ecclesiast., lib.IV, apud Script. rer. normann., p.515.

[3] Roger de Hoved. Annal., pars prior, apud rer. anglic. Script., p.451, ed. Savile.

[4] Roger de Hoved. Annal., pars prior, apud rer. anglic. Script., p.451, ed. Savile.

[5] Lelandi Collectanæ, vol.IV, p.36.

[6] Extracta ex D. B., apud rer. anglic. Script., t.III, p.774, ed. Gale.

[7] Domesday-book, vol.I, fol. 298, recto.

[8] Anciens tenures of land, p.6.

依旧是荒芜之地。[1]国王爱德华时期,年收入达60镑[2]的土地,如今在外国人的管理下收获不足5镑;以前肥沃的土地,在战后,收入很难达到战前的十分之一。[3]

约克北部广大地区成为西布列塔尼人阿兰(Allan,诺曼人称他为Alain)的封地。同胞称阿兰为"Fergan",意思是"红棕色头发的人"。[4]阿兰在他的最主要庄园希林(Chilling)附近建起坚固的堡垒和防御工事,堡垒建在一处陡峭的悬崖之上,被斯瓦尔(Swale)湍急的河水环绕。堡垒主要用来保护自己免受英格兰人的骚扰,[5]像大多数人一样,他同样也用法文为自己的堡垒命名,取名为"富有之山"(Riche-mont),灵感主要来源于其居高临下的地理位置。[6]

约克最东端有一海岛,威廉原本已将整个小岛赐予佛拉芒助军统领德勒·布鲁埃尔(Dreux Bruère)。德勒与国王的一位亲戚结下姻缘,却在一次盛怒之下将其杀害。在事情暴露之前,他前去拜见国王,表示愿意放弃封地,请求国王改赐金钱。威廉欣然同意,德勒得到所要金钱之后,便用这笔钱返回佛拉芒。威廉在其离开之后才得知了事情的真相。[7]霍尔德尼斯岛(Holderness)成了厄德·德·香槟(Eudes de Champagne)的封地,之后他与威廉的妹妹结婚。待厄德妻子产下一子之后,他写信给国王,说他的封地过于贫瘠,岛上除了燕麦之外再无其他产出,他请求国王赐予他可以产出小麦的土地以养活自己的

---

[1] Domesday-book, vol.I, fol. 309, recto.
[2] 此处为货币单位。(译者注)
[3] Domesday-book, vol.I, fol. 315, recto.
[4] Geneal. comit. Richemundiæ, apud Script. rer. gallic. et francic., t.XII, p.568.
[5] Geneal. comit. Richemundiæ, apud Script. rer. gallic. et francic., t.XII, p.568.
[6] Geneal. comit. Richemundiæ, apud Script. rer. gallic. et francic., t.XII, p.568. Monast. anglic., Dugdale, t.I, p.877.
[7] Dugdale's Baronage of England, t.I, p.60. Monast. anglic., Dugdale, t.I, p.796.

儿子。[1]威廉便将林肯的比塞姆（Bytham）赐予厄德。

在离霍尔德尼斯不远处的亨伯边界，有一块封地属于贾梅尔（Gamel），贾梅尔来自法国莫城（Meaux），[2]因为对家乡十分挂念，他便为这块土地也取名为"莫"，当地的修道院甚至将这个名字保留了几个世纪之久。贾梅尔作为这里的首领和最大庄园的主人，一直致力于同周边地主友好相处，他多次召开集会与他们共同商议，详细划分各自领地的边界，签订协议，以避免纠纷，保持永久的和平。[3]

位于艾尔河（l'Aire）彼岸的庞蒂弗拉克特（Pontefract）是吉尔伯特·德·拉西（Guilbert de Lacy）的封地，诺曼人曾经涉水才得以抵达这里。同其他诺底将领一样，他在自己的封地上建造堡垒。[4]但是吉尔伯特并没有就此满足，他是第一个越过约克西部山区的人，他占领了隶属于切斯特的兰开斯特（Lancaster）。最终他的领土得以扩大，领地东面和南面都与约克接壤。诺曼人到来之前，这里所有的英格兰领主在法律上都是自由且平等的，为了更好地管理自己的领地，吉尔伯特打破原来的规则，将布莱克本（Blackburn）、罗奇代尔（Rochdale）、托林顿（Tollinton）的所有英格兰领主都赶了出去。自此，此地便再无平等可言，诺曼人成为领主和承租土地的农庄主，占据了霸主地位。[5]

威廉和他的精英部队在抵达赫克瑟姆（Hexham）之后，便再没有前进，他的手下将领负责深入到诺森布里亚北部和东部，进行剩余地区的征服工作。坎伯兰（Cumberland）成为一个叫作勒努夫·梅

[1] Monast. anglic., Dugdale, t.I, p.796.
[2] Monast. anglic., Dugdale, t.I, p.792.
[3] Monast. anglic., Dugdale, t.I, p.792.
[4] Monast. anglic., Dugdale, t.I, p.859.
[5] Monast. anglic., Dugdale, t.I, p.859.

钦（Renouf Meschin）的诺曼人的领地。威斯特摩兰（Westmoreland）也由一位诺曼底将领占领，[1]此人轻财好施，决定与自己的士兵共享荣华富贵，他将自己的领地分给手下诸位悍将，还挑选当地漂亮女子赐予自己的士兵。他将埃利顿（Elreton）和托德维克（Todewick）两座庄园主人西蒙（Simon）的三个女儿分别赐予名为翁弗鲁瓦（Onfroy）、拉乌尔（Raoul）和纪尧姆·德·圣保罗（Guillaume de Saint-Paul）的手下将领。[2]伊夫·德·维西（Ives de Vescy）攻下阿尼克（Alnwick），霸占了英格兰一位战死者的女儿和其所有财产。[3]罗贝尔·德·布鲁斯（Robert de Brus）获得了达勒姆数百座庄园和哈特尔普尔（Hartlepool）港口。[4]罗贝尔·德·奥姆佛雷维尔（Robert d'Omfreville）获得里德斯代尔森林（Riddesdale），威廉将自己当初进攻诺森伯兰时所持之剑作为奖赏赐予他，罗贝尔承诺必将忠心耿耿，誓死保卫这片领土。[5]

当初诺森布里亚人通过暴动赶走哈罗德的兄弟托斯蒂之后，曾推选埃德温的兄弟莫卡尔作为首领，莫卡尔则将埃道夫（Edulf）的儿子，年轻的奥苏尔夫（Osulf）推上首领位置。[6]直至诺曼人越过泰恩河之前奥苏尔夫一直掌权。诺曼人来到这里之后，奥苏尔夫仓皇而逃，一个叫作科普西（Kopsi）的英格兰人被诺曼人推上掌权位置。[7]说起此人也并不陌生，当初诺森布里亚人将他和托斯蒂一同赶走之后，他

---

[1] Monast. anglic., Dugdale, t.I, p.838. Livre II, p.163.
[2] Monast. anglic., Dugdale, t.I, p.838.
[3] Monast. anglic., Dugdale, t.II, p.592.
[4] Monast. anglic., Dugdale, t.II, p.148. Ancient tenures of land, p.146.
[5] Ancient tenures of land, p.15.
[6] Monast. anglic., Dugdale, t.I, p.41.
[7] Monast. anglic., Dugdale, t.I, p.41.

便一直怀恨在心，寻求报仇机会。诺曼人正是想利用他对这个地区的仇恨，所以才选择他作为首领，企图让他来对付诺森布里亚人。科普西在外国人的保护下接下了职务，但没过多久，他就在家中遭遇突袭。当时他正在用餐，奥苏尔夫率领一群英格兰人毫无预兆地出现在他的面前，将他杀死，随后消失得无影无踪。[1]

  诸如此类的报复反抗行为在多地时有发生，有很多单靠自己的名声就可以召集起很多英格兰人共同进行抗争的有识之士，但是他们的存在并不足以拯救英格兰。英勇但无力的挣扎一次次遭到强大力量的狠狠嘲笑。无力改变的现状使得他们渐渐失去勇气，只好再次屈服，瓦尔塞奥夫、戈斯帕特里克（Gospatrik）、莫卡尔和埃德温全部向威廉投降，表示愿意归顺于他。威廉用15天的时间在蒂斯河岸建好营地，最终的归顺仪式将在那里进行。仪式当日，瓦尔塞奥夫将手放在国王的手心，表示自此臣服于威廉，并对其忠心耿耿。随后，瓦尔塞奥夫被赐予亨廷登和北安普顿，并接受诺曼底的伯爵称号。[2]之后，他同威廉的侄女朱迪思（Judith）完婚。然而心系祖国的他却始终无法接受诺曼人摆在他眼前的怡然自得的生活，终日难以入睡。[3]通过书信表示归顺的戈斯帕特里克则接管了诺森布里亚。[4]很快，埃德加也来到这里，第二次宣布放弃自己的国王称号和公民赋予他的权力。[5]然而，这并不是结束，这个没有主见和原则的一国之君，受人牵制，反反复

---

[1] Simeon Dunelmensis, apud hist. angl. Script., t.I, col. 204, ed. Selden.
[2] Order. Vital. Hist. ecclesiast., lib.IV, apud Script. rer. normann., p.515. Willelm. Malmesb., de Gest. reg. angl., lib.III, apud rer. anglic. Script., p.104, ed. Savile. Chron. saxon. frag., sub anno MLXXI, apud Gloss. Ed. Lye, t.II, ad finem.
[3] Vita et passio Waldevi comitis; Chron. anglo-norm., t.II, p.112.
[4] Monast. anglic., Dugdale, t.I, p.41.
[5] Matth. Paris., t.I, p.6.

复，在反抗风潮再次掀起之时，他又再一次逃到了苏格兰。诺曼人痛斥他背信弃义，[1] 英格兰人民则始终对其保持宽容大度的态度，一再原谅埃德加左右摇摆的行为。被他一再丢弃的民众始终没有丢弃他，因为在他身上流淌的，是英格兰纯正的王室血统。[2]

北方各地相继被征服，与威尔士相邻的西北部地区的沦陷也只是时间问题。此时，被称为"野人"的艾德里克再也无力阻止日益强大的诺曼人，经过激烈的战斗后，艾德里克终被拉乌尔·德·莫蒂默（Raoul de Mortemer）俘获。诺曼人要求他归顺，艾德里克毅然拒绝后，被剥夺所有财产。[3] 诺曼人士气大振，直逼欧法，越过这个古老的边境之后，便进入了威尔士，自此开始了对威尔士的征服。[4] 一位叫作杜博安（Baudoin）的首领在什鲁斯伯里附近建起了威尔士大地上的第一座堡垒。当地居民用坎布里亚语言称其为"Tre-Faldwin"，也就是"杜博安的堡垒"的意思。但是诺曼人根据约克和所有威尔士已征服区域首领罗杰·德·蒙哥马利（Roger de Montgomery）的名字将其命名为"哥马利之山"（Mont-Gomery）。[5]

诺曼人将什鲁斯伯里的51座房屋夷为平地，建起大本营，自此，这座城市彻底成了威廉的领地。[6] 人们开始被迫向财政部门"échiquier"[7] 纳税，数目与英格兰独立时保持不变。表面上诺曼人在这件事上做出了让步，但是我们从当地居民的一封声明当中可以看出

---

[1] Matth. Paris., t.I, p.7.
[2] Robert of Gloucester's Chronicle, p.370, ed. Hearne.
[3] Monast. anglic., Dugdale, t.I, p.221.
[4] Gesta Stephani regis, apud Script. rer. normann., p.930.
[5] Pennant's tour in Wales, t.II, p.348.
[6] Extracta ex D. B., apud rer. anglic. Script., t.III, p.773, ed. Gale.
[7] 诺曼人对财政部门的称呼，以前罗马人称为 fisc。（译者注）

人们对此并不满意:"什鲁斯伯里的英格兰居民认为,如今让他们缴纳同国王爱德华在位期间同样多的税,于他们来说是非常沉重的。现在根据原有房屋数目进行纳税本无可厚非,然而这些房屋当中有51座已经被夷为平地,用来建造公爵的堡垒;还有50座被毁,几乎无法居住;还有一些房屋已经被诺曼人占有;另外,国王威廉还在修建修道院,将39位自由民送去工作,而他们的离开也加重了剩下百姓的纳税负担。"[1]

诺曼人在英格兰各地建造了很多修道院,里面住满了从海外而来的修道士。每一次招募士兵,修道士便会跟随士兵来到英格兰。1068年,法国蓬提厄圣里基耶修道院(l'abbé de Saint-Riquier)的院长自维桑(Wissant)登陆英格兰,受到了各等级百余位宗教人士、士官和商人的隆重欢迎,[2]引发移民热潮。塞埃(Séez)的修道士在故乡一贫如洗,来到英格兰以后,罗杰·德·蒙哥马利给了他们大片土地建立修道院,他们还可以享有在什罗普郡(Shrop)捕获的所有猎物,[3]就这样他们实现了丰衣足食的梦想。索米尔(Saumur)圣弗洛朗(Saint-Florent)的修道士则占据了一座废弃教堂。[4]在斯塔福德郡斯通(Stone)附近的一座小礼拜堂中,诺曼人内森特(Enisant)将两位修女和一位英格兰教士杀死,将这座教堂赠予了跟随自己来到英格兰的妹妹。[5]

自从诺曼人大获全胜,越来越多的家庭从高卢各个地区举家搬迁到英格兰,那个时候,搬来英格兰就代表着有发家致富的机会。英格

---

[1] Extracta ex D. B., apud rer. anglic. Script., t.III, p.773, ed. Gale.
[2] Chron. S. Richarii, apud Script., rer. gallic. et francic., t.XI, p.133.
[3] Pennant's tour in Wales, vol.II, p.402.
[4] Monast. anglic., Dugdale, t.I, p.375.
[5] Monast. anglic., Dugdale, t.II, p.126.

兰就像一片遍布宝藏的原始之地，人们蜂拥而至，寻求财富和机遇。威廉的士兵诺埃尔（Noël）和他的妻子克里斯特里（Célestrie）被赠予艾林霍尔庄园（le manoir d'Elinghall）。[1] 康妮斯比庄园（le manoir de Cognisby）的主人叫作纪尧姆（Guillaume），他携妻子蒂芬（Tifaine）、仆人莫法（Maufa）和所养的狗哈德里戈拉斯（Hardigras）来到这里。[2] 很快，他成为所有慕名前来英格兰寻求发财机会的人当中最风生水起的那一个，他担当起法国移民同当地政府沟通的桥梁，救济穷苦同胞。[3] 罗贝尔·德·乌利（Robert d'Ouilly）和罗杰·德·伊夫里（Roger d'Ivry）兄弟联手来到英格兰之后，对半分享了获封地区。厄德（Eudes）和皮科特（Picot）兄弟，罗贝尔·马米恩（Robert Marmion）和高缇耶·德·萨默维尔（Gauthier de Somerville）兄弟也是如此[4]。让·德·古稀（Jean de Courcy）和阿莫里·德·圣弗洛朗（Ammaury de Saint-Florent）在鲁昂圣母教堂宣誓结为兄弟，他们宣布愿意同生死共进退，分享一切战利品。[5] 很多人在离开家乡之时都宣布放弃原本已有的所有财产，踏上英格兰即代表拥有荣华富贵，他们对此深信不疑。布洛瓦的子爵若弗鲁瓦·德·肖蒙特（Geoffroy de Chaumont）将他在布洛瓦、肖蒙（Chaumont）和图尔（Tours）的所有土地都赠予自己的侄子德尼滋（Denise），然后出发去了英格兰。回来时他携带大量金银珠宝、稀奇物品，并且在英格兰拥有多个富饶地区。[6]

现在，摆在诺曼人面前的，只有切斯特地区未被完全征服。北方

---

[1] Monast. anglic., Dugdale, t.II, p.54.
[2] Hearne, præfat. ad. Jahan. de Frodun Scotichronicon, p.170.
[3] Monast. anglic., Dugdale, t.II, p.136.
[4] Monast. anglic., Dugdale, t.I, p.198.
[5] Monast. anglic., Dugdale, t.II, p.198.
[6] Gesta Ambasiensium dominorum, apud Script. rer. gallic. et francic., t.XI, p.258.

的冬天过去之后，威廉决定亲自出征切斯特。[1]在从约克出发前夕，突有传闻说，诺森伯兰形势严峻，人们开始议论纷纷，猜测如果在此时出征西部海岸，定会舟车劳顿、人困马乏。消息在军中愈传愈烈，军心动摇，人们开始倍加思念自己的故乡。诺曼人当中又一次出现了大批人马抱怨战争艰苦、持续时间长，故而请求回乡的浪潮，威廉努力说服不愿再跟随他的人，向他们保证这次获胜之后将会停战，并赐予他们丰厚薪水作为补偿。[2]平息了这一切之后，威廉带着部队越过贯穿整个英格兰南北的崇山峻岭，成功进入切斯特，在此地建立堡垒。然后，他又接连征服了斯特福德和索尔兹伯里。回到南方之后，他遵守诺言，对跟随他南征北战的士兵予以丰厚的奖赏。[3]然后，威廉回到温彻斯特，这是他在英格兰建立的最坚固的堡垒之一，也是他为自己选择的春天修养之地。冬天他会回到格罗斯特的堡垒，而夏天他则会去伦敦的堡垒和其附近的威斯敏斯特（Westminster）修道院。[4]

佛拉芒人格尔鲍德（Gherbaud）留下看守，保卫新征服地区，他也成了历史上第一个切斯特伯爵。然而，英格兰人和威尔士人的长期不断反抗，使得他疲惫不堪，[5]他最后决定返回家乡。威廉指定于格·德·阿弗朗什（Hugues d'Avranches）为切斯特的新伯爵。此人以盾牌上的狼头著称，被人称作"狼人于格"（Hugues-le-Loup）。此人勇猛好斗，接管切斯特不久，就越过象征威尔士的北方边界迪河，占领了弗林特（Flint），在里滋兰（Rhuddlan）建立堡垒。[6]一位叫作

---

[1] Order. Vital. Hist. ecclesiast., lib.IV, apud Script. rer. normann., p.515.
[2] Order. Vital. Hist. ecclesiast., lib.IV, apud Script. rer. normann., p.515.
[3] Order. Vital. Hist. ecclesiast., lib.IV, apud Script. rer. normann., p.516.
[4] Chron. saxon., ed. Gibson, p.190.
[5] Order. Vital. Hist. ecclesiast., lib.IV, apud Script. rer. normann., p.522.
[6] Journey to Snowdon, p.11; Pennant's Tour in Wales, vol.II, à la fin.

罗贝尔·德·阿弗朗什（Robert d'Avranches）的副长官留下看守堡垒，随后他改名为罗贝尔·德·里滋兰（Robert de Rhuddlan）。罗贝尔·德·马尔帕斯（Robert de Malpas）接管一个建在山丘上的堡垒，将此地用自己的名字命名，并且沿用至今。据记载，两人都极其残忍，以杀人为乐，尤其是对威尔士人。[1]他们在里滋兰沼泽地附近进行过大屠杀。这里对于威尔士人来说有着特别的意义，8世纪，威尔士人曾在这里与英格兰人激战，最终失利。当地有人为纪念两次灾难，特意作曲一首，这是一首悲伤的曲子，没有歌词，人们称它为《里滋兰沼泽曲》。[2]

据史料记载，于格自从成为切斯特伯爵定居下来以后，就从诺曼底接来自己的老朋友勒努瓦（Lenoir），随勒努瓦一同前来英格兰的，是他的五个兄弟：哈特德（Houtard）、爱德华德（Edouard）、沃尔马（Volmar）、霍素（Horsuin）和沃尔芬（Volfan）。[3]于格任命勒努瓦为他的统帅，即出战时负责开路，撤退时负责押尾。勒努瓦被赐予默西河（Mersey）沿岸的霍尔顿（Halton）为领地，并且，所有在威尔士战时所获四脚牲畜也全部归他所有。[4]和平时期，他负责维持霍尔顿的治安，惩治不法行为，罚金就是他的主要收入来源。购买物品时，除了伯爵的仆人以外，他的仆人拥有优先购买的权力。[5]勒努瓦还拥有到切斯特集市所有道路的管辖权，征收霍尔顿所有市场的通行费用。另外，管辖地区的所有流浪动物都也归其所有。[6]勒努瓦还可以免去

---

[1] Order. Vital. Hist. ecclesiast., lib.IV, apud Script. rer. normann., p.522.
[2] Cambro-briton., vol.I, p.53 et 95.
[3] Monast. anglic., Dugdale, t.II, p.187.
[4] Monast. anglic., Dugdale, t.II, p.187.
[5] Monast. anglic., Dugdale, t.II, p.187.
[6] Monast. anglic., Dugdale, t.II, p.187.

一切税务,贩卖除盐和马匹以外的所有商品。

五个兄弟中,哈特德是勒努瓦的心腹,便担当霍尔顿总管职务。勒努瓦将威斯顿(Weston)和艾什顿(Ashton)赐予他,[1]并将在威尔士所俘获的所有牛也赐予他。[2]二弟爱德华德在威斯顿拿到了两英亩的土地。[3]其余的两个弟弟沃尔马和霍素一起获得伦康(Runcone)的一块区域。五弟沃尔芬是个教士,得到了伦康教堂。[4]

以上即为战后切斯特的详细情况。如此详尽地讲述于格的故事是为了更加生动地向读者展示切斯特战后的情况,帮助大家对战后英格兰的景象有一个更为具体的了解。所有在切斯特所获战利品、领地在其诺曼底首领和其得力助手之间如何分配,正是整个战后英格兰情况的缩影。它完整且真实地还原了当时的情况。至此,读者如若再遇伯爵、统帅、总管等称谓,再在历史故事中听到司法权、市场流通税、通行税、战利品,便会立刻想起于格及五兄弟的故事。事件只有同具体人物相联系起来,才会被赋予生命。这也是书中会详尽描述一些不知名的人物、还原一些小地方故事的原因。11世纪的入侵者和被征服者都随着读者的想象重新回到英格兰这片土地,他们说着不同的语言,有着不尽相同的故事,有的故事欢乐、有的故事悲伤、有的则让人恐惧……关于战争所带来的一切全部呈现在了读者的眼前。这些人已经消失了七百年,但是想象力可以带人去到任何想去的地方,想象力让过去和未来都不再遥远。

---

[1] Ducange, Gloss. ad Script. mediæ et infimæ latinitatis; verbo.
[2] Monast. anglic., Dugdale, t.II, p.187.
[3] Monast. anglic., Dugdale, t.II, p.187.
[4] Monast. anglic., Dugdale, t.II, p.187.

第五章
从伊利岛避难所的建成到最后一位英格兰起义者的牺牲（1070—1076 年）

不列颠岛自特威德河到康沃尔海岸，从海岸线直至萨维尔纳河，均被诺曼人占领，英格兰民众中也分散着诺曼人。各郡沦陷，再无任何英格兰部队有组织地去抵御敌人入侵，只剩一些"散兵游勇"在做无谓的挣扎。对于幸存的英格兰将领和士兵而言，战争所带来的苦痛并未终结：有身份地位的将领被当众判刑；其他士兵则任由诺曼人处置，他们或沦为农奴，或被肆意杀害。[1]诺曼人手段极其残忍，史学家们不忍回首，唏嘘不已。[2]那些仍余有钱财的人，前往威尔士和苏格兰港口，乘船离去，在异国他乡忘却痛苦。[3]这些难民最终的目的地往往是丹麦、挪威以及其他北欧国家；不过也有少数难民前往欧洲南部寻求庇护，在流着不同血液、说着不同语言的人当中开始全新的生活。

英格兰年轻人听闻北欧人在君士坦丁堡组成的国王护卫队里享有很高的薪禄和地位，觉得这也是一条出路，于是纷纷前往。他们在格

---

[1] Chron. saxon. Frag., ex autog. Biblioth. S. Germani, apud Script. rer. gallic. et francic., t.XI, p.216.

[2] Historia eliensis, apud rer. anglic. Script., t.III, p.516, ed. Gale.

[3] Johan. De Fordun Scotichronicon, lib.v.cap.XI, p.404; ed. Hearne.

罗斯特前任首领西沃德的率领下，乘船沿着西班牙海岸线航行，在西西里岛登陆，并在那里向君士坦丁堡王室表达了为其效力的请求。[1] 最终，他们如愿被安插在"精兵护卫队"中，条顿语中写作"varing"，主要职责包括贴身保卫君主、护卫他们所驻守的城池以及国库。这支精兵护卫队（按照希腊语则写为"varangs"）主要由丹麦人、瑞典人和日耳曼人组成；和其他北欧人一样，他们蓄长发，以钢制的双刃斧头为武器，将其握在手中或挂于颈部。这支队伍的士兵身材高大威猛，让人心生畏惧；他们纪律严明，对君主忠心耿耿，整支队伍颇具威望。在第一批英格兰人加入此支队伍之后，其他英格兰年轻人纷纷效仿，到最后，整支队伍几乎都是英格兰人，希腊人将他们称为"不列颠岛的野蛮人"。[2] 除了希腊语之外，一种混杂着撒克逊语和丹麦语的方言成为这支皇家护卫队的官方用语，英格兰的士兵无论接受上级的指派还是重大节庆时向国王道贺祝愿，用的都是这种语言。[3]

不打算移民海外的英格兰人带上家眷逃往深山树林中，有财势的人还带上自己的仆人一起逃走。[4] 他们组成武装部队，不定期地在大道上偷袭诺曼人的车队，试图通过这样的方式夺回诺曼人从他们这里掠夺的东西。他们扣押诺曼人，威胁对方交出原本属于自己的继承权；有时，他们直接杀害人质，为死去的同胞报仇雪恨。[5] 这些英格兰难民被亲诺曼底的史学家们称为"土匪"，他们在记述时，把他们描述成"恶意挑衅社会秩序的坏蛋"。他们这样说道："这些英格兰人每日都会犯下偷窃和杀人的罪行，一方面，这是他们的卑鄙天性使然；另一方

---

[1] Torfœi Hist. rer. norveg., t.III, p.386.
[2] Stritteri Memoriæ populorum ex script. hist. byzant. Digest, t.IV, p.431.
[3] Ibid. Order. Vital. Hist ecclesiast., lib.IV, apud Script. rer.normann., p.508.
[4] Matth. Paris., vitæ abbatum S. Albani, t.I, p.29.
[5] Order. Vital. Hist ecclesiast., lib.IV, apud Script. rer.normann., p.512.

面，这个国家巨大的财富对他们来说太具诱惑力了。"[1]英格兰人则认为自己有权夺回失去的财富，他们成为所谓的"土匪"，是无奈之举。在他们眼中，所谓的"法律"和"权威"并无任何威信力。英文中"outlaw"（"不受法律约束的人、土匪、流氓"）一词在受到镇压的英格兰人民眼里，已然不是一个贬义词。在英格兰古老的传说、神话和民间故事中，这些人在绿意盎然的森林中，过着自由自在的生活；[2]他们是世界上最潇洒、最勇敢之人，[3]他们是森林之王，藐视名不正言不顺的"英格兰国王"！[4]这些民间故事颇有些诗意，和那些史学家的描述大相径庭。

  大多数反抗运动发生在英格兰北部，这是英格兰人拯救亡国最后的呐喊！当初诺曼底军队进攻英格兰时，这里的英格兰子民们也曾经顽强抵抗。约克郡周围茂密的森林成为英格兰人的基地，他们的首领是西格（Sigg）的儿子——斯韦恩（Sweyn）。[5]根据记载，在英格兰中部、靠近伦敦的地方，甚至在诺曼人的堡垒附近，都有类似的民间组织，[6]他们不甘做亡国奴，每每遇到诺曼人的军队，都与其血战到底。诺曼人常常以绞杀这些"逆反者"为借口，把怒火转移到那些手无寸铁的民众身上；这些英格兰民间组织为了报复他们，不时地去"造访"那些诺曼人的亲信。恐怖的气氛长期笼罩着英格兰：英格兰人一方面担心自己惨死在诺曼人的剑下，因为诺曼人自视高人一等，无

---

[1] Lelandi Collectanea, p.42.

[2] Robin Hood, a collection of all the ancient poems, songs and ballads. London, 1823, in-12, p.1, 68, 70 et passim.

[3] Robin Hood, a collection of all the ancient poems, songs and ballads, vol.II, p.221; London, 1832.

[4] Robin Hood, a collection of all the ancient poems, songs and ballads, vol.II, passim.

[5] Hist. monasterii selebiensis apud Labbe, Nova biblioth. mss., t.I, p.603.

[6] Matth. Paris., vitæ abbatum S. Albani, t.I, p.29.

视英格兰民众的祈求和辩解，肆意伤害他们；另一方面，还担心自己被民间组织视为"叛徒"而遭到杀害，因为这些民间组织绝望而又疯狂，歇斯底里地绞杀所有诺曼人的"走狗"。[1]英格兰民众几乎不敢外出，那些归顺诺曼人军队并主动交出土地作为抵押的家庭更是房门紧闭，严加防守。[2]家家户户备齐各类武器：弓箭、斧头、狼牙棒、匕首以及铁叉等；用门闩拴住房门，再从室内用障碍物抵住。每当关上门窗、准备休息时，家中年长者就会站起来，大声祷告："愿上帝保佑并帮助我们！"所有人都像暴风雨来临前的船员们一样，怀着敬畏之心，跟着喊道："阿门"。[3]这样的习惯在英格兰整整持续了两个世纪之久。[4]

在剑桥郡的北部，有一片空旷的沼泽地，很多条河流从不同方向汇入此地。所有英格兰中部的河流，不是流到特姆塞盆地（Tamise）和特伦特盆地，就是流到这片沼泽洼地。在晚秋时节，沼泽地水位高涨，淹没了附近的村舍，雾气漫漫。其中一片泥浆湿地被称为"伊利岛"，这一名称保留至今；另一片湿地被称作"索恩艾岛"（Thorneye）；还有一片湿地被称为"克罗尔兰德岛"（Croyland）。丹麦人攻占英格兰时期，这片土地因为地质松软，骑兵和步兵均无法进入，曾经多次成为英格兰士兵的避难所。1069年，这里成为英格兰爱国人士的据点，他们从各地而来，联合抵抗诺曼人。[5]那些被剥夺继承权的英格兰贵族及其拥护者跋山涉水，经由河口来到此地，用泥土和木

---

[1] Order. Vital. Hist ecclesiast., lib.IV, apud Script. rer.normann., p.523.

[2] Matth. Paris., vitæ abbatum S. Albani, t.I, p.46.

[3] Matth. Paris., vitæ abbatum S. Albani, t.I, p.46.

[4] Matth. Paris., vitæ abbatum S. Albani, t.I, p.46.

[5] Thomæ Rudborne Hist. major Winton.; Anglia sacra, t.I, p.256. Hist. Ingulf. Croyland., apud rer. anglic. Script., t.I, p.71, ed. Gale.

头建立战壕,安排战士武装守卫,并将此地命名为"避难所"。[1]诺曼人考虑到此处地形特殊,满是荆棘,不准备强攻。爱国人士们因此有足够的时间寻求各地亲英人士的帮助,势力不断增强。他们开始时不时地在陆地和海上发动进攻,诺曼人称他们为"土匪、海盗"。

"避难所"几乎每日都会迎来地位尊贵之人,其中不乏神职人员,他们或是带来自己仅剩的钱财,或是带来教堂的贡品。来投奔的人员中包括林迪斯沃恩(Lindisfarn)的教士埃格瑞特(Eghelrik)、德文郡(Devonshire)修道院院长西特瑞特(Sithrik)以及其他神职人员。诺曼人指责这些教士加入了罪犯的行列,"亵渎圣职,给教堂蒙羞",[2]不过这些言辞丝毫不能动摇教士们的决心。教士们的加入鼓舞了很多英格兰人,促进了爱国运动的发展。不过,除却少数教士全身心投入爱国事业,大多数神职人员仍然兴致恹恹,对诺曼人也普遍采取归顺的态度,[3]因为战争并未真正损害他们的利益,他们的土地未曾被剥夺,他们的居所也未曾受到劫掠。大量英格兰民众聚集到诺曼人尚未踏足的修道院中,以朝拜、祷告为由,寻求庇护,并谋划如何反抗诺曼人的统治。他们将未被诺曼人抢走的钱财存放在教堂的宝库中,或是为了支持爱国事业,或是留给自己的后代。过去英格兰历代国王用来装饰祭坛、圣骨箱的金箔和宝石,也被教士们分为小块藏起来以备不时之需,拯救陷入困境的祖国。一些有胆识的英格兰人,躲过诺曼人的眼线,历经重重困难,将这些捐献之物运到"伊利避难所"。[4]不幸的是,这一切爱国行动很快被诺曼人发现了。

---

[1] Thomæ Rudborne Hist., loc.sup.cit. Matth. Westmonast.Flor. histor., p.227.

[2] Willelm. Malmesb., de Gest. pontif. angl., lib.II, apud rer. anglic. Script., p.256, ed. Savile.

[3] Order. Vital. Hist ecclesiast., lib.IV, apud Script. rer.normann., p.509.

[4] Thomæ Eliensis Hist. eliensis; Anglia sacra, t.I, p.609.

威廉听从宫廷总管——纪尧姆的建议，搜查英格兰境内的所有修道院，掳走此前英格兰人在此存放的财物、教堂里大部分的祭器、圣骨盒以及其他珍贵物品。[1]当初，威廉攻打英格兰，获得胜利之前，曾经表示战后定会宽容地、公正地对待各位神职人员，并为此立下诏书。如今，威廉命人去教堂取回诏书，可见他当时允诺之虚伪。[2]根据当时惯用的年历，这次大规模的搜刮掠夺发生在1070年年末的封斋期[3]。复活节八日庆期的最后一日，应威廉的邀请，三位教皇特使从罗马而来，分别是来自锡永（Sion）的教士埃尔芒弗鲁瓦（Ermenfroy）以及其他两位红衣主教约翰（Jean）和皮埃尔（Pierre）。对于教皇亚历山大派来的这三位使者，威廉可谓无微不至、盛情款待；他将他们视为"上帝身边的天使"，并邀请他们在英格兰居住长达一年之久。[4]不过，在这盛情背后，威廉必然有所图谋。来自罗马的特使们再次举行仪式为威廉加冕，以抹去此前约克大主教埃尔德雷德对威廉的诅咒。[5]此时，成千上万的英格兰人死于饥荒，然而在温彻斯特守卫森严的王宫里，人们欢声笑语，夜夜笙歌。

　　各项庆典结束之后，威廉在温彻斯特召开会议，出席人员主要是在这次战争中发家致富的诺曼人，包括在俗教徒和神职人员。[6]诺曼

---

[1] Hist.eliensis, apud Script., t.III, p.516, ed. Gale. Chron. saxon. Frag., sub anno MLXXI, apud Gloss. Ed Lye, t.II, ad finem. Thomæ Rudborne Hist.major winton; Anglia sacra, t.I, p.257.

[2] Matth. Westmonast. Flor. histor., p.226.

[3] 从圣灰星期三到复活节前的40天，按教会年历是封斋期，所以狂欢节也称为"四旬节""谢肉节"。在整个封斋期的40天里，禁止天主教徒食肉、娱乐、婚配等一切喜庆活动。（译者注）

[4] Order. Vital. Hist ecclesiast., lib.IV, apud Script. rer.normann., p.516.

[5] Order. Vital. Hist ecclesiast., lib.IV, apud Script. rer.normann., p.516. Vita Lanfranci, apud Script. rer. gallic. et francic., t.XIV, p.52.

[6] Vid. Wilkins Concilia maguæ Britan., t.I, p.322 et seq.

人以罗马教廷的名义勒令英格兰神职人员出席此次会议,通函里的傲慢语气似乎已经预示了这次会议对英格兰教士们将会多么不利。特使如此说道:"罗马教廷有权监督世界上所有教徒的言行,而你们受到教廷的青睐,曾经学习过耶稣教义,因此监督你们的思想和言行,更是教廷职责之所在。如果因为你们言行不当,而信仰衰败,那么教廷就有义务进行修正。因此,我等作为使徒皮埃尔的使者,作为教皇亚历山大的信使,决定召开主教会议,找出症结所在,并对症下药,以拯救误入歧途之人的灵魂。"[1]

此番关于神学的论调有着背后的深意:英格兰国王威廉和罗马教皇已经达成一致,准备罢黜所有英格兰出身的高级神职人员。这项政治举措因为罗马使节的到来,而蒙上了一层宗教的色彩。[2]坎特伯雷大主教斯蒂甘德首当其冲,成为被罢免的第一位主教,因为他曾经全副武装去见威廉,并拒绝为其加冕。据一位历史学家所述,威廉和这位主教的私人恩怨并未被公布于世,斯蒂甘德的任职被宣布无效,主要基于以下三点缘由:一是在坎特伯雷的前主教罗贝尔被驱逐出英格兰时,斯蒂甘德擅自取而代之;二是他曾经佩戴罗贝尔留下的披带主持弥撒等宗教活动;三是他从被驱逐出教会的"伪教皇"贝努瓦那里接受了披带。诺曼人就这样冠冕堂皇地剥夺了斯蒂甘德的主教一职。[3]

斯蒂甘德是故去英格兰国王哈罗德的挚友,是英格兰独立的支持者,按照罗马教廷的说辞,他的此番下场,如同是一棵久久结不出果实的大树,被斧头砍去,从而得到救赎。[4]斯蒂甘德的土地被威廉、

---

[1] Wilkins Concilia maguæ Britan., t.I, p.323.
[2] Chron. Walteri Hemingford., apud rer. anglic. Script., t.II, p.468, ed. Gale.
[3] Florent. Wigner. Chron., p.636.
[4] Chron. Walteri Hemingford., apud rer. anglic. Script., t.II, p.458, ed. Gale.

巴约主教(也是威廉的兄弟)、以及于格·德·格朗麦斯尼尔的妻子阿德琳瓜分占有。阿德琳得到如此慷慨的馈赠,带着她的丈夫,回到英格兰久居。[1]那些言行上无可指摘的英格兰教士也未能幸免:林肯主教亚历山大(Alexandre)、东盎格利亚的主教埃格玛(Eghelmar)、萨塞克斯的主教埃格瑞特(Eghelrik)以及其他各大修道院的院长、主教等几乎被同时罢免。这些英格兰主教甚至被迫对《圣经》发誓,永久脱离圣职,无论继任者是谁,他们绝不会采取任何报复行动。[2]被罢黜的主教不再享有人身自由,被关押在堡垒或是修道院中;修道士们也被关押在古老的修道院中,控制他们的人对外宣称,这些修道士是因为厌倦凡尘俗世而选择隐居的。[3]

一些英格兰高级神职人员为躲避厄运,逃到海外:坎特伯雷大主教斯蒂甘德和林肯主教逃到苏格兰;圣奥古斯丁的修道院院长埃格西格,虽然被通缉,但仍乘船去了丹麦,并在那里定居。[4]达勒姆主教埃格文(Eghelvin),在出发逃亡前,诅咒侵略英格兰的敌人,宣称他们违背基督教教义,终将被逐出教会。[5]威廉对埃格文的诅咒不以为意,因为既然他所统领的军队能够打败英格兰军队,那么他的神职人员同样有能力让他摆脱英格兰主教的指控。

此前在罗马谈判的兰弗朗克教士如今仍然居住在诺曼底,他在法学上颇有造诣,得到威廉和罗马教皇的重用。[6]教皇亚历山大二世派

---

[1] Domesday-book, vol.I, fol. 142 verso; vol.II, p.142 et 238.
[2] Lanfranci Opera, p.301.
[3] Lanfranci Opera, p.301. Hist. cœnob. abbendoniensis; Anglia sacra, t.I, p.168. Hist. eliensis, apud rer. anglic. Script., t.III, p.516, ed. Gale. Ibid., p.512.
[4] Legatio Helsini in Damiam, apud Script. rer. danic., t.III, p.285, in notis.
[5] Matth. Westmonast. Flor. histor., p.226.
[6] Vita Lanfranci, apud Script. rer. gallic. et francic., t.XIV, p.31 et 32. Lanfranci opera, p.299.

来的使者推荐兰弗朗克接替斯蒂甘德成为坎特伯雷大主教，威廉欣然应允，他期待这位博学的教士能帮他稳固政权。王后玛蒂尔达以及其他诺曼底贵族纷纷催促兰弗朗克早日启程前往英格兰，定居在英格兰的诺曼人虚伪地奉承他，称他是上帝派来的使者，前来纠正英格兰子民的不良之风。[1]过去在英格兰，主教需要由教士选举，修道院院长由修道士推选，但是，诺曼人掌权之后，弃用此项规定，兰弗朗克直接由国王和各位男爵推选为大主教。[2]诺曼人攻占英格兰之后，废除了英格兰的宗教流程和民间习俗。

大主教兰弗朗克来到自己的教区，看到整个城市被战争摧毁而悲从心来。坎特伯雷大教堂遭受抢劫和焚烧，几乎面目全非，祭坛上的装饰物已被洗劫一空，祭坛几乎被掩埋在一片废墟之中。[3]圣灵降临节时，第二次主教会议在温莎（Windsor）召开，会议任命国王的神甫托马（Thomas）为约克大主教，前任大主教埃尔德雷德因为伤心过度而去世。和坎特伯雷大教堂一样，约克大教堂连同教堂内的装饰物以及其他贵重物品被一并烧毁。约克郡同样满目疮痍，诺曼人费尽周折得来的土地，如今却变得如此衰败，他们甚至开始犹豫是否要在此处安家。[4]托马大主教所拥有的约克大教堂的领地，根本无人租用。[5]

罗马教皇亲自赐予兰弗朗克披带，授予其职位，言语中尽是恭维："虽然我希望留你在我的身边，但是转念一想，你此去英格兰，英格兰

---

[1] Order. Vital. Hist ecclesiast., lib.IV, apud Script. rer.normann., p.520.

[2] Order. Vital. Hist ecclesiast., lib.IV, apud Script. rer.normann., p.519. Successio priorum dunelmensis ecclesiæ; Anglia sacra, t.I, p.785.

[3] Eadmeri Hist. nov., p.7, ed. Selden.

[4] Thomæ Stubbs Act. pontif. eborac., apud hist. angl.Script., t.II, col. 1708, ed. Selden.

[5] Thomæ Stubbs Act. pontif. eborac., apud hist. angl.Script., t.II, col. 1708, ed. Selden.

子民的灵魂将会得到洗涤,我心中便有了些许宽慰。"[1]就这样,在各项宗教行为的粉饰之下,诺曼人攻占英格兰似乎变得合理合法。据记载,兰弗朗克的任务在于实现对英格兰人的宗教统治,以为诺曼人的政治统治服务,让英格兰子民不仅在宗教上归顺,更在政治上认可诺曼人统治的合法性。[2]为了达到此目的,兰弗朗克向国王威廉提出新的宗教建设方案。他对国王说道:"我认为在英格兰,宗教的领导者必须是唯一的,只有这样,您对英格兰的统治才是完整的。我提议,约克大教堂以及其他教堂,均由诺曼底教士统一管理,且服从坎特伯雷大主教的最高指挥。如今,首要的任务是废除约克大主教为国王加冕的特权,否则,将来有一日,万一约克大主教将这样的职权让与一位有叛乱之心的英格兰人或丹麦人,后果不堪设想。"[3]

坎特伯雷大教堂,也被称为"肯特大教堂",最初由罗马派来的传教士建成,是英格兰的第一座天主教教堂。肯特大教堂历史悠久,享誉盛名,因此地位高于普通的英格兰教堂。约克大教堂和肯特大教堂拥有同等的地位,一并监督管制其他各级教堂。[4]根据推测,兰弗朗克之所以提出这样一个闻所未闻的改革,旨在保证肯特大教堂的绝对权威。[5]他强调,肯特大教堂在英格兰宗教史上具有至高无上的地位,罗马教皇曾多次授予其特权,将其视为英格兰各教堂之首。他提出,宗教上的归顺意味着政治上的服从,肯特隶属于罗马,同理,约克则隶属于肯特。[6]

---

[1] Lanfranci Opera; notæ et observat., p.337.
[2] Gervas. Cantuar. Imag. De discordiis inter monac. dorobor. et archiep. Baldewinum, apud hist. angl. Script., t.II, col. 1333, ed. Selden.
[3] Thomæ Stubbs Act. pontif. eborac., apud hist. angl. Script., t.II, col. 1706, ed. Selden.
[4] Thomæ Stubbs Act. pontif. eborac., apud hist. angl. Script., t.II, col. 1706, ed. Selden.
[5] Eadmeri Hist. nov., p.3, ed. Selden.
[6] Lanfranci Opera, p.378.

按照兰弗朗克的建议，作为约克大主教的托马几乎被剥夺全部权力，变得无足轻重，因此他强烈反对此项改革，并让兰弗朗克拿出切实凭据来证明此项宗教改革的合理性。[1]这项要求让兰弗朗克非常尴尬，但是他巧妙地规避了这个问题，表示如果四年前的大火没有烧毁肯特大教堂，那么各类契约和证书应有尽有。[2]兰弗朗克含糊其辞、避重就轻，显然不能说服托马，但是两位大主教的争端并未持续很久，因为托马如此公开与国王的亲信叫板，很快就收到了警告和威胁。他被要求支持兰弗朗克的宗教改革，承认肯特大教堂对约克大教堂的统治权，为英格兰的和平以及稳定政权考虑，否则，他的家族将立即被逐出英格兰。[3]托马不再坚持，表示愿意支持这项决定，并将亨伯河以南的领地全部让给兰弗朗克，以表示对肯特大教堂的忠诚与归顺。自此，托马作为名义上的约克大主教，并无任何实质权力；兰弗朗克成为英格兰的首席大主教，拥有绝对权威。[4]诺曼人说道："上帝保佑！兰弗朗克成为首席大主教，控制英格兰所有教堂，此乃人心所向，众望所归啊！"英格兰人则叫苦连天，说道："从此，英格兰人必然受到他的控制，为他进贡。"[5]兰弗朗克随意罢免英格兰神职人员，并且让诺曼人、法国人、洛林人以及其他国家的人取而代之。[6]值得注意的是，有一部分英格兰教士之所以没有被剥夺职权，是因为

---

［1］Lanfranci Epist., apud Wilkins Concilia magnæ Britan., t.I, p.326.

［2］Lanfranci Opera, p.302.

［3］Thomæ Stubbs Act. pontif. eborac., apud hist. angl.Script., t.II, col. 1706, ed. Selden.

［4］Thomæ Rudborne Hist.major winton.; Anglia sacra, t.I, p.253. Henrici Knyghton de Event. Angl., lib.I, apud hist. Script., t.II, col. 2345, ed. Selden.

［5］Lanfranci Opera, p.306. Gervas canturar., Imagines de discordiis, etc., apud hist. angl. Script., t.II, col.1333, ed. Selden.

［6］Hist. Ingulf. Croyland., apud rer. anglic. Script., t.I, p.70, ed. Gale.

他们是外国出身,只不过在英格兰长大,包括赫尔曼(Hermann)、吉斯(Guis)以及沃尔特(Walter ou Gautier),这三位教士本是洛林人,分别是韦尔斯(Wells)、舍伯恩(Sherborn)以及赫里福德的主教。

就像过去战争之后,胜利的一方可以获得财富、奴隶和美女作为战利品,如今,英格兰大多数的主教座堂和修道院也成为战利品,用来奖赏那些为战争胜利做出贡献的人。比如,来自费康(Fécamp)的修道士雷米(Remi),在1066年为诺曼底征战贡献了一艘船和20位武装人员,如今收获了林肯主教座堂。[1]像雷米一样的新任主教成为诺曼人军队的后备力量,他们骄傲自大,驱逐辖区内的诸位英格兰教士,对英格兰主教及教长等人施以暴力、抢劫掠夺。威廉对此甚感满意,因为英格兰神职人员对他充满敌意,不利于政权稳定。[2]这些曾为诺曼底奋战的人们,本不是神职人员,如今却在英格兰拥有了教士等职衔,[3]他们过着极尽奢靡的生活,行径卑劣,臭名昭著。[4]利奇菲尔德(Litchfield)的主教罗贝尔·德·利摩日(Robert de Limoges)抢劫了考文垂修道院(le monastère de Coventry):他抢走教士们的马匹和家具,强行撬开他们的珠宝匣;摧毁他们的房屋,然后建立新的主教座堂并用原教堂的金银饰品购买新主教座堂的各类陈设。[5]据记载,罗贝尔因为害怕英格兰教士日后变得强大转而报复,甚至剥夺了他们

---

[1] Willelm. Malmesb., de Gest. pontif. angl., lib.IV, apud rer. anglic. Script., p.290, ed. Savile. Eadmeri Hist. nov., p.7, ed. Selden.

[2] Eadmeri Hist. nov., p.10, ed. Selden. Hist. Ingulf. Croyland., apud rer. anglic. Script., t.I, p.86, ed. Gale.

[3] Order. Vital. Hist ecclesiast., lib.IV, apud Script. rer.normann., p.523.

[4] Willelm. Malmesb., de Gest. pontif. angl., lib.V, apud rer. anglic. Script., t.III, p.377, ed. Gale.

[5] Lanfranci Opera, p.315. Additam. ad. hist. veterem lichfeldensem; Anglia sacra, t.I, p.445.

饮食和阅读的权利。[1]

教区的首府本是小型城市，但大部分诺曼人主教不屑居住于此，他们纷纷向大城市转移。新主教们定居在考文垂、林肯、切斯特、索尔兹伯里以及塞德福德（Thedford）等大城市，他们在这里过着纸醉金迷的生活。[2]战争之后上任的新主教们，对于英格兰人来说，是一场更大的劫难；他们控制人们的思想，实施心灵的"暴政"，比战争本身所带来的苦痛更可怖。[3]这些诺曼人主教有时候会无端拿起武器攻击那些手无寸铁的英格兰教士，不少英格兰修道院都成为屠杀的现场。费康的主教托罗德（Torauld）在阐述对教义的理解时，一旦遇到他人反驳，便会大叫："来人啊！拿家伙！"他恶名远扬，以至于国王威廉不得不因此惩治他。惩治的方式却很独特：威廉命他去管理北安普顿的彼得伯勒修道院。这所修道院因为靠近"伊利避难所"，所以院长的人身安全时刻受到威胁；不过国王威廉的说法却是，修道院守卫森严，院长一职甚是清闲。[4]托罗德离开后，英格兰教士们迎来了新的主教盖兰·德·里拉（Guérin de Lire），他们的厄运并没有结束。这位主教霸占教士们的所有积蓄，在过去瞧不起他的人面前大肆显摆。[5]他命人将教堂的前任主教们的尸首挖出来，并扔出门外。[6]

英格兰境内这样的事情数不胜数，不过，那些领用薪金的神职人

---

[1] Henrici Knyghton, de Event. Angl., lib.II, apud hist. angl. Script., t.II, col. 2352, ed. Selden.

[2] Lanfranci Opera, p.338. Chron. saxon., ed Gibson, in notis.

[3] Order. Vital. Hist ecclesiast., lib.IV, apud Script. rer.normann., p.523.

[4] Willelm. Malmesb., de Gest. pontif. angl., lib.V, apud rer. anglic. Script., t.III, p.372, ed. Gale.

[5] Willelm. Malmesb., de Gest. pontif. angl., lib.V, apud rer. anglic. Script., t.III, p.372, ed. Gale.

[6] Willelm. Malmesb., de Vita Adhelmi episcopi scireburnensis; Anglia sacra, t.II, p.142.

员篡改事实，对外宣称：国王威廉伟大而虔诚，是他将基督教带回英格兰，让英格兰子民重新沐浴在圣泽之下的。[1]但是，英格兰人民的抱怨和呻吟却传到了罗马教廷。虽然当时罗马教廷风气不正，受贿成风，但是仍有一些有良知之人指控英格兰所实施的"宗教改革"有违教义。[2]此外，大量英格兰神职人员被罢黜，取而代之的均是诺曼人，这一点也受到指责。[3]但是此时，教皇亚历山大二世逝世，新任教皇是主教代理希尔德布兰德，即格里高利七世（Grégoire VII），此前他积极支持诺曼底进攻英格兰，因此，那些针对诺曼底在英政权的指控全部被压了下来。如此，在罗马教廷，英格兰宗教改革合法合理，受到指控的只有两位主教——约克大主教托马和林肯主教雷米。托马因为是教士的儿子而受到指控，雷米则是因为花重金买下所任之职。[4]

兰弗朗克、托马和雷米三人带上给教皇以及罗马公民的丰厚礼物，从英格兰出发。他们在罗马发放钱财，这样的慷慨几乎为他们铲平了所有障碍，两位主教面临的指控立即被撤销了。[5]罗马教廷不仅未对托马和雷米做任何审查，反而举行了盛大的欢迎仪式。两位主教将戒指和教杖交给教皇，以示恭顺。兰弗朗克也为他们求情，说明他们对于诺曼底完全统治英格兰功不可没，也是国王威廉所倚重的人才。[6]教皇回应道："这个事情就按照你的意思处置吧，因为你才是英格兰的

---

[1] Historiæ francicæ Frag., apud Script. rer. gallic. et francic., t.XI, p.162.
[2] Radulphi de Diceto Img. histor., apud Script. rer. gallic et francic., t.XIII, p.202.
[3] Order. Vital. Hist ecclesiast., lib.IV, apud Script. rer.normann., p.523. Eadmeri Hist. nov., p.6 et 7, ed. Selden.
[4] Henrici Knyghton, de Event. Angl., lib.II, apud hist. angl. Script., t.II, col. 2348, ed. Selden.
[5] Order. Vital. Hist ecclesiast., lib.IV, apud Script. rer.normann., p.548.
[6] Eadmeri Hist. nov., p.7, ed. Selden.

首席大主教,我现在将这两根教杖交给你。"[1]兰弗朗克收下教杖,并交还给雷米和托马,然后和他们一同离开了。

在得到罗马教廷的首肯之后,英格兰教堂几乎全部落入诺曼人的手中。一位主教在英格兰教民面前用法语布道,听众因为惊恐和害怕,只能装出耐心听取的样子,这位主教则引以为傲,按照他自己的说法,他自己的布道如此优秀,竟然奇迹般地将教义逐渐灌输给这些"野蛮之人"。[2]威廉意识到,这样的宗教管制不足以服众,于是他打算寻找一位一丝不苟、声名远播、受人爱戴的教士。最终,他找到来自拉克鲁瓦圣勒弗鲁瓦(la Croix-Saint-Leufroi)的教士吉蒙德(Guimond)。受到国王威廉的邀请,此位教士立刻启程,前往英格兰。抵达英格兰之后,国王恳请他留在英格兰,允诺他很高的职位。据记载,吉蒙德如此回应[3]:

> 我之所以不愿意在英格兰接受神职,有很多缘由,不再一一列举。我只想说,对于我既了解不了习俗,也未能习得其语言的英格兰子民,对于父亲兄弟、朋友亲眷死于您剑下的无辜者,对于那些被剥夺继承权、被驱逐、被囚禁、被奴役的人们,我要如何安心地成为他们的宗教领袖呢?牧羊人却由牧群的敌人指定?仔细翻阅《圣经》,里面未曾有过类似的记载。你用战争的方式,以流血为代价,强夺财物,然后要与我们分享这些战利品?和其他神父一样,我早已不在乎这些身外之物。我认为,任何从事圣职的人都不应当接受强取豪夺之物,不得接受任何形式的战利品,

---

[1] Eadmeri Hist. nov., p.7, ed. Selden.
[2] Petri Blesensis Ingulfi Continuat., apud rer. anglic. Script., t.I, p.115, ed. Gale.
[3] Order. Vital. Hist ecclesiast., lib.IV, apud Script. rer.normann., p.524.

哪怕作为祭品都不可以。因为《圣经》里有言,那些将穷人的财物夺取来供奉上帝的行为,就如同在父亲面前杀死儿子一般可憎可恨。每每想起《圣经》里面的告诫,我心甚笃。英格兰于你而言,如同是一个巨大的战利品;但是英格兰以及它的财富,于我而言,却像是熊熊燃烧的火堆一样炙热而无法靠近。[1]

教士吉蒙德离开英格兰,返回诺曼底的修道院。传言中,他当着国王威廉以及其他贵族的面,大胆宣扬神职人员的朴素精神;他直言,诺曼人征战英格兰,实乃"掠夺""抢劫";他还认为那些新上任的诺曼底神职人员是"掠夺者"和"僭越者"。[2]这样的言论惹怒了很多人,他们恶意中伤吉蒙德,并且施诡计逼迫他离开诺曼底。吉蒙德前往罗马,随后到普利亚大区,最后定居在一个被诺曼人攻陷的意大利城市。[3]

诺曼底神职人员残忍至极,甚至连英格兰圣徒都不放过,他们命人毁坏墓穴,挖出圣徒的遗骸。[4]诺曼人向来蔑视英格兰民众所敬仰的人和事,此次他们针对英格兰圣徒则主要是出于政治原因。[5]一直以来,宗教信仰于英格兰人而言,是一种爱国情怀的抒发和表达,人们所祭拜的几位圣徒,都是在丹麦人攻占英格兰时期死于敌军手下的英雄人物,其中包括坎特伯雷大主教埃尔菲戈,以及东盎格利亚国王埃德蒙。英格兰人每每祭拜这些英雄人物,回忆起过往英格兰人的英

---

[1] Order. Vital. Hist ecclesiast., lib.IV, apud Script. rer.normann., pp.524-525.
[2] Order. Vital. Hist ecclesiast., lib.IV, apud Script. rer.normann., p.526.
[3] Order. Vital. Hist ecclesiast., lib.IV, apud Script. rer.normann., p.526.
[4] Willelm. Malmesb., de Gest. pontif. angl., lib.IV, apud rer. anglic. Script., t.III, p.372, ed. Gale.
[5] Eadmeri Hist. nov., p.126, ed. Selden.

勇、国家的独立，心中自然会涌起反抗的情绪，而这一切都引起了诺曼人的不安和惶恐。因此，以兰弗朗克为首的诸位诺曼底神职人员宣称，这些英格兰圣徒并非真正的圣徒，而英格兰人的殉难也并非真正的殉难。[1]盖兰·德·里拉诋毁圣亚浩（Adhelm）；兰弗朗克则诋毁颇受英格兰人喜爱的、死亡也颇具爱国主义色彩的英雄人物埃尔菲戈，理由如下："埃尔菲戈因为未能缴纳赎金，最终死于异教分子的手里，如此便是殉难者？这实在不像话！"[2]兰弗朗克为了改变英格兰人的信念，给他们指明新的方向，无所不用其极。他让人呈上英格兰境内现有的《圣经》样本，亲自改动，因为在他看来，英格兰人的无知"腐蚀"了《圣经》的内容，但这番目中无人的论调根本没人买账。兰弗朗克虽然德行高尚、学识渊博，如今也面临着"篡改圣书"的罪名。[3]

诺曼人肆意诋毁圣物、罢黜英格兰教士，试图摧毁英格兰人的信念，种种行径引起了英格兰人的强烈不满和怨恨，他们预备在英格兰境内，筹划大型起义运动，以反抗诺曼人的统治。[4]很多英格兰神职人员加入其中，带头的正是三位英格兰主教，分别是圣奥尔本的修道院院长弗里斯瑞克（Frithrik）、伍斯特主教伍尔夫斯坦（Wulfstan）以及赫里福德主教沃尔特。其中，伍尔夫斯坦是唯一在职的英格兰籍主教；沃尔特则是佛拉芒出身，在诺曼人征服英格兰之后唯一支持英格兰爱国运动的外国籍主教。[5]人们再次提及年轻的国王埃德加，民间流传着一首首赞扬这位年轻人的诗歌，其中不乏"英俊的、勇敢的、

---

[1] Johan. Sarisburiensis, de Vita Anselmi archiep. cantuar.; Anglia sacra, t.II, p.162.
[2] Johan. Sarisburiensis, de Vita Anselmi archiep. cantuar.; Anglia sacra, t.II, p.162.
[3] Chron. sub anno 1089, Anglia sacra, t.I, p.55, not. a, ad. calc. pag.
[4] Matth. Paris., vitæ abbatum S. Albani, t.I, p.48.
[5] Matth. Paris., vitæ abbatum S. Albani, t.I, p.47.

受到英格兰人爱戴的孩子"这样的溢美之词。[1]埃德温和莫卡尔两兄弟第二次离开诺曼底宫廷。古代历史学家很隐晦地表示,此前伦敦城一直十分平静,伦敦子民甘心顺从外国统治者,如今,他们似乎开始不安分,酝酿着一次抵抗运动,公然表示对国王威廉的不满。[2]

为了压制民愤,国王威廉再次使用他惯用的伎俩——允诺(谎言)。弗里斯瑞克和其他起义者首领受到威廉邀约,来到伯克汉斯特德商谈和平事宜。伯克汉斯特德对于英格兰人来说,并非吉利之地,因为他们就是在这里向诺曼人军队投降的。几位首领见到了国王威廉和他最亲密的朋友兰弗朗克主教,两位谦逊温和,彬彬有礼,态度诚恳;[3]双方就各自利益进行长谈,最终达成一致。圣奥尔本教堂(Saint-Alban)的圣骨被运至会议召开的场所;圣骨之上平摊着一本祈祷书,翻至《新约》开始的那一页。国王威廉就像当初的哈罗德一样,对着圣骨和《圣经》发誓,表示绝对不会违背诸位英格兰国王,尤其是国王爱德华所拟定的各项法律法规。[4]弗里斯瑞克以及其他几位起义者首领,对于这样的妥协和让步很满意;他们也发誓必然会像以前效忠各位英格兰国王一样,效忠国王威廉。于是,为了英格兰解放而组成的起义军就此解散。[5]伍尔夫斯坦主教以使节的身份前往西部的切斯特郡以平息民愤,而此前没有任何一位诺曼人主教可以胜任此职。[6]

国王威廉再次平定了英格兰国内的叛乱,他所提及的国王爱德华

---

[1] Matth. Paris., vitæ abbatum S. Albani, t.I, p.48.
[2] Matth. Paris., vitæ abbatum S. Albani, t.I, p.47.
[3] Matth. Paris., vitæ abbatum S. Albani, t.I, p.48.
[4] Matth. Paris., vitæ abbatum S. Albani, t.I, p.48.
[5] Matth. Paris., vitæ abbatum S. Albani, t.I, p.48.
[6] Willelm. Malmesb., de Vita S. Wulfstani, lib.I, cap.I; Anglia sacra, t.II, p.256.

所制定的法律法规，并非某部特定的成文的法典，而是笼统地指代过去英格兰国王所采纳的"仁政"。过去，在丹麦人征服英格兰时期，英格兰人请求丹麦人沿用埃塞尔雷德一世所立法律，以从压迫中挣脱出来；如今，他们又幻想沿用国王爱德华的法律法规，挣脱诺曼人的剥削。然而，纵使国王威廉许下诺言，他也难以满足英格兰民众的此番期望；即使他履行自己的诺言，要求诺曼底法官一丝不苟地遵守英格兰的法律法规，英格兰人的处境依然得不到改善。他们如今的不幸，难道是因为诺曼人未能履行英格兰的法律吗？并非如此，真正的原因是英格兰如今不再是自由独立的国家。[1]事实上，无论是国王威廉还是他的后继者，都未曾否定英格兰的法律，法律的实施并未受到任何阻力，但是英格兰人仍然受到压迫和奴役。和过去一样，英格兰人偷窃或是杀人，根据各郡不同，罚金不一；[2]英格兰人犯下抢劫或是杀人的罪行，会受到"沸水"和"红铁"等残酷的惩罚；而诺曼人若是受到英格兰人的指控，按照诺曼底法律，他只需要接受决战或是简单地进行宣誓。[3]因此，在法律程序上，诺曼人明显受到优待，英格兰人完全处于劣势，这样的情况延续了一个半世纪之久，直到罗马教廷下令禁止"沸水"和"红铁"这样的酷刑。[4]

此外，在原本的英格兰法律中，有几条本就有利于诺曼人，比如，如果在某个区域发现犯罪行为却始终未能找出罪犯，那么整个区域的居民对此罪负责。[5]此类法律有利于诺曼人实施"恐怖统治"。诺曼

---

[1] Chron. de Normandie; Recueil des hist. de la France, t.XIII, p.239.
[2] Leges Wilhelmi regis; Hist. Ingulf. Croyland., apud rer. anglic. Script., t.I, p.89, ed. Gale.
[3] Leges Wilhelmi regis; Chron. Johan. Bromton, apud hist. angl. Script., t.I, col.982, ed. Selden.
[4] Seldeni notæ ad Eadmeri Hist. nov., p.204.
[5] Vid. Canciani Leg. antiq. barbar., t.IV, p.273, 338 et 340.

人尽力去维持和遵守对自己有利的法律条文；对那些与自己利益无关的具体协定，他们则漠不关心。国王威廉如此履行自己对起义者许下的诺言，以至于起义者和其他英格兰子民对诺言如何理解，他根本不在乎。他命人请来英格兰不同区域的12个人，让他们各自宣读过去各郡的风俗习惯；[1]其宣读内容被记录在册，汇编成典籍，语言则是当时诺曼底政府的唯一官方语言——法语。然后，诺曼人到英格兰的城市和村镇，大声宣布："对于全体英格兰子民，国王威廉实施仁政，保留国王爱德华在位期间的所有法律。"[2]

虽说国王爱德华拟定的法律被重新颁布，但是对于英格兰人来说，国王爱德华统治下的英格兰却再也回不来了。起义者的各位首领首先意识到诺曼人所谓的"妥协"根本毫无价值。他们曾经成功劝服诺曼人让步和妥协，并因此解散了起义军，如今却遭到诺曼人的背叛和无情的追杀。[3]沃特尔主教逃到威尔士人的领地，诺曼底士兵追捕至此，此时这片土地并不在诺曼人的控制之内，得益于山川和森林的庇护，沃尔特主教侥幸摆脱了他们的追杀。[4]埃德加意识到诺曼人为他设下的陷阱，再次逃往苏格兰。伍尔夫斯坦主教是一位性格软弱之人，他交出诺曼人向他索要的所有担保物，因此得到幸免；国王威廉同样向圣奥尔本的主教弗里斯瑞克提议，以担保物做抵押换取自己的性命，但是他个性坚决、不为所动。[5]他召集修道院的所有修道士到教士集会场所，情绪激动地和他们告别："兄弟们、姐妹们，如今我为了逃避

---

[1] Thomæ Rudborne Hist. major. winton.; Anglia, sacra, t.I, p.259.
[2] Leges Wilhelmi regis; Hist. Ingulf. Croyland., apud rer. anglic. Script., t.I, p.88, ed. Gale.
[3] Matth. Paris., vitæ abbatum S. Albani, t.I, p.48.
[4] Matth. Paris., vitæ abbatum S. Albani, t.I, p.49.
[5] Matth. Paris., vitæ abbatum S. Albani, t.I, p.49.

敌人的迫害，必须开始逃亡之路。"[1]他带上少许的干粮和书籍，秘密前往伊利岛的避难所，不久之后在那里逝世。[2]

国王威廉认定弗里斯瑞克是一名危险人物，他的逃亡更是让其怒火中烧，于是他将怒气转到圣奥尔本修道院。他命人控制此地，砍除森林里的树木，打算将修道院全部摧毁。[3]但是兰弗朗克对他如此暴力的行为并不认同，他耐心相劝，总算保住了修道院。威廉同意让兰弗朗克选择一位院长来接管圣奥尔本修道院。兰弗朗克来到英格兰时，带了一位年轻人，名为保罗（Paul），将他视为己出，他将空无一人的圣奥尔本修道院托付给了保罗。[4]保罗上任之后做的第一件事情便是摧毁了修道院所有前任院长的坟墓，并且辱骂他们为"粗鄙之人"和"愚蠢之人"。[5]保罗还将自己的亲眷接到英格兰，安排他们就职，并且将修道院的财物分给他们。[6]史学家们说："这些人目不识丁，行径卑劣，让人难以启齿。"[7]

伊利岛这片长满芦苇的沼泽之地如今成为英格兰独立运动的最后避难所。[8]斯蒂甘德主教和埃格文主教来到避难所。[9]埃德温和莫卡尔两兄弟以及其他各位首领，在森林和乡野里游窜之后，也纷纷来到这里。[10]国王威廉利用计谋将英格兰教士所组织的爱国运动扼杀在摇篮之中，此时，他打算利用同样的方式来了结伊利避难所。莫卡尔第

---

[1] Matth. Paris., vitæ abbatum S. Albani, t.I, p.49.
[2] Matth. Paris., vitæ abbatum S. Albani, t.I, p.49.
[3] Matth. Paris., vitæ abbatum S. Albani, t.I, p.49.
[4] Matth. Paris., vitæ abbatum S. Albani, t.I, p.49. Seldeni notæ ad Eadmeri Hist. nov., p.196.
[5] Matth. Paris., vitæ abbatum S. Albani, t.I, p.52.
[6] Matth. Paris., vitæ abbatum S. Albani, t.I, p.53.
[7] Matth. Paris., vitæ abbatum S. Albani, t.I, p.53.
[8] Chron. saxon., ed. Gibson, p.176.
[9] Thomæ Eliensis Hist. eliensis; Anglia sacra, t.I, p.609.
[10] Chron. saxon., ed. Gibson, p.181.

三次被威廉的巧言善辩所欺骗,离开避难所,并打算再次回到诺曼底宫廷;但是,当他踏出防地时,马上就被戴上了镣铐,关押在诺曼人罗杰所驻守的堡垒中。[1] 埃德温也离开伊利岛,他没有像莫卡尔一样投降,而是致力于营救自己的兄弟。六个月间,他走访英格兰、苏格兰以及威尔士人,集结朋友,寻求救援。[2] 但是,当他有了足够的军力、开始营救之时,却遭到两名叛徒的举报。他撤退到北海沿岸,打算乘船离去,但是水位上涨,湍急的水流导致他未能如愿离开。此时诺曼底军队接到线报,再次围堵,埃德温带领20名骑兵,和诺曼人展开殊死搏斗,无奈寡不敌众,最终投降。诺曼人砍去他的头颅,献给了国王威廉。[3] 按照史学家的记述,威廉悲痛不已,洒下热泪,他向来敬重埃德温,这是他一直以来都想要重用的将才。

以上便是埃德温和莫卡尔的命运,作为阿佛加的儿子、哈罗德的内兄,两兄弟先后几次起义反抗诺曼底侵略者,又屡次放弃,并最终因此而死。他们的妹妹露西,和其他失去庇护的英格兰妇女遭受了同样的命运。露西被迫嫁给安茹辅助军的首领伊夫·泰伊布瓦(Ives Taille-Bois)。她的丈夫顺理成章地继承了阿佛加家族的所有地产,其中最大的一块土地是位于斯伯丁(Spalding)的一块沼泽地,此地紧邻剑桥郡和肯特郡,距离伊利岛的避难所不远。[4] 伊夫·泰伊布瓦就在这里定居,这里的佃户称呼他为"hlaford",这是撒克逊语言,拆分开来,意为"土地的主人"(le lord de la terre),即"地主",一般来说,这样的称谓指发放面包的人。[5] 在过去,人们用这个词来称呼人丁兴

---

[1] Order. Vital. Hist ecclesiast., lib.IV, apud Script. rer.normann., p.521.
[2] Order. Vital., loc. sup.cit.
[3] Order. Vital., loc. sup.cit.
[4] Monast. anglic., Dugdale, t.I, p.306.
[5] Hist. Ingulf. Croyland., apud rer. anglic. Script., t.I, p.71, ed. Gale.

旺的大家族主人,而如今,当地英格兰居民称呼那些诺曼人为"主人"(lord),这个词便有了"控制"和"奴役"的意味。伊夫·泰伊布瓦在当地是绝对的主人,他一出现,人们便害怕得发抖。地主的庄园过去总是大门敞开,亮着房灯,热情好客,而如今的庄园则筑有城墙,城墙上筑雉堞,内部放有武器,外部有士兵把守,当地居民靠近庄园时无不胆战心惊。对地主来说,这是铜墙铁壁的城堡,对于当地民众来讲,这是可怕的监狱。

根据当代史学家的描述,"当地人在伊夫·泰伊布瓦面前态度卑微,和他说话时更是单膝跪地。他们争先恐后地去恭维他,赞扬他,按时交纳租金,提供劳动,但是伊夫·泰伊布瓦对待他们的态度始终十分恶劣。他每天想方设法地极尽折磨之能事,拷打、关押佃户几乎变成家常便饭,他残忍地压榨他们,逼迫大部分佃户卖掉所剩无几的土地,到其他地方谋生。伊夫·泰伊布瓦就是魔鬼的化身,他以折磨和伤害他人为乐。他放猎狗去捕杀村民的牲畜;将村民们的家禽打发到沼泽地,看着它们被活活淹死;或者切断牲口的四肢,砍伤它们的背部,让它们再也无法帮村民们耕地干活。"[1]

克罗尔兰德修道院在斯伯丁拥有一所附属教堂,恰巧位于伊夫·泰伊布瓦宅邸附近。这位安茹人费尽心思地折磨教士们[2]:教堂的牛马被伤害致残;羊群和家禽被宰杀;教士们更是遭到暴打,身上布满棍棒和刀剑留下的伤口。教士们增加供奉的力度,向伊夫·泰伊布瓦苦苦哀求,甚至用礼物收买他的仆人。一位当代的史学家如此解读:"他们的这些努力根本无济于事,'暴君'及其家人的恶行有增无减。教士们意识到自己的努力只是徒劳,于是带上圣器、床铺和书籍

---

[1] Hist. Ingulf. Croyland., apud rer. anglic. Script., t.I, p.71, ed. Gale.
[2] Hist. Ingulf. Croyland., apud rer. anglic. Script., t.I, p.71, ed. Gale.

离开斯伯丁，教堂命运会怎样，只能看万能的上帝了。他们掸去脚底的尘土，回到了克罗尔兰德。"[1]

教士们的离开让伊夫·泰伊布瓦很开心，他遣人前往自己的家乡安茹，告知情况并让人来教堂，他表示教堂里家具齐备，足够一位主教和五位神职人员共同居住，教堂名下还有土地和租佃。[2]安茹的教士们来到斯伯丁，霸占克罗尔兰德的附属教堂。教区的总主教此时还是一位英格兰人，他斗胆去国王议会状告伊夫·泰伊布瓦。然而这位安茹人的所有恶行，包括压榨、抢劫和屠杀，通通都被赦免，甚至还得到了赞许。[3]过去的人这样说："这些诺曼人互相包庇，他们形成了统一联盟，他们之间的关系就像龙身上的鳞片，紧密相连、毫无间隙。"[4]

此时，有一位名叫赫里沃德的英格兰人居住在佛拉芒。一些英格兰难民在战争中失去一切，移民至此，他们告诉赫里沃德，他的父亲已经去世，他父亲的遗产被诺曼人侵占，他的老母亲受到诺曼底人的侮辱，如今苦不堪言。[5]听到这样的消息，赫里沃德即刻启程前往英格兰，悄无声息地回到故乡，并且很快找到了幸存的亲戚和朋友。一行人决定以赫里沃德为首，组成武装部队，袭击诺曼人，并且夺回遗产。[6]赫里沃德将诺曼人赶出自己的宅邸后，继续作战，袭击附近堡垒的指挥者和周围城市的敌军首领。他骁勇善战，声名远播，被奴役的英格兰人民纷纷期待他解放英格兰。人们就他的英勇事迹撰写诗歌，

---

[1] Hist. Ingulf. Croyland., apud rer. anglic. Script., t.I, p.71, ed. Gale.
[2] Hist. Ingulf. Croyland., apud rer. anglic. Script., t.I, p.72, ed. Gale.
[3] Hist. Ingulf. Croyland., apud rer. anglic. Script., t.I, p.72, ed. Gale.
[4] Hist. Ingulf. Croyland., apud rer. anglic. Script., t.I, p.72, ed. Gale.
[5] Hist. Ingulf. Croyland., apud rer. anglic. Script., t.I, p.70, ed. Gale.
[6] Hist. Ingulf. Croyland., apud rer. anglic. Script., t.I, p.70, ed. Gale.

传唱于大街小巷，甚至传到诺曼人的耳中，不过诗歌是用英语写成的，并未引起他们的警惕。虽然这些诗歌未能流传至今，但是当时赫里沃德的威望可见一斑。[1]

赫里沃德从诺曼人手里抢回的遗产在布鲁恩（Brunn），位于林肯郡的南部，靠近克罗尔兰德修道院和彼得伯勒修道院，离伊利岛和索恩艾岛很近，而这片沼泽之地的起义者与赫里沃德领导的队伍立刻组成统一战线联盟。起义者们听闻赫里沃德的英勇事迹，邀请他前往避难所担任首领；赫里沃德同意他们的请求，带着自己的弟兄们欣然前往。[2]据记载，当时起义军中有几位民兵自卫队的成员，而赫里沃德在担任起义军首领前，也打算举行仪式加入自卫队，因为这支队伍是受先前英格兰法律认可的合法组织，如此，他便顺理成章地成了一名合法的战士。[3]

在士兵中建立高级指挥层，所有人参军前都必须举行隆重仪式，这些习俗是由日耳曼人带到西欧并且传播开来的。这一习俗盛行于当时的高卢，按照罗马语，自卫队的成员被称为"骑士"或"骑兵"，因为在高卢，骑兵是陆地的主要兵力。在英格兰，情况则全然不同，英格兰士兵对马术并不十分精通，大家对战士的定义基本上就是"年轻"和"体强"，撒克逊语为"knit"，意为"年轻人"，而法国人、诺曼人、南部的高卢人甚至德国人则全部称之为"骑士"。纵使称呼不同，在英格兰，一名战士加入民兵自卫队，所举行的仪式则和其他国家完全一致。申请加入的人在某一个晚上进行忏悔，然后在教堂守夜，次日早晨，弥撒时分，他将自己的佩剑放在祭坛之上，主持祭礼的人将佩剑

---

[1] Hist. Ingulf. Croyland., apud rer. anglic. Script., t.I, p.68, ed. Gale.
[2] Hist. Ingulf. Croyland., apud rer. anglic. Script., t.I, p.71, ed. Gale.
[3] Hist. Ingulf. Croyland., apud rer. anglic. Script., t.I, p.70, ed. Gale.

还给他，他双手接过，随后再领受圣体。[1]这些仪式完成之后，合法的战士就此诞生，从此拥有为军队效劳甚至指挥军队的权利。[2]因此，在法国以及除了诺曼底之外的高卢地区，人们都是通过这样的宗教仪式成为"骑士"的。在诺曼底，因为受到丹麦习俗的影响，人们不在教堂而是在军队中授予军职。当诺曼底的骑士们得知赫里沃德前往彼得伯勒修道院，并从一位英格兰主教手里接受骑士肩带时，他们多加讥讽，嘲笑他并非真正的骑士，在他们看来，在教堂接受佩剑的人往往是没有战绩功勋的平庸之辈。[3]如今，赫里沃德区区一位英格兰人，却获得"骑士"的头衔，诺曼人作为高高在上的征服者，心里十分介怀。后来，随着时间的流逝，诺曼人也慢慢接受了通过宗教授予军职的形式。[4]

此时，彼得伯勒修道院的院长是布兰德，他当初由各位修道士推选为院长，并亲自请求埃德加认可他主教的身份。布兰德个性刚硬，从未想过归顺威廉。他为起义军的首领赫里沃德举行仪式，授予其"骑士"的尊贵身份，这样的举动一方面是爱国情怀的表达，一方面是对外国政权的藐视。但是，他却因此而难逃一死，不过，在诺曼底士兵以国王的名义前来缉拿他时，他已经去世了。上文所提及的那位残暴的主教托罗德此时被派往彼得伯勒修道院，成为新任院长。托罗德带领160名武装人员，先在离彼得伯勒几里格的斯坦福德停下，然后派先锋去打探英格兰起义者的具体位置，以及确认他们夺取修道院时可能遇到的障碍。[5]避难所的起义者们，得到诺曼人前来的消息，率

---

[1] Hist. Ingulf. Croyland., apud rer. anglic. Script., t.I, p.70, ed. Gale.
[2] Hist. Ingulf. Croyland., apud rer. anglic. Script., t.I, p.70, ed. Gale.
[3] Hist. Ingulf. Croyland., apud rer. anglic. Script., t.I, p.70, ed. Gale.
[4] Sharon Turner, Hist. des Anglo-Normands, t.I, p.140.
[5] Chron. saxon., ed. Gibson, p.177.

先来到修道院，发现修道士们并不打算抵抗托罗德及其率领的武装人员。起义者们取走修道院所有的值钱物品，包括十字架、圣器、布匹等，通过水路带回避难所，他们以此来要挟修道士们奋起反抗。[1]然而，此方法最终未能奏效，托罗德顺利接管修道院。

托罗德成为彼得伯勒修道院院长，他将教堂的领地分给士兵们作为薪酬。[2]上面提及的安茹人伊夫·泰伊布瓦如今是斯伯丁的子爵，他向新来的邻居托罗德提议组成统一战线联盟，对抗赫里沃德所以及避难所的其他英格兰起义者们。托罗德欣然应允，然而，在对抗武装部队方面，他的勇气显得不足，于是他让伊夫·泰伊布瓦作为前锋，独自前往柳树林一探究竟。这片树林对于避难所的起义军来说，是天然的堡垒，对于伊夫·泰伊布瓦以及他所带领的几位出身高贵的诺曼人而言，则是很大的阻碍。[3]他们从树林的一端进入，赫里沃德则从另一端出去，突袭诺曼人，将他们全部带回沼泽地关押起来，直到拿到三千银马克的赎金[4]，才将他们释放。[5]

1069年的冬天，丹麦舰队抵达亨伯河湾，丹麦国王斯文的兄弟奥斯比恩被威廉收买，于第二年春天离开英格兰，约克郡因此落入诺曼人手中，威廉大胜。斯文震怒，将其兄弟奥斯比恩驱逐出境，自己指挥舰队重返英格兰。[6]他们经由亨伯河而入，附近居民此时仍在顽强抵抗诺曼人，听闻外国舰队的到来，立即前往迎接，并与他们结成联盟。[7]但是，如今英格兰受到战争的摧残，早已破败不已，要想

---

[1] Chron. saxon., ed. Gibson, p.177.
[2] Ex lib. Hugonis monachi petriburgensis; Lelandi Collectanea, t.I, p.14.
[3] Petri Blesensis Ingulfi Continuat., apud rer. anglic. Script., t.I, p.125, ed Gale.
[4] 马克，古时金、银的重量单位，约等于8盎斯。（译者注）
[5] Petri Blesensis Ingulfi Continuat., apud rer. anglic. Script., t.I, p.125, ed Gale.
[6] Florent. Wigorn. chron., p.636.
[7] Chron. saxon., ed. Gibson, p.176.

组织有效的抵抗运动,谈何容易。于是,丹麦国王返回丹麦,但是他的战士们继续南下,到达波士顿湾,经由乌斯河口以及格伦河口,抵达伊利岛。起义者们热情欢迎他们,视他们为"解放者"和"真挚的朋友"。[1]

国王威廉听闻丹麦舰队的消息后,急忙向丹麦国王赠送礼物。此前,斯文因为自己的兄弟背叛英格兰人而将其流放,可如今他自己也被国王威廉说动,背弃了英格兰人。此段历史颇为黑暗,我们也难以一探究竟。[2]停在伊利岛的丹麦军人收到撤退的命令,却并不满足于空手而归,他们抢劫了起义者们值钱的物品,其中包括十字架、圣器以及彼得伯勒修道院的其他物品。于是,1069年的历史再次重演,国王威廉集结军力,打击失去同盟的起义军。避难所的地理位置甚是特殊,周围的水域和沼泽地形成天然屏障,诺曼人便在沼泽地上兴建堤坝和桥梁。起义者中,赫里沃德和曾经保护埃德加逃亡的西沃德·伯尔尼英勇地破坏了他们的工程。威廉则从西部开始修建堤坝,长约3000步,[3]但是工人们一直非常担忧会遭到起义军的攻击。

赫里沃德擅长突袭,他所使用的军事策略让人难以捉摸,诺曼人向来迷信,他们认为赫里沃德的多次胜利得益于魔鬼相助。他们认为凭借武器根本难以对抗赫里沃德,于是准备利用魔法来打击他。此时,伊夫·泰伊布瓦负责监管工程,他请来一位女巫师,由她施展魔法打乱英格兰人的作战计划。[4]女巫师被安置在堤坝起点的一座木制塔楼上,当诺曼底士兵以及工程兵自信满满地继续修筑时,赫里沃德突然

---

[1] Chron. saxon., ed. Gibson, p.176.
[2] Chron. saxon., ed. Gibson, p.177.
[3] De Gestis Herwardi Saxonis; Chron. anglo-norm., t.II, p.57.
[4] Petri Blesensis Ingulfi Continuat., apud rer. anglic. Script., t.I, p.124 et 125, ed Gale.

出现在另外一端，他点了一把火，由于整片沼泽地里长满了柳树，火势迅速蔓延，女巫师以及大部分诺曼底士兵都被活活烧死。[1]

起义军还获得多次胜利，尽管敌军人多势众，但他们凭借灵活的战术多次阻断敌军前进的步伐。诺曼底军队的围堵导致伊利岛和外界彻底断绝联系，粮食的供给也被切断，成为名副其实的"孤岛"。伊利岛上有一座修道院，里面的修道士们饥饿难忍、痛苦不堪，向威廉的军营发去消息，声称如果他们可以拿回属于自己的财物，那么他们会设法为诺曼底军队开路。诺曼人接受了修道士们的提议，吉尔伯特·德·克雷尔（Gilbert de Clare）和纪尧姆·德·加雷纳接受此项任务。[2] 因为这些修道士们的背叛，诺曼人得以进入伊利岛，他们屠杀了上千英格兰人，包围避难所，幸存的起义者也缴械投降。[3] 但是，赫里沃德英勇无比，他拒绝投降，从隐蔽的小路离开伊利岛，由于地形复杂，诺曼人根本不敢追捕。[4]

赫里沃德跨越多个沼泽地，来到林肯郡的低洼处。在那里，英格兰渔民将每日所捕获的鱼运送到附近的诺曼底哨所。这些渔民接待了赫里沃德和他的同伴们，并将他们藏在了船上的一堆稻草下。船只照常停在哨所边，哨所的首领和士兵们认识这些渔民，因此并未做任何防范，他们像往常一样准备食物，在自己的帐篷里安静地吃饭。就在此时，赫里沃德和他的同伴手持斧头，向他们扑过去，没有任何防备的诺曼人死伤惨重。其中部分诺曼人侥幸逃脱，他们逃离哨所，赫里沃德等人则夺取了他们留下的马匹。[5]

---

[1] Ibid., p.125, ed Gale. De gestis Herwardi Saxonis; Chron. anglo-norm., t.II, p.76.
[2] Chron. anglo-norm., t.II, p.78.
[3] John Stow's Annals, p.114, London, 1631.
[4] Chron. saxon., ed. Gibson, p.181.
[5] Chronique de Geoffroy Gaymar; Chron. anglo-norm., t.I, p.19.

关于赫里沃德这位伟大的英格兰爱国将领，还有说不尽的英勇事迹。他神出鬼没，招募新兵，到处给诺曼人军队设埋伏，从不向敌人妥协，当时的一位作家说道："他不愿让自己的同胞枉死，一定要为他们报仇雪恨。"[1]

赫里沃德手下的武装队伍，对他忠心不二，其中最勇敢的人有他的兄弟温特（Winter）、他的亲戚盖里（Gheri）、阿尔弗里克（Alfrik）、戈德温（Godwin）、利奥芬（Leofwin）、托基尔（Torkill）、两位同名的西沃德（Siward），其中一位西沃德被称为"红毛"。[2] 这支队伍的任何一位都足以对抗三位诺曼人，而赫里沃德一人则可以对抗七个敌人。[3] 赫里沃德声名远播，赢得了一位名叫阿尔弗特拉德（Alftrude）的女子的爱慕。这位女士家财万贯，当初诺曼底攻占英格兰时，她的家族很早便归顺国王威廉。她因为赫里沃德的骁勇善战而仰慕他，但是因为担心他的安危，于是极力劝说赫里沃德不再征战，归顺于国王威廉。[4]

赫里沃德深爱着阿尔弗特拉德，为了她，他最终同意与威廉休战讲和。但是，赫里沃德却并未如愿过上平静的生活，诺曼人很快来找他的麻烦，而这样的行动很有可能得到了威廉的默许。赫里沃德的居所几次受到突袭，一日晚饭后，他在家中的院子休息，突然一群武装人员闯进来将他围住，这群人中还有几位英格兰人。此时，赫里沃德没有穿锁子甲，随身的武器也只有一把剑和一把半长的矛，这些都是英格兰人惯常的装备。赫里沃德听到响声之后，惊跳起来，看到闯进

---

[1] Matth. Paris., t.I, p.7. Hist. Ingulf. Croyland., apud rer. anglic. Script., t.I, p.71, ed. Gale.
[2] De gestis Herwardi Saxonis; Chron. anglo-norm., t.II, p.52.
[3] Chronique de Geoffroy Gaymar; Chron. anglo-norm., t.I, p.22.
[4] Chronique de Geoffroy Gaymar; Chron. anglo-norm., t.I, p.22 et 23.

来的众多武装人员，他神情自若地斥责道："国王威廉已经与我讲和，你们却仍然惦记我的性命、觊觎我的财产，你们不是叛徒又是什么？！既然这样，那就尽管来吧！我要让你们尝尝我的厉害！"[1]

话毕，赫里沃德将半长的矛用力刺向其中一位骑士，他的力气之大以至于武器直接透过锁子甲刺穿了对方的胸膛。双方开战，赫里沃德身上多处负伤，仍然拿着短矛艰难应战，半长的矛毁坏，他便拿起剑继续作战，后来这把佩剑受到敌人头盔的撞击而断成两截，赫里沃德就拿着手里剩下的那一截顽强抵抗。根据传言，15位诺曼底士兵倒在他的脚下，而他自己也被长矛刺伤四处。[2]尽管身负重伤，他仍有力气半跪在地上，用力拿起地上的一块盾牌，并拿它猛击诺曼底骑士拉乌尔·德·道尔（Raoul de Dol）的面部，致其丧命，而他自己也再无法支撑，当场死亡。叫阿塞林（Asselin）的首领将赫里沃德的头砍下，他表示此生从未见过如此英勇的战士。后来，在英格兰人，甚至诺曼人间流传的故事中，人们讲述道，如果英格兰能出现四位和赫里沃德一般勇敢的人，那么诺曼人根本不可能攻占英格兰；如果赫里沃德没有因为受到突袭而死，那么将来的某一天，他一定会将诺曼人赶出英格兰境内[3]。

1072年，曾经给英格兰五郡人民带来希望的伊利避难所被彻底剿灭。很久以后，当地居民仍然能在这片沼泽地上发现过去的战壕、木制堡垒的残垣断壁，他们称之为"赫里沃德的堡垒"。[4]那些最后投

---

[1] Chronique de Geoffroy Gaymar; Chron. anglo-norm., t.I, p.24.
[2] Chronique de Geoffroy Gaymar; Chron. anglo-norm., t.I, p.26.
[3] Chronique de Geoffroy Gaymar; Chron. anglo-norm., t.I, p.27. Chron. anglo-norm., t.II, preface, p.XIV.
[4] Matth. Paris., t.I, p.7.

降的起义者们或是被砍去双臂，或是被挖去双眼，然后被释放；[1]还有一些起义者被关押在英格兰各地的堡垒。斯蒂甘德被勒令永久遁世隐居；达勒姆主教埃格文此前取走教堂的财物以支持爱国运动，如今他被控告"偷拿教堂圣物"，被囚禁在阿宾登（Abingdon），几个月之后，他因饥饿而死；[2]另外一位主教埃格瑞克，被控告"侵犯国家安全和非法致富"，被关押在威斯敏斯特大教堂。[3]不过，埃格瑞克主教生前受到英格兰人民爱戴，死后更是被奉为圣徒。一代又一代的英格兰人为他祷告，一个世纪之后，仍然有人来到他的墓前拜祭。[4]

伊利修道院的修道士们此前背叛起义者，如今他们也受到了惩罚。40名武装人员占领修道院，将其作为军事哨所。每天早晨，修道院的修道士们在教堂大厅中向驻扎在此的军队发放生活用品和军饷。[5]修道士们抱怨他们和国王的协议未被遵守，军人们则回应道，他们之所以住在这里，是为了更好地守卫伊利岛。[6]为了摆脱这些军人的压榨，他们答应向诺曼底王室支付七百银马克，这也是修道院的所有财产，这笔钱最终交到了剑桥郡的子爵皮科特手中。然而，皮科特在称重时，却发现修道院上缴的钱分量不足七百银马克，于是，他以欺骗国王的罪名审判修道士们，勒令他们再多缴纳三百银马克作为补偿，以示忠诚。[7]最终，修道院前后一共缴纳一千银马克。此后，国王派特使前

---

[1] Florent. Wigorn. Chron., p.637.
[2] Hist. episcop. dunelm.; Anglia sacra, t.I, p.703.
[3] Willelm. Malmesb., de Gest. pontif. angl., lib.IV, apud rer. anglic. Script., p.277, ed. Savile.
[4] Willelm. Malmesb., de Gest. pontif. angl., lib.IV, apud rer. anglic. Script., p.277, ed. Savile.
[5] Thomæ Eliensis Hist. eliensis; Anglia sacra, t.I, p.612.
[6] Thomæ Eliensis Hist. eliensis; Anglia sacra, t.I, p.612.
[7] John Stow's Annals, p.114.

来，掳走了修道院仅剩的值钱物品，并对修道院的土地进行盘点，打算征用其作为封地。[1]修道士们满腹牢骚却无处发泄。他们常常提及伊利修道院本是世界上最美丽的教堂，如今却深受苦难和压榨，[2]然而没有人为他们掉过一滴眼泪，更没有人愿意为维护他们而拿起武器战斗。

在剿灭伊利岛的起义者们之后，诺曼人军队从水陆两路向英格兰北部前进，他们四处搜捕，以防再有起义发生。军队第一次越过特威德河，来到苏格兰领土，以追捕所有逃难到此的英格兰人，不过仍有不少英格兰难民侥幸逃脱，苏格兰国王马尔科姆最终也未将他们交于诺曼人军队。此前，国王马尔科姆曾在诺森伯兰郡发动过一次反抗诺曼人的起义。[3]如今，马尔科姆看到诺曼人军队治军严明，队伍壮大，心生畏惧，于是带着和平的愿望去拜访英格兰国王威廉。他以友谊为名与威廉握手言和，并表示威廉的敌人也是他的敌人，心甘情愿地让苏格兰成为英格兰的附属国，而自己则成为威廉的封臣。[4]

威廉就这样切断了英格兰人的所有外援，他心满意足地从苏格兰回到英格兰，并受到达勒姆主教沃切尔（Vaulcher）的接待。沃切尔本是洛林人，他来到达勒姆大教堂，接替前任主教埃格文。埃格文被罢黜，判处永久隐居，埃格文的悲惨下场让英格兰人民对沃切尔心怀仇恨，尽管达勒姆本在海拔较高的山地，易守难攻，但是新上任的主教仍然提心吊胆，整日担心自己受到诺森伯兰人的报复。据记载，威廉在他的要求下，在最高的山丘，为他建了一座坚固的堡垒，以供他和

---

[1] Thomæ Eliensis Hist. eliensis; Anglia sacra, t.I, p.610.
[2] Hist. eliensis, apud rer. anglic. Script., t.III, p.501, ed. Gale.
[3] Matth. Westmonast. Flor. histor., p.227. Matth. Paris., t.I, p.7.
[4] Matth. Paris., t.I, p.6 et 7.

其他教士居住。[1]

沃切尔在温彻斯特接受圣职,并由一队诺曼人骑士护送到约克郡。英格兰人戈斯帕特里克(Gospatrik)花重金买下泰恩河以南的领地,成为诺森伯兰郡的公爵。他前来迎接这位洛林出身的主教,并提议护送他前往达勒姆任职。[2]然而,戈斯帕特里克曾经参加过英格兰爱国运动,因此纵使他对主教万般殷勤,也难以抹去这一"污点"。同一年,威廉夺去戈斯帕特里克的爵位,只因为他曾经在诺曼人攻占英格兰时,保卫过约克郡。[3]和过去埃尔德雷德主教一样怀着伤心和悔恨的心情,戈斯帕特里克离开英格兰,前往苏格兰定居,在那里,他的家族生活富足,受人尊重。[4]诺森伯兰郡的统治权则到了瓦尔塞奥夫手里,他是西沃德的儿子,和戈斯帕特里克一样,他同样参加过英格兰起义运动,保卫过约克郡,他悲惨的命运也即将来临。

威廉几次征战成功,诺曼人军队士气大涨。此时,英格兰人民意志消沉,不可能发起新的爱国运动,按照诺曼人的说法,英格兰境内总算有了难得的"安宁"。但是,威廉未能高枕无忧,因为,勒芒人起义反对他的政权,他不得不立刻返回诺曼底以平定叛乱。勒芒在地理位置上位于诺曼底和安茹之间,因为各种原因轮流成为两个公国的附属。尽管勒芒在地理位置上处于劣势,领土小,人口少,勒芒人却常常为了民族独立而奋战。在11世纪,个性坚强、性格高傲的勒芒人不再愿意归顺于他人。[5]此前,勒芒公爵赫伯特(Herbert)承认威廉为

---

[1] Roger de Hoved. Annal., pars prior, apud rer. anglic. Script., p.454, ed. Savile.
[2] Roger de Hoved. Annal., pars prior, apud rer. anglic. Script., p.454, ed. Savile.
[3] Monast. anglic., Dugdale, t.I, p.41.
[4] Roger de Hoved. Annal., pars prior, apud rer. anglic. Script., p.4é4, ed. Savile. Dugdale's Baronage.
[5] Order. Vital. Hist ecclesiast., lib.IV, apud Script. rer.normann., p.531.

自己的君主，此人不得民心，因为他常在深夜发起突袭，被安茹人称为"唤醒狗的人"（Éveille-chien）。勒芒作为诺曼底的附属，为诺曼人征战提供了大量精锐部队，包括骑兵和弓箭兵。后来，诺曼人因为攻占英格兰，大部分军力都被牵制在英吉利海峡彼岸，勒芒人则考虑趁机摆脱诺曼底的统治，从而获得独立。在勒芒，无论是贵族还是战士，商人抑或其他各阶层人民，大家纷纷愿意出力获得解放。由诺曼人守卫的堡垒被接连攻占，指挥勒芒堡垒的诺曼人蒂尔吉·德·特蕾西（Turgis de Tracy）以及纪尧姆·德·拉菲尔泰（Guillaume de la Ferté）和其他幸存的诺曼人纷纷逃离勒芒。[1]

勒芒的统治权重新回到了勒芒贵族的手里，然而，勒芒人发起的爱国运动却并未因此停止。勒芒百姓获得了独立之后，回到家中却越发觉得勒芒公爵长期以来对他们的统治让人恼火，他们不愿再忍耐，打算在勒芒的主要城市发起一场新的革命。他们以人头税过高为契机，发动起义，参与者分别发誓、互相支持、永不背叛，当时，他们所成立的组织被称为"公社"（commune）。[2] 勒芒主教、贵族以及现任勒芒公爵的监护人若弗鲁瓦·德·马耶纳（Geofroi de Mayenne）都受到起义者武力的挟持和恐吓，被迫认可"公社"的合法性，并接受"公社"所制定的新的法律条款。不过仍有少数勒芒贵族态度坚决，不愿意承认"公社"的合法性，勒芒起义者们则打算攻占他们的堡垒和住处，让他们妥协。

勒芒百姓以教区为单位出征，每一支队伍的最前面都有人手拿十字架和战旗。他们的装备有着浓厚的宗教色彩，但是和其他政变一样，他们的行动充斥着血腥和暴力。人们指责勒芒公社成员毫无顾忌地在

---

[1] Order. Vital. Hist ecclesiast., lib.IV, apud Script. rer.normann., p.532.
[2] Gest. pontif cenoman., apud Script. rer. gallic. et francic., t.XII, p.540.

封斋期和圣周内作战，也指责他们将敌人粗暴地就地正法，丝毫不顾及其品阶地位便将其绞死或是砍去四肢。[1] 此时，勒芒公社已然成为全体勒芒贵族的公敌，因为与其类似的组织在这个历史时期还很稀缺，因此公社几乎成为众矢之的，成员们艰难地、顽强地维持公社活动。后来，若弗鲁瓦·德·马耶纳施诡计得到了城中要塞的指挥权，公社成员不得不放火烧毁自己的房屋，在马路上作战，并且围攻要塞。他们舍身忘己、英勇无比，半个世纪之后，法国境内诞生了诸多公社，成员们都继承了他们先辈的精神。[2]

在勒芒，代表广大人民群众利益的"公社"反抗统治阶级，双方两败俱伤，而就在此时，国王威廉打算入侵勒芒，重新建立自己在勒芒的政权。威廉素来擅长揣度人心，他考虑到英格兰百姓目前处于水深火热之中，于是打算以军饷和战利品为诱饵，征用英格兰籍士兵。一些居无定所的英格兰百姓、英格兰各地被剿灭的爱国组织的幸存者，甚至"伊利避难所"的知名将领，通通汇集到诺曼人的军旗下，然而，他们对诺曼人的仇恨并未化解。虽然他们为威廉征战，但是考虑到敌人和威廉属于同一民族，语言相通，英格兰士兵们的心中便得到了些许宽慰。此外，七年前，勒芒人确实在威廉的带领下，入侵英格兰，无论他们是否心甘情愿，如今，英格兰战士们都打算借此机会，报这家仇国恨。因此，英格兰士兵一踏上勒芒的土地，便极尽掠夺毁坏之能事，将葡萄树连根拔起，砍去其他果树，烧毁村庄等。总之，他们把对诺曼人的愤怒和仇恨，全部撒在了勒芒人身上。[3]

---

[1] Gest. pontif cenoman., apud Script. rer. gallic. et francic., t.XII, p.540.

[2] Gest. pontif cenoman., apud Script. rer. gallic. et francic., t.XII, pp.540-541. Lettres sur l'histoire de France, lettre XIII et suiv.

[3] Matth. Paris., t.I, p.8.

英格兰士兵的蛮横行径，比起诺曼底骑士的骁勇善战、国王威廉的御驾亲征，都更让勒芒人畏惧，他们很快归顺诺曼底。在发起第一次进攻前，大部分堡垒和要塞缴械投降，勒芒的主要贵族将他们堡垒的钥匙带到萨尔特（Sarthe）沿岸，交给在此安营扎寨的国王威廉。他们立下誓言，承认威廉为他们的合法君主，而威廉也向他们保证维持他们原先的贵族特权，但并不打算保留勒芒公社。随后，军队返回英格兰，英格兰士兵们满载战利品而归；然而，因为这些掠夺来的财富，他们招致了诺曼人的妒忌，并最终为他们带来悲惨的下场。[1]

　　此时在英格兰开展复国行动几乎无望，埃德加从苏格兰前往佛拉芒，打算做最后的努力，他试图从佛拉芒公爵那里得到援助，佛拉芒公爵虽然是威廉的血亲，但是他们的政治立场向来对立，遗憾的是，埃德加最终未能劝服佛拉芒公爵。不过他回到苏格兰之后，却收到了法国国王菲利普一世[2]的来信。[3]在威廉收服了勒芒之后，法国国王警醒，他打算在英吉利海峡彼岸的英格兰，掀起点儿波澜，给威廉找一点儿麻烦，以削弱他的势力。于是，菲利普一世以这样的想法邀请埃德加前往法国，让他加入法国议会，并赠予他一处堡垒。这堡垒位于法国海岸，靠近英格兰和诺曼底，如果埃德加自此前往诺曼底掠夺财物，将很便捷。[4]埃德加接受法国国王的提议，他做好前往法国的准备。此时，苏格兰国王马尔科姆已经成为威廉的封臣，他不可以违背诺言，为埃德加提供军队，不过，他仍然秘密地为埃德加提供资金，

[1] Order. Vital. Hist ecclesiast., lib.IV, apud Script. rer.normann., p.533. Gest. pontif cenoman., apud Script. rer. gallic. et francic., t.XII, p.539-541.
[2] 菲利普一世（1052—1108年），法国卡佩王朝国王（1060—1108年在位）。（译者注）
[3] Chron. saxon. frag., sub anno MLXXV, apud Gloss. Ed Lye, t.II, ad finem.
[4] Chron. saxon. frag., sub anno MLXXV, apud Gloss. Ed Lye, t.II, ad finem.

为其随行人员提供武器和衣物。[1]

埃德加扬帆启程,但是刚入海,他带领的船队就被一场暴风雨打得七零八散。[2]几艘船在英格兰的北海岸搁浅,上岸的人全部沦为诺曼人的俘虏;有一些人则直接葬身大海。[3]埃德加以及他的随从幸免于难,他们回到苏格兰,衣衫褴褛、可怜兮兮。[4]马尔科姆建议埃德加顺从命运的安排,第三次向国王威廉求和。[5]埃德加听从他的建议,让人带信给威廉,威廉则邀请他前往诺曼底。埃德加首先穿越英格兰,在英格兰各郡受到当地诺曼人首领、公爵们的款待,最终抵达诺曼底。[6]他居住在鲁昂宫廷,每日有仆人为他更衣,整日与猎狗和战马为伍,对政事漠不关心。[7]埃德加就这样度过了11年,他内心感到难过,并选择回到英格兰居住,和自己的同胞生活在一起,不过后来他仍然回到了诺曼底。埃德加一辈子优柔寡断,立场不坚定,最终沦为政治的牺牲品。[8]

英格兰被殖民的命运似乎已经无法挽回,整个国家如今呈现出一种安静甚至绝望的氛围。诺曼底商人们用战利品换来英格兰当地生产的布匹和武器,他们在城市和村镇的摊位上将各类商品铺开贩卖,也未曾遭人攻击。[9]在这个时期,即使携带与自己等重的黄金出门旅行,

---

[1] Chron. saxon. frag., sub anno MLXXV, apud Gloss. Ed Lye, t.II, ad finem.
[2] Chron. saxon. frag., sub anno MLXXV, apud Gloss. Ed Lye, t.II, ad finem.
[3] Chron. saxon. frag., sub anno MLXXV, apud Gloss. Ed Lye, t.II, ad finem.
[4] Chron. saxon. frag., sub anno MLXXV, apud Gloss. Ed Lye, t.II, ad finem.
[5] Chron. saxon. frag., sub anno MLXXV, apud Gloss. Ed Lye, t.II, ad finem.
[6] Chron. saxon. frag., sub anno MLXXV, apud Gloss. Ed Lye, t.II, ad finem. Willelm. Malmesb., de Gest. pontif. angl., lib.IV, apud rer. anglic. Script., p.103, ed. Savile.
[7] Annales waverleienses, sub anno MLXXXVI, apud rer. anglic. Script., t.II, p.133, ed. Gale.
[8] Willelm. Malmesb., loc. supr. cit.
[9] Order. Vital. Hist ecclesiast., lib.IV, apud Script. rer.normann., p.520.

都不会遭遇危险，反而会得到很多恭维。[1]此时，诺曼人士兵享受着自己的领地和财富，半夜再也不会被警钟吵醒，晚上也不用身穿锁子甲入睡，因此，他们也不再像以前一样实施暴力、让人憎恨。英格兰人也难得地过上了安宁的日子，[2]不少英格兰妇女当初因为害怕受到诺曼人士兵的玷污，[3]躲到修道院中，或者乘船离开英格兰，如今她们纷纷想回归普通的家庭生活。

当初英格兰妇女进入修道院以求庇护，如今想要轻易离开谈何容易？就像诺曼人男爵掌控各座城池的门防，诺曼人主教也控制着修道院的出入。诺曼人此时在英格兰拥有绝对权威，他们召开会议，讨论这些当初无奈成为修女的英格兰妇女的去留问题。大主教兰弗朗克主持这场会议，所有国王威廉任命的主教、修道院院长以及其他位高权重之人都参加了此次会议。[4]首席主教的观点是，这些英格兰妇女当初为了保卫自己的贞洁，选择修道院为避难所，她们听从《圣经》的告诫，因此不应当惩罚她们，而应遵从她们的意愿，打开修道院的大门，让她们离开。[5]其他与会成员表示赞成，并非因为这是最人性的一个方案，而是因为提议的人兰弗朗克是国王威廉的密友。因此，家人尚在的英格兰妇女离开修道院，重获自由。

同一时期，奥斯伯特的儿子纪尧姆在佛拉芒暴毙，此前，他为自己的爱人身赴佛拉芒，并筹划某一政治阴谋。[6]他的大儿子同样名为纪尧姆，继承了他在诺曼底的所有领地；他最小的儿子罗杰则继承他

---

[1] Matth. Westmonast. Flor. histor., p.229.
[2] Order. Vital., loc. supr. cit.
[3] Eadmeri Hist. nov., p.57, ed. Selden.
[4] Eadmeri Hist. nov., p.57, ed. Selden.
[5] Eadmeri Hist. nov., p.57, ed. Selden.
[6] Willelm. Malmesb., de Gest. pontif. angl., lib.IV, apud rer. anglic. Script., p.105, ed. Savile.

在英格兰的领地,即赫里福德郡。罗杰打算将妹妹爱玛(Emma)嫁给一个英格兰人罗尔夫·德·盖尔(Raulf de Gaël),也是现任的诺福克公爵。[1]然而这样的结合却让威廉甚是不悦,他派人特地前来阻止。但是双方都不理会他的命令,根据记载,婚礼当天,新娘被送到了诺福克最大的城市诺维奇,[2]参加婚礼的人包括诺曼底主教、诺曼底的贵族、一些和诺曼人关系亲密的布列塔尼人,甚至还有受到罗杰邀请的威尔士人。西沃德的儿子,国王威廉的侄女婿,亨廷登、北安普顿和诺森伯兰等三地的统治者瓦尔塞奥夫公爵也是婚礼的座上宾。然而,所有参加婚礼的人最后都难逃悲惨的命运。[3]

婚礼上,酒足饭饱之后,所有前来道喜的人都开始畅所欲言。赫里福德公爵罗杰大声批判威廉,指责他此前无端拆散这对新人,他大放厥词,认为"私生子"威廉之所以得以攻占英格兰,完全得益于其父亲纪尧姆的帮助。[4]参加婚礼的英格兰人几乎都受到过威廉的侮辱和压榨,他们热烈鼓掌,为罗杰的发言欢呼喝彩,气氛高涨,他们最后达成一致,开始公然辱骂威廉。[5]

诺曼人说:"威廉本就是私生子,是卑贱之人的后代,他自称'国王',但是他天生并不是统治者的料子,上帝也不会认可他'国王'的身份。"[6]布列塔尼人说:"他毒死了深受我们布列塔尼人爱戴的科南,如今我们还在为他的死伤心难过。"[7]英格兰人激动地叫道:"他还入

---

[1] Chron. saxon., ed. Gibson, p.182.

[2] Chron. saxon., ed. Gibson, p.182.

[3] Chron. saxon., ed. Gibson, p.182. Matth. Paris., t.I, p.9.

[4] Willelm. Malmesb., de Gest. pontif. angl., lib.III, apud rer. anglic. Script., p.104, ed. Savile.

[5] Matth. Paris., t.I, p.9.

[6] Order. Vital. Hist ecclesiast., lib.IV, apud Script. rer.normann., p.534.

[7] Order. Vital. Hist ecclesiast., lib.IV, apud Script. rer.normann., p.534.

侵了伟大的英格兰,或是大肆屠杀英格兰贵族的继承者,或是将他们驱逐出境。"[1]另外一些追随威廉到英格兰的人说道:"而我们听从他的命令,为他打下了江山,却未能得到我们应有的权力地位。我们为他抛头颅、洒热血,如今伤痕累累,但是威廉是怎么对待我们的?他赠予我们的土地颗粒无收,一旦我们的封地变得肥沃,他便派人来夺取。他真的是一个忘恩负义之人!"[2]所有的宾客都认同彼此的观点,他们情绪高涨地说道:"没错,他真是不得人心,如果他死了,那可就大快人心啦!"[3]

此番言辞之后,其中一位诺曼底的公爵站起来,对瓦尔塞奥夫说:"勇士,现在就是复仇的时刻,也是建功立业的好时机。你和我们这两位诺曼底的公爵联合一致,我们一定可以将英格兰恢复到国王爱德华时期的繁荣昌盛!将来事成之后,我们三人中的一位将成为英格兰国王,另外两位也身居要职,将来所有英格兰各大庄园都归我们!放心,此时,威廉被高卢地区的叛乱搞得焦头烂额,他现在无暇顾及英格兰,短期内不会回来的。勇士,快点儿下决心加入我们吧!这对你、你的家族以及你这破败的封地来说,都是一次难得的机遇啊!"[4]听到这样的话,全场嘉宾再次欢呼喝彩。罗杰、罗尔夫、几位主教和修道院院长、大量的诺曼底男爵和英格兰的战士,立下誓言,一致反对国王威廉。[5]瓦尔塞奥夫几番踌躇,内心对加入这般奇怪的联盟深感不安,但是经不住众人相劝,最终同意和他们组成统一战线。罗杰立刻返回

---

[1] Order. Vital. Hist ecclesiast., lib.IV, apud Script. rer.normann., p.534.
[2] Order. Vital. Hist ecclesiast., lib.IV, apud Script. rer.normann., p.534.
[3] Order. Vital. Hist ecclesiast., lib.IV, apud Script. rer.normann., p.534.
[4] Order. Vital. Hist ecclesiast., lib.IV, apud Script. rer.normann., p.534.
[5] Willelm. Malmesb., de Gest. pontif. angl., lib.III, apud rer. anglic. Script., p.104, ed. Savile.

赫里福德郡，集合自己的亲信部队，甚至还将不少边境的威尔士人拉入队伍。威尔士人之所以同意加入，或是受到军饷的诱惑，或是因为对长期威胁威尔士独立的威廉的仇恨。[1]罗杰率领准备齐全的军队向东迈进，在那里和其他队伍会合。

不过，当罗杰带领部队到达萨维尔纳河，打算从伍斯特桥渡河时，他遭遇了大批军队的拦截。在罗杰设法寻找其他出口时，发现伍斯特子爵——诺曼人乌尔斯（Ours）以及忠于国王威廉的伍尔夫斯坦主教早已率领军队在萨维尔纳河的东岸等候他们。此时，主教埃格威格背叛英格兰子民，沦为诺曼人宫廷的朝臣，他努力让格罗斯特的英格兰子民听从诺曼人首领的号召，不要受到"逆反者"的蛊惑。[2]在英格兰人看来，赫里福德公爵罗杰以及其带领的威尔士军队似乎和英格兰爱国事业并无联系，他们情愿听命于高缇耶·德·莱西（Gaultier de Lacy）公爵。对于英格兰百姓来说，罗杰和高缇耶都不是受到爱戴之人，权衡之下，他们更愿意支持更有可能获胜的那一方，也就是他们恨之入骨的威廉。由于此时威廉身在法国，英格兰国内事务由王室代理人大主教兰弗朗克全权代理。[3]他立即派兵从伦敦和温彻斯特出发，去剿灭罗杰的队伍，与此同时，他宣布罗杰被逐出教会，判决书如下：

> 你的父亲一辈子忠于他的君主，并因此获得声名利禄，而如今你却舍弃了他的行为准则。现在，我根据教规，诅咒你，将你逐出教会，你永生不得踏入教堂，更不会有虔诚的教徒与你为伍。[4]

---

[1] Chron. saxon., ed. Gibson, p.182.
[2] Script. rer. damie., t.III, p.207.
[3] Vita Lanfranci; Lanfranci opera, p.15.
[4] Lanfranci opera, p.321.

兰弗朗克写信给威廉,告知他英格兰的"叛乱",也说明此"叛乱"不日之内将得到平息。他这样说道:"您就像是上帝派来的救星,带领我们前行,我们心怀感激。虽然英格兰国内是此般情形,但请您宽心,不用着急回来。如果我们连这些'背叛者'和'流氓匪徒'都无法剿灭,那我们真的是无颜面对您了。"[1]所谓"背叛者",就是指那些跟随罗杰的诺曼人;所谓"流氓匪徒",则是指在剑桥附近居住的罗尔夫·德·盖尔军队里大量的英格兰人,或者是受到这支队伍鼓舞,企图再次与丹麦人达成合作的东部沿海城市的英格兰人。[2]

丹麦国王再次同意出兵对抗威廉。不过,在丹麦援兵抵达前,诺福克公爵的队伍已经受到敌军的夹击。巴约主教厄德、库唐斯主教杰弗里以及纪尧姆·德·加雷纳公爵等人率领部队围剿"叛军"。在军力上,罗尔夫的军队处于劣势。战争发生的地方被历史学家称为"法加登"(Fagadon),[3]罗尔夫率领的"叛军"战败溃逃,据说,他们一旦被抓,无论是诺曼人还是英格兰人,全被活生生地砍去双脚。[4]罗尔夫侥幸逃脱,躲在诺福克的堡垒中。随后,他前往西布列塔尼寻找外援,将诺福克郡交给他的妻子以及其他手下看管。[5]他的妻子爱玛顽强地抵抗诺曼人军队,最后因为城中的饥荒不得不投降。[6]保卫诺福克的各位将士同意投降的条件是,只要他们在40天内离开英格兰,

---

[1] Lanfranci opera, p.317.
[2] Order. Vital. Hist ecclesiast., lib.IV, apud Script. rer.normann., p.535. Matth. Paris., t.I, p.9.
[3] Order. Vital. Hist ecclesiast., lib.IV, apud Script. rer.normann., p.535.
[4] Order. Vital. Hist ecclesiast., lib.IV, apud Script. rer.normann., p.535.
[5] Matth. Paris., t.I, p.9.
[6] Matth. Paris., t.I, p.9.

他们即可保住性命。[1]此时,兰弗朗克再次写信给威廉:"上帝保佑,您的王国得以净化,因为英格兰那些丑陋的灵魂已被清除。"[2]当初跟随威廉到英格兰征战的诺曼人,因为受到罗尔夫的牵连,失去了他们从英格兰人手里夺取的土地。[3]和罗尔夫所率领的队伍的命运一样,罗杰的部队在西部溃败,罗杰本人也被捕获。

威廉在返回英格兰庆祝胜利之前,先对布列塔尼发起了一次攻击。诺曼底素来觊觎布列塔尼的领土,此次,威廉以追捕罗尔夫为由,向布列塔尼进军,以求瓜分其部分领土。[4]不过,虽然他围攻了多尔城(Dol),但是布列塔尼公爵受到法国国王的支持,向他发起进攻,威廉不得不撤退。[5]他越过英吉利海峡,在圣诞节回到伦敦,召开贵族会议,审判此次"逆反行动"的始作俑者。[6]罗尔夫·德·盖尔抗传缺席,被剥夺了所有财产;罗杰出庭,同样被剥夺了领地,并被判在堡垒中度过余生。[7]罗杰个性桀骜不驯,即使被关押在监狱中,也常常咒骂他未能赶下王位上的威廉。复活节时,威廉根据诺曼底宫廷的习俗,赐予他珍贵布匹织成的服装、丝质的上衣和裤子,以及皮草短外套。[8]罗杰打量着这些服装,让人生火并将所有衣物扔到火堆中。[9]威廉万万没想到罗杰竟敢如此公然顶撞他,震怒之下,他对上帝发誓,一个胆敢如此侮辱他的人,一辈子都不得从监狱中出来。[10]

[1] Lanfranci opera, p.318.
[2] Lanfranci opera, p.318.
[3] Lanfranci opera, p.318.
[4] Order. Vital. Hist ecclesiast., lib.IV, apud Script. rer.normann., p.544.
[5] Order. Vital. Hist ecclesiast., lib.IV, apud Script. rer.normann., p.544.
[6] Alured. Beverlac. Annal. de gest. reg. britann., p.134, ed. Hearne.
[7] Alured. Beverlac. Annal. de gest. reg. britann., p.134, ed. Hearne.
[8] Order. Vital. Hist ecclesiast., lib.IV, apud Script. rer.normann., p.535.
[9] Order. Vital. Hist ecclesiast., lib.IV, apud Script. rer.normann., p.535.
[10] Order. Vital. Hist ecclesiast., lib.IV, apud Script. rer.normann., p.536.

这便是纪尧姆的儿子罗杰悲惨的命运了。过去,纪尧姆促使威廉攻占英格兰并取得了胜利,权倾一时,可谓"一人之下,万人之上"。一位英格兰出身的历史学家论及英格兰坎坷的命运,饱含爱国热情地说道:"那位奥斯伯特的儿子、赫里福德郡的公爵、诺曼底和英格兰的宫廷总管纪尧姆如今身在何方?他野心勃勃,贪得无厌,鼓动威廉向英格兰发起进攻,成千上万的人因此死在战场,他就是英格兰最大的敌人,如今,他也遭到了报应。他用剑杀死很多人,而他自己也死于剑下。后来,他的儿子和女婿也不安分,发动叛乱,对抗自己的君主和其他同胞。如今,英格兰的土地上再也没有纪尧姆的后人,他们再也不能踏上英格兰的土地!"[1]

所有参加了诺维奇那场婚礼的人都难逃厄运,甚至诺维奇这座城市也受到牵连,[2]这里的英格兰居民因此而破产,很多人搬到萨福克郡和黑尔斯沃思(Halesworth)附近。诺维奇人此时几乎一无所有、十分悲惨,然而,罗杰·比戈(Roger Bigot)、理查·德·圣克莱尔(Richard de Saint-Clair)以及纪尧姆·德·努瓦耶(Guillaume de Noyers)等三位诺曼底贵族还剥夺了他们的人身自由,将他们变为按期进贡的农奴。[3]在萨维尔纳河附近被俘获的英格兰人和威尔士人受到诺曼底公爵、主教、男爵和骑士的联合审判,或是被挖去双眼、砍去四肢,或是被处以绞刑。[4]

此时,由丹麦国王斯文儿子率领的丹麦舰队靠近英格兰沿海东岸,再次支援英格兰的爱国事业。不过,丹麦人发现诺曼人已基本铲除叛

---

[1] Order. Vital. Hist ecclesiast., lib.IV, apud Script. rer.normann., p.536.
[2] Chron. saxon., ed. Gibson, p.183.
[3] Domesday-book, vol.II, p.117.
[4] Chron. saxon., ed. Gibson, p.183.

乱，他们不敢贸然与诺曼人军队为敌，于是撤退至佛拉芒。[1]诺曼人控告瓦尔塞奥夫与丹麦人勾结，瓦尔塞奥夫否认此项指控，但是他的妻子，同时也是国王威廉的侄女，搜集证据，检举了自己的丈夫。[2]诺曼人召开会议讨论如何处置瓦尔塞奥夫，一些人认为他作为叛乱的英格兰人，应被判处死刑；另一些人认为他作为国王的部下，应判处终身监禁。[3]这样的争执前后持续了一年，在此期间，瓦尔塞奥夫被关押在温彻斯特的堡垒中。最终，在一年召开三次的王廷会议中，诺曼人最终宣布判处他死刑。[4]他的妻子朱迪思当初违背自己的心意嫁给瓦尔塞奥夫，如今希望自己丈夫的判决书早日下达并执行，以重获自由之身。[5]朱迪思这样背叛出卖自己的丈夫，受到了英格兰百姓的唾骂。此外，不少诺曼人一直觊觎瓦尔塞奥夫所管辖的英格兰三郡，[6]其中伊夫·泰勒布瓦的领地紧挨着这三郡，他一直想扩大自己的领地，因此，殷切盼望着瓦尔塞奥夫失势。[7]传说中，威廉因为摆脱了对自己毫无用处的瓦尔塞奥夫，心里很欣慰。[8]

凌晨，温彻斯特的百姓还在睡梦中，诺曼人士兵将这位撒克逊首领带到城外。[9]此时，瓦尔塞奥夫身穿公爵的服装，身赴刑场。一路上，神职人员和普通百姓跟随着行刑的队伍，不过诺曼人考虑到尾随人员不多，而且没有任何作战的能力，就任由公爵将身上的衣物脱下

[1] Chron. saxon., ed. Gibson, p.183. Matth. Paris., t.I, p.9.
[2] Johan.de Ferdun Scotichronicon., lib.VI, p.510, ed. Hearne. Order. Vital. Hist ecclesiast., lib.IV, apud Script. rer.normann., p.536.
[3] Order. Vital. Hist ecclesiast., lib.IV, apud Script. rer. normann., p.535.
[4] Order. Vital. Hist ecclesiast., lib.IV, apud Script. rer. normann., p.536.
[5] Hist. Ingulf. Croyland., apud rer. anglic. Script., t.I, p.72, ed. Gale.
[6] Hist. Ingulf. Croyland., apud rer. anglic. Script., t.I, p.72, ed. Gale.
[7] Hist. Ingulf. Croyland., apud rer. anglic. Script., t.I, p.72, ed. Gale.
[8] Johan.de Ferdun Scotichronicon., lib.VI, p.509, ed. Hearne.
[9] Order. Vital. Hist ecclesiast., lib.IV, apud Script. rer.normann., p.536.

交给他们。[1] 在距离城墙不远的位置，行刑的队伍停下，瓦尔塞奥夫俯伏在地，低声念祷告。诺曼人害怕耽误行刑的时机，而且一旦将瓦尔塞奥夫执行死刑的消息传出，说不定会有人设法营救，便不耐烦地对瓦尔塞奥夫说道："快点站起来，让我们执行命令。"[2] 他则恳求他们再多留一些时间，好让他为他自己以及各位行刑人员唱诵祷告。[3] 诺曼人士兵同意他的请求，瓦尔塞奥夫抬起身子，跪在地上，大声祈祷："上帝啊……请不要引诱我们走上那……"话音未落，刽子手看到天已经微微亮，认为不能再多做耽搁，猛然挥下砍刀，砍去了瓦尔塞奥夫的头颅。[4] 他的遗体被扔在两条路中的深沟，被草草地用泥土掩埋。[5]

　　英格兰百姓未能营救瓦尔塞奥夫，深感难过，他们为其服丧。和此前饿死在诺曼底城堡的埃格文主教一样，他们将这位撒克逊首领尊称为"殉难者"。[6] 一位当代人这么说道："有人想要将他从这个世界抹去，但是我们坚信，这样的英雄人物是永生的！"[7] 民间传言，15日之后，克罗尔兰德修道院的修道士们找到瓦尔塞奥夫的遗体，发现遗体没有腐烂，甚至还流淌着新鲜的血液。[8] 后来，在国王威廉的允许之下，曾经受到过瓦尔塞奥夫资助的这座克罗尔兰德修道院将他的坟墓设在了大厅中，类似的故事始终在民间流传，激励着那一颗颗灼热

---

[1] Order. Vital. Hist ecclesiast., lib.IV, apud Script. rer.normann., p.536.
[2] Order. Vital. Hist ecclesiast., lib.IV, apud Script. rer.normann., p.536.
[3] Order. Vital. Hist ecclesiast., lib.IV, apud Script. rer.normann., p.536.
[4] Order. Vital. Hist ecclesiast., lib.IV, apud Script. rer.normann., p.536.
[5] Matth. Paris., t.I, p.9.
[6] Order. Vital. Hist ecclesiast., lib.IV, apud Script. rer.normann., p.537. Cædes Walthiofi Iarli, cap. CI; Snorre's Heimskringla, t.III, p.169.
[7] Florent. Wigorn. Chron., p.639.
[8] Order. Vital. Hist ecclesiast., lib.IV, apud Script. rer.normann., p.537.

的爱国之心。[1]但是，这样的传言让瓦尔塞奥夫的遗孀朱迪思惴惴不安，她为了安抚亡夫的灵魂，亲自来到克罗尔兰德教堂，并在瓦尔塞奥夫的坟墓上披上一层丝质的布。但是坊间传言，突然一阵狂风刮来，这丝质的布被掀开，吹到了一边，仿佛是有一双无形的臂膀在操纵着这一切。[2]

克罗尔兰德修道院院长沃夫坎特（Wulfketel）立即宣扬这奇幻的事迹，对所有来访修道院的人员，他都用英语为他们布教。然而，伦敦召开会议，指控沃夫坎特推崇个人崇拜，剥夺了他所有的职权，[3]并将他发配到格拉斯顿伯里修道院（couvent de Glastonbury）去做一名隐修士。格拉斯顿伯里修道院院长是一位诺曼人，名为图斯坦（Toustain），因为天性残忍而闻名。[4]不过，这样的惩处也难以消除民间所流传的故事，只要英格兰的子孙后代铭记他们的祖先为爱国事业所做出的奋斗，铭记他们被殖民的国耻，这些故事就会永葆生命力。瓦尔塞奥夫去世40年之后，克罗尔兰德修道院经历了历任诺曼人院长的领导，迎来了一位来自奥尔良（Orléans）的杰弗里（Geoffroy），关于瓦尔塞奥夫去世的一些迷信故事再次流传起来。[5]很多英格兰人前来拜祭，修道院中的诺曼人神职人员认为这样的殷勤简直滑稽可笑，他们对前来拜祭的人大肆侮辱，并称瓦尔塞奥夫不过是被判处了死刑的"不忠之人"。[6]

[1] Ibid. Vita et passio Waldevi comitis; Chron. anglo-norm., t.II, p.119.
[2] Hist. Ingulf. Croyland., apud rer. anglic. Script., t.I, p.72, ed. Gale. Vita et passio Waldevi comitis; Chron. anglo-norm., t.II, p.118.
[3] Hist. Ingulf. Croyland., apud rer. anglic. Script., t.I, p.73, ed. Gale.
[4] Hist. Ingulf. Croyland., apud rer. anglic. Script., t.I, p.73, ed. Gale.
[5] Order. Vital. Hist ecclesiast., lib.IV, apud Script. rer.normann., p.543.
[6] Order. Vital. Hist ecclesiast., lib.IV, apud Script. rer.normann., p.543.

除了瓦尔塞奥夫生前所捐献的克罗尔兰德修道院所处的这片土地外，朱迪思继承了他所有的遗产。[1]朱迪思考虑与自己未来的心仪之人分享这丰厚的遗产，但是她打错了如意算盘。因为，这丰厚的遗产已被国王威廉作为棋子，打算赠予一位法国人。威廉没有征求自己侄女的意见，便打算将朱迪思以及瓦尔塞奥夫的遗产赠予一位来自桑利斯（Senlis）的法国骑士。由于这位骑士瘸腿而且面目可憎，[2]朱迪思对他只有厌恶之情，这激怒了国王威廉。[3]威廉万万不想因为自己侄女的个人利益，而损伤自己大好的政治前程，他直接将北安普顿郡以及瓦尔塞奥夫所有遗产赠予了这位法国骑士，而朱迪思则落得一无所有。她带上两个孩子，在英格兰偏僻的村镇，过着暗无天日的凄惨生活。因为她穷困潦倒，诺曼人看不起她；因为她出卖自己的丈夫、行为卑劣，英格兰人憎恶她。古代英格兰史学家在描述她后期悲惨的生活时，语气中充满着报复的快感。[4]

瓦尔塞奥夫的死让所有英格兰百姓陷入绝望。此前，只要还有一位英格兰人身居要职，哪怕是在国王威廉的统治下，英格兰百姓都心怀希望。但是如今瓦尔塞奥夫一死，再没有一位英格兰人在王廷中担任重要职位，而所有诺曼人贵族从心底里看不起英格兰百姓，讥讽他们是"粗鲁野蛮之人"。所有从事圣职的人员几乎全部是诺曼人，过去的各位英格兰主教中，只有一位保留了自己的职位，他便是伍斯特主教——伍尔夫斯坦。[5]这位仅存的英格兰主教性格单纯懦弱，爱国运

---

[1] Domesday-book, vol.I, fol.152, verso, 202, recto, 228, recto. Ibid., fol. 228, recto. Hist. Ingulf. Croyland., apud rer. anglic. Script., t.I, p.72, ed. Gale.
[2] Hist. Ingulf. Croyland., loc. supr. cit.
[3] Hist. Ingulf. Croyland., loc. supr. cit.
[4] Hist. Ingulf. Croyland., apud rer. anglic. Script., t.I, p.73, ed. Gale.
[5] Chron. Johan. Bromton, apud hist. angl. Script., t.I, col.975, ed. Selden.

动之后，他与诺曼人和好，并且全身心地归顺他们。此后，他多次为诺曼人奔波办事，到处走访，在尚未平定的英格兰各郡宣布赦免国王威廉的罪行，并且亲自带领军队在萨维尔纳河畔攻打赫里福德郡的罗杰公爵。不过，在诺曼人的眼中，他始终是英格兰人，他的命运理当和其他英格兰人一样。

1076年，国王威廉和大主教兰弗朗克在威斯敏斯特大教堂召开会议，各主教和贵族纷纷出席，来讨论对伍尔夫斯坦的判决。与会人员一致认为由于伍尔夫斯坦不会讲法语，因此，无法胜任主教一职。[1]国王和大主教根据这样名不正、言不顺的理由，勒令伍尔夫斯坦交出象征着主教身份的教杖和戒指。[2]伍尔夫斯坦对于这样的判决十分生气，他一改平时温顺的姿态，站起来，拿起教杖，走到葬在此处的国王爱德华的坟墓前，停下来之后对故去的英格兰国王说道："陛下，是您赐予我这教杖，如果我要交还教杖，也必须交给您保管。"[3]然后，这位主教转过身对在场的诺曼人说道："我从一位比你们德行更加高尚、身份更加尊贵的国王爱德华那里收到这教杖，现在我将这教杖交还给他保管，如果你们要拿，就尽管去拿吧！"[4]话毕，他用教杖的底部敲打坟墓外的石头，他的言行让在场的所有人诧异之余，更是惶恐不安。国王威廉和大主教兰弗朗克不再坚持要回教杖，而伍尔夫斯坦

---

[1] Annales Burtonienses, apud rer. anglic. Script., t.I, p.264, ed. Gale. Matth. Paris., t.I, p.20. Henrici Knyghton, de Event. Angl., lib.II, apud hist. angl. Script., t.II, col.2368, ed. Selden.

[2] Chron. Johan. Bromton, apud hist. angl. Script., t.I, col.976, ed. Selden.

[3] Annal. Burton., apud rer. anglic. Script., t.I, p.264, ed. Gale. Chron. Johan. Bromton, apud hist. angl. Script., t.I, col.976, ed. Selden.

[4] Henrici Knyghton, de Event. Angl., lib.II, apud hist. angl. Script., t.II, col.2368, ed. Selden.

也得以保留自己的主教一职。[1]

在民间传说中，这个故事则更具神话色彩：伍尔夫斯坦手拿教杖敲打国王爱德华的坟墓时，突然教杖像是陷入了流动的沙土一般陷了进去，任何人都不能将其拔出，后来，诺曼人撤回对伍尔夫斯坦的控诉，这位英格兰主教才亲自将教杖取回。[2] 伍尔夫斯坦去世之后，来自巴约的议事司铎参孙（Samson）继任伍斯特主教。[3] 英格兰百姓像对待瓦尔塞奥夫和埃格文一样，将伍尔夫斯坦称为"圣徒"。

在诺曼人侵占英格兰之后，不少地位显赫之人参与了反抗的爱国行动，他们大多因此而失去性命，或因此而备受折磨，以上便是他们的故事。今天，我们或许会感到奇怪，为什么古人总是将那些守卫国家，保卫自己的人奉为"神（圣徒）"呢？如今，对于我们爱戴的人，并不会将其神圣化，但我们也断然不会忘记他们。习俗在不断改变，我们敬仰那些保家卫国的战士的方式或许与古人有所不同，但是我们爱国的心是相通的。他们和我们一样，认为民族的独立是最珍贵的，他们将国家的独立和宗教紧密联系在一起，以得到精神上的慰藉，而我们则把对民族独立的向往写进一首首诗歌，来赞扬和歌颂。换句话说，这不一样的纪念方式反映的却是同样的信念和热情，那些为了同胞的救赎和幸福而愿意付出生命的人，无论在过去还是现在，都是永垂不朽的！

---

[1] Matth. Paris., Vitæ abbatum S. Albani, t.I, p.49.
[2] Henrici Knyghton, de Event. Angl., lib.II, apud hist. angl. Script., t.II, col.2368, ed. Selden.
[3] Annal. Burton., apud rer. anglic. Script., t.I, p.247, ed. Gale.

第六章
从威廉与长子罗贝尔发生争执到威廉离开英格兰（1077—1087年）

常言道："创业易守成难。"任何一场征服战争过后，面对自己浴血奋战得来的大好江山，征服者们必定朝名市利，针锋相对、毁冠裂裳之事时有发生。诺曼人也不例外。平定英格兰之后，他们开始内讧，矛盾首先在国王与其长子之间爆发。威廉的长子叫罗贝尔，此人有一显著特征，双腿较短，诺曼人称他为"小短腿"（Gamberon 或 Courte-Heuse）。[1] 早在黑斯廷斯战役之前，威廉就正式指定罗贝尔为自己的王位继承人，众多诺曼人贵族见证了这一仪式，他们都认定年轻的罗贝尔为未来君主。[2] 威廉称霸英格兰之后，罗贝尔垂涎父亲手中的辽阔疆土，请求父亲将诺曼底公爵之位让予他，却遭到威廉的拒绝。父子二人产生了矛盾，威廉的另两个儿子"红脸"威廉（Guillaume-le-Roux）和亨利公然斥责兄长的所作所为，表示对父亲的支持。实际上，"红脸"威廉和亨利觊觎罗贝尔王位继承人的位置，一直伺机取而代之。如今威廉和罗贝尔之间出现不和，两人自然不会放过大好时机。[3]

---

［1］Order. Vital. Hist. ecclesiast., lib.IV, apud Script. rer. normann., p.545.
［2］Order. Vital. Hist. ecclesiast., lib.IV, apud Script. rer. normann., p.545.
［3］Order. Vital. Hist. ecclesiast., lib.IV, apud Script. rer. normann., p.545.

一天，国王携众王子来到莱格勒（l'Aigle），罗贝尔征用罗杰·查西亚格（Roger Chaussiègue）的房子入住。其间，"红脸"威廉和亨利来到罗贝尔的住处，上楼玩起骰子。突然，两人发出很大声响；接着，他们将一桶水直接倒在楼下的罗贝尔及其好友的身上。[1]罗贝尔感觉受到奇耻大辱，恼羞成怒，遂拔出利剑；威廉和亨利见状拔腿就跑，罗贝尔紧追不舍。国王听闻此事，亲自前来才平息了这场骚乱。[2]但是，罗贝尔心中的怒气难以平息，父亲的无情和兄弟的侮辱令其寝食难安，他决定离开这里。第二天夜晚，罗贝尔带领自己的所有手下上路。抵达鲁昂后，他试图攻下堡垒，却没有成功，并且损失了大量人手。罗贝尔带领仅剩人马逃了出来，越过诺曼底边界，抵达佩尔什（Perche）。奥贝尔·勒里博（Aubert-le-Ribaud）的侄子于格在此处有两座城堡，分别名为索雷尔（Sorel）和雷马拉德（Reymalard）。于格在其城堡内热情地接待了罗贝尔，才使他逃过一劫。[3]

后来，国王威廉和罗贝尔父子二人慢慢消除隔阂，然而，这样的状况并没有持续太久。罗贝尔身边的亲信很快就又开始怂恿这位野心勃勃的王子；他们为他出谋划策，就连谈笑间也时刻不忘提醒他[4]："尊贵的王子，如今您生活得捉襟见肘，您的父亲既然贵为英格兰国王，为何不请他赐您英格兰封地，或是按照他所承诺的，将诺曼底公国赐给您呢？否则，父亲家缠万贯，儿子却没有分文可以施舍身边好友，这实在不符合道理啊！"[5]诸如此类的言论终日萦绕在罗贝尔的耳边，扰乱他的心绪。于是，他又一次来到威廉面前，请求他遵守承诺，

---

[1] Order. Vital. Hist. ecclesiast., lib.IV, apud Script. rer. normann., p.545.
[2] Order. Vital. Hist. ecclesiast., lib.IV, apud Script. rer. normann., p.545.
[3] Order. Vital. Hist. ecclesiast., lib.IV, apud Script. rer. normann., p.546.
[4] Order. Vital. Hist. ecclesiast., lib.V. apud Script. rer. normann., p.569.
[5] Order. Vital. Hist. ecclesiast., lib.V. apud Script. rer. normann., p.569.

将诺曼底公国赐予自己。国王威廉以父亲的身份语重心长地告诉儿子,要做好自己的本职工作,平日与人相处时,尤其要知人善任,多与老成练达、博学多才的人交往,要善于辨别善恶,多听取善意的建议。[1] 罗贝尔不服,斩钉截铁地说道:"我来到这里是来请求拿回属于我的东西,不是来听人说教的。您说的这些话,我在读书的时候已经听的够多了。请您明确回答我的问题,好让我明白接下来应该怎么做;如果您拒绝我的请求,那么我也下定决心,不依附于任何人,凭自己的本事闯出一片天地。"[2]

国王大怒,表示他不会让出诺曼底,因为这是他生长的故乡;也不会和任何人分享英格兰,因为这是他用血汗换来的。[3] 罗贝尔说道:"既然如此,我要离开这里了,我要去为外国人效劳,我的国家拒绝给我的东西,或许我在别的国度可以拿到。"[4] 罗贝尔果真离开了诺曼底,他去佛拉芒、洛林和阿基坦,拜访了多位公爵、伯爵和富有的城堡主人,向他们讲述自己的遭遇、控诉自己的不满,请求他们的援助。[5] 他在途中遇到不少好心人热情相助,倒也收获不少钱财。然而,罗贝尔挥霍无度,时常奖赏身边那帮狐朋狗友,隔三差五还寻花问柳,很快便欠下巨额债务,再次开始游走四方,求人施舍。[6] 他的母亲玛蒂尔达心系儿子,在国王威廉不知情的情况下,寄过几次钱给罗贝尔。威廉得知此事之后,严厉禁止了妻子的这种行为。但是玛蒂尔达很快又开始寄钱给罗贝尔,威廉大怒,斥责她是在"赠送财富给

---

[1] Order. Vital. Hist. ecclesiast., lib.V. apud Script. rer. normann., p.570.
[2] Order. Vital. Hist. ecclesiast., lib.V. apud Script. rer. normann., p.570.
[3] Order. Vital. Hist. ecclesiast., lib.V. apud Script. rer. normann., p.570.
[4] Order. Vital. Hist. ecclesiast., lib.V. apud Script. rer. normann., p.570.
[5] Order. Vital. Hist. ecclesiast., lib.V. apud Script. rer. normann., p.570.
[6] Order. Vital. Hist. ecclesiast., lib.V. apud Script. rer. normann., p.570.

自己的敌人"。[1]随后，他下令抓捕王后的信使，并挖掉他的双眼。[2]信使是一位叫作桑松（Samson）的西布列塔尼人，他逃过了国王的追捕。大难不死的桑松后来变成一名修道士，日夜为自己的灵魂和身体祈福。[3]

一天，罗贝尔来到了位于诺曼底边境的博韦（Beauvais）。热尔伯鲁瓦（Gerberoy）的城堡主人，埃利（Elie）子爵与另一位子爵一同热情地接待了罗贝尔。据史料记载，两位城堡主人共同管理一座城堡是热尔伯鲁瓦的风俗，他们权力相当，热情接待自各地而来的逃亡人士。[4]在那里，威廉的儿子罗贝尔开始招兵买马，[5]不少骑士自法兰西王国和诺曼底公国前来投靠罗贝尔。此时，国王威廉的士兵当中，不少人日渐疲于阿谀奉承的宫廷生活，正所谓"伴君如伴虎"，他们最终选择放弃当前职位，来到热尔伯鲁瓦。[6]听闻此事，国王威廉怒不可遏，亲自带兵穿过海峡来到博韦，包围了热尔伯鲁瓦城堡。

恰逢罗贝尔外出，伏兵发起攻击。罗贝尔与一位骑士战了几回合，将其从马背掀翻在地。这位骑士身披盔甲，看不到脸庞，只见罗贝尔的利剑刺向骑士的手臂，骑士大呼出声，罗贝尔这才听出来，此人正是自己的父亲威廉。罗贝尔快速将父亲搀扶上马，放走了他。[7]威廉回到营地，众臣子和主教们听闻此事，便借机调解父子之间的关系，企图说服威廉和儿子重新握手言和。威廉一开始并不接受，说道："为

---

[1] Order. Vital. Hist. ecclesiast., lib.V. apud Script. rer. normann., p.571.
[2] Order. Vital. Hist. ecclesiast., lib.IV, apud Script. rer. normann., p.571.
[3] Order. Vital. Hist. ecclesiast., lib.IV, apud Script. rer. normann., p.571.
[4] Order. Vital. Hist. ecclesiast., lib.IV, apud Script. rer. normann., p.572.
[5] Order. Vital. Hist. ecclesiast., lib.IV, apud Script. rer. normann., p.572.
[6] Order. Vital. Hist. ecclesiast., lib.IV, apud Script. rer. normann., p.572.
[7] Chron. saxon., ed. Gibson, p.184.

什么你们要在我面前为一个叛徒求情,他抢走了我的士兵啊!这些士兵都是我精心培养而成,现在却为我这个不孝子效命!"[1]但是,他毕竟从儿子手中捡回了一条性命,威廉终于妥协了,表示会原谅自己的儿子。然而父子之间的和睦又没能坚持多久,罗贝尔第三次远走他乡,直至威廉去世都没有回来。[2]威廉痛恨罗贝尔的所作所为,日夜诅咒自己的儿子,厄运也确实伴随了罗贝尔一生。或许当初威廉征服英格兰,就已注定罗贝尔一生的不幸。[3]

"征服者"威廉为家庭关系焦头烂额之时,被征服者的日子也并不好过。威廉离开英格兰期间,长期被压迫的英格兰人仍然苦不堪言,那些诺曼底出身的贵族、法官、主教和修道院院长开始滥用权力压榨穷苦百姓。这些人当中最冷酷无情的一个当属达勒姆主教沃切尔。自从惩办瓦尔塞奥夫之后,沃切尔就掌管了从特威德河到泰恩河之间的区域。[4]主教身边不乏溜须拍马之人,他们大肆称赞他既可用武力镇压刁民,又擅用柔政教化他们。[5]然而事实是,沃切尔对待英格兰人民可谓敲骨吸髓,他不仅强迫人民向他缴纳重税,还允许官员私自向人民征税;他任由手下士兵肆意掠夺民宅、杀害民众。[6]在沃切尔的统治之下,多少英格兰人无辜丧命,无人敢言;直到柳尔夫(Liulf)遇害,人们终于忍无可忍,决意反抗。柳尔夫曾经居住在英格兰南部,被诺曼人剥夺全部财产之后,逃到达勒姆,遂定居在此地。[7]柳尔夫

---

[1] Order. Vital. Hist. ecclesiast., lib.IV, apud Script. rer. normann., p.573.

[2] Order. Vital. Hist. ecclesiast., lib.IV, apud Script. rer. normann., p.573.

[3] Matth. Paris., t.I, p.10.

[4] Hist. episcop. dunelm.; Anglia sacra, t.I, p.703.

[5] Willelm. Malmesb., de Gest. reg. angl., lib.III, apud rer. anglic. Script., p.277, ed. Savile.

[6] Hist. episcop. dunelm.; Anglia sacra, t.I, p.703.

[7] Hist. episcop. dunelm.; Anglia sacra, t.I, p.704.

深受当地人爱戴,他的遇害激发了人民的斗志,人们对沃切尔的恨意达到顶点。在诺森伯兰人体内沉寂已久的抗争精神终于被唤醒。[1]

人民深夜聚首,共商大计,最终一致决定,在沃切尔开庭审理政务之日发动进攻。[2]此次开庭选在泰恩河沿岸进行,这里位于诺曼人新建教堂的旁边。开庭当日,诺森伯兰人身藏武器,成群结队来到法庭之上,谦虚地表示要与他们的主人和平谈判,希望沃切尔可以满足他们的诉求。[3]主教回答道:"我不承认你们的任何控诉,除非你们先交四百镑税金给我。"[4]一个懂法语的英格兰人表示税金数目需要商议,请求沃切尔给他们时间容他们稍作讨论,诺森伯兰人全部后退几步,佯装商讨之际,突然一声令起:"杀了主教!"[5]信号一出,他们抽出藏在身上的武器,跳到沃切尔面前,将他杀死;同沃切尔一起的数百个诺曼人也被杀害;[6]只有两个英格兰仆人幸免于难。[7]人民暴动很快蔓延至整个达勒姆,诺曼人的堡垒遭到包围;但是诺曼人驻军毕竟人数众多、武器供给充足,他们顽强地抵抗住了诺森伯兰人的进攻。人民群众士气受挫,于围攻堡垒四日之后便散去。[8]

听闻北方发生暴乱,国王威廉的兄弟巴约主教厄德对此事大为震惊。国王威廉离开英格兰之前,曾将国事委托给几位臣子,厄德便是其中之一。厄德带领部队火速赶到达勒姆,没有对人民暴动事件开展

---

[1] Hist. episcop. dunelm. ; Anglia sacra, t.I, p.703. Willelm. Malmesb., de Gest. reg. angl., lib.III, apud rer. anglic. Script., p.110, ed. Savile.
[2] Matth. Paris., t.I, p.10. Chron. saxon., ed. Gibson, p.184.
[3] Matth. Paris., t.I, p.10.
[4] Matth. Paris., t.I, p.10.
[5] Matth. Paris., t.I, p.10.
[6] Chron. saxon., ed. Gibson, p.184.
[7] Florent. Wigorn. Chron., p.640.
[8] Simeon. Dunelm. Hist. dunelm. Eccles., lib.III, apud hist. angl. Script., t.I, col. 48, ed. Selden.

具体调查，他就乱抓一通，很多英格兰人在家中被捕，被斩首或切去四肢。[1]这在人民当中引起很大的恐慌，一些人放弃自己的所有财产以试图拯救自己的性命。[2]厄德抢劫达勒姆教堂，掠走圣物；当初埃格文主教未能将达勒姆教堂的全部圣物搬运至林迪斯沃恩，如今剩下的全数被厄德侵占。[3]威廉曾经在1070年洗劫诺森伯兰，如今，他的兄弟厄德又一次在这片土地烧杀抢掠；经历两次重创的诺森伯兰，自此被贴上"荒芜之地""悲凉之乡"的标签，在接下来一个世纪的时间里，都未能恢复往日之生气。[4]有历史学家说道："就这样，诺森伯兰的命脉被切断，昔日繁荣胜景不复。遐迩闻名的城市不再辉煌，高耸入天的城楼都已被摧毁，就连牛羊成群的乡下也失去往日的生机。诺森伯兰面目全非，外地人为之悲叹，本地人不识故乡旧颜。"[5]

诺森伯兰已然失去往日的模样，但是，体内流淌着一半英格兰血液、一半丹麦血液的诺森伯兰人没有那么轻易屈服，他们的独立精神和狂野个性从未熄灭。诺曼底征服者们在南方地区优哉游哉，却不敢轻易越过亨伯河半步。一位12世纪末的历史学家曾证实，诺森伯兰虽然已被征服，但是，诺曼人只有在有强军护送的情况下，才敢踏足这里。[6]北方地区的人们一直致力于推翻外国征服者所建立的社会制度，顽强不屈，其反抗精神令人敬畏。这些人被诺曼人称为"非法团

---

[1] Simeon. Dunelm. Hist. dunelm. Eccles., lib.III, apud hist. angl. Script., t.I, col. 48, ed. Selden.

[2] Simeon. Dunelm. Hist. dunelm. Eccles., lib.III, apud hist. angl. Script., t.I, col. 48, ed. Selden.

[3] Simeon. Dunelm. Hist. dunelm. Eccles., lib.III, apud hist. angl. Script., t.I, col. 48, ed. Selden. Livre IV. t. II, p.92.

[4] Willelm. Malmesb., de Gest. reg. angl., lib.III, apud rer. anglic. Script., p.277, ed. Savile.

[5] Willelm. Malmesb., de Gest. reg. angl., lib.III, apud rer. anglic. Script., p.103, ed. Savile.

[6] Willelm. Malmesb., de Gest. reg. angl., lib.III, apud rer. anglic. Script., p.458, ed. Savile.

伙"(bandes d'outlaws)。在所谓的"非法团伙"中,有不少从伊利避难所逃离的起义军领袖,还有赫里沃德手下的一些悍将。在超过两个世纪的时间里,"非法团伙"的成员及其继任者们一直招募士兵,不断战斗。然而,就是这样一群意志坚定、义无反顾的勇士,却以"叛乱者""强盗""匪徒"的身份出现在史料当中。这样可憎的称号让百折不挠的诺森伯兰人一直受到后人的误解。剥除虚假的表象之后,我们知道,他们才是真正的勇士,在整个国家都臣服于外来者的统治时,他们奋勇抗争,哪怕最终寡不敌众,也拒绝投降;他们逃进深山、丛林之中,过起流浪的生活,誓死不作外国人的奴隶。[1] 盎格鲁-撒克逊人民纵然无这般勇气,却由衷欣赏这样的人,并真心为其祈福。最终,用法语撰写的追捕令发放到英格兰的每一个角落,诺曼人命令人们用"嘲骂""呐喊"的方式驱赶、围捕如恶狼般的"丛林野人"(l'homme des forêts)。当时,人们创作了很多歌谣表达对勇士的敬意;歌谣中还不忘讽刺入侵者,戏称诺曼人的国库就是伯爵的钱袋,国家的军队就是国王手下的愚笨之徒。人们歌唱勇士们如何与诺曼人周旋,又如何抓获主教,勒索其上千钱币,强迫他穿着教皇衣服跳舞。[2] 还有很多诗人用诗歌描述勇士们的战斗和谋略,赞美他们在与当权者对抗过程中的英勇不屈,歌颂他们的每一场胜利。

此次出征诺森伯兰,巴约主教厄德名声大振。诺曼人将成功镇压英格兰人民暴动的人称为"驯化者"(dompteur),即成功驯化英格兰人的人;[3] 厄德经过诺森伯兰一战,成了最好的"驯化者"之一。同时,厄德还是整个英格兰的最高审判官,身为伯爵的他还掌控肯特和

---

[1] Chants populaires de la Grèce moderne, publiés par M. Fauriel, t.I, Sterghios, chant n. 24.

[2] Ballades of Robin Hood, Adam Bell, Clym o'the Chlough, etc., passim.

[3] Willelm. Gemet. Hist. normann., apud Script. rer. normann., p.282.

赫里福德两地（自从罗杰被囚禁之后，肯特和赫里福德便归厄德所有）。厄德被荣誉、地位和权利冲昏头脑，渐渐变得盛气凌人、不可一世，甚至开始贪恋教皇之位。有意大利占卜师曾经预言，一位叫作厄德的主教将会继承格里高利七世的教皇之位。[1]厄德听闻此事大喜，遂开始着手准备前去罗马干出一番事业。他命人在罗马买了一座宫殿，频繁赠送贵重礼品给参议员（sénateurs）[2]；诺曼底和英格兰的朝圣者担当起他的信使，方便了他与罗马教廷的书信往来。[3]随后，厄德召集起一众诺曼底贵族和骑士，其中还包括切斯特伯爵"狼人"于格，一起出发前往意大利；众人对厄德前呼后拥，让他出尽了风头。此时，仍然身在诺曼底的国王威廉听闻此事，十分不悦，他并不想让自己的兄弟变成教皇；厄德飞扬跋扈、野心勃勃的样子也令威廉十分憎恶，他决定惩治自己的兄弟。威廉立刻登船启程，在怀特岛附近海域逮捕了厄德。[4]国王下令停船靠岸，一登上小岛，就召集所有诺曼底将领，在众人面前审理厄德。威廉指控厄德滥用司法和行政职权，压榨甚至迫害英格兰人民，抢劫教堂，现在又企图从英格兰带走士兵，可见其不臣之心。[5]国王问议会成员："考虑到以上控诉，请大家告诉我，面对这样一个兄弟，我应该怎么做。"[6]然而没有人敢回答。威廉继续说道："就把他关押起来，让人严加看守吧。"国王的命令发出，却没有士兵敢上前拿下主教。威廉便亲自起身，走到厄德面前，一把抓住他的衣服。厄德喊了起来："我是神职人员，我是上帝派来的使者，只

---

[1] Order. Vital. Hist. ecclesiast., lib.VII, apud Script. rer. normann., p.646.
[2] 当时阿尔卑斯山以南地区仍在使用"参议员"这个称呼。
[3] Order. Vital. Hist. ecclesiast., lib.VII, apud Script. rer. normann., p.646.
[4] Order. Vital. Hist. ecclesiast., lib.VII, apud Script. rer. normann., p.647.
[5] Order. Vital. Hist. ecclesiast., lib.VII, apud Script. rer. normann., p.647.
[6] Order. Vital. Hist. ecclesiast., lib.VII, apud Script. rer. normann., p.647.

有教皇可以判决我。"[1]但是威廉并没有放手，回答道："我不是在判决一个神职人员，我在逮捕我的伯爵、我的臣子。"[2]就这样，厄德被押至诺曼底一处堡垒囚禁了起来。据说，此处正是关押戈德温小儿子乌尔夫诺特的那座堡垒。当年，国王哈罗德的弟弟作为人质来到诺曼底，一待就是15年。如今，厄德落得和乌尔夫诺特同样的下场，令人唏嘘。[3]

国王威廉对主教厄德进行的诸项控诉，从某种程度上揭示了国王内心的不安。威廉害怕厄德的暴政会再次引发人民暴动。顽强的北方人民曾经杀死罗贝尔·科米尼（Robert Comine），夺回约克，杀害沃切尔主教；他们不断鼓动英格兰百姓加入抗争队伍，他们的反抗精神从未熄灭。威廉的顾虑并非毫无理由，主教纪尧姆已经带领人民在达勒姆周边地区发动不止一场反抗斗争。[4]与北方有所不同，此时英格兰的其他地区，呈现出一片风平浪静的景象。这些地区的人们缺乏北方人性格中所特有的激情和勇猛，面对压迫和折磨，他们忍辱含垢、一味妥协。关于这些人民，少有真实事件流传至今，历史学家所找到的史料当中，大多数都在描述同时期神职人员的悲惨遭遇。不过，这些故事可以帮助我们对古老英格兰其他受压迫人民的生活景象展开联想，也多少可以反映当时贫苦百姓的凄惨遭遇。接下来，让我们深入到一座英格兰修道院的内部去看一看，详细了解一下在战后的第17个年头，由诺曼底院长所控制的修道院究竟如何运作，进而推断在伯爵、子爵和大法官统治下的各郡以及各市的管理制度。[5]

---

[1] Order. Vital. Hist. ecclesiast., lib.VII, apud Script. rer. normann., p.647.
[2] Order. Vital. Hist. ecclesiast., lib.VII, apud Script. rer. normann., p.647.
[3] Livre III, t.I, p.303.
[4] Annales de Margan, apud rer. anglic. Script., t.II, p.3, ed. Gale.
[5] Adamus de Domeram, ed. Hearne, p.113.

在位于萨默塞特的格拉斯顿伯里修道院中，英格兰人院长埃格尔诺斯（Eghelnoth）被罢免之后，来自卡昂的图斯坦接任院长一职。[1]和其他在英格兰担当修道院院长的诺曼人一样，图斯坦上任之初就削减食物供给，企图通过这种方法驯服修道院中的英格兰修道士。然而饥饿不仅没有将他们打倒，反而使他们更加仇视这个外来入侵者。[2]图斯坦专制蛮横，屡次想要改变院内惯例，英格兰人坚决反对；图斯坦甚至逼迫他们学习用费康当地一位著名音乐人的吟唱方法来唱弥撒，英格兰人痛恨诺曼底音乐自不必多说，加上长时间以来早已形成习惯，[3]所以坚持吟唱格里高利圣咏。[4]图斯坦多次下达命令，英格兰修道士坚决不从。终于，一次教堂教务会上，英格兰人宣布绝对不会做出改变，表现出坚定的决心。[5]图斯坦大怒，起身离开修道院；没过多久，他就带着一队手拿各式武器的士兵再次回来。[6]

修道士们见状，逃到教堂的祭坛中，将门反锁。[7]追捕他们的士兵企图强行进入未果；一些人翻过柱石，来到祭坛外围的阁栅上，开始从远处向内射箭。[8]修道士们惊慌地跑到主祭坛，有的人钻到圣龛下面，有的人躲在圣物箱后面，不断飞过来的箭都射在圣龛和圣物箱上了。[9]很快，祭坛的门被打开，诺曼人拿着剑和长矛冲了进来，英格兰人抓起木头长椅和金属烛台抵挡对方的兵器，尽最大努力保护自

---

[1] t. II, livre v, p.215.
[2] Willelm. Malmesb., de Gest. reg. angl., lib.III, apud rer. anglic Script., p.254, ed. Savile.
[3] Willelm. Malmesb., de Gest. reg. angl., lib.III, apud rer. anglic. Script., p.331, ed. Savile.
[4] 西方教会单声圣歌的主要传统，是一种单声部、无伴奏的罗马天主教宗教音乐。（译者注）
[5] Willelm. Malmesb., de Gest. reg. angl., lib.III, apud rer. anglic. Script., p.332, ed. Savile.
[6] Willelm. Malmesb., de Gest. reg. angl., lib.III, apud rer. anglic. Script., p.332, ed. Savile.
[7] Chron. saxon., ed. Gibson, p.184. - Willelm. Malmesb., loc. supr. cit.
[8] Chron. saxon., ed. Gibson, p.184. - Willelm. Malmesb., loc. supr. cit.
[9] Willelm. Malmesb., de Gest. reg. angl., lib.III, apud rer. anglic. Script., p.110, ed. Savile.

己。[1]英格兰修道士中，有18人被杀死或受重伤，祭坛的台阶上血流成河。[2]一位历史学家称，在当时的英格兰，类似这样的屠杀事件还有很多，但是这一个故事足以让他心痛，他不愿再提起其他事件；否则，不管对于讲述人还是听众来说，都将是一个无比痛苦的过程。[3]

1083年，威廉的妻子玛蒂尔达去世。据古书记载，玛蒂尔达生前对威廉的政策影响颇深。威廉征服英格兰的过程中，残暴本性显露无遗，[4]玛蒂尔达循循善诱，不断感化自己的丈夫，敦促威廉以宽大之心对待英格兰人民。玛蒂尔达过世之后，威廉本来的心性失去了安抚和约束，专制独裁的一面日渐显露。但是，这方面的史料有所缺失，威廉究竟如何加大对人民的压迫，并没有具体事件流传下来；我们自然也难以想象当时的情况，人民的不幸已然触目惊心，又怎能想象在此基础之上变本加厉。有一件事情可以很好地体现妻子去世前后威廉政策的变化：玛蒂尔达过世以后，威廉已经将英格兰人民身上的油水榨干，转而开始向诺曼人征收税金来维持国库收入。这些都是曾与威廉并肩作战、本应共享荣华富贵之人，如今，威廉却与他们划清了界限。1083年，威廉宣布，在全国范围内，所有土地主的每英亩[5]土地应缴纳六苏税金，无人例外。[6]20年的征战已经令诺曼人疲惫不堪，这些土地本是他们年轻时浴血奋战得来的，如今却要被迫为这些土地纳税，来供养国家新的军队。

---

［1］Henrici Knyghton, de Event. Angl., lib.II, apud hist. angl. Script., t.II, col/ 2352, ed. Selden.
［2］Chron. saxon., ed. Gibson, p.185.
［3］Order. Vital. Hist. ecclesiast., lib.IV, apud Script. rer. normann., p.524.
［4］Thomæ Rudborne Hist. major winton.; Anglia sacra, t.I, p.257.
［5］古时法语也称"英亩"为"hyde"或"journée"。
［6］Matth. Paris., t.I, p.11.

正是从这段时期开始，国王和诸位老友之间开始互相猜疑。他们互相指责对方贪得无厌、寡恩薄义。国王威廉斥责诺曼人将领们只顾寻欢作乐，不关心国家安危，没有为抵抗本地人暴动和外来入侵而时刻做好准备；他还指责他们没有政绩，修建农庄以发展畜牧业等提议也是纸上谈兵，始终未能付诸行动。[1] 各地的诺曼人首领则指责国王威廉见利忘义、不择手段，以国家的名义为自己敛财，把众人艰苦奋斗而来的财富占为己有。为了坚决落实和不断完善税收政策，威廉在全国范围内展开一次大普查，他命人建立全国登记簿，用来记录英格兰所有土地的分配和变动情况。[2] 他想要清楚地了解：每一个英格兰人的土地都具体到了何人手中，以及目前究竟还有多少英格兰人依旧保留有自己的财产；每一个乡村地区有多少阿庞[3]土地；究竟多少阿庞的土地可以供养一名士兵，以及每郡士兵的具体数目；每个城市、乡镇、村庄的收入为多少，每一位贵族、骑士和士官的财产是多少；每一个封地的具体居民总数，其中有多少英格兰人，以及当地牲畜和土地的详细数目。[4]

一些现代历史学家对国王威廉的全国普查予以高度评价，认为这是威廉具有卓越的国家管理才能的重要体现。其实，威廉作为诺曼人，通过征服战争的方式成为英格兰国王，这样的一次全国普查于他而言，是改变战后混乱局面和建立正常社会制度的必经之路。有很多国家在征服战争过后都有进行全国普查的记录，比如13世纪十字军征服希腊

---

[1] Hist. Ingulf. Croyland., apud rer. anglic. Script., t.I, p.77, ed. Gale.
[2] Chron. saxon., ed. Gibson, p.186.
[3] 阿庞（arpents），旧时的土地面积单位，相当于20至50公亩。（译者注）
[4] Florent. Wigorn. Chron., p.229. Thomæ Rudborne Hist. major winton.; Anglia sacra, t.I, p.257.

之后，征服者也进行过类似的普查。[1]

根据国王威廉的指令，亨利·德·费里埃（Henri de Ferrières）、高缇耶·吉法尔、宫廷总管大臣厄德（Eudes）的兄弟亚当（Adam）和林肯主教雷米，带领一些司法和财政工作人员，到英格兰各郡进行普查。他们建立郡普查议会，[2]先是传唤各郡诺曼人治安官前来，接着传唤或由郡治安官传唤该郡所有贵族前来申报个人所有财产和管辖领地情况；然后再由普查议会派出特派员，深入到每一个乡镇或者"百户邑"，请每一位领主和英格兰居民在宣誓之后进行申报。[3]需要详细调查的事项如下：本地佃农和自由农数量以及每个人的土地份额；目前土地主人姓名、战争之前原英格兰土地主人姓名以及战后土地变动情况。总之，每块土地需要提供三份申报单：国王爱德华统治时期的土地状况，国王威廉进行领地分封初期的土地状况和目前的土地状况。[4]在每一份调查清单下面，还要有这样一句话："资产清单上的所有内容由所有法国人和所有英格兰人宣誓之后提供。"[5]

除此之外，在每一个乡镇，还要详细调查居民分别给英格兰前任国王以及威廉国王缴纳的税金金额，统计战争中损毁的房屋和堡垒数目，记录诺曼人占有的房屋数量，以及免缴税金的特困家庭数量。[6]在城市地区，英格兰市民同样被传唤至普查会议进行申报，最后由该城市的诺曼底领导人进行宣誓。在一些更小的地方，则由一位王室人

---

[1] Poëme sur la conquête de la Morée, mss. de lq Bibliothèque royale, traduit et publié par M. Buchon.

[2] Chron. saxon., ed. Gibson, p.186.

[3] Ex. anonym. mss. apud Selden, præfat. ad Eadmeri Hist. nov., p.XV.

[4] Ex. anonym. mss. apud Selden, præfat. ad Eadmeri Hist. nov., p.XV.

[5] Ex. anonym. mss. apud Selden, præfat. ad Eadmeri Hist. nov., p.XVI.

[6] Domesday-book, passim.

员、一位教士加上每个城市里选出的六个英格兰人进行宣誓。[1]这项调查工作持续了六年时间,其间,国王威廉的特使几乎跑遍整个英格兰,约克以北和以西的山区除外,也就是达勒姆、诺森伯兰、坎伯兰、威斯特摩兰和兰开斯特。[2]究其原因,或许这些地区在经历过两次残酷的破坏之后,已经没有多少有价值的土地,自然也没有固定的土地分配情况,地籍册在这里很难建立起来;也或许是因为诺曼底特使担心,如果在诺森伯兰这样的地方召开普查会议,会遭遇同沃切尔主教一样的经历。当初沃切尔主教和他的一百位随从,正是在召开审判会议时被当地民众残忍杀害的。

总之,普查没能在约克以北和以西地区进行。除了这些地区以外,英格兰其余各地的地籍情况都被统一登记在一本册子当中:国王的姓名写在最前面,接着是国王在各郡的详细土地和财产情况;然后是所有伯爵以及所有其他土地主人的财产清单,按照军衔等级和领地大小顺序排列;经历入侵战争却仍然保留自己财产的英格兰人在每一章的最后几行出现,虽然他们向国王威廉表示臣服之后,争取到了土地所有权,有些人还成为国王的臣子,但是他们所占领的土地可谓微不足道。这些人在登记簿中大多被冠以"大乡绅"(thegns du roi)的称号,[3]或者加上其所担任的宫廷职务名称。登记册中其余的英格兰名字,则都来自在诺曼底贵族、骑士或士官的土地上占有一定份额的英格兰佃农。

这本登记册完整地还原了征服战争过后英格兰的状况,详细记录了英格兰各地的土地和人口状况。这本珍贵的登记簿一直保存至

---

[1] Ex anonym. mss. Apud Selden, præfat. ad Eadmeri Hist. nov., p.XV.
[2] Domesday-book, vol. II, p.450.
[3] Domesday-book, passim.

今，被诺曼人称作《伟大的名册》(le grand rôle)、《王室名册》(le rôle royal)，或者《温彻斯特名册》(le rôle de Winchester)(因为该登记簿保管在温彻斯特大教堂)。[1]英格兰人则给登记簿起了一个更为正式的名字——《末日审判书》(Domes-day-book)，因为这本书的诞生，意味着诺曼人随意剥夺英格兰人民财产和土地的时代终于告一段落。[2]而英格兰国王威廉灵活利用这次整顿，将很多财产登记在自己名下，使很多土地变为自己的合法所有。威廉自称是英格兰前任国王爱德华和哈罗德遗产的合法继承人，除去通过"申报"(letter et saisine)、再由国王亲自宣布让出的领地之外，他有权以国王的名义收回所有城市中的公共财产和土地。[3]

威廉曾经在战前对所有诺曼人说："我将会拿到的一切，都是属于大家的。"[4]所以，战争获胜初期，大家在占领土地的时候，意识中并没有"申报"这一概念；因为当时所谓的国家权力，是由威廉在他们的帮助下，通过战争在英格兰建立起来的。诺曼人本身就是"权力"的代表，占用土地是理所当然。如今，威廉开始强调自己与众不同的地位，诺曼人感觉到了"权力的重量"。纪尧姆·德·加雷纳在诺福克侵占两个英格兰人的土地，这块地隶属于一个庄园，而这座庄园曾经归国王爱德华所有，由于纪尧姆没有向国王申报过，这块土地就收回到国王威廉名下；[5]厄斯塔什在亨廷登也有一块这样的地；米尔斯(Miles)在伯克的15英亩的土地也是同样的情况；[6]恩格利在埃克塞

---

[1] Thomæ Rudborne Hist. major winton.; Anglia sacra, t.I, p.257.
[2] Thomæ Rudborne Hist. major winton.; Anglia sacra, t.I, p.257.
[3] Domesday-book, passim.
[4] Livre III, t.I, p.327.
[5] Domesday-book, vol. II, p.172.
[6] Domesday-book, vol. I, fol. 208, recto. Domesday-book, vol. I, fol. 56, recto.

斯占有的一块土地没有进行过申报，[1]根据登记簿记载，也归国王威廉所有。就这样，尽管这些土地的占有者是诺曼人，但是国王威廉都以没有申报为由将之据为己有。[2]

国王威廉还要求，不管土地现在的主人是英格兰人还是诺曼人，凡是曾经向国王爱德华支付地租的，现在也要向他缴纳地租。国王威廉之所以提出这样的要求，仍然是因为他是英格兰国王的合法继承人。而诺曼人认为，大家通过战争征服英格兰，英格兰王位所谓的继承权早已被剥夺，所以威廉的这一说法并不被认可，反而遭到了诺曼人的反对。他们认为，除去自愿纳税的情况，免税是他们获取战争胜利所获得的不可侵犯的特权，而在这个时候突然要求他们按照英格兰惯例开始纳税，自然是不符合常理的。很多人反对国王的要求，对强制加给自己的奴隶身份表示不满。当然，诺曼人当中也不乏逆来顺受之人，还有的人被国王威廉收买，这些人的行为惹怒了其余诺曼人将领。拉乌尔·德·库尔贝皮讷一直拒绝为他在坎特伯雷的房屋缴纳租金，于格·德·蒙福尔也拒绝为他在埃塞克斯的土地缴纳税金。[3]这两人战时做出过重大贡献，地位非同一般，故而有自信不被惩罚；然而，其他人就没有这么幸运了。一个叫作奥斯伯特（Osbert）的诺曼人，以前为国王爱德华缴纳地租，如今拒绝这么做，土地便被没收，没收以后的土地被赠予愿意付钱给国王的人，也就是拉乌尔·泰伊布瓦（Raoul Taille-Bois）。现在看这件事情，就如同进行博弈一样，不付钱给国王的人，便相当于"弃权"（forfait）。[4]

---

[1] Domesday-book, vol. II, p.25.
[2] Domesday-book, passim.
[3] Domesday-book, vol. I, fol. 2, recto. Domesday-book, vol. II, p.2 et seq.
[4] Domesday-book, vol. I, fol. 216, verso.

早在国王威廉在自己的同胞当中按照英格兰惯例开始纳税之前，苛捐杂税就已经让英格兰人不堪重负，一个英格兰人所缴纳税金通常是一个诺曼人的两倍到三倍之多。如今，英格兰人的头上又增加了一项"人头税"（taille 或 taillage），"随意""不平等"是这项税最大的特点。在《末日审判书》中，需要向国王缴纳人头税的人按照地区分别列出，比如其中有这样一段："以下是国王在科尔切斯特拥有的自由人[1]：有一座房屋和五英亩土地的吉尔曼（Keolman），有两座房屋和25英亩土地的列夫文（Leofwin），乌尔弗里克（Ulfrik），埃德温（Edwin），伍尔弗斯坦（Wulfstan），曼恩（Manwn）等。"除了英格兰国王有权征收人头税以外，诺曼底将领和士兵也可以在乡镇或者城市以外的其他地方，向英格兰人征收人头税。[2]用诺曼人的话说，这就叫拥有"自由人"（un bourgeois 或 un Saxon libre），自由人按照人头记数，诺曼人之间可以买卖、赠送、雇佣、互借自由人，有时两个诺曼人甚至可以同时拥有一个自由人。[3]登记簿中记载，伊普斯威奇（Ipswich）某一位子爵有两个自由人，一个用来借出，一个用来抵押；[4]国王威廉通过正式契约将英格兰自由人埃德维格（Edwig）借给拉乌尔·泰伊布瓦，拉乌尔就拥有了此人一生的使用权。[5]

此时的英格兰，诺曼人内部矛盾重重，全国各地都发生了多起诺曼人侵占自己人土地的事件。比如，纪尧姆·德·加雷纳在贝德福德侵占了高缇耶·埃斯佩克（Gautier Espec）半阿庞的土地，并抢走他两匹马；[6]于格·德·科本（Hugues de Corbon）夺走了罗杰·比

---

[1] Domesday-book, vol. II, p.104.
[2] Domesday-book, vol. II, p.341.
[3] Domesday-book, vol. II, p.337. Domesday-book, vol. II, p.278.
[4] Domesday-book, vol. II, p.438.
[5] Domesday-book, vol. II, passim.
[6] Domesday-book, vol. I, fol. 211, verso.

戈五英亩的土地；在汉普，纪尧姆·德·拉谢奈（Guillaume de la Chesnaye）抗议皮科特侵占他的土地，他认为土地本是他从英格兰人那里夺取，自然应当永久属于自己。[1]纪尧姆和皮科特之间发生的事情，在当时的英格兰并不罕见，由此可见，诺曼人将掠夺来的财产想当然地当做自己的合法所有，如有人来抢夺，便行使公民权利进行起诉；然而他们何曾想过，他们所认为属于自己的一切，全部是侵占而来，其原本的主人英格兰人同样应当享有起诉要回自己合法财产的权利。[2]发生土地纠纷时，很多人为了证明自己才是土地的主人，也就是说自己占有的是被剥夺财产的英格兰人的土地，会找来当地的英格兰居民作证。[3]通常情况下，长期忍受痛苦折磨的英格兰居民哪里还会记得这些事，他们往往很难胜任这项工作；即使有人记得，可以作证，但是想要侵占土地的另一方诺曼人也会想方设法地狡辩，称这是"英格兰贱民"（vile populace）的证言，不能轻易相信。[4]这种情况下，唯一终止纠纷的办法就是走司法审判程序，或者交由王室法院（la cour du roi）判决。[5]

当时，类似这种非法占有的事情在很多地方都时有发生。[6]在《末日审判书》上，赫然写着的"正义"（justice）二字也极具讽刺意味。对于诺曼人来说，"正义"就是禁止一个诺曼人侵占另一个诺曼人的土地，而这土地真正的主人，却是被他们杀害或者驱逐的英格兰人。名册中每当有"遗产"二字出现时，都要想到这意味着又有一个英格兰

---

[1] Domesday-book, vol. I, fol. 44, verso.
[2] Domesday-book, vol. I, fol. 205, recto.
[3] Domesday-book, vol. I, fol. 44, verso.
[4] Domesday-book, vol. I, fol. 44, verso.
[5] Domesday-book, vol. I, passim.
[6] Domesday-book, vol. I, passim.

人被剥夺财产,这样才可以真正理解这本名册的意义。所有被剥夺财产的英格兰人自此被叫作"前人"(prédécesseur)。"正义"的反义词"非正义"(injustice)也时常出现在名册中,自然也失去了这个词语原本的意义,就像下面的事件:"在贝德福德,拉乌尔·泰伊布瓦占有尼尔(Neel)五英亩土地,这块土地是尼尔剥夺'前人'财产得来的,故拉乌尔的举动是非正义的。"[1]

普查期间,有少数被剥夺财产的英格兰人敢于来到议会申诉,但是态度卑微,有关这些人的申诉记录中,很多地方可以看出他们为了拿回自己的财产而如何苦苦哀求。他们自称生活贫穷、境遇悲惨,请求得到国王的恩赐和慈悲,拿回自己的土地。[2]在《末日审判书》中,这些卑躬屈膝拿到家族部分财产的英格兰人,都会被记录为"施舍给此人其父财产";[3]丧偶的英格兰妇女也是通过诺曼人的"施舍",得以保留其丈夫的土地。[4]一位妇女继承了丈夫的土地,条件是替国王喂狗;还有一位母亲和儿子也拿到了家族的财产,条件是每日替国王威廉的儿子理查(Richard)祈祷。[5]

国王威廉的儿子理查于1081年,在纳夫森林(la Forêt Neuve)骑马时撞树而死。这片森林位于索尔兹伯里和大海之间,树都是新栽种的。这片辽阔的区域在种满树木之前,曾建有60座教堂,诺曼人将教堂破坏殆尽,将英格兰人赶了出去。[6]我们不知道这次行为是否为单纯的政治行为,威廉这么做是否只是为了保证从诺曼底新招来的士兵

---

[1] Domesday-book, vol. I, fol. 214, recto.
[2] Domesday-book, vol. I, fol. 203, recto.
[3] Domesday-book, vol. I, fol. 218, recto.
[4] Domesday-book, vol. I, fol. 63, verso.
[5] Domesday-book, vol. I, fol. 57, verso.
[6] Order. Vital. Hist. ecclesiast., lib. X, apud Script. rer. normann., p.781.

都有安全的登陆环境；也有不少历史学家认为，这块区域鲜有人民暴动，几乎没有英格兰人进行过反抗，所以，威廉极有可能只是为了满足自己和儿子们狩猎的欲望。接着，威廉在此地发布禁止英格兰人狩猎的法令，此举实质是为了防止英格兰人以狩猎为借口，携带武器聚众闹事。一位编年史作者说："威廉规定，杀死一头鹿或者野猪就要被挖掉双眼，他甚至建立法律条文来保护兔子免受一切伤害。这位国王爱护野生动物就像爱护自己的孩子一样。"[1] 威廉要求英格兰人严格执行这些法律条文，这加深了英格兰人的悲惨境遇，因为很多英格兰人只有依靠狩猎才能勉强糊口。这位作家还说道："可怜的人们议论纷纷，却不敢反抗，只能一味顺从，尝尽了生活的艰辛。"[2]

威廉深知，英格兰所有的森林于诺曼人来说都可能潜藏巨大危机，森林最有可能是拒绝投降的英格兰人的藏身之地。所以，为了防止英格兰人发动反击，威廉规定禁止在森林中狩猎。这项法律条文一直以来都是英格兰史学家嘲笑的对象，这些为了防止英格兰人暴动而制定的法律条文，却以保护兔子为由颁布了出来。自此，在森林狩猎成为一项特权，只有国王恩准才可以进行。很多诺曼底上层人士，比起国家安危来说，更在意自己的生活是否受到影响，故而有不少人对此项法令非常不满。[3] 但是，只要爱国情感一直存在于英格兰人民的内心，英格兰人民就始终有可能奋起反抗诺曼人的统治，那么诺曼人就要听从于国王的命令，诺曼人的个人享受就要放在国家利益之后。国王威

---

[1] Thomæ Rudborne Hist. major winton.; Anglia sacra, t.I, p.258. Chron. saxon., ed. Gibson, p.191.

[2] Thomæ Rudborne Hist. major winton.; Anglia sacra, t.I, p.258. Chron. saxon., ed. Gibson, p.191.

[3] Thomæ Rudborne Hist. major winton.; Anglia sacra, t.I, p.258. Chron. saxon., ed. Gibson, p.191.

廉的儿子们也深知自己肩负的政治使命，故严格遵循禁止狩猎的规定。但是后来，禁止狩猎的法令逐渐放宽，国王威廉的继承人最终将其取消。[1]

过去，威廉设置森林看守人一职，他们日夜在私人房屋周围巡逻，监视人们是否有偷猎行为。一旦人赃并获，偷猎者就需缴纳高额罚金。到了13世纪，诺曼人开始拥有私人猎场。私人猎场不属于国家森林资源，主人可以肆意享受狩猎的乐趣，[2] 拥有私人猎场的诺曼人效仿国家的做法，雇佣猎场看守人，一旦有英格兰人进入猎场，不小心陷入为捕捉动物而设置的陷阱，那么看守人就会杀掉他。[3] 后来，穷苦的英格兰人后代对诺曼底的富人已经不再具有太大威胁，英格兰人如果私自狩猎，被抓住之后只会被关押一年时间，之后他需要找到12位有偿还能力的担保人，来担保他以后不会再在任何一个猎场或森林狩猎，保证他不再出现在任何一个禁猎区或者禁渔区，并会永远为了维护国王的指令和国家的和平而努力。[4]

在全国登记簿中，还有这样一个现象：英格兰人在诺曼人入侵之前进行的财产转让行为都被判为完全无效。诺曼人入侵之初，英格兰人极度恐慌，不少人将一部分土地托付给教堂，有的是将土地实质捐赠，以寻求永福，有的则是假装捐赠，来保证战后可以为儿子留得一些土地。然而英格兰人采取的这项预防措施显然是没有用的，诺曼人对英格兰教堂及其守护神无丝毫敬畏之心，教堂又无法提供经国王确认可以进行土地转让的字据，所以这些土地便统统归国王

---

[1] Blacktone's Comment. on the laws of England, vol. II, p.415 et suiv.
[2] Charta Henrici III.
[3] Additamenta ad Matth. Paris., t.I, p.156.
[4] Additamenta ad Matth. Paris., t.I, p.156.

威廉所有。[1] 艾尔瑞克（Ailrik）就有这样一片土地，他在出发奔赴战争前线之前，将自己的庄园赠予埃塞克斯的圣皮埃尔修道院；艾德里克（Edrik）曾经将自己的土地托付给阿宾登修道院（monastère d'Abingdon），这些土地全部被国王收走。[2]

就这样，诺曼人一直想方设法废除英格兰人后代对其家族财产的继承权，诺曼人理查·勒努瓦（Richard Lenoir）也可以证实此事。12世纪中叶，担任伊利主教职位的理查叙述道，英格兰人终日遭受诺曼人领主的压迫剥削而不堪重负，他们不断向国王抱怨，讲述自己在诺曼人那里遭受到的非人待遇。[3] 经过长时间的商议以后，国王和议会决定，所有诺曼人领主应按时给英格兰人发放薪水，对于英格兰人提出的所有符合法律规定的要求，他们要无条件满足；但是，想要实现这一切，英格兰人必须答应一个条件，即放弃家族遗产。[4] 理查还补充道：“这项决议是如此贤明，对我们统治英格兰有着举足轻重的意义，英格兰人的后代屈服于我们的统治，并且满怀感激之情地接受领主对自己的恩惠，心甘情愿为自己的领主劳动。今天，没有英格兰人拥有自己的土地，更不会通过继承遗产成为土地主人。他们获得土地的唯一方法就是辛勤工作，如若领主满意，可以适当给予奖赏，赠予其部分土地。”[5]

1086年，《末日审判书》最终完成。同样是这一年，国王召集英格兰所有的诺曼人统领，包括非宗教人士和主教，召开议会。议会期间，名册中的诸多申诉被驳回，国王和贵族们之间也争论不休，争论

---

[1] Domesday-book, vol. II, p.13.
[2] Domesday-book, vol. I, fol. 59, recto.
[3] Dialog. de Scaccario, in notis ad Matth. Paris., t.I, ad initium.
[4] Dialog. de Scaccario, in notis ad Matth. Paris., t.I, ad initium.
[5] Dialog. de Scaccario, in notis ad Matth. Paris., t.I, ad initium.

的焦点就是判断诺曼人占有土地的合法性依据究竟是什么。大多数个人侵占土地的行为得到批准，而少数被驳回，这引起了一些人的不满。[1]不少贵族和骑士放弃他们的地位和荣誉，离开威廉和英格兰，越过特威德河来到苏格兰，开始为苏格兰国王马尔科姆效力。[2]马尔科姆热情接待了这些诺曼人，就像之前对逃难的英格兰人一样，他分封土地给他们，诺曼人自此成为苏格兰国王的忠臣。两个民族戏谑般地于苏格兰重聚，背井离乡的诺曼人同曾经的敌人英格兰人在新的军旗下成为同伴和战友。在特威德河的这边，两个民族之间实现了真正的平等，他们很快就实现了风俗习惯和语言的融合，到了下一代人时，民族差异的痕迹就已经消失殆尽了。

此时的英格兰，正值征服者们为解决内部矛盾而心力交瘁之时，突有外敌来袭的消息传至国内。据称有一千艘丹麦船只、六十艘挪威船只和一百艘佛拉芒船只聚集在利姆海湾（le golfe de Lymfiord），准备进攻英格兰，前来解放英格兰人民。[3]20年来，丹麦国王数次给予英格兰人民希望，又将英格兰人民推进绝望的深渊，丹麦人似乎对此一直无法释怀，他们不能完全置英格兰人于不顾。1080年，人民突然发动起义，达勒姆主教沃切尔丧命，似乎也是听闻有一艘丹麦船只登陆，英格兰人民备受鼓舞，才最终决心反抗的。在发给主教的公函中，我们可以看到下面的话："丹麦人来了，请您加强堡垒的军事防御措施。"[4]然而那次，丹麦人最终没有来，公函中的消息却让英格兰人十分振奋，而沃切尔主教在人民暴动中丢了性命。

[1] Chron. saxon., ed. Gibson, p.186.
[2] Ellis's metrical Romances, vol. I, introduction, p.125.
[3] HIst. S. Canuti regis, apud Script. rer. danic., t.III, p.348 et 349. Order. Vital. Hist. ecclesiast., lib.IV, apud Script. rer. normann., p.649. Florent. Wigorn. Chron., p.641.
[4] Lanfranai Opera, p.314.

1085年，丹麦人登陆的消息再次在英格兰流传开来，而这次绝非误传。诺曼人立刻整合军队，派出最强大的阵营前往东部海岸迎敌。诺曼人在海岸边多处设立哨所，在海上进行不间断巡航；他们在新建成的堡垒周围再加上一道防御工事，先前战争摧毁的城墙全部被重新修建。[1]国王威廉在法国发布通告招募新兵，一如20年前一样。他答应为新招募士兵发放军饷和奖赏。很快就有不少人自法国各地越过海峡来到英格兰支援威廉；所有曾经出兵帮助威廉征服英格兰的地区又再次出兵助其捍卫英格兰。[2]新兵驻扎在城市和乡村，威廉命令所有诺曼底贵族、主教和修道院院长根据自己领地的大小为相应比例的士兵提供住所和食物。[3]此次备战消耗巨大，为了提供最强大的武装供给，威廉开始重新征收"丹麦金"，这项税务曾经用来维护英格兰海岸安全，抵抗斯堪的纳维亚人的入侵。现在，这项税按照每一百英亩土地12德尼尔[4]的标准进行征收。诺曼人将这项税务全部压在自己的英格兰农奴身上，也就是说，英格兰人要付钱赶走前来援救他们的丹麦人，这和他们的祖先所经历过的事情一模一样。[5]

诺曼人军队跑遍英格兰东北地区，将所到之地破坏到无法居住，以此阻止丹麦人从那里登陆，同时也是为了断英格兰人的念想。[6]海岸边所有可以登陆的地方，几乎一毛不拔、不见人影。英格兰人民被迫移居内陆，为了防止英格兰人同丹麦人联手，诺曼人在沿海所有地区用雾笛发布通告，规定英格兰人穿诺曼人服装，携带诺曼人的武器，

---

[1] Hist. S. Canuti regis, apud Script. rer. danic., t.III, p.348 et seq.
[2] Chron. saxon., ed. Gibson., p.186.
[3] Chron. saxon., ed. Gibson., p.186. Florent Wigorn. chron., p.641.
[4] 德尼尔（denier）：法国旧银币。（译者注）
[5] Wilkins Concilia magnæ Britann., t.I, p.312. Liv. II, t.I, p.167.
[6] Chron. saxon., ed. Gibson., p.186.

像诺曼人一样剃胡须。[1]这样一来,丹麦人便无法辨识究竟谁才是他们要拯救的人,而谁又是他们真正的敌人。[2]

诺曼人这么畏惧英格兰人会同丹麦人联手并不是没有根据的,在丹麦海岸,一支庞大的船队正虎视眈眈地望向英格兰。佛拉芒船只在新的佛拉芒公爵罗贝尔·勒·弗里斯(Robert le Frison)的号召下聚集起来,罗贝尔与诺曼人可是宿敌。挪威船只的首领是挪威国王奥拉夫·基尔(Olaf Kyr),也就是哈拉尔德的儿子。哈拉尔德曾经想要攻占英格兰,却葬身于此。现在他的儿子前来拯救曾经杀害自己父亲的民族,想着之后为父亲哈拉尔德报仇,但他应该没有意识到英格兰人民的命运已经发生了彻底的改变。[3]斯文的儿子丹麦国王克努特,是这次战争的发起者,也是最高指挥官,他深知诺曼人在英格兰所做的一切,特意前来挑战征服者,拯救英格兰人民。丹麦史学家曾经这么说道:"他被英格兰避难者的恳求所打动,听闻英格兰境内所发生的事情,他无比震惊。很多英格兰将领、贵族和举足轻重的人物都被残忍杀害或放逐,全体英格兰人民沦为法国人的奴隶,也可以说是日耳曼人的奴隶。英格兰人中有不少人与他本是同一祖先,他们所遭受的苦难引发他的同情。"[4]

自从生活在鲁昂和巴约的丹麦人全部去世之后,诺曼人对于欧洲北部国家的情结就随着记忆慢慢消失了。如今,奥拉夫和克努特这两个名字就是诺曼人对斯堪的纳维亚的全部了解。[5]诺曼人虽然知道自己的祖先是北欧人,但是他们已经完全将自己祖先的语言遗忘,自然

---

[1] Hist. S. Canuti regis, apud Script. rer. danic., t.III, p.350.
[2] Hist. S. Canuti regis, apud Script. rer. danic., t.III, p.350.
[3] Sagan of Olaf Kyrra, cap. VIII; Snorre's Heimskiringla, t.III, p.185.
[4] Hist. S. Canuti regis, apud Script. rer. danic., t.III, p.347.
[5] Liv. II, t.I, p.214 et 215.

也不了解斯堪的纳维亚人的秉性。北欧人当中有一条不成文的约定，平时尽管时有冲突，但是必要时刻，条顿人后裔必会团结一心。同诺曼人不同，英格兰人始终同斯堪的纳维亚人保持友好往来，他们之间越来越淡的血缘关系已经慢慢演变为深厚的友情。丹麦国王显然也意识到了自己同英格兰人民之间割舍不断的情谊，克努特此次出征并不是单纯为了满足个人野心，而是为了拯救英格兰人民于苦难当中，实乃高尚之举。然而，天不随人愿，由于天气原因，克努特的船队在港口停留等候多时都没能起航。就在丹麦人被困港口之际，国王威廉派出精明、狡猾的密使，贿赂丹麦多位议员和首领。[1]原本情非得已而推迟的进攻计划，如今却有人开始想方设法故意拖延。收受贿赂的丹麦人，尤其是丹麦主教，多次阻止克努特发布发船命令，不断提出可能会遇到的阻碍和困难，使克努特不敢贸然发动进攻。在此期间，丹麦士兵们渐渐厌烦营地生活，心生猜忌，他们抱怨国王不重视士兵，随意将他们呼来唤去。士兵们组织秘密集会，一致决定向国王提出抗议。[2]他们请议员代他们向国王宣布，如果还不下令出航，他们就将撤离，返回自己的家中。克努特不为所动，决定重整军纪，将抗议士兵的首领关押起来，并要求全部人员缴纳罚金。这项举措不仅没能平息士兵的怨气，反而激怒众人，1086年7月，军队中爆发骚乱，国王克努特被士兵杀害。[3]丹麦内战就此打响，就这样，忙于解决人民内部争端的丹麦人民将正在经历痛苦的英格兰人抛在脑后了。

此次出征计划是北欧条顿人最后一次向居住在英格兰的条顿人示好。英格兰人逐渐对自己的境遇感到绝望，慢慢也不再寻求"北方人"

---

[1] Hist. S. Canuti regis, apud Script. rer. danic., t.III, p.393 et seq.
[2] Hist. S. Canuti regis, apud Script. rer. danic., t.III, p.351.
[3] Hist. S. Canuti regis, apud Script. rer. danic., t.III, p.352, et seq.

的保护，自此，双方之间的美好回忆被全部埋葬。流亡到异国的英格兰人客死他乡，他们的孩子完全无根可循，自此成为异乡人。[1] 后来，有丹麦大使和旅行者来到英格兰，他们在大户人家中只能听到诺曼语，便以为整个国家都已完全被诺曼人征服，连国家语言都已经完全发生改变。[2] 慢慢地，法国游吟诗人开始出现在英格兰，他们游走于城堡和城市间，受到上层人士的热烈欢迎；此情此景，让人难以置信，仅仅在60年前，北欧游唱诗人在这里也受到过同样的欢迎。[3] 从12世纪开始，英格兰被斯堪的纳维亚国家看作是一个说着完全陌生语言的国家，丹麦人和挪威人将英格兰人看作穷苦至极、命运悲惨的民族。在马格努斯（Magnus）颁布的法律条文中，有关财产继承的一章里，我们看到这样一段话："英格兰人民以及于我们来说更为陌生的民族……英格兰人以及其他跟我们说着完全不同语言的人……"[4] 由此可见，斯堪的纳维亚人已经将英格兰人当成一个完全陌生的民族。然而，他们之间的相似性并没有完全消失，随着时间的发展，语言只是融入了当地特色，呈现出多样化趋势，即使在今天，丹麦人或挪威人有时仍旧可以听懂英格兰北方地区的方言。[5]

  1086年年末，诺曼底所有上层人士在索尔兹伯里，还有一说是在温彻斯特，召开会议。所有非宗教人士或神职人员，全部代表自己的士兵和封地领主齐聚一堂。与会人员总共有六万人，每个人都有自己的土地，即使拥有土地最少的人，其土地也完全可以供养一匹马或者

---

[1] Pontani rer. danic. Hist., lib.V, p.197.
[2] Sagan of Gunnlaugi, cap. VII, p.87, Hefniæ, 1775.
[3] Sagan of Gunnlaugi, cap. VII, p.87, Hefniæ, 1775.
[4] Codex juris Islandorum dictus Gragas, T.de hæredit., cap. VI, et XVIII ; dissert. de ling. danic., apud Sagan af Gunnlaugi, p.247.
[5] 不少地区的语言受法语的影响而产生变化是双方语言产生差异的最主要因素。

一位士兵。[1]会议的第一项重要内容就是宣誓。他们一一上前,握住国王威廉的手,向国王宣誓,表达自己对国王的敬意和忠心:"从此刻开始,我愿终生为您效劳,对您忠诚。您英明神武,愿上帝保佑我们。"宣誓结束之后,军队分成两列,国王的传令官来到中央,以国王的名义宣读号令[2]:

> 我强烈希望和请求各位伯爵、贵族、骑士、士官,以及我国全体人民,时刻准备好马匹和武器,准备好为国效力,为国家赠予你们的土地而奋斗。[3]
>
> 我希望全国人民团结一心、亲如兄弟,共同抵抗外敌。[4]
>
> 我希望所有的城市、乡镇、堡垒都夜夜有人看守,你们可以轮流站岗,将一切外敌和坏人阻断在我们的城门之外。[5]
>
> 我希望所有随我从海外而来的人,或者后来才来到这里的人,都可以得到特别的保护,如果他们当中有人被杀害,地区领主需在五日之内将凶手捉拿归案;否则此人将同命案发生地区的英格兰人民一起缴纳罚金。[6]
>
> 我希望全体国民可以遵循法律,依法获取土地,杜绝一切掠夺和剥削行为,否则必将一无所有,受到国家法律的严惩。[7]
>
> 我希望所有人都可以遵守国王爱德华在位期间所制定的法律

---

[1] Annales waverleienses, apud rer. anglic. Script., t.II, p.133, ed. Gale. Chron. saxon., ed. Gibson, p.187. Order. Vital. Hist. ecclesiast., lib.VII, apud Script. rer. normann., p.649.

[2] Order. Vital. Hist. ecclesiast., lib.VII, apud Script. rer. normann., p.649.

[3] Seldeni notæ ad Eadmeri Hist. nov., p.191.

[4] Seldeni notæ ad Eadmeri Hist. nov., p.191.

[5] Seldeni notæ ad Eadmeri Hist. nov., p.191.

[6] Seldeni notæ ad Eadmeri Hist. nov., p.190.

[7] Seldeni notæ ad Eadmeri Hist. nov., p.190.

法规，以及在此基础之上为了英格兰人民和整个国家共同利益而新完善的法律条文。[1]

然而，事实并非像国王威廉所讲，国王爱德华在位期间建立的法律法规，早已今非昔比，每个英格兰人的境遇在经历过征服战争之后都已经发生彻底改变。大到王室贵族，小到市井无赖，每个人的命运都不复从前：为官者失去了权力，富人失去了财富，普通民众失去了自由；以前为英格兰家族劳作的奴隶，现在变成外国人的农奴，自此失去正常生活的权利。[2]在英格兰城市和乡村里，大大小小的土地都被诺曼底的伯爵和子爵出租给承包人，承包人将土地作为私有财产进行耕种，没有任何行政手续。国王威廉面对自己的辽阔疆土更是如此，他将城市领地以同样的方式出租给他人。[3]据史学家所说："他用最昂贵的价格将城市领地和庄园出租，有人前来提出高价，他就将土地出租给他；如果之后有人在此基础之上又抬高了价格，他就将土地重新授予此人。[4]他总是将土地租给出价更高的人，接着人头税就会被哄抬，而这些他并不在意。他和其他诺曼底贵族都是极度贪婪之人，为了获取财富而不择手段。"[5]

威廉通过征服战争成为英格兰国王，作为国家最高权力的拥有者，他占有英格兰一千五百座庄园，可谓堆金积玉，然而他并不幸福。诺曼人每年都在伦敦、温彻斯特或者格罗斯特举行三次豪华聚会，当威

---

[1] Seldeni notæ ad Eadmeri Hist. nov., p.192.
[2] Sermo Lupi ad Anglos, apud Hickesii Thesaur. ling. Septentrional., t.II, p.100.
[3] Robert of Gloucester's chron., p.378, ed. Hearne.
[4] Chron. saxon., ed. Gibson, p.188.
[5] Annales waverleienses, apud rer. anglic. Script., t.II, p.134, ed. Gale. - Willelm. Malmesb., de Gest. reg. angl., lib.III, apud rer. anglic. Script., p.112, ed. Savile.

廉被自己的昔日战友和主教们簇拥之时，他愁云满面、严肃悲伤。[1]威廉终日担心自己的财富被抢，他质疑诺曼人的忠诚度，也害怕英格兰人会奋起反抗。他担心自己的未来和子嗣的命运，他找来占卜师，请求他为自己答疑解惑。12世纪，一位在英格兰生活的诺曼底诗人有过这样的描述，威廉曾经坐在英格兰和诺曼底的主教们中间，像孩子般请求他们为自己指点迷津，他迫切想要知道自己后代子孙的命运究竟如何。[2]

在英格兰建立起正常社会制度之后，威廉第三次离开英格兰，他带着数不清的疑虑和忧愁穿过海峡，再也没有回来。[3]威廉很快就在海峡另一端的诺曼底去世。他留给英格兰大量的法律条文，用以维持战争过后的国家秩序。其中有两项法令要重点提出[4]，第一项是前文见过的国王演说的补充，用来加强对获胜民族人民，也就是诺曼人的保护。法律中这样写道："如一个法国人在某一地区遇害，当地居民需于八日之内找出凶手，否则将共同支付47马克银币的罚金。"[5]

一位生活在12世纪英格兰的诺曼底作家这样解读这项法律："在新建社会制度初期，英格兰起义者经常对诺曼人进行突袭，[6]他们将在荒芜之地或僻静角落所遇到的诺曼人全部残忍杀害。为了整治这种现象，国王威廉和贵族们采用酷刑来惩罚凶手，但是无济于事。[7]于是，国王在所有区域发布号令，如有诺曼人遇害，当地居民必须交出

---

[1] Chron. saxon., ed. Gibson, p.190. Eadmeri Hist. nov., p.13, ed. Selden.
[2] Chroniques anglo-normandes, t.I, p.80 à 94. pièces justificatives, liv. VI, n.1.
[3] Thomæ Rudborne Hist. major. Winton ; Anglia sacra, t.I, p.258.
[4] Eadmeri Hist. nov., p.6, ed. Selden.
[5] Leges Willelmi conquest.; Hist. Ingulf. Croyland., apud rer. anglic. Script., t.I, p.90, ed. Gale.
[6] Dialog. de Scaccario, in notis ad Matth. Paris., t.I, ad initium.
[7] Dialog. de Scaccario, in notis ad Matth. Paris., t.I, ad initium.

凶手，否则全体交付巨额罚金。这项法令在英格兰人中引起极大的恐慌，保护诺曼人免受伤害成了全体英格兰人的职责。同时，这项法令也可以达到鼓励人们举报凶手的目的。唯一的缺点是，如果当地居民真的无法找到凶手，就将会面临巨额损失。"[1]

为了避免财产损失，只要发现有诺曼人死亡，英格兰人会快速销毁一切可以证明死者是诺曼人的证据，以免于承担责任，诺曼底判官也就无法继续追踪。但是判官很快便得知了英格兰人的伎俩，于是想出更高明的办法来对付他们。如有人遇害，英格兰人必须通过司法形式证明遇害者是英格兰人，即与遇害者最亲近的四位亲属（两位男士、两位女士）来到法庭宣誓作证，否则所有被害者都将被默认是诺曼人。[2]如果找不出四位证人，那么就无法证实遇害者是英格兰人，死者就不具有"英格兰人特征"（anglaiserie），人民就要缴纳罚款。直至征服战争过去三个世纪，证明死者为英格兰人的做法仍然必须执行，诺曼人将这一做法叫作"死者身份辨别"（démonstration d'anglaiserie）。[3]

国王威廉颁布的另外一项重要法令在于无限扩大主教的权利。当时，英格兰的主教全部是诺曼人，威廉认为应该利用这一点来加大对英格兰人民的思想控制，就像战士用兵器保护国家一样，神职人员可以用政治和宗教影响力维护征服战争以来的战果。为了达到这个目的，国王威廉决定：英格兰所有新主教的诞生，都必须经由议会选举；但在此之前，国王会首先在神父、国王的亲信和好友中挑选候选人。[4]

---

[1] Dialog. de Scaccario, in notis ad Matth. Paris., t.I, ad initium.
[2] Fleta, seu Commentarius juris anglicani, lib.I, cap. XXX, p.46. Londini, 1685.
[3] 这项法律在1341年由爱德华三世废除。
[4] Anglia sacra, et Wikins COncilia, passim.

这条惯例在威廉生前从没有被打破，所以议会所选举出来的主教都听命于他。当然，在威廉去世之后，情况就发生了改变，但是"征服者"威廉并没有透视未来的能力。威廉统治期间，教会的权力被无限放大，他曾经说过这样的话：

> 感谢上帝的恩惠，我是英格兰国王威廉，各位伯爵、子爵，全体英格兰的法国人士和英格兰人士，你们好！诸位知道，在我国所有大主教、主教、修道院院长和领主的共同建议下，我决定改革教会法律。我宣布，从今以后，大主教和主教都将不再继续参与世俗法庭诉讼，非神职人员也不得受理宗教案件。我希望主教可以在家中或者由主教决定的地点审理案件；主教不根据国家法律，而是根据教会教规开展案件的审理工作。[1] 如果接到主教传唤而拒绝前往教会法庭，此人会再被传唤三次；如果三次传唤之后还是没有到庭，就将被驱逐出教会，国王和地区子爵也会对其进行相应惩罚。[2]

这项法律出台以后，英格兰的世俗法庭和教会法庭就此分离，教会法庭拥有绝对独立的政治权利，这和过去的制度截然不同。以前，主教需要参加司法议会，各郡每年举办两次，各个百户邑每年举办三次。主教将手中的案件与世俗法官分享，并共同审理案件；案件类型多种多样，涉及婚姻、家庭、宗教等各个领域。所有案件都应遵循英格兰法律进行审理，不管什么案件类型，都在同一个法庭之上解决。需要讨论时，主教会和治安官一同审理，根据一般司法程序，证人宣

---

[1] Seldeni notæ ad Eadmeri Hist. nov., p.168. Monast. Anglic., Dugdale, t.III, p.308.
[2] Charta regis Willielmi primi, apud Wilkins Concilia Magnæ Britan., t.I, p.369.

誓，根据事实情况就提问进行回答，最后法庭做出审判。[1]而这一切都在诺曼人征服英格兰之后发生了彻底改变。国王威廉打破只有世俗法庭可以审理案件的传统惯例，将权利赋予英格兰高级神职人员，允许他们在家中审理案件，运用教义为人民伸张正义。[2]教会法庭听从王室命令，填补世俗司法程序的空缺，根据教会法律法规来裁决案件。威廉的这项决议为自己的子孙后代带去不少政治麻烦，如今主教们全部臣服于他，而终有一日，他们会发展成不可控因素，殃及王室安危。[3]

教皇格里高利七世曾出面阻止威廉，但他最终没能改变威廉的决定。国王威廉对罗马教皇并不是言行计从的，如果教皇所言令其不满，威廉会直接拒绝教皇的提议。在威廉写给格里高利七世的信中我们可以看到，他语气强硬，完全不把教皇放在眼里。1066年，威廉曾在呈交给罗马的条约中做出承诺，向罗马教堂缴纳圣皮埃尔献金，某一年，教皇抱怨威廉承诺缴纳的献金迟迟未到，便写信给他，提醒他缴纳献金的日期已过。格里高利很快便收到了献金，他误以为这意味着，威廉承认自己是罗马教廷的附庸，便立即敦促威廉前来拜见红衣主教，向其宣誓，表示臣服。威廉写信回答道："你要求我送钱给罗马教堂，向你和红衣主教表示忠诚，我只接受第一个请求，而至于第二个，我坚决拒绝。我从未承诺过要忠诚于你，而我的前人也未曾臣服于你。"[4]

回望此时的英格兰，征服战争为这片国土带来的，除了政治、司

---

[1] Leges Edgari regis, cap. V ; Seldeni notæ ad Eadmeri Hist. nov., p.166.
[2] Charta Willelmi regis; Seldeni notæ ad Eadmeri Hist. nov., p.167.
[3] Matth. Paris, m Vitæ Abbatum S. Albani, t.I, p.47. Order. Vital. Hist. ecclesiast., passim, apud Script. rer. normann.
[4] Seldeni notæ ad Eadmeri Hist. nov., p.164.

法制度变革以外，也为自古便生活在这片国土之上的人民带来了深深的痛苦，几个世纪都难以消除。英国史学家无一不对祖国命运感到深深的难过，为英格兰人民的悲惨遭遇抱有深深的同情。一位史学家曾这样写道："毫无疑问，上帝不想再让我们成为'人'，上帝不再保护我们，我们被上帝遗忘了。"[1] 还有史学家抱怨，这段历史使得"英格兰人"一词变成了屈辱、悲惨的象征，[2] 它不仅仅铭刻在当代人的心中，也对后来几个世纪的英格兰人造成了不可磨灭的印记，在孩子们写的文章中，称这段历史是不幸的记忆，是国家的耻辱。[3] 直至15世纪，说起征服战争，人们还是会立刻想到英格兰的等级划分，一位史学家曾写下这样一段著名的话："如果说我们英格兰人身份各异，一点儿都不用惊讶，因为我们本身就是多个民族的融合体；如果说我们之间缺乏信任和情感，是因为我们的身体里流着不同的血液。"[4] 一位17世纪初的作家在回忆起征服战争时，用"痛苦的回忆"（souvenir de douleur）这几个字来概括这段岁月。说起英格兰那些被剥夺权利和财产的家庭，作家尽量选用一些相对柔和的表达，以使得这段"回忆"显得不那么"痛苦"。他说道，自征服战争开始，这些英格兰人就沦为穷人阶层，成为农民；[5] 还说这是他最后一次回忆这段历史。

对于前文所叙述的所有事件，读者如果想要秉承公正的原则来看待诺曼人威廉征服英格兰这一事件，就必须看到，这不仅仅是社会制

---

[1] Chron. Johan. Bromtonm apud hist. angl. Script., t.I, col. 984, ed. Selden. - Matth. Westmonast. Flor. histor., p.229.

[2] Matth. Paris., t.I, p.12.

[3] Hearne notæ ad Guilielm. Neubrig., p.722.

[4] Henrici Knyghton. de Event. Angl., apud hist. angl. Script., t.II, col. 2343, ed. Selden.

[5] A restitution of decayed intelligence in antiquities, by Richard Vertegan, p.178, 1650, in-4.

度的改变，也不单是一个征服者的胜利；征服战争意味着，一个民族完全闯入另一个民族，将其分解，很多人自此不被新的社会秩序所接纳，失去了个人所有权。我们不能把征服者和被征服者简单地看成国王威廉和英格兰国民，而是要将双方想象成在同一片国土之上的两个民族，即入侵民族和本土英格兰人；甚至可以想象成兵力相差甚远的两个国家。诺曼人拥有大片肥沃土地，享受免税权利；英格兰人土地贫瘠，需要缴纳重税。诺曼人坐拥豪华宅第、坚固的堡垒；英格兰人蜷曲在空室蓬户，不蔽风雨。诺曼人丰衣足食、位高权重，终日游手好闲；英格兰人辛勤劳作，依靠耕耘和手工活勉强维生。诺曼人趾高气扬；英格兰人忍气吞声，只能感叹命运弄人。但是，我们必须看到，贫穷并不能真正击垮一个民族，尊严才是一个民族真正的灵魂。

随着时间的推移，两个民族相互交织融合，然而他们又是如此的不同，英吉利海峡仿佛依旧横在他们中间。他们有各自的语言，同时也能理解对方的语言。法语成为官方语言，应用在城堡、修道院以及所有象征权力之地；英格兰人自己的语言主要出现在穷人和农奴的家中。在相当长的时间里，两种语言互不干扰，没有融合；法语成为贵族的语言，英语是平民的语言。曾经有一位诗人作诗一首，哀叹英格兰成为一个将自己语言丢失的国家，其中颇有几分苦涩的味道。[1]

---

[1] Robert of Gloucester's chronicle, ed. Hearne, p.364.

第七章
从威廉去世到英格兰人最后一次大规模反抗诺曼人统治（1087—1137年）

1087年年初，威廉回到诺曼底公国，准备和法兰西王国的国王菲利普一世（Philippe Ier）就领土纠纷的问题进行商议。位于艾普特河以及瓦兹河之间的维克桑（Vexin），自其公爵罗贝尔去世之后，就脱离诺曼底，成为法国的领土。威廉认为维克桑在历史上本是诺曼底的合法领土，因此无需动用武力，只需与法国协商即可收回这片领地。威廉回到鲁昂修养，根据医生们的建议，他只吃极少量的食物以减轻体重，并长期卧床。菲利普一世认为威廉健康堪忧，不足畏惧，因此在协商中，避重就轻，态度暧昧，试图拖延时间。[1]一日，他竟讥讽道："英格兰国王卧床不起，该不是要分娩吧，看来教堂里的安产感谢礼是免不了啦！"法国国王如此出言不逊，威廉恼羞成怒，发誓一定如法国国王所愿，前往巴黎圣母院拜祭，只不过他带上的不是祈祷所用的蜡烛，而是成千上万的武装军队。[2]

威廉结束休养的闲散生活，集结军力，在七月带领军队，从维克桑进入法国。盛夏时节，田野里的小麦茁壮生长，果树上结满了果子。

---

[1] Order. Vital. Hist. ecclesiast., lib.VII, apud Script. rer. normann., p.655.
[2] Chron. de Normandie; Recueil des hist. de la France, t.XIII, p.240. Chron. Johan. Bromton, apud hist. angl. Script., t.I, col.980, ed Selden.

他命令骑兵践踏庄稼,并命人砍除所有果树。[1]

威廉率军到达的第一个城市是塞纳河河畔的芒特(Mantes-sur-Seine),他下令烧毁整个城市,甚至亲自抵达焚烧现场,鼓舞士兵。整座城市已成灰烬,国王骑马在废墟周围视察,他的坐骑突然踩空摔倒,威廉也从马上摔下,伤到腹部。他原本就健康堪忧,而天气炎热、体力过度消耗以及腹部受伤无不加重他的病情。[2]人们把他带到鲁昂休养,威廉难忍城中的噪声,人们又将他转移到城外。[3]尽管医生和教士们悉心照料威廉,六个星期之后,他的病况却愈加严重。他命人给芒特城送去钱,以修缮他所烧毁的教堂;他还派人给英格兰的修道院和穷人散发钱财,以弥补他过去犯下的罪行。[4]此外,威廉还下令释放所有被拘押的英格兰人和诺曼人,第一批被释放的人包括莫卡尔、西沃德·伯尔尼和乌尔夫诺特。乌尔夫诺特是前任英格兰国王哈罗德的弟弟,此前被国王爱德华作为人质送到诺曼底,也是当初哈罗德前往诺曼底要解救的人质之一。[5]被释放的诺曼人包括赫里福德的公爵罗杰以及威廉同母异父的兄弟——巴约主教厄德。

国王威廉的两个儿子——威廉二世(又被称为"红脸威廉")和亨利,一直在威廉的床前看守,他们焦急地等待着父亲宣布遗愿。威廉的大儿子罗贝尔自从和威廉产生嫌隙后,再也没有回来。纵使威廉对罗贝尔有诸多不满,但他未曾想过撤回罗贝尔继承诺曼底公国的决定,此前他征求诺曼底所有贵族的意见,大家一致同意威廉将公爵的头衔传给罗贝尔。威廉说道:"至于英格兰,我不会把它作为遗产留给任何

---

[1] Order. Vital. Hist. ecclesiast., lib.VII, apud Script. rer. normann., p.655.
[2] Order. Vital. Hist. ecclesiast., lib.VII, apud Script. rer. normann., p.656.
[3] Order. Vital. Hist. ecclesiast., lib.VII, apud Script. rer. normann., p.656.
[4] Robert of Gloucester's chroncicle, p.369, ed. Hearne.
[5] Chron. saxon., ed. Gibson, p.192.

人，因为英格兰并非我继承的遗产，而是通过征战，以武力和流血的代价得来的。[1]我会让上帝去决定，而我自己内心则希望，一直辅佐我、顺从我的儿子威廉得到英格兰，并让其更加繁荣昌盛。"此时，国王威廉的儿子亨利问道："父亲，那么我呢？您打算给我什么呢？国王回答道："我打算留给你五千银币。""可是如果我既没有领地也没有居所，我拿着这些钱能做什么呢？""放心吧，我的儿子，相信上帝，你的时机总会到的！"于是，亨利退出房间，前去领受这五千银币，他让人仔细称重，并特地制作坚固的保险箱存放银两，然后将其牢牢锁住。[2]"红脸"威廉即刻出发，前往英格兰加冕称王。

9月10日的早晨，太阳微微升起，国王威廉被钟声吵醒，他问仆人这是什么声音，那仆人答道："这是圣玛利亚教堂的晨祷钟声。"国王立刻举起双手祈祷："圣母玛利亚，请保佑我吧！"话毕，威廉就咽下了最后一口气。在威廉身旁侍奉的医生和其他贵族撇下国王的遗体，立刻骑马一路疾驰，回家看管自己的财产。其他侍从和品阶较低的官员看到上级们离去，也都携带武器、金银餐具、衣物以及家具等物品离开了。威廉的遗体几乎裸露地平躺在地板上，整整几个小时都无人问津。[3]此时，鲁昂城陷入混乱，百姓们并不因为威廉去世而伤心，而是对未来充满了不安和惶恐，他们将家具藏起来或者亏本转卖。整个城市人心惶惶，大家均不知何去何从。[4]

最终城中的各位神职人员恢复理智，打起精神，准备为威廉举行葬礼。他们身着宗教服装，手拿蜡烛和香炉，来到威廉遗体处，为逝

---

[1] Order. Vital. Hist. ecclesiast., lib.VII, apud Script. rer. normann., p.659.

[2] Order. Vital. Hist. ecclesiast., lib.VII, apud Script. rer. normann., p.659.

[3] Order. Vital. Hist. ecclesiast., lib.VII, apud Script. rer. normann., p.661.

[4] Order. Vital. Hist. ecclesiast., lib.VII, apud Script. rer. normann., p.661.

者的灵魂祈祷。[1]鲁昂主教纪尧姆（Guillaume）提出将国王的遗体运送到卡昂，并安葬在威廉生前所建的圣埃蒂安大教堂（la basilique de Saint-Étienne）。然而，此时威廉的儿子们、兄弟们以及其他亲眷都离开鲁昂了，甚至不见任何一位王廷官员，根本无人操心国王威廉的葬礼事宜。[2]最后，一位乡下的绅士埃卢安（Herluin），或是因为本性善良，或是因为对基督教甚是虔诚，愿意出资操办故去国王的葬礼。[3]他雇用几位殓葬人员和一辆小推车，将遗体运到塞纳河河边，然后将遗体转移到小船上，最后送达卡昂城。[4]圣埃蒂安大教堂的主教吉尔伯特（Gilbert）带领各位教士在港口迎接，随行的还有其他神职人员和普通百姓。但是，城中突然发生火灾，随行人员全部去救火，迎接国王遗体的队伍中只剩下教堂的各位教士，他们最终亲自将遗体运送到圣埃蒂安大教堂。

然而，国王威廉的葬礼并非一帆风顺。[5]诺曼底所有主教以及修道院院长出席了葬礼，他们此前在教堂的祭台和祭坛之间凿出一道深沟用于安葬国王。当他们结束祈祷，预备将遗体安葬时，人群中走出一人大声说道："各位主教大人，这土地应归我所有，因为这里曾是我父亲的房屋，当初国王威廉强迫我放弃继承权，并在此建立了这座教堂。[6]我既没有售卖我的土地，也没有将其抵押，更没有将其赠予任何人，这土地自然还属于我，而我现在就要将其收回。[7]以上帝之名，

---

[1] Order. Vital. Hist. ecclesiast., lib.VII, apud Script. rer. normann., p.661.
[2] Order. Vital. Hist. ecclesiast., lib.VII, apud Script. rer. normann., p.661.
[3] Order. Vital. Hist. ecclesiast., lib.VII, apud Script. rer. normann., p.661.
[4] Order. Vital. Hist. ecclesiast., lib.VII, apud Script. rer. normann., p.661.
[5] Order. Vital. Hist. ecclesiast., lib.VII, apud Script. rer. normann., p.662.
[6] Order. Vital. Hist. ecclesiast., lib.VII, apud Script. rer. normann., p.662.
[7] Roman de Rou, t.II, p.302. Chron. de Normandie; Recueil des hist. de la France, t.XIII, p.242.

我绝不同意这位掠夺者安葬于此。"[1]发声之人名叫阿塞林（Asselin），在场人员均证明他所言不假。主教们让他走近，和他商量以60苏的价格买下墓穴的位置，其他地方也以相应的价格去补偿他。[2]由于未曾准备灵柩，教士们准备将身穿华服的国王遗体直接下葬，但是威廉身体肥硕，所砌造的墓穴过于狭窄，教士们不得已只能将遗体硬塞进去，最后导致遗体变形。[3]教堂内大量焚烧香料，仍然难以掩盖难闻的气味，在场人员无不掩鼻退散，教士们也慌忙结束葬礼，迅速离开教堂。[4]

"红脸"威廉在靠近加莱的维桑得知父亲去世的消息，他急忙赶往英格兰国库所在地温彻斯特，并且收买了看守国库的纪尧姆·德·庞德拉尔什（Guillaume de Pont-de-l'Arche），拿到了国库的钥匙。[5]他让人清点国库，仔细称量，计算出国库里有六万英镑白银。[6]他随即召集身处英格兰的各位诺曼底贵族，向他们宣布国王威廉去世的消息，并让兰弗朗克在温彻斯特大教堂为自己加冕。而此时身处诺曼底的各位贵族正在举行议会商量继承人的问题，[7]大家一致认为英格兰和诺曼底的政权应该属于同一个人，对他们来说最合适的人选是威廉的大儿子罗贝尔，但是威廉二世的加冕破坏了他们的计划。

威廉二世成为英格兰国王之后所做的第一件事便是将威廉临死前所释放的人员再次关押起来，包括英格兰人乌尔夫诺特、莫卡尔以及

[1] Order. Vital., loc. supr. cit.
[2] Order. Vital. Hist. ecclesiast., lib.VII, apud Script. rer. normann., p.662.
[3] Order. Vital. Hist. ecclesiast., lib.VII, apud Script. rer. normann., p.662.
[4] Order. Vital. Hist. ecclesiast., lib.VII, apud Script. rer. normann., p.662.
[5] Monast. Anglic., Dugdale, t.II, p.890.
[6] Hist. Ingulf. Croyland., apud rer. anglic. Script., t.I, p.106, ed. Gale.
[7] Monast. Anglic., Dugdale, t.II, p.890.

西沃德·伯尔尼等人。[1]威廉二世还从国库中取出大量的金银财宝,交给一位名叫奥东(Othon)的金匠,让他为威廉的坟墓制作装饰物,从而消除自己在父亲临终前离开的愧疚感。[2]奥东在此前的英格兰财产普查中登记在册,属于新进的大地主[3];或许他作为诺曼底的银行家(在中世纪,大多金匠都是银行家),在诺曼底军队进攻英格兰时,曾向威廉提供资金支持,因此在战后获得英格兰土地;或许他在被诺曼底攻占的城市里做投机生意发财致富,并花钱买下英格兰游击队士兵的土地。

此时,在英格兰和诺曼底文学界里掀起了一股热潮,各位诗人争先恐后地为故去的国王威廉撰写墓志铭,最终这项荣誉落到了约克大主教托马的身上。[4]很多当时颂扬威廉英雄事迹的诗歌流传至今,其中不乏怪诞之作,比如,一位诗人如此感叹:"英格兰,为何你偏偏要打破这位有德之人内心的宁静呢?"[5]又或者是"啊,英格兰的百姓们,你们不应该恶意揣度他,你们本应该珍惜他,敬重他!"[6]还有人这样写道:"他在英格兰推崇仁政。"[7]总而言之,在这些赞扬他的墓志铭中,并没有任何英格兰百姓的声音。一位13世纪的英格兰诗人如此写道:"威廉统治下,英格兰百姓苦不堪言,人们都认为这位暴君活得太久了。"[8]

---

[1] Alured. Beverlac. Annal. de gest. reg. britann., lib.IX, p.136, ed. Hearne. Florent. Wigorn. chron., p.642.

[2] Order. Vital. Hist. ecclesiast., lib.VII, apud Script. rer. normann., p.663.

[3] Domesday-book, vol.II, p.97 et 98.

[4] Order. Vital. Hist. ecclesiast., lib.VII, apud Script. rer. normann., p.663.

[5] Script. rer. normann., p.318.

[6] Guill. Pictav., apud Script. rer. normann., p.207.

[7] Chron. Raynaldi andegavensis, apud Script. rer. gallic. et francic., t.XII, p.479.

[8] Robert of Gloucester's chronicle, t.II, p.374 et 376, ed. Hearne.

住在诺曼底的各位贵族很恼火,因为威廉二世未曾得到他们认可便加冕成为英格兰国王,于是从诺曼底来到英格兰,打算废黜威廉二世并辅佐其兄长罗贝尔成为英格兰国王。[1]根据记载,此时,故去国王的兄弟——巴约主教厄德被释放,以他为首的诸多诺曼底贵族支持罗贝尔成为英格兰君主。[2]"红脸"威廉[3]发现自己的诺曼底同胞密谋造反,于是打算号召英格兰人支持自己。[4]不少英格兰贵族虽被剥夺领地和爵位,但是他们过去的影响力仍在,在英格兰百姓中仍有一定的号召力。威廉二世将这样的英格兰人召集到自己身边,并且向他们允诺:根据他们的意愿修正法律条约;[5]免去人头税等一切苛捐杂税;允许他们手持武器;赐予他们在森林中打猎的特权等。[6]

　　各位英格兰首领和贵族们之所以同意支持新任国王的事业,一方面是因为国王按照他们的意愿做出妥协和让步;另一方面,他们确实也想和诺曼人决一死战。[7]他们发表征兵宣言,内容如下:"所有身强体壮之人,请离开家乡,加入我们的行列吧!"[8]号召之下,三千名英格兰人到达指定地点,参军入伍,打算为国王一战。[9]威廉二世带领着三千步兵和自己的骑兵部队,前往海滨城市罗彻斯特。此时,厄德以及其他诺曼底首领正在罗彻斯特等待罗贝尔,准备攻占坎特伯雷

---

[1] Chron. saxon., ed. Gibson, p.192 et 193.

[2] Chron. saxon., ed. Gibson, p.192 et 193.

[3] Roman de Rou, t.II, p.305. Robert of Gloucester's chroncicle, p.383, ed. Hearne.

[4] Chron. saxon., ed. Gibson, p.194.

[5] Chron. Johan. Bromton, apud hist. angl. Script., t.I, col.984, ed Selden. Annal. waverleienses, apud rer. anglic. Script., t.II, p.136, ed. Gale.

[6] Annal. waverleienses, apud rer. anglic. Script., t.II, p.136, ed. Gale.

[7] Chron. Johan. Bromton, apud hist. angl. Script., t.I, col.984, ed Selden.

[8] Annal. waverleienses, apud rer. anglic. Script., t.II, p.136, ed. Gale.

[9] Order. Vital. Hist. ecclesiast., lib.VII, apud Script. rer. normann., p.667.

和伦敦。[1]在围攻罗彻斯特时,威廉二世带领的英格兰战士们骁勇善战,速战速决,诺曼底贵族很快缴械投降,承认威廉二世为英格兰国王,并恳求保留自己的领地和贵族头衔。[2]威廉二世起先拒绝对方的请求,但是对于其麾下的诺曼底士兵来说,这本是一场内战,他们万万不愿看到自己的同胞亲眷被剥夺得一无所有,因此想方设法平息威廉二世的怒火,劝道:"看在我等跟国王您赴汤蹈火的份上,请饶恕我们的同胞吧,因为他们跟您一样,都是诺曼人,曾经和您的父亲一起征战英格兰啊!"[3]威廉二世最终妥协,同意罗彻斯特城内的诺曼人携带武器和马匹离开。厄德还希望在他带领驻军离开罗彻斯特时,国王不要吹响胜利的号角。[4]国王听到这样的要求后非常愤怒,表示哪怕收到上千马克的黄金,他也不会同意![5]因此,罗贝尔一方的战士们,卸下军旗,在国王为庆祝胜利而奏起的音乐中,灰溜溜地离开罗彻斯特。此时,胜利者的队伍中突然有人叫嚷道[6]:"来人啊,拿绳子来,我们要吊死这个叛徒主教和他的所有同谋!为何国王让这个叛徒安然无恙地离开呢?这个骗子,这个杀害了成千上万人的刽子手,他根本不配活在这世上!"[7]

黑斯廷斯之战时,厄德主教为"征服者"威廉的军队祝圣祈祷,如今在这样的咒骂声中,他永远地离开了英格兰。诺曼人的内战又持续了一段时间,随后逐渐平息,罗贝尔和威廉二世两兄弟最终达成协

---

[1] Florent. Wigorn. chron., p.643.
[2] Order. Vital. Hist. ecclesiast., lib.VII, apud Script. rer. normann., p.667.
[3] Order. Vital. Hist. ecclesiast., lib.VII, apud Script. rer. normann., p.668.
[4] Order. Vital. Hist. ecclesiast., lib.VII, apud Script. rer. normann., p.668.
[5] Order. Vital. Hist. ecclesiast., lib.VII, apud Script. rer. normann., p.668.
[6] Order. Vital. Hist. ecclesiast., lib.VII, apud Script. rer. normann., p.669.
[7] Order. Vital. Hist. ecclesiast., lib.VII, apud Script. rer. normann., p.669.

议。威廉二世同意将土地归还给支持罗贝尔事业的各位诺曼底贵族，而罗贝尔本人也以获得领地为条件，放弃英格兰王位。[1] 在双方各12位贵族的见证下，兄弟俩达成以下协议：如果罗贝尔先去世，威廉二世可以继承诺曼底；如果威廉二世先离世，相应地罗贝尔可以继承英格兰王位。[2] 诺曼人的内部争端从此画上句号，而诺曼人和英格兰人的联盟也不复存在。威廉二世违背了自己的承诺，撤回此前为英格兰人所做的妥协，于是英格兰人再次回到了被压迫、被奴役的状态。[3]

当初，传教士奥古斯丁将信仰带到不列颠岛，当时的盎格鲁-撒克逊人皈依基督教。人们为了纪念他，在坎特伯雷附近修建一座修道院，这座修道院和其他小型宗教场所相比，更大程度上保留了英格兰独立自由的爱国精神。诺曼人意识到这一点，因此对圣奥古斯丁修道院虎视眈眈。该修道院有一项特权：但凡修道士们违背教规，只有该修道院院长有资格对他们进行裁决和审判。[4] 此时，圣奥古斯丁修道院院长是一位诺曼人，对手下的英格兰修道士并不宽容，首席主教兰弗朗克还是决定取缔此项特权，将裁决和审判权占为己有。[5] 此外，他还规定，在未听到主教堂晨祷钟声之前，修道院不可以敲钟，他这样的做法违背了《圣经》中"哪里有上帝，哪里就有自由"的论述。[6] 英格兰修道士们对于这样的约束十分不满，于是他们故意违反规定：不按时祈祷、把十字架倒放、赤脚进行祝圣等仪式。[7] 他们说道："既

---

[1] Florent. Wigorn. chron., p.644.
[2] Florent. Wigorn. chron., p.644.
[3] Chron. Johan. Bromton, apud hist. angl. Script., t.I, col.984, ed Selden.
[4] Chron. Willelmi Thorn., apud hist. angl. Script., t.II, col. 1791, ed. Selden.
[5] Chron. Willelmi Thorn., apud hist. angl. Script., t.II, col. 1791, ed. Selden.
[6] Chron. Willelmi Thorn., apud hist. angl. Script., t.II, col. 1792, ed. Selden.
[7] Chron. Willelmi Thorn., apud hist. angl. Script., t.II, col. 1792, ed. Selden.

然有人违背教规向我们施加暴力,那么我们也肆意违背教规来反抗他们!"[1]他们请求院长向教皇转达他们的不满,但院长无视他们的请求,将他们视为"反叛者",并关闭修道院大门,不让他们随意进出。这位诺曼底的院长为了限制英格兰修道士,情愿牺牲个人自由,这样的做法招致了英格兰神职人员的仇恨。[2]

该修道院院长于1088年去世,兰弗朗克带领一位深受国王重用的诺曼人居伊(Guy)来到修道院。[3]兰弗朗克以国王的名义勒令全体修道士接纳这位新院长,但是所有人都无动于衷。[4]兰弗朗克震怒之下,命令所有不服从命令的人立即离开修道院,修道士们纷纷离开,这让兰弗朗克始料未及。新任院长居伊则在空荡荡的修道院,按照教规完成了任职仪式。[5]修道院教士埃尔夫文(Elfwin)以及其他几位修道士遭到逮捕并被囚禁起来;[6]在兰弗朗克命令下离开的修道士们端坐在坎特伯雷的城墙外,有人前来通知他们务必尽快返回修道院,否则他们将被视为"流浪汉",从此再无固定居所。[7]修道士们犹犹豫豫、饥肠辘辘时,不少人向兰弗朗克表示自己愿意臣服,并在圣奥古斯丁的圣骨面前发誓,表达忠心;那些立场相对坚定的人则被关押起来,后来不堪忍受被拘押的生活,最终也顺从了兰弗朗克的要求。[8]其中有一位修道士阿尔弗雷德(Alfred),开始时侥幸逃脱追捕,后来

---

[1] Annal. eccles. winton. Anglia sacra, t.I, p.298.
[2] Chron. Willelmi Thorn., apud hist. angl. Script., t.II, col. 1792, ed. Selden.
[3] Chron. Willelmi Thorn., apud hist. angl. Script., t.II, col. 1793, ed. Selden.
[4] Chron. saxon., ed. Gibson, p.179.
[5] Chron. saxon., ed. Gibson, p.179.
[6] Chron. saxon., ed. Gibson, p.179.
[7] Chron. saxon., ed. Gibson, p.179.
[8] Chron. saxon., ed. Gibson, p.180.

终日在路上游荡,最终被逮捕并被关押在主教堂。[1]英格兰神职人员的反抗运动平息了几个月,后来却变得更加激烈,他们密谋杀害新来的诺曼底主教,主谋之一名叫高隆邦(Colomban)。此人被捕后在兰弗朗克面前接受审判,人们问及他杀害诺曼底主教的筹划,他说道:"我确实有此计划,如果我没有被逮捕,我应该已将其杀害。"[2]兰弗朗克下令将其绑在修道院门前,扒光衣服,并当众对他施以鞭刑。[3]

1089年,大主教兰弗朗克逝世,圣奥古斯丁修道院的修道士们总算从他的恐怖统治中解放,准备发动第三次反抗运动。不同于前两次的小规模运动,这次修道士们号召所有坎特伯雷的百姓加入运动。英格兰百姓们热情高涨,因为于他们而言,这次反抗行动不外乎是一次爱国运动。修道士们带领英格兰民众组成的武装部队围攻圣奥古斯丁修道院,院内的人们奋力抵抗,双方伤亡惨重,盖伊院长费力逃至主教堂,这才躲过一劫。[4]听到消息后,温彻斯特主教戈塞尔姆(Gaucelme)和罗彻斯特主教贡多尔夫(Gondolphe)立即前往坎特伯雷支援,国王也下令调动军队前往坎特伯雷,并最终包围控制了圣奥古斯丁修道院。在戈塞尔姆和贡多尔夫的命令下,两位诺曼底教士对英格兰修道士们施以"苦鞭"之刑。[5]英格兰修道士们在受刑之后,被流放至英格兰各地,一位诺曼底修道院院长和24位诺曼底修道士前来接替他们的职位。被诺曼底军队活捉的坎特伯雷百姓,全部被挖去双眼。[6]

---

[1] Chron. saxon., ed. Gibson, p.180.
[2] Chron. saxon., ed. Gibson, p.180.
[3] Chron. saxon., ed. Gibson, p.180.
[4] Chron. saxon., ed. Gibson, p.180.
[5] Chron. saxon., ed. Gibson, p.180.
[6] Chron. saxon., ed. Gibson, p.180.

这个时期，类似的反抗运动时有发生，不少教堂都发生动乱。绝望的英格兰神职人员因为对诺曼人的仇恨而奋起反抗，他们召集一些英格兰百姓，与诺曼底政府进行对峙。诺曼人无论是否从事圣职，无论身穿铠甲还是教士长袍，都蛮横无理、铁石心肠、吝啬狭隘，在他们看来，英格兰人本就低人一等。维尔斯的主教让·德·拉·维莱特（Jean de la Villette），此前在图尔是一名医生，他命人摧毁议事司铎的房屋，并在原地为自己建造宫殿；[1] 林肯主教雷诺夫·弗朗巴赫（Renouf Flambard）过去是诺曼底贵族的仆人，如今在所管辖的教区为非作歹，当地百姓宁愿一死也不愿受到他的管制。[2] 诺曼底的主教们去祭拜时，两边成排站着手拿长矛的卫兵护卫，声势浩大如同公爵检阅自己的武装部队一般；他们赌博、赛马、喝酒，终日寻欢作乐。[3] 一位诺曼底主教甚至让人为英格兰教士们准备违反教规的食物，并让披头散发、袒胸露乳的女子为其斟酒上菜。[4] 英格兰教士看到此景，无论转身离开或是移开双眼，通通都受到严惩，诺曼底教士们嘲笑他们是"伪君子"。[5]

此时，英格兰籍教士因为年迈和惨遭压迫，人数不断减少，无力与蛮横的诺曼人做长期抗争，原先激情澎湃的反抗运动接近尾声。[6] 然而，对于诺曼底主教而言，这些反抗运动仍然是他们压榨英格兰教

---

[1] Hist. de episc. bathon. et wellens. Anglia sacra, t.I, p.559.

[2] Annal. eccles. winton. Anglia sacra, t.I, p.295.

[3] Henrici Knyghton de Event. Angl., lib.I, apud hist. angl. Script., t.II, col. 2367, ed. Selden. Ibid., col. 2362.

[4] Henrici Knyghton de Event. Angl., lib.I, apud hist. angl. Script., t.II, col. 2372, ed. Selden.

[5] Henrici Knyghton de Event. Angl., lib.I, apud hist. angl. Script., t.II, col. 2372, ed. Selden.

[6] Matth. Paris., vitæ abbatum S. Albani, t.I, p.54.

士的借口。比如在克罗尔兰德教堂，诺曼底主教管理一众英格兰教士。该教堂在诺曼人征战英格兰时，惨遭破坏，物品被烧成灰烬。到了威廉二世统治的时期，当地公爵以教堂契据全部被烧毁为借口，命令教堂的所有英格兰教士出席斯伯丁法庭并出具证明，以证实自己神职人员的身份。[1]到了指定日期，英格兰教士派出特里格（Trig）为代表，出席法庭，携带受到"征服者"威廉认可的、英语撰写的契据，还有威廉的印章。特里格将羊皮纸平铺开来，公爵以及在场的各位贵族大笑并讥讽道，这些野蛮的、难以辨识的文字没有任何公信力。[2]不过，国王的印章对他们仍然有一定震慑力，他们既不敢打碎印章，也不敢公然夺取盖有印章的契据，只能任由特里格离开法庭。然而，他们随后让手下带上长棍追捕特里格，令其夺下特里格手里的契据等物，特里格因为改道而逃过此劫。[3]

1094年，诺曼人的内战再次爆发，几位诺曼底贵族反抗威廉二世的统治。"征服者"威廉此前将英格兰的森林作为特权占为己有，威廉二世严格执行这项特权，并很快招致了诺曼底贵族的怨恨。[4]诺森布里郡公爵——罗杰·德·莫布雷（Roger de Molbray）的儿子罗贝尔在英格兰拥有280座庄园，他首先表达对威廉二世的不满。[5]在举行全国男爵和骑士会议的日子，罗贝尔无故缺席，这引起了大家的猜忌。威廉二世发布政令，凡是缺席的大地主，在庞特科特（Pentecôte）举行的盛典上，将受到惩处。[6]罗贝尔·德·莫布雷担心自己被捕，不

---

[1] Hist. Ingulf. Croyland., apud rer. anglic. Script., t.I, p.107, ed. Gale.

[2] Hist. Ingulf. Croyland., apud rer. anglic. Script., t.I, p.107, ed. Gale.

[3] Hist. Ingulf. Croyland., apud rer. anglic. Script., t.I, p.107, ed. Gale.

[4] Willelm. Malmesb., de Gest. pontif. angl., lib.IV, apud rer. anglic. Script., p.124, ed. Savile.

[5] Order. Vital. Hist. ecclesiast., lib.VIII, apud Script. rer. normann., p.703.

[6] Chron. saxon., ed. Gibson, p.203.

敢赴会。于是，威廉二世派军队进攻诺森布里郡，攻占几座堡垒，随后围堵罗贝尔所撤退到的班伯勒堡垒（Bamborough），但久久未能攻下。威廉二世下令在班伯勒堡垒对面建立一座新的堡垒，并将其命名为"邪恶的邻居"（malveisin）。国王留下部分士兵驻守，带领其他人南下。[1]一次，罗贝尔外出时，被驻军突袭，后被判处终身监禁，他的同谋则全部被驱逐出英格兰。

受到罗贝尔牵连而被驱逐出境的诺曼底贵族们在英格兰的地产，很长一段时间内都无人认领、无人打理。国王的亲信拿走所有值钱的财物，他们考虑到土地的主人犯过政治错误，如若接手地产，恐有麻烦，于是任其废弃荒芜。王室官员考虑到财政收入不能因此减少，这些废弃的土地所属的城市和村镇仍需要缴纳和以前同样数目的地税，而这一切又落到了英格兰百姓的身上。[2]根据记载，在当时，科尔切斯特的百姓十分尊重当时的管理者于贝尔（Hubert）之子——厄德（Eudes）子爵。厄德自愿接受废弃的土地，并为其缴纳相应的税收。[3]他作为管理者，温和公正、颇受爱戴。[4]这几乎是诺曼人执政以来，唯一一位受到英格兰百姓尊敬的外国统治者。

然而，作为诺曼底统治者的厄德实施仁政，仍属例外。在其他地区，官员往往比小偷更加恶劣，他们对农民的粮仓和商人的商铺进行公然抢劫。[5]牛津郡的罗贝尔·达伊利（Robert d'Ouilly）压榨英格兰百姓；在北部，奥蒂诺·东弗勒维尔（Odineau d'Omfreville）强夺

---

[1] Chron. saxon., ed. Gibson, p.202.
[2] Monast. anglic., Dugdale, t.II, p.890.
[3] Monast. anglic., Dugdale, t.II, p.890.
[4] Monast. anglic., Dugdale, t.II, p.890.
[5] Order. Vital. Hist. ecclesiast., lib.VIII, apud Script. rer. normann., p.773.

百姓的财物,并逼迫他们搬运石头、打磨材料,为自己建造城堡。[1]威廉二世在伦敦附近强行召集百姓,为塔楼修建新的壁垒、在特姆塞河上架起一座桥梁并在伦敦西部修缮新的宫殿用于召开全国男爵会议。[2]一部英国编年史如此记载:"这些工程落到哪一个郡,哪一个郡的百姓就遭殃。英格兰百姓受到政府欺压,再加上沉重的赋税,每一年对他们来说都是沉重的、痛苦的。"[3]

历史学家们向我们详细讲述了当时英格兰百姓悲惨的命运。国王所到之处,其随行人员无不大肆掠夺。[4]他们擅自出入英格兰百姓的房屋,大吃大喝,如若未能将家中的食物吃完,他们则勒令房子的主人将所剩食物拿到市场上售卖,然后将卖得的钱财占为己有。他们有时焚烧食材,用酿酒浇灌马蹄。[5]一位作家这样写道:"他们对房子的主人呼来喝去,加以虐待;对妇女的侮辱更是难以言书。只要听到国王前来的消息,百姓们就会拿上所有可以携带的财物,逃到无人之所。"[6]

50位英格兰百姓机缘巧合之下,得以保留部分财产,却被指控在王室森林中打猎,判决书中用到了"捕获和屠杀公鹿,并且食用鹿肉"等字眼。根据英格兰法律,只要被告还未认罪,就不得对其用刑。[7]50名被告否认自己的罪行,诺曼底法官们却仍用炽热的红铁来惩罚他们。一位目击证人这样描述当时的情景:"到了指定日期,50

---

[1] Lelandi Collectanea, t..IV, p.116.

[2] Chron. saxon., ed. Gibson, p.206.

[3] Chron. saxon., ed. Gibson, p.206.

[4] Eadmeri Hist. nov., p.94, ed. Selden.

[5] Eadmeri Hist. nov., p.94, ed. Selden.

[6] Eadmeri Hist. nov., p.94, ed. Selden.

[7] Eadmeri Hist. nov., p.48, ed. Selden.

位英格兰人全部遭受酷刑，场面惨不忍睹。但是上帝保佑，他们的双手没有受到任何灼伤，这也表明了他们是清白无辜的，而那些折磨他们的人是邪恶卑劣的！"[1] 三日之后，有人禀告威廉二世，英格兰人的手全部完好无损，未受到红铁烫伤，威廉二世表示："那又如何？上帝在此事中没有任何发言权，我才是最终审判者。"[2] 纵使历史学家对于最终的判决、对于英格兰人的苦难保持沉默，这样的罪行始终是无法被掩盖的。

威廉二世对于"森林特权法"的执行比他的父亲还要严苛，他对于违反规定在森林里打猎的英格兰人严惩不贷。英格兰百姓以"森林守卫者"（gardien de bois）以及"猛兽带路人"（berger de bêtes fauves）等绰号来讥讽他，并散布了很多和森林相关的恐怖故事。故事中，恶魔以可怕的化身出现在森林中，告知目击者威廉二世以及其追随者的凄惨下场。[3] 这些民间故事本不足以为信，但是却似乎不断得到印证，因为征服者的家族中不少人在森林中丧生，其中好几位在纳夫森林死于非命。1081年，"征服者"威廉的儿子理查在森林中受伤不治身亡；1100年5月，罗贝尔公爵的儿子，也就是威廉二世的侄子理查中箭身亡；[4] 同年7月，威廉二世同样在森林中中箭身亡。

威廉二世去世的那日早晨，他和朋友们在温彻斯特的城堡大摆筵席，为出行打猎做准备。当他一边系着鞋子上的绑带，一边和宾客们谈笑风生时，一位匠人献上六支新箭，他仔细打量，对箭的精美大加赞叹，自己留了四支，将另外两支赐给高缇耶·蒂雷尔（Gaultier

---

[1] Eadmeri Hist. nov., p.48, ed. Selden.
[2] Eadmeri Hist. nov., p.48, ed. Selden.
[3] Simeon. Dunelm. Hist. dunelm., apud hist. angl. Script., t.I, col. 225, ed. Selden. Roger. de Hoved. Annal., pars prior, apud rer. anglic. Script., p.468, ed. Savile.
[4] Order. Vital. Hist. ecclesiast., lib.X, apud Script. rer. normann., p.780.

Tirel），并说道："好马配好鞍，好的射手也应当拥有好箭！"[1]高缇耶是一位在普瓦（Poix）和蓬蒂厄拥有大量领地的法国人，也是国王最亲近的友人，时常陪伴在旁。[2]正要出发时，一位来自格罗斯特的圣皮埃尔修道院（Saint Pierre）的修道士前来拜见，并带来了院长塞尔隆（Serlon）的书信。这位修道院院长本是诺曼人，他在书信中写道，他手下的一位教士（可能是英格兰人）做了一个不祥之梦，梦中他看到耶稣坐在王位上，脚边有一位妇女哀求道："救世主啊，请怜悯您的子民吧，他们生活在威廉的桎梏中啊！"[3]国王听后大笑道："他们把我当成迷信的英格兰人了吗？他们认为我是那种因为一个梦、一个喷嚏就放弃自己计划的蠢货吗？高缇耶，我们这就上马，出发！"[4]

  国王的兄弟亨利、纪尧姆·德·布勒特伊（Guillaume de Breteuil）以及其他几位贵族陪国王一同到达森林。其他人通通散去，国王身边只有高缇耶一人以及猎狗。[5]后来打猎时，他们看到一只被围捕的公鹿，正朝着他们的方向而来，两人让出一条道，等待着公鹿走近。国王和高缇耶面对面，箭在弦上，蓄势待发。[6]国王首先射箭，但是弩的绳子断裂，箭掉落在地。此时，公鹿受到惊吓，猛然停下，四处张望。[7]国王向高缇耶示意，让他射箭，但是高缇耶或是没有看清公鹿的具体位置，或者没有理解国王的意图，因此他没有任何动作。国王

---

[1] Order. Vital. Hist. ecclesiast., lib.X, apud Script. rer. normann., p.782.

[2] Order. Vital. Hist. ecclesiast., lib.X, apud Script. rer. normann., p.782.

[3] Order. Vital. Hist. ecclesiast., lib.X, apud Script. rer. normann., p.781.

[4] Order. Vital. Hist. ecclesiast., lib.X, apud Script. rer. normann., p.782.

[5] Order. Vital. Hist. ecclesiast., lib.X, apud Script. rer. normann., p.782.

[6] Henrici Knyghton de Event. Angl., lib.I, apud hist. angl. Script., t.II, col. 2375, ed. Selden.

[7] Henrici Knyghton de Event. Angl., lib.I, apud hist. angl. Script., t.II, col. 2375, ed. Selden.

不耐烦地叫道："高缇耶，你倒是赶紧射箭啊！"[1]话毕，国王胸口中箭倒下，是否是高缇耶射下这致命的一箭，我们不得而知。威廉二世跌落在地，当场死亡。高缇耶急忙上前查看，发现威廉二世已经没有呼吸，他立刻上马，狂奔至海边离开英格兰，先抵达诺曼底，然后从诺曼底回到了法国。

听到威廉二世意外身亡的消息，亨利立刻启程前往温彻斯特城堡以及国库，[2]而一同前来打猎的各位贵族也生怕自己的财产遭遇变故，同样离开森林。此时，威廉二世的遗体和他的父亲一样，遭到遗弃，无人问津。一些煤炭商经过，看到被箭刺穿的威廉二世，将其搬至运货车，用破旧的布将其包裹起来，国王的血液浸染了包裹着的布匹，流淌到地上。[3]威廉二世的遗体就这样被运送到温彻斯特城堡，此时，他的弟弟亨利早已抵达，迫切地想要拿到国库的钥匙。看管国库的士兵正在踌躇时，纪尧姆·德·布勒特伊气喘吁吁地前来阻止，他对亨利说道："我们应该履行我们曾经对您的哥哥罗贝尔公爵许下的诺言。当初我们向他承诺，如果威廉二世去世，我们一定效忠于他。他虽然暂时不在这里，但是我们万万不可背弃承诺啊！"[4]亨利不肯妥协，双方展开一场恶战，最后亨利成功地夺取国库。

此前威廉二世和罗贝尔在诸多贵族的见证下，签订合约，合约中明确表示如果威廉二世遭遇不测，英格兰王位将由罗贝尔继承。但是，此时罗贝尔公爵既不在诺曼底，更不在英格兰。1096年，他响应教皇

---

[1] Henrici Knyghton de Event. Angl., lib.I, apud hist. angl. Script., t.II, col. 2372, ed. Selden.

[2] Order. Vital. Hist. ecclesiast., lib.X, apud Script. rer. normann., p.782.

[3] Matth. Paris., t.I, p.54. Willelm. Malmesb., de Gest. pontif. angl., lib.IV, apud rer. anglic. Script., p.126, ed. Savile.

[4] Order. Vital. Hist. ecclesiast., lib.VIII, apud Script. rer. normann., p.782.

乌尔班二世（Urbain II）"重新夺回圣地"的号召，成为第一批参加十字军东征的人，并在三年后，成功夺取耶路撒冷。罗贝尔在回诺曼底的途中得知弟弟威廉二世逝世的消息，他没有料想到英格兰的严峻局势，认为英格兰王位早已是囊中之物，并未加快返程的步伐。后来，他爱上一位定居在意大利的诺曼底贵族女子，又在意大利多做停留。此时，在诺曼底，罗贝尔公爵的拥护者群龙无首，遭到亨利支持者的突袭。亨利夺取英格兰国库后，前往伦敦。在威廉二世去世三日之后，在各位贵族的拥戴下，亨利举行盛大庆典为自己加冕，成为英格兰国王。[1]亨利得到了各位神职人员的爱戴，他们称赞亨利为"美丽的教士"（Beau-Clerc）。[2]英格兰民众也更希望亨利成为英格兰国王，毕竟亨利在英格兰出生和长大，和他的哥哥罗贝尔公爵相比，理应对英格兰更有感情。[3]亨利表示一定会保留国王爱德华时期的法律条款，不过他还表示仍然保留其父亲所制定的"森林特权法"。[4]

亨利一世和他的哥哥罗贝尔公爵性格迥异。罗贝尔个性轻浮、反复无常，但为人慷慨大方、忠实诚信；亨利为人不够坦率，但十分勤勉。亨利成为英格兰国王的过程十分顺利，没有遭遇任何坎坷，不过他时刻谨慎，不敢掉以轻心。对于支持他成为英格兰国王的诺曼人，他并不十分信任，因此打算利用英格兰民众的爱国精神，培养一支由英格兰人组成的独立部队。诺曼人征服英格兰之战以来，统治阶级需要英格兰百姓的支持时，则万般讨好；但是一旦达成目的，就断然抛弃他们。此时，亨利召集英格兰百姓中颇具声望的人，请来翻译，发

---

[1] Chron. saxon., ed. Gibson, p.208.
[2] Chron. Johan. Bromton, apud hist. angl. Script., t.I, col.997, ed Selden.
[3] Guilielm. Neubrig., De reb. anglic., p.297, ed. Hearne.
[4] Chron. Johan. Bromton.(loc.supr. cit.)

表以下演讲：

> 各位英格兰百姓，众所周知，我是土生土长的英格兰人，因此，我把你们视为我最忠实的朋友们。如今我的哥哥罗贝尔觊觎我的王位，他是一位极度自负、乐于征战之人。他曾经公然鄙视你们，认为你们懦弱而又贪婪，一心想着如何压榨你们；而我作为一心向往和平的国王，将极力维护你们的权利，听取你们的建议，用智慧去管理国家。我愿意将我刚刚所说的话写下来，以表诚意。请一定支持我！如果你们做我坚实的后盾，那么我将不再畏惧任何敌人！[1]

亨利一世确实为英格兰百姓手写了承诺书，这在当时被称为"国书"。亨利一世甚至为此国书特地制作新的印章，以显庄重。[2]国书被撰写多份，并被分发到英格兰各郡，样本则被保存在各郡主教堂，但是后来亨利一世厚颜无耻地违背诺言，并将国书一一召回。[3]只有三份样本未被召回，分别存放于坎特伯雷大教堂、约克教堂以及圣阿尔本教堂。

亨利一世为了得到英格兰百姓的更多支持，决定娶一位英格兰女子为妻。当时，英格兰有一位贵族女子的身份颇为尊贵，是爱尔兰国王和埃德加妹妹玛格丽特的遗孤，名叫艾迪特（Edithe）。艾迪特在汉普郡的拉姆西修道院（Rumsey）长大，监护人是埃德加的另外一位妹妹克里斯蒂娜（Christine）。克里斯蒂娜当时和埃德加一同逃亡到爱尔

---

[1] Matth. Paris., t.I, p.62.
[2] Thomæ Rudborne Hist.major winton; Anglia sacra, t.I, p.274.
[3] Matth. Paris., loc. supr. cit.

兰,于1086年返回英格兰,成为修女。[1]艾迪特作为爱尔兰国王的女儿,又是埃德加国王的外甥女,因此受到众多诺曼底贵族的追捧。约克郡里什蒙城堡(le château de Richemont)的主人阿兰·勒·布雷顿(Alain le Breton)曾经向威廉二世请求赐婚,但是在威廉二世下令前,他却死于非命;萨里郡(Surrey)的纪尧姆·德·加雷纳(Guillaume de Garenne)也曾经想娶艾迪特为妻,但是不知为何,最终婚礼未能如期举行。[2]此时,亨利一世最得力的议员建议他娶艾迪特为妻,并以此来获得英格兰子民的支持,对抗罗贝尔及其拥护者。

对于英格兰人而言,艾迪特和英格兰王室血脉相连,如果她嫁给亨利一世成为英格兰王后,那么英格兰或许可以恢复往日辉煌。因此,凡是和艾迪特的家族沾亲带故的人,都前来劝说她接受这个婚约。[3]但是不知什么缘故,艾迪特不愿意嫁给亨利一世,而且态度相当坚决。相劝之人并不甘心,继续劝导,最后艾迪特不堪其扰,同意这门婚事。[4]他们对艾迪特说道:"尊贵的艾迪特,只要你愿意,你将找回过去英格兰的荣光,你将成为两族联盟的象征、两族和好的纽带。但是如果你坚决反对这场婚事,那么两族之间的仇恨将永远存在,两族之间的争斗将永不停歇。"[5]

艾迪特同意这桩婚事之后,改名为"玛蒂尔达"(Mathilde),因为这个名字对诺曼人来说更顺耳。[6]很多诺曼人反对这桩婚事,主要包

---

[1] Willelm. Malmesb., de Gest. pontif. angl., lib.II, apud rer. anglic. Script., p.164, ed. Savile. Annal. waverleienses, ad ann. MLXXXVI, apud rer. anglic. Script., t.II, p.136, ed. Gale.

[2] Order. Vital. Hist. ecclesiast., lib.VIII, apud Script. rer. normann., p.702.

[3] Matth. Paris., t.I, p.58.

[4] Matth. Paris., t.I, p.58.

[5] Matth. Paris., t.I, p.58.

[6] Order. Vital. Hist. ecclesiast., lib.VIII, apud Script. rer. normann., p.702.

括罗贝尔公爵的密友以及其他诺曼底贵族,在他们看来,一位英格兰籍女子不配成为他们的王后。他们声称玛蒂尔达之所以从小在修道院长大,在公共场合戴着面纱,是因为她是一名修女,她的父母早已将其献给上帝。这桩婚事面临诸多障碍,婚期也一直延迟。[1]

兰弗朗克去世之后,一位来自贝克(Bec)的修道士安塞尔姆(Anselme)成为坎特伯雷大主教。这是一位有文化、有德行之人,据当时史学家记载,安塞尔姆受到当地英格兰百姓的爱戴。[2]当初,兰弗朗克试图诋毁英格兰籍圣徒,否认被丹麦人杀害的埃尔菲戈主教是殉道者,安塞尔姆主教正是在这个时期来到英格兰的。兰弗朗克和这位诺曼底同仁谈起埃尔菲戈的事迹,两人探讨起何为"殉道"。安塞尔姆如此说道:"我认为埃尔菲戈主教是一位真正的殉道者,因为他宁愿一死,也不愿背叛自己的祖国。约翰为真理而死,埃尔菲戈为正义而死,对于耶稣来说,他们都是殉难者!"[3]

安塞尔姆在威廉二世登基后,成为英格兰首席主教,他秉正宽容,对英格兰人也一视同仁。他曾积极支持亨利一世和玛蒂尔达的婚事,但是当他听闻玛蒂尔达是修女之后,他则表示任何人不得娶修女为妻,英格兰国王也不例外。[4]为了了解事情的真相,他亲自询问玛蒂尔达,后者表示自己并非修女,她之所以在公共场合戴面纱,也有其背后的缘由。后来,她当着所有英格兰神职人员的面,说出了事实的真相:"我承认我在公开场合戴面纱,这是因为我从小由姨妈克里斯蒂娜抚养,她害怕那些放纵的诺曼人欺侮我,习惯为我戴上黑色的面纱,如

---

[1] Eadmeri Hist. nov., p.56, ed. Selden.
[2] Eadmeri Hist. nov., p.112, ed. Selden.
[3] Johan. Sarisbur. de Vita Anselmi ; Anglia sacra, t.II, p.162.
[4] Eadmeri Hist. nov., p.56, ed. Selden.

果我不情愿，她便会很严厉地惩罚我。因此，她在我身边的时候，我会乖乖戴上面纱，但是她一走开，我就会将面纱扔在地上。"[1]

安塞尔姆邀请各位主教、修道院院长、其他神职人员以及在俗贵族等来到罗彻斯特，召开会议商量此事，一些证人当堂证明玛蒂尔达所讲属实。后来，两位诺曼底主教代理纪尧姆和安博（Humbault）被派往玛蒂尔达长大的修道院进行调查，他们表示修道院所有人，包括各位修女都可以证明玛蒂尔达所言非虚。[2]议会成员讨论时，安塞尔姆退出会议大厅以保证决定的公允公正，最后议会发言人宣读以下决议："当初英格兰妇女为了躲避'征服者'威廉所带领的诺曼底士兵，纷纷逃往修道院，最终大主教兰弗朗克恢复了她们的自由之身。因此我们谨遵大主教兰弗朗克的教诲，认定玛蒂尔达是自由之身，有自由婚嫁的权利。"

安塞尔姆大主教表示对这项决议没有异议，不久之后，在他的主持下，亨利一世和玛蒂尔达的婚礼隆重举行。婚礼前，为了消除人们对这场婚事的疑虑，安塞尔姆还在教堂前的神坛上，向人们具体解释了会议经过和最终决策。以上的故事都来自一位当时的目击者，一位坎特伯雷大教堂的英格兰籍教士，名叫埃德默（Edmer）。

按照埃德默的描述，尽管大主教安塞尔姆如此小心谨慎，仍然难以提防恶意之人的揣测。[3]在很多诺曼人看来，这是一桩"门不当，户不对"的婚姻，他们常常拿这对新人开玩笑，用撒克逊姓名"戈德里克和戈黛芙"（Godrik et Godive）来讥讽他们。[4]一位编年史作者

---

[1] Eadmeri Hist. nov., p.56 et 57, ed. Selden.
[2] Eadmeri Hist. nov., p.57, ed. Selden.
[3] Eadmeri Hist. nov., p.57 et seq., ed. Selden.
[4] Willelm. Malmesb., de Gest. pontif. angl., lib.V, apud rer. anglic. Script., p.156, ed. Savile. Henrici Knyghton de Event. Angl., lib.I, apud hist. angl. Script., t.II, col. 2375, ed. Selden.

说道:"事实上,亨利一世对这一切了然于心,不过每每听到这样的称谓,他都假装大笑出声,以掩饰自己的愤怒。"[1]当罗贝尔公爵最终回到诺曼底,那些反对亨利一世的人又开始蠢蠢欲动。一些居住在英格兰的诺曼底贵族向罗贝尔公爵发去书信,甚至亲自跨过英吉利海峡来到诺曼底,表示愿意支持他夺回英格兰王位。他们恳请罗贝尔不再耽搁,立即前往英格兰,争取自己的合法权利。[2]罗贝尔到达英格兰时,不少诺曼底男爵和骑士都加入了他的军队;与此同时,各位神职人员、普通士兵以及英格兰百姓则支持亨利一世。[3]英格兰百姓因为亡国仇恨,内心期望诺曼人的内战可以持续,亨利一世和罗贝尔公爵最终两败俱伤。然而,罗贝尔公爵在汉普郡海岸登陆,但是亨利一世却在萨塞克斯海岸边等候,英格兰百姓所期待的大战并未发生。两支军队需要再过几日才能对峙,在此间隙,两边态度相对温和的诺曼人举行洽谈,最终压下这次内战。[4]洽谈结果如下:亨利一世每年给罗贝尔公爵两千英镑,以此为条件,罗贝尔再次放弃争夺英格兰王位。此外,支持双方中任何一方的诺曼底贵族此前被充公的土地全部无条件归还原主。[5]

英格兰人此前妄想诺曼人内讧,因为这对于他们来说,"不费一兵一卒,即可报家仇国恨",可是诺曼人所举行的洽谈让他们的希望化为泡影。然而不久之后,他们又有了新的机会。在诺曼底和英格兰权倾一方的公爵罗贝尔·德·贝莱姆(Robert de Belesme)面临着45项指

---

[1] Willelm. Malmesb., loc. supr. cit.
[2] Florent. Wigorn. Chron., p.650.
[3] Florent. Wigorn. Chron., p.650.
[4] Florent. Wigorn. Chron., p.650.
[5] Florent. Wigorn. Chron., p.650.

控,国王在王宫中召开会议,要求他出席辩解。[1]罗贝尔·德·贝莱姆到了法庭,不过按照惯例,他要求征询亲朋好友的意见,以更好地为自己辩护。[2]但是,罗贝尔·德·贝莱姆一出王宫,便骑上马飞奔而去,来到自己守卫森严的堡垒。国王和各位出席会议的贵族,久久未能得到他的回复,因此宣布,如果罗贝尔·德·贝莱姆不出席下一次召开的会议,那么他将被视为全民公敌。[3]罗贝尔·德·贝莱姆此时已经在为战争做准备,他在自己手下的阿伦德尔堡垒和蒂克希尔堡垒(Arundel et de Tickehill)以及自己驻守的什鲁斯伯里堡垒准备好武器和军粮。此外,他还在威尔士边境的布里奇诺斯(Bridgenorth)筑造防御工事,[4]而此时,国王的军队正向他一步步逼近。

亨利一世攻打布里奇诺斯三个星期之后,诺曼底的贵族召开会议,试图让双方停战,让亨利一世和罗贝尔·德·贝莱姆握手言和。一位历史学家这样解释:"他们知道如果亨利一世战胜罗贝尔,那么他日后就有足够的理由让所有诺曼底贵族按照他的意愿行事。"[5]他们一起来到亨利一世面前,请求他在王室部队驻扎地附近的平原召开"和平会议"。[6]此时,附近的山丘驻扎着三千名英格兰将士,他们深知会议的目的,也能猜测到会议的结果。英格兰士兵们情绪激动,大叫道[7]:"尊敬的国王,不要相信他们,他们这是在为您设下陷阱!我们会做您坚实的后盾,我们愿意为您舍命而战,您万万不可以和他们讲

---

[1] Order. Vital. Hist. ecclesiast., lib.VIII, apud Script. rer. normann., p.806.
[2] Order. Vital. Hist. ecclesiast., lib.VIII, apud Script. rer. normann., p.806.
[3] Order. Vital. Hist. ecclesiast., lib.VIII, apud Script. rer. normann., p.806.
[4] Order. Vital. Hist. ecclesiast., lib.VIII, apud Script. rer. normann., p.806.
[5] Order. Vital. Hist. ecclesiast., lib.VIII, apud Script. rer. normann., p.806.
[6] Order. Vital. Hist. ecclesiast., lib.VIII, apud Script. rer. normann., p.807.
[7] Order. Vital. Hist. ecclesiast., lib.VIII, apud Script. rer. normann., p.807.

和啊！"[1]这一次，诺曼底贵族未能成功阻止内战，亨利一世率领军队继续围攻布里奇诺斯，并最终攻下堡垒，随后又攻下什鲁斯伯里堡垒。罗贝尔不得不缴械投降，他最终被剥夺爵位并被驱逐出境。[2]

加入王室军队的英格兰士兵成功打败起义反抗的诺曼人，他们的虚荣心得到很大的满足，然而英格兰百姓的生活并未因此得到改善。或许，此次战役让英格兰人报复了部分诺曼人，但是最终受益的同样是诺曼人。尽管亨利一世娶了一位英格兰女子为妻，尽管诺曼底贵族为他取了绰号来嘲笑他，但是归根结底，亨利一世的身体里留着诺曼人的血液。他最信任的默朗公爵（Meulan），比其他任何一位诺曼底贵族，都更加仇视英格兰百姓。[3]民间传说，玛蒂尔达建议国王善待英格兰子民，她被称为"善良的王后"（la bonne reine），但是她的建议似乎并未奏效。[4]在彼得伯勒修道院，有这样一部英国编年史，记载着亨利一世和玛蒂尔达婚后发生在英格兰的各项历史事件，前传中有这样几段话："这一年，苛捐杂税，英格兰百姓所面临的苦难，实在难以言述……""国王所到之处，其随从任意欺侮当地百姓，杀人放火、无所不为……"[5]在这部编年史中，每一年都用同样的词语描述当时英格兰"民不聊生"的惨况，而单调的语言又为故事本身蒙上了一层阴影……"1105年，英格兰百姓苦不堪言，庄稼收成不好，可是政府仍在增加赋税的力度。[6]1110年，英格兰百姓苦不堪言，因为气候

---

[1] Order. Vital. Hist. ecclesiast., lib.VIII, apud Script. rer. normann., p.807.
[2] Order. Vital. Hist. ecclesiast., lib.VIII, apud Script. rer. normann., p.807.
[3] Eadmeri Hist. nov., p.94, ed. Selden.
[4] Robert of Brunne's chron., p.98, ed. Hearne. Robert of Gloucester's chron., p.193, ed. Hearne.
[5] Chron. saxon., ed. Gibson, p.212.
[6] Chron. saxon., ed. Gibson, p.213.

的原因,庄稼收成惨淡,然而国王为准备公主的嫁妆,而增加赋税的力度……"[1]这位公主,和她的母亲同名,也叫玛蒂尔达,时年五岁,已经被许配给德国皇帝亨利五世。编年史中如此记载,"而这一切,都由英格兰百姓来承担。"[2]

公主的婚事、亨利一世攻打诺曼底的费用通通压在英格兰百姓身上。罗贝尔放弃英格兰王位之争后,亨利一世也努力经营兄弟间的和睦关系。此前,罗贝尔前来拜访亨利一世,受到热情款待。[3]罗贝尔是家族中最慷慨大方、最没有政治抱负的人,亨利一世对此早有体会。早前,亨利一世没有领地,对自己的遗产很不满,打算攻占诺曼底的圣米歇尔山(le mont Saint)时,[4]罗贝尔和威廉二世前去围攻,最终亨利一世的队伍缺水被困。亨利一世恳求道:"水是世间所有人共享的,请哥哥们不要剥夺这项权利。"罗贝尔深受触动,命令手下为亨利一世的队伍供水。威廉二世听闻此事,恼羞成怒,说道:"兄长,虽然您在作战方面颇有天赋,可您现在却因为顾念兄弟情义,要给敌人供水,莫非以后还要给他们提供食物吗?"[5]罗贝尔则反驳道:"难道你让我眼睁睁地看着自己的弟弟渴死吗?他可是我们唯一的弟弟,如果他死了,我们可就没有其他兄弟了。"[6]

遗憾的是,亨利一世成为英格兰国王之后,似乎忘记了罗贝尔对他的兄弟情分。罗贝尔公爵生性单纯简单、缺乏警惕,因此并不擅长

---

[1] Chron. saxon., ed. Gibson, p.216.
[2] Chron. saxon., ed. Gibson, p.220.
[3] Order. Vital. Hist. ecclesiast., lib.XI, apud Script. rer. normann., p.805.
[4] Thomæ Rudborne Hist.major winton; Anglia sacra, t.I, p.263.
[5] Willelm. Malmesb., de Gest. pontif. angl., lib.II, apud rer. anglic. Script., p.121, ed. Savile.
[6] Willelm. Malmesb., de Gest. pontif. angl., lib.II, apud rer. anglic. Script., p.122, ed. Savile.

料理政事。在诺曼底,滥用职权、秩序混乱的情况屡见不鲜;很多人对罗贝尔的执政表示不满,然而罗贝尔对此几乎全无察觉,而在知情之后,性情温和的他也并未惩处那些公然忤逆之人。此时,他的弟弟亨利一世利用诺曼底内部的混乱,以"调停和斡旋"为名,掺和进来。[1]一开始,他佯装成"讲和者",试图在诺曼底公爵和他的子民之间建立起桥梁;但是,当诺曼底内乱再次发生时,他撕掉了自己伪装的面具,宣布自己愿意为诺曼底子民去对抗诺曼底公爵罗贝尔。亨利一世勒令罗贝尔接受一定数额的钱财,并放弃诺曼底的统治权。在给罗贝尔的书信中,他这样写道:"如今,你虽然拥有诺曼底公爵的头衔,但是事实上你根本不配统治诺曼底,因为你手下的人通通瞧不起你。"[2]罗贝尔读了亨利一世的信后,非常愤怒,不肯做出任何妥协。于是,亨利一世准备武装讨伐自己的哥哥罗贝尔。[3]

亨利一世出发去诺曼底前,在英格兰收缴了大笔税收作为远征的费用。收缴税收的官员无所不用其极,残忍地压榨英格兰贵族和农民。[4]他们将那些已经一无所有的英格兰民众赶出房舍,拆卸房屋的门窗,夺走仅剩的家具;对于那些相对宽裕的英格兰百姓,他们则冠以莫须有的罪名,英格兰人出于恐惧,不敢出庭为自己辩护,诺曼人则趁机没收他们的财物。[5]当时的一位史学家说道:"英格兰人对于诺曼底的恶行早已司空见惯,因为在'征服者'威廉以及威廉二世执政时,他们也是横征暴敛,残忍地压迫英格兰子民。如今,英格兰子民对诺曼人执政更加不满、更加愤怒,是因为如今的他们早已一无所

---

[1] Order. Vital. Hist. ecclesiast., lib.VIII, apud Script. rer. normann., p.820.
[2] Order. Vital. Hist. ecclesiast., lib.VIII, apud Script. rer. normann., p.820.
[3] Order. Vital. Hist. ecclesiast., lib.VIII, apud Script. rer. normann., p.820.
[4] Eadmeri Hist. nov., p.83, ed. Selden.
[5] Eadmeri Hist. nov., p.83, ed. Selden.

有，而执政者却仍然不放过他们。"[1] 当时的另外一位作家说道："一些耕种的英格兰农民出于绝望，来到王宫附近或者是国王出行的地方，把犁扔在国王的面前，以示反抗。"[2]

亨利一世出征诺曼底公国，在离莫尔坦三法里的坦什布赖堡垒（château de Tinchebray）一举获得胜利，罗贝尔公爵及其亲信则沦为俘房。值得一提的是，被俘房的罗贝尔公爵的亲信中，竟然有英格兰前任国王埃德加。[3] 埃德加此前放弃英格兰王位，放弃自己的前途，定居在诺曼底，并和罗贝尔公爵成为至交，甚至陪同其前往圣地。[4] 埃德加被俘后被带回英格兰，亨利一世作为他的侄女婿，赐予他微薄的收入供其维持生存，埃德加最后在英格兰的乡村里孤独终老。[5] 罗贝尔公爵成为俘房后，命运更加悲惨。他被人看押在位于威尔士南海岸的加的夫堡垒（Cardiff），与格罗斯特堡垒隔海相望。罗贝尔和英格兰大陆隔着萨维尔纳河，一开始他还有一定的人身自由，可以在附近的森林里散步，但是一日，他骑上马准备潜逃，被看守的士兵追回，自那之后，他便一直被关押在堡垒中不得外出。几位史学家称，亨利一世后来命人挖去了罗贝尔的双眼。[6]

罗贝尔沦为俘房时，他还有一名幼子，名叫威廉。亨利试图抓住年幼的威廉，但是罗贝尔的一位挚友将其救下，并将其带往法国。[7] 法国国王路易六世（Louis VI）收留了年幼的威廉，将其养在自己的王

---

[1] Eadmeri Hist. nov., p.83, ed. Selden.
[2] Dialog. de Scaccario; Seldeni notæ ad Eadmeri Hist. nov., p.216.
[3] Chron. saxon., ed. Gibson, p.214.
[4] Order. Vital. Hist. ecclesiast., lib.X, apud Script. rer. normann., p.778.
[5] Willelm. Malmesb., de Gest. pontif. angl., lib.III, apud rer. anglic. Script., p.103, ed. Savile.
[6] Matth. Paris., t.I, p.63.
[7] Order. Vital. Hist. ecclesiast., lib.XI, apud Script. rer. normann., p.838.

宫，赐予他马匹和马具。路易六世装作对小威廉的遭遇非常同情，事实上他在利用小威廉来牵制亨利一世日益壮大的势力。他以小威廉的名义号召佛拉芒人和安茹人组成联盟军队，从诺曼底边境进攻，亨利一世因此失去不少城池和堡垒。与此同时，罗贝尔公爵的支持者也筹划谋杀亨利一世。[1] 几年以来，亨利一世睡觉时，身旁一定放有佩剑和盾牌。[2] 此时的亨利一世可谓内忧外患，但是作为英格兰国王和诺曼底公爵，他的地位并未被动摇。

罗贝尔公爵的幼子威廉一直生活在法国，效力于法国国王。作为封臣，他跟随路易六世征战四方。丹麦国王克努特死于一场暴乱，他的儿子查尔斯（Karle ou Charles）后来成为佛拉芒公爵，同样死于一场叛乱，[3] 于是法国国王受到佛拉芒贵族的邀请，带领军队出征佛拉芒，剿灭暴动分子。在路易看来，佛拉芒本属于法国的领土，他作为法国国王，对佛拉芒有着绝对的政治权威（不过这一点一直饱受争议），为了与英格兰国王亨利一世抗衡，他支持罗贝尔幼子威廉成为新任佛拉芒公爵。[4] 佛拉芒人对于法国国王委任的新公爵有诸多不满，但是当路易六世及其军队驻守在佛拉芒时，不敢有任何异动。后来，路易六世带领军队离开之后，佛拉芒人立即起义，反抗这位新公爵。[5] 佛拉芒贵族推选阿尔萨斯公爵蒂瑞克（Thiedrik）为首领，因为蒂瑞克既是他们的同族，又是故去的佛拉芒公爵的亲戚。[6] 事实上，

---

[1] Order. Vital. Hist. ecclesiast., lib.XI, apud Script. rer. normann., p.838 et seq. Sugerii vita Ludovici Grossi, apud Script. rer. gallic. et francic., t.XII, p.44.

[2] Order. Vital. Hist. ecclesiast., lib.XI, apud Script. rer. normann., p.838 et seq. Sugerii vita Ludovici Grossi, apud Script. rer. gallic. et francic., t.XII, p.44.

[3] Johan., Iperii chron., apud Script. rer. gallic. et francic., t.XIII, p.466.

[4] Johan., Iperii chron., loc. supr. cit.

[5] Johan., Iperii chron., loc. supr. cit.

[6] Johan., Iperii chron., apud Script. rer. gallic. et francic., t.XIII, p.466.

双方实力悬殊，法国国王委任的威廉公爵在一次战役中负伤死去，蒂瑞克则成为新的佛拉芒公爵。法国国王路易六世万般无奈，只能承认佛拉芒人民所推选的公爵。[1]

法国国王路易六世多次挑衅亨利一世，屡屡引起争端。亨利一世应战之前，在各位主教和贵族的建议下，在英格兰境内任命多位新晋修道院院长以及高级教士等。根据记载，自法国人统治英格兰41年以来，在如此短的时间内，大量修建修道院，任命神职人员的现象从未有过。[2]这样的事件在今天看来或许微不足道，但在当时，宗教信仰对于所有的英格兰子民来说，都是至关重要的事情，他们几乎每日与神职人员打交道。史学家埃德默认为："国王所委任的神职人员中，大多不是真正的宗教引路者，反而是残忍的豺狼虎豹。"[3]这是否是国王亨利一世的本意，我们不得而知。[4]总而言之，在不列颠岛，英格兰人即使德行高尚、才华横溢，也得不到一官半职；但是诺曼人无论德行能力如何，仅凭出身便可坐享荣华富贵。哎，我们的时代，真的是黯淡无光啊！"[5]

1107年，国王新委任的神职人员中，有一位来自普瓦图的主教亨利。这位主教听闻英格兰的神职人员可以轻松发家致富，生活无忧无虑，于是来到英格兰谋职。亨利任职于彼得伯勒修道院。按照编年史记载："主教亨利在彼得伯勒修道院的所作所为，如同是在蜂箱里'为非作歹'的大胡蜂一般。修道院内外凡是可以占为己有的财物，他都不放过，全数运回自己的故乡。"[6]亨利本是克吕尼的一位修道士，他

---

[1] Johan., Iperii chron., apud Script. rer. gallic. et francic., t.XIII, p.466.
[2] Chron. saxon., ed. Gibson, p.214.
[3] Eadmeri Hist. nov., p.110, ed. Selden.
[4] Eadmeri Hist. nov., p.110, ed. Selden.
[5] Eadmeri Hist. nov., p.110, ed. Selden.
[6] Chron. saxon., ed. Gibson, p.232.

曾在十字架前向其主教立下誓言，要将彼得伯勒的财产，包括屋舍和家具，全部拿下并运回家乡。[1] 主教亨利向英格兰国王提出这样的请求，只等国王的决断。编年史作者写到此段时不禁发出以下感慨："仁慈的上帝啊，请怜悯这不幸的彼得伯勒修道院及其各位教士吧！他们需要耶稣以及全世界基督教徒的救助啊！"[2]

诺曼底政府统治下的英格兰人，无论是神职人员还是在俗教徒，都备受煎熬，对自己民族的命运感到深深的绝望。此时，民间流传着诸多有着迷信色彩的故事，英格兰百姓想象着上帝向他们的压迫者发去可怖的信号，以示惩戒。根据传闻，在主教亨利入驻彼得伯勒修道院时，在斯坦福修道院和城区之间的森林中，月黑风高之时，出现一些高大威猛、面目可怖的黑衣猎人，他们骑着黑色的战马，带领着野性难驯的猎狗，追逐黑色的母鹿。讲述者说道："这是一些德行高尚的人亲眼所见，另外，连续四个晚上，人们听到猎人吹响的号角。"[3] 在林肯郡，一位名叫罗贝尔·布吕埃（Robert Bluet）的诺曼底主教生前放荡不羁、荒淫无耻，他的坟墓周围，连续几个夜晚都阴魂不散。[4] 民间还传言，亨利一世睡梦中看到一些可怕的景象，以至于他某个夜晚三次惊醒，从床榻跳起，紧握佩剑防身。[5] 同时期，关于瓦尔塞奥夫坟墓的奇迹也被重提；[6] 国王爱德华尊贵的王室身份从未受到任何

---

[1] Chron. saxon., ed. Gibson, p.235.
[2] Chron. saxon., ed. Gibson, p.236.
[3] Chron. saxon., ed. Gibson, p.232.
[4] Henrici Knyghton de Event. Angl., lib.I, apud hist. angl. Script., t.II, col. 2364, ed. Selden.
[5] Henrici Knyghton de Event. Angl., lib.I, apud hist. angl. Script., t.II, col. 2383, ed. Selden.
[6] Petri Blesensis Ingulfi Continuat., apud rer. anglic. Script., t.I, p.116, ed. Gale.

质疑，关于他的传说也在坊间流传。[1]然而这些民间故事，这些对于故人的缅怀，对于如今的英格兰百姓来说，既不能改善他们当下的处境，也没有给他们带来任何希望。

亨利一世和玛蒂尔达的儿子威廉王子未能继承其母亲对英格兰百姓宽容、仁爱的情感。威廉王子曾公开表态，如果有一天他继承王位，统治英格兰，那么他会让英格兰人民做牛做马，生不如死。[2]所有的诺曼底贵族都认可他作为亨利一世的接班人，并发誓将来一定对他忠诚。不久之后，他迎娶了安茹公爵富尔克（Foulques）的女儿为妻。这样的联姻让安茹人从法国国王路易六世所结成的联盟中脱离了，路易六世希望威廉王子作为诺曼底的拥有者，对他效忠，他表示愿意以此为条件结束战争。[3]1120年初冬，战争彻底结束，亨利一世、威廉王子、亨利一世的其他几位私生子以及其他诺曼底贵族等，准备跨越英吉利海峡返回英格兰。[4]

同年12月，亨利一世的舰队在巴尔夫勒（Barfleur）港口进行筹备。出发时，一位名叫托马（Thomas）的年轻人前来拜见英格兰国王，他赠予国王一个金马克，并且说道："我的父亲埃蒂安（Etienne）一生都在为您效力，当初您的父亲征战英格兰时，就是乘坐我父亲的帆船。我请求您乘坐我的帆船回到英格兰，请赐予我这无上的荣光吧！我的帆船叫作'白船'（Blanche Nef），现在已经准备就绪。"[5]国

---

[1] Hist. Ingulf. Croyland., apud rer. anglic. Script., t.I, p.84.
[2] Henrici Knyghton de Event. Angl., lib.I, apud hist. angl. Script., t.II, col. 2382, ed. Selden. Chron. Johan. Bromton, apud hist. angl. Script., t.I, col.1013. Thom. Walsingham. Ypodigma Neutriæ, apud Camden., Anglica, Hibernica, etc, p.444.
[3] Anonymus apud Script.rer. gallic et francic., t.XIV, p.16.
[4] Order. Vital. Hist. ecclesiast., lib.XII, apud Script. rer. normann., p.867.
[5] Order. Vital. Hist. ecclesiast., lib.XII, apud Script. rer. normann., p.867 et 868.

王表示他早已选择了自己所要乘坐的船只，但他不愿意辜负托马的一番好意，于是让自己的两个儿子、女儿以及所有的随从都乘坐托马的白船。日落之时，刮起北风，国王所乘坐的帆船率先起航。[1] 第二艘帆船稍晚出发，出发之际，年轻的乘客们大方馈赠水手们酒水。[2] 这艘帆船由托马掌舵，50位经验丰富的桨手划桨，他们在月光下起航，沿着巴尔夫勒的海岸快速前进。[3] 水手们大量饮酒后，似醉未醉，试图加快速度以追赶国王所乘坐的船只，然而在经过卡特维尔（Catteville）时，他们遇到一片浮在水面的岩石群，[4] 白船全速撞上了暗礁，船身左侧裂开。船员们发出绝望的呼喊，国王乘坐前面的船只已经行驶到一片汪洋中，国王隐约听到呼叫声，但却未曾料到是自己的船队遭遇此等不幸。[5] 白船很快被水淹没，船上三百名乘客，其中18名妇女，全部溺水身亡。[6] 只有两名幸存者，他们趴在船只的桅桁上，得以漂浮在海面，分别是来自鲁昂的一个屠夫白罗德（Bérauld）以及一位出身略微高贵的年轻人吉尔伯特·德·莱格勒（Gilbert de l'Aigle）的儿子——戈德弗鲁瓦（Godefroi）。[7]

　　白船的主人托马在船只沉没后，因为水性甚好，潜水之后浮出水面，看到趴在桅桁的两位幸存者，问道："威廉王子呢？他怎么样了？"[8]"他、他的兄弟、姐妹以及他们一行人都落水了。""我这是受到

---

[1] Order. Vital. Hist. ecclesiast., lib.XII, apud Script. rer. normann., p.867 et 868.
[2] Order. Vital. Hist. ecclesiast., lib.XII, apud Script. rer. normann., p.868.
[3] Order. Vital. Hist. ecclesiast., lib.XII, apud Script. rer. normann., p.868.
[4] Willelm. Gemet. Hist. normann., ibid., p.297.
[5] Order. Vital. loc. Supr. cit.
[6] Order. Vital. loc. Supr. cit. Willelm. Malmesb., de Gest. pontif. angl., lib.V, apud rer. anglic. Script., p.165, ed. Savile.
[7] Order. Vital. Hist. ecclesiast., lib.XII, apud Script. rer. normann., p.868.
[8] Order. Vital. Hist. ecclesiast., lib.XII, apud Script. rer. normann., p.868.

了上帝的诅咒啊！"托马如此喊道，然后自己也游向大海深处，最后被大海吞噬。[1] 12月的冬夜彻骨寒冷，两位幸存者中的戈德弗鲁瓦身体羸弱，他最终从桅杆上滑落，仅存的一位幸存者，便是整艘船最贫穷的乘客白罗德，他穿着羊皮制的短上衣，一直浮在海面，后来被渔夫们所救。我们之所以知道如此多的细节，均来自白罗德的描述。[2]

英格兰作家在讲述这起船难时，对船上遭遇不幸的诺曼底贵族没有任何怜悯之心。在他们看来，此次船难发生时，天气晴朗，海面平静，这不是上天的旨意又是什么呢？他们坚信一种超自然的力量在惩恶扬善。[3]一位作家这样说道："这位傲慢的威廉王子此前觊觎英格兰的统治权，但是上帝说道，你乃亵渎宗教之人，你乃大逆不道之人，由你来统治英格兰，这绝不可能！于是，他不仅没有带上象征着王位的皇冠，而且葬身大海。"[4]英国作家们表示，威廉王子生前把诺曼人的卑鄙无耻发挥到极致，他的下场是罪有应得！[5]在一封私人信件中，我们看到这样一段文字："你看，罗贝尔·德·贝莱姆将谋杀当成家常便饭；你看，华威公爵（Warwic）亨利和他的儿子罗杰有着同样卑鄙的灵魂；你看国王亨利一世，他屠杀那么多人，无数次打破自己的誓言，甚至还将自己的亲兄弟关押起来[6]……或许你会觉得疑惑，既然亨利一世犯下如此罪行，在我的作品中，为何我又大肆赞扬他呢？因为在诸多英格兰国王中，他最谨慎、最英勇、最富有；过去我

---

[1] Order. Vital. Hist. ecclesiast., lib.XII, apud Script. rer. normann., p.868.
[2] Order. Vital. Hist. ecclesiast., lib.XII, apud Script. rer. normann., p.868.
[3] Gervas. Cantuar. Chron., apud hist. angl. Script., t.II, col. 1339, ed. Selden. Matth. Westmonast. Flor. hist., p.240.
[4] Henrici Huntind. Epist. de contemptu mundi; Anglia sacra, t.II, p.696.
[5] Gervas. Cantuar. chron., loc. supr. cit. Eadmeri Hist. nov., p.24, ed. Selden. Anglia sacra, t.II, p.40.
[6] Henrici Huntind. Epist. de contemptu mundi; Anglia sacra, t.II, p.698.

们曾效忠诸多君主，他们的光芒不逊色于天空中的星星，他们所经过之处，男女老少无不驻足敬仰，他们为巩固自己的统治，也和亨利一世一样，曾经犯下滔天罪行，那么为何我唯独赞扬国王亨利一世呢？因为他是唯一承认'王权必然带来罪行'的国王。"[1]

根据记载，自从白船失事后，亨利一世的脸上再也没有浮现任何笑容。他的妻子玛蒂尔达后来也去世了，葬于温彻斯特。[2]后来，亨利一世又娶了一位非英格兰籍的妻子，但是对其十分冷淡，因为这位女子于他的政治生涯并无益处。亨利一世二婚无子，因此他将所有希望都寄托在他的私生子罗贝尔（Robert）身上，因为这是他唯一的骨肉。[3]罗贝尔王子到达适婚年纪时，亨利一世为他物色年轻的女子。此时，一位住在格罗斯特的富人埃蒙之子——罗贝尔去世，将其丰厚的家业留给其唯一的女儿艾梅布尔（Aimable），亲近的人都叫她"梅布尔"（Miable）。亨利一世与该女子的亲眷商量联姻之事，亲眷纷纷表示同意，但却遭到了梅布尔的强烈反对。她拒绝此门婚事，却不说明缘由，在人们的追问下，才道出事实的真相，她拒绝嫁给罗贝尔王子的原因是，他不是"两姓之人"。

"两姓之人"往往来自大家族，意味着除却本名外，还拥有一个头衔，也就是拥有一片领地或是某个重要职位，这也是诺曼人区别于英格兰人的标志性特征。[4]诺曼人征战英格兰之后在此定居，如若只保留自己的本名，那么在后来的岁月中，他的后代可能会被视作英格兰人。这位艾梅布尔十分自负，她绝不允许自己未来丈夫的身体里流淌

---

[1] Henrici Huntind. Epist. de contemptu mundi; Anglia sacra, t.II, p.699.
[2] Thomæ Rudborne Hist.major winton; Anglia sacra, t.I, p.277.
[3] Willelm. Gemet. Hist. normann., apud Script. rer. normann., p.606.
[4] Hickesii Dissertatio epistolaris; Thesaurus linguarum septentrionalium, t.II, p.27.

着英格兰人的血液。在她和国王亨利一世的交谈中,她坦诚地将自己的疑虑告知国王,后来,他们之间的交谈也被诗人们撰写成诗。[1]

诺曼底少女说道:"陛下,我深知您注意到我,恩赐与我,并非我多么贤良淑德,而是我继承家父庞大的遗产。我拥有巨额的财富,我的夫君却不是一位'两姓之人',这实在不合乎情理。[2]家父生前名叫'埃蒙之子,罗贝尔先生',我所嫁之人的姓名必须和我父亲一样,能清楚交代他的出身。"

亨利一世如此回复:"你说得很对。'埃蒙之子,罗贝尔先生'是您父亲的名字,那么您丈夫的名字则是'国王之子,罗贝尔先生'。"[3]

"这一点我没有异议,那么您的儿子此生都将拥有尊贵的头衔,然而将来他的儿子们呢?他的孙子们呢?"

国王明白艾梅布尔所求,立刻说道:"请放宽心,你的丈夫将会拥有一个对他自己、对他的后代都让人无法指摘的姓名,那便是'格罗斯特公爵罗贝尔',因为我的意愿是无论是他还是他的后代,都将拥有此项头衔。"[4]

以上便是诺曼人的轶事,接下来我们将目光转向英格兰百姓。1124年,大法官拉乌尔·巴塞特(Raoul Basset)以及其他几位诺曼底男爵怀疑50名英格兰人试图继续组织反抗运动,于是在莱斯特(Leicester)召开会议,以抢劫和掠夺的罪行控告这些英格兰人。在大法官拉乌尔和各位陪审员的审判下,44名英格兰人因为武装偷窃被判处死刑,另外六人则被挖去双眼。[5]当时的编年史如此记载:"大部

---

[1] Robert of Gloucester's chron., p.431 et 432, ed. Hearne.
[2] Robert of Gloucester's chron., p.431, ed. Hearne.
[3] Robert of Gloucester's chron., p.432, ed. Hearne.
[4] Robert of Gloucester's chron., p.432, ed. Hearne.
[5] Chron. saxon., ed. Gibson, p.228.

分英格兰人是被冤枉的，他们白白丢失了性命。英格兰民众因为统治者的不公正而备受煎熬，这一年尤甚，他们首先被剥夺家产，后来甚至性命不保。尚有些家产的英格兰人被有权势之人剥夺财产，而本来就一贫如洗的英格兰人只能活活饿死。"[1]

　　此前不久发生的一件事情也许能让大家对诺曼底统治者如何剥夺英格兰人的家产有一些概念。在亨利一世统治的第16年，一位住在亨廷登郡的名叫布里特斯坦（Brihtstan）的人打算将自己全部的财产赠予圣埃塞尔雷德修道院（Saint-Etherlride）。然而，当地修会会长罗贝尔·马拉尔泰（Robert Malartais）心里想着，英格兰人无缘无故向修道院示好，必定是犯下什么罪行，此举必是为了逃脱罪责。于是罗贝尔·马拉尔泰控告布里特斯坦发现一处宝藏后将其占为己有，[2]根据当时的法律，任何地下宝藏都属于国王所有，[3]布里特斯坦此举显然冒犯了国王、触犯了法律。马拉尔泰在国王的首肯下，勒令圣埃塞尔雷德修道院不得接待布里特斯坦，随后命人逮捕布里特斯坦以及他的妻子，将他们遣送到拉乌尔大法官面前接受审判。[4]布里特斯坦拒不认罪，诺曼人对他讥讽漫骂，嘲笑他又矮又胖，并将其名下财产全部判给国王。[5]审判之后，他们还勒令布里特斯坦交待他的所有动产和不动产，以及他所有债务人的姓名。布里特斯坦照做之后，法官们对于得到的数目并不满意，辱骂布里特斯坦是无耻的撒谎者。布里特斯坦辩解道："先生们，上帝知道我所说的均属事实。"他慢慢地说完这

---

[1] Chron. saxon., ed. Gibson, p.228.
[2] Order. Vital. Hist. ecclesiast., lib.VI, apud Script. rer. normann., p.629.
[3] Leges Henrici I, cap X, §I.
[4] Order. Vital. loc. supr. cit.
[5] Order. Vital. loc. supr. cit.

句话，便不再言语。[1]诺曼人勒令其妻子交出身上的15苏钱币和两个戒指，并让她发誓已经将值钱的物件全部留下。随后，他们给布里特斯坦戴上手铐和脚镣，押往伦敦，将其关押在阴暗潮湿的监狱。[2]

布里特斯坦的审判过程是在司法议会（assemblée de justice）中进行的，诺曼人称此项机构为亨廷登的"郡属法院"（cour de comté）。[3]和布里特斯坦案类似的案件几乎都在此机构审理，但如果被告之人是高级男爵，那么案件则交由当地治安官主持的"王室会议"（palais du roi）进行审理。这位主事的人，英格兰人称之"郡长"（shérif），诺曼人则称之为"流动法官"（juge de tournée ou justicier errant）。[4]"王室会议"的诸位法官都是自由地主出身，诺曼人称之为"法郎持有者"（francs tenants），[5]他们还制定统一标准（criterium）来确定有资格成为"王室会议"法官的人。"王室会议"定期举行，如果列位法官未能按时出席，那么他们必须缴纳一定数额的罚金，表明自己对同僚的审判并无异议。[6]佩带象征诺曼人自由精神的佩剑和肩带、会讲纯正的法语是出席"王室会议"的先决条件，不满足其中任何一项都不得入内。[7]出席"王室会议"的人持有佩剑是为了震慑所有英格兰人，也就是那些所谓的"低等人"。[8]如果证人不通晓法语，暴露自己英格兰人的出身，那么他的证词则无效。60年后发生的事件再次验证了上面的论述。1191年，克罗尔兰德修道院院长成为被告，四位证

---

[1] Order. Vital. Hist. ecclesiast., lib.VI, apud Script. rer. normann., p.629.
[2] Order. Vital. Hist. ecclesiast., lib.VI, apud Script. rer. normann., p.630.
[3] Order. Vital. Hist. ecclesiast., lib.VI, apud Script. rer. normann., p.629.
[4] Vid. Gloss. Spelman.
[5] Chaucer's Canterbury tales.
[6] Leges Henrici I, cap. XXIX, §I.
[7] Gloss. ad Matth. Paris.
[8] Leges Henrici I, cap. XXIX, §I.

人控告他，分别是瑟尔比的戈德弗洛（Godefroy de Thurleby）、汉姆内比的高缇耶·勒鲁（Gaultier Leroux de Hamneby）、阿尔弗雷德的儿子纪尧姆（Guillaume, fils d'Alfred）和本宁顿的吉尔伯特（Gilbert de Bennington）。根据记载，四位证人提供的口供被登记在册，而被告所言被通通忽略，但人们仍然觉得最终审判将有利于被告，因为这四位证人既没有骑士的封地，也没有佩剑，其中一人甚至不会讲法语。[1]

国王亨利一世所剩的子女中，除了王子罗贝尔之外，还有嫁给德国皇帝亨利五世的玛蒂尔达。1126年，亨利五世去世，玛蒂尔达成为寡妇并回到了其父亲身边[2]。圣诞节期间，亨利一世在城堡隆重召开宴会，宴请所有朝臣。应邀前往的所有诺曼人都表示忠诚于英格兰以及诺曼底公国，像效忠亨利一世一样地效忠玛蒂尔达。[3]第一个发誓的人是斯蒂芬[4]，他是布洛瓦伯爵（comte de Blois）和"征服者"威廉的女儿阿德拉的儿子。[5]同年，安茹伯爵富尔克（Foulques）顺应当时的潮流，成为"耶稣的战士"，在自己的铠甲上系上十字架，前往耶路撒冷。他不确定自己能否安全返回，因此将公爵之位传给自己的儿子若弗鲁瓦（Geoffroy），绰号为"金雀花公爵"，因为他从不在帽子上插羽毛，而是插上金雀花。[6]

新上任的安茹伯爵气色红润、谈吐优雅且盛名在外，亨利一世对

---

[1] Petri Blesensis Ingulfi continuat., apud rer. anglic. Script., t.I, p.458, ed. Gale.
[2] De orig. comit. andegav., apud Script. rer. gallic. et francic., t.XII, p.537.
[3] Matth. Paris., t.I, p.70.
[4] 原书中使用了"Etienne"一词，其等同于英语中的"Stephen"，在本书行文中，按照惯常翻译，使用"斯蒂芬"的译名。（译者注）
[5] Matth. Paris., t.I, p.70.
[6] Script. rer. gallic. et francic., t.XII, p.581, in nota c, ad calc. pag. Chron. de Normandie, ibid., t.XIII, p.247.

于这位新的"邻居"很喜爱。他主动接受若弗鲁瓦成为骑士的一员,并在鲁昂举行盛大庆典庆祝此事。[1]这位新的骑士按照习俗沐浴更衣后,亨利一世赠予他一匹西班牙宝马、一身锁子甲战衣和战靴、绘有金色狮子图像的盾牌、金制的马刺、镶满宝石的头盔、一把佩剑以及梣木和普瓦捷铁(fer de Poitiers)制成的长矛。其中,锁子甲战衣战靴可以抵挡所有武器的袭击,佩剑的刀刃锋利无比,人们猜测这可能是北方传说中最厉害的匠人瓦兰(Waland)所制。[2]不仅如此,国王还打算将自己的女儿玛蒂尔达许配给他。不过二人的结合并未事先得到各位贵族的同意,这在后来也为两位年轻人带来诸多苦恼。[3]他们的婚礼在1127年的圣灵降临节八日庆期的最后一日举行,庆典活动整整持续三个星期。[4]第一日,传令官隆重着装,穿越鲁昂的所有街道和广场,每每到达十字路口,便喊道:"亨利一世国王下令,所有居民,无论是英格兰人还是诺曼人,无论富贵贫穷、地位高低,都必须和国王同乐,庆祝婚礼、祝福新人。凡是有违此项要求之人,则犯下忤逆国王的大罪。"[5]

亨利一世的女儿玛蒂尔达和安茹伯爵若弗鲁瓦婚后,在1133年,产下一子,名为"亨利"。为了和其外祖父亨利一世加以区分,诺曼人称之为"女王的儿子",而亨利一世则被称为"'征服者'威廉之子"。外孙出生之后,亨利一世再次召集各位贵族,要求他们承认其女儿玛

---

[1] Johannis monac. major. monast., Hist. Gaufredi ducis Normann., apud Script. rer. gallic. et francic., t.XII, p.520 et 521.

[2] Johannis monac. major. monast., Hist. Gaufredi ducis Normann., apud Script. rer. gallic. et francic., t.XII, p.521.

[3] Willelm. Malmesb. Historiæ nouvellæ, lib.I, apud rer. anglic. Script., p.175, ed. Savile.

[4] Chron. Johan. Bromton, apud hist. angl. Script., t.I, col.1016, ed. Selden.

[5] Johannis monac. major. monast., Hist. Gaufredi ducis Normann., apud Script. rer. gallic. et francic., t.XII, p.521.

蒂尔达及其外孙亨利是其王权的合法继承人。[1]各位贵族表面上表示同意，并纷纷发誓。亨利一世于两年之后去世，他生前一直认为英格兰王位将毫无争议地传给自己的女儿玛蒂尔达，然而事实并非如此。听闻亨利一世去世的消息，他的外甥斯蒂芬第一时间赶往英格兰，并在各位主教、贵族的拥护下成为新的国王，而这些拥戴他的人此前都曾经宣誓效忠玛蒂尔达。[2]索尔兹伯里的主教宣称此前的誓言无效，因为亨利一世没有得到各位贵族的首肯，便将女儿嫁给安茹伯爵；另外一些人则觉得自己身份高贵，却要听命于一介女流，感觉受到了奇耻大辱！[3]斯蒂芬的加冕得到教皇英诺森二世（Innocent II）的首肯，在坎特伯雷大主教主持下隆重举行。教皇在书信中写道："您既是国王亨利一世的至亲，又深受人民爱戴，得到贵族敬仰，因此大家一致推选您为英格兰国王。[4]此外，您能够遵循宗教仪式，在主教的主持下进行加冕仪式，我心里感到很安慰。您成为国王，实在是众望所归！我们听从上帝的旨意，接受您为圣保罗使者以及罗马教廷的新子民。"[5]

斯蒂芬深得民心，他一方面英勇无畏，另一方面为人随和且豁达开明。在接受英格兰王位之时，他向所有贵族允诺，他们从此之后可以自由地在森林中狩猎。此前，亨利一世效仿他的父亲和哥哥，曾将这项权利占为己有。[6]因此，斯蒂芬的前期统治对于诺曼人来说可谓风调雨顺、十分平静。国王为人慷慨，对于身边的人总是大方馈

---

[1] Matth. Paris., t.I, p.72.
[2] Matth. Paris., t.I, p.74.
[3] Matth. Paris., t.I, p.74.
[4] Epist. Innocent. II papæ, apud Script. rer. gallic. et francic., t.XV, p.391.
[5] Epist. Innocent. II papæ, apud Script. rer. gallic. et francic., t.XV, p.392.
[6] Matth. Paris., t.I, p.74.

赠。[1]"征服者"威廉自其统治之日起积累大量钱财,后来的威廉二世和亨利一世又大大充实了王室财富,而如今这些都成为斯蒂芬所有。"征服者"威廉当时将大量土地占为己有,将其称为"王室领地",而如今斯蒂芬将这些土地全部让与或是分发出去;过去,王室直接雇用一些人员管理各郡,收入全部归王室所有,而如今斯蒂芬则在各郡设立有独立管理权的公爵或是其他管理者。玛蒂尔达的丈夫若弗鲁瓦领取五千马克的年金,和斯蒂芬保持着和平的关系;格罗斯特公爵罗贝尔,也就是亨利一世的私生子,一开始为其姐姐玛蒂尔达不平,后来也宣誓效忠于国王斯蒂芬。[2]

但这平静的局面未能持续,1137年,几位年轻的男爵和骑士几番向斯蒂芬索要领地和城堡未果后,发起武装争夺战。于格·比戈(Hugues Bigot)强行攻占诺里奇的堡垒,某一位罗贝尔则占领了巴丁顿(Badington)的堡垒,斯蒂芬很快让他们缴械投降。然而,对抗王室的情绪一旦被点燃,就一发不可收拾。[3]格罗斯特公爵罗贝尔打破此前和斯蒂芬达成的和平协定,从诺曼底发来消息加以挑衅,表示不再效忠于斯蒂芬。根据当时的一位作家所述:"罗贝尔之所以采取这样的态度,是因为他咨询了几位宗教人士,尤其是后来他收到了教皇发来的密函,勒令他务必遵从效忠玛蒂尔达的誓言。"[4]英诺森二世收回了支持斯蒂芬成为英格兰国王的敕书,事情发展至此,似乎只有战争才能解决问题。英格兰子民的反叛情绪在亨利一世的私生子罗贝尔的刺激下,突然觉醒,他们纷纷加入战斗。斯蒂芬说道:"是他们将我送

---

[1] Willelm. Malmesb. Historiæ nouvellæ, lib.I, apud rer. anglic. Script., p.176, ed. Savile.
[2] Willelm. Malmesb. Historiæ nouvellæ, lib.I, apud rer. anglic. Script., p.179, ed. Savile.
[3] Matth. Paris., t.I, p.75.
[4] Willelm. Malmesb. Historiæ nouvellæ, lib.I, apud rer. anglic. Script., p.180, ed. Savile.

上国王的位置，如今他们却又抛弃我。但是我以上帝之名发誓，没有任何一个人可以将我废黜。"[1]为召集一支他信得过的队伍，他集合了法国的所有同盟者。"由于他提供的军饷甚是丰厚，前来入伍的人络绎不绝，主要是骑兵和轻甲兵，来自佛拉芒和布列塔尼。"[2]

诺曼人再次被分为敌对的两个阵营，状况和威廉二世以及亨利一世在位的时候如出一辙。英格兰人为改善自己的生活状况，掺和到诺曼人的内斗中，但是每一次都不得善终。因此，斯蒂芬成为国王后，诺曼人再次内讧，英格兰人从前两次失败的经验中醒悟，不再参与其中，而是保持距离。斯蒂芬宣称自己是可以保障英格兰和平安全的国王，而玛蒂尔达作为亨利一世和英格兰女子的女儿，也有一众支持者，对于这敌对的双方阵营，英格兰人不支持其中任何一方，他们这次打算为自己而战，因此，在伊利岛避难所解散之后，在不列颠岛第一次出现了为取得民族解放的全国性的反抗运动。[3]

关于这次反抗运动，史学家没有描述任何细节，因此，这场运动具体如何筹划、领导者是谁、什么样的人参与其中、在什么地点、以什么信号开始，我们都不得而知。在1137年，起义者们再次和威尔士人以及爱尔兰人形成联盟，他们将爱尔兰国王大卫（David）推向首领的位置。这位爱尔兰国王是埃德加的妹妹玛格丽特的儿子。然而，此次谋反最终并未取得成功，因为伊利岛的主教，一位名叫理查·勒诺（Richard Lenoir）的诺曼人在听人告解时得知谋反的消息。[4]在这个时代，即使是最坚决的人，在前往沙场前，也往往去教堂告解，以宽

---

[1] Willelm. Malmesb. Historiæ nouvellæ, lib.I, apud rer. anglic. Script., p.180, ed. Savile.
[2] Willelm. Malmesb. Historiæ nouvellæ, lib.I, apud rer. anglic. Script., p.179, ed. Savile.
[3] Order. Vital. Hist. ecclesiast., lib.XIII, apud Script. rer. normann., p.912.
[4] Order. Vital. Hist. ecclesiast., lib.XIII, apud Script. rer. normann., p.912.

慰自己的灵魂。因此，在某一场政治动乱的前夕，前来告解的人流远远超过平时。主教理查来到英格兰的主要职责便是窥探英格兰民众的一举一动，他观察到告解的人明显增多，每当英格兰人前来祈祷时，他便提出问题刺探他们。英格兰人但凡有一丝谋反的意图，都很难逃过他的眼睛。前来祷告的信徒对主教十分信任，在他们看来，无论在人间还是在天堂，主教都有至高的权力，因此他们对主教没有任何提防。[1]主教理查立刻将自己的发现告知其他主教以及当地行政官员，尽管他们动作足够迅速，措施足够果断，很多起义者，包括几位领导人物仍得以逃脱。他们逃到威尔士，试图劝说威尔士人向诺曼人发动战争。那些被逮捕的威尔士人被判处死刑、绞刑或者其他刑罚。[2]

此时，距离伊利避难所最后一次溃败已经过去66年，距离黑斯廷斯战役已然过去72年。或许编年史作家们没能向我们讲述全部的史实，或许随着时间的流逝，那些曾经将英格兰人民团结起来的力量早已不复存在，此后，"赶走诺曼人"的呐喊再无人响应，英格兰人民再也未能发起全国性的民族解放之战。此后的多次起义行动也都被打上了"内战"的烙印，再也不是过去为取得民族解放的战斗。到了15世纪，英格兰的农民们的口号已经变成："打倒贵族绅士们！"[3]到了17世纪，英格兰百姓的口号则是："我们不需要自以为是的地主，更不需要内心腐烂的宗教人士！"[4]不过，从后来发生的种种事件中，我们仍然能够观察到，英格兰人和诺曼人始终处于敌对的状态。

在英格兰很漫长的一段历史中，"贵族"意味着"侵占"，"富有"

---

[1] Order. Vital. Hist. ecclesiast., lib.XIII, apud Script. rer. normann., p.912.
[2] Order. Vital. Hist. ecclesiast., lib.XIII, apud Script. rer. normann., p.912.
[3] Anciens vers cités par Sharon Turner, Hist. des Anglo-Normands, t.II.
[4] 请参阅历史学家们有关1640年大革命的著作。

则意味着"外族"。古代史学家在写作时,往往含糊其辞、态度暧昧,而我们对当时的社会风貌并不了解,因此很难了解到历史真相。现代史学家们试图真实地去描述历史场景,讲述不复存在的民族的起起落落,难免遭遇各种难题,最后的结果也往往不尽如人意,希望读者朋友们多多包容。

图书在版编目(CIP)数据

诺曼人征服英格兰史/(法)奥古斯丁·梯叶里著;祝安利,文琳译. —上海:上海社会科学院出版社,2019
 ISBN 978-7-5520-2716-7

Ⅰ.①诺… Ⅱ.①奥… ②祝… ③文… Ⅲ.①英国-中世纪史-通俗读物 Ⅳ.①K561.3

中国版本图书馆 CIP 数据核字(2019)第 052646 号

诺曼人征服英格兰史

著　者：[法]奥古斯丁·梯叶里
译　者：祝安利　文　琳
责任编辑：张　晶
封面设计：史彩鲆
出版发行：上海社会科学院出版社
　　　　　上海顺昌路 622 号　邮编 200025
　　　　　电话总机 021－63315900　销售热线 021－53063735
　　　　　http://www.sassp.org.cn　E-mail:sassp@sass.org.cn
照　排：南京理工出版信息技术有限公司
印　刷：上海景条印刷有限公司
开　本：890×1240 毫米　1/32 开
印　张：11.75
字　数：280 千字
版　次：2019 年 8 月第 1 版　2019 年 8 月第 1 次印刷

ISBN 978－7－5520－2716－7/K·512　　　　　定价：58.00 元

版权所有　翻印必究